# Rhyddid y Nofel

# Rhyddid y Nofel

*Golygwyd gan*

## GERWYN WILIAMS

*Cyhoeddir ar ran Pwyllgor Iaith a Llên
Bwrdd Gwybodau Celtaidd Prifysgol Cymru*

GWASG PRIFYSGOL CYMRU
CAERDYDD
1999

*Manylion Catalogio Cyhoeddi'r Llyfrgell Brydeinig*

Mae cofnod catalogio'r gyfrol hon ar gael gan y Llyfrgell Brydeinig

ISBN 0-7083-1538-0

Llun y clawr: Claudia Williams, *Reading on the Rocks*, pastel, 1997, 41 × 33 cm, trwy garedigrwydd Oriel Martin Tinney, Caerdydd

Dyluniwyd y clawr gan Chris Neale
Cysodwyd yng Ngwasg Prifysgol Cymru, Caerdydd
Argraffwyd gan Wasg Dinefwr, Llandybïe

*I Islwyn Ffowc Elis,*
*tad y nofel Gymraeg fodern*

# Rhagair

Carreg i lenwi bwlch yw'r gyfrol hon. Blynyddoedd o ddilyn ac o gynnal cyrsiau ar y nofel Gymraeg a dynnodd fy sylw at yr angen am ryw fath o gyfeirlyfr i'r maes, cyfrol a allai osod y nofel mewn cyd-destun hanesyddol a beirniadol. Does ond i ddyn gyfeirio at *The Art of Fiction* (1992) gan David Lodge, *The Modern British Novel* (1994) gan Malcolm Bradbury, neu *The Reader's Companion to the Twentieth Century Novel* (1994) a olygwyd gan Peter Parker, i sylweddoli cymaint o ddeunydd diweddar a defnyddiol sydd ar gael ar y *genre* yn Saesneg. Ond er gwaetha'r hyder a'r ieuengrwydd sydd ar hyn o bryd yn nodweddu'r nofel Gymraeg, prin ac eithriadol o hyd yw cyfrol bwysig fel *Ysgrifau ar y Nofel* (1992) gan John Rowlands yn ogystal ag ysgrifau swmpus sy'n cynnig arolwg cynhwysfawr o'r nofel fel pennod yr un awdur yn *A Guide to Welsh Literature, c.1900–1996* (1998) a chyfraniad Glyn Ashton i *Y Traddodiad Rhyddiaith yn yr Ugeinfed Ganrif* (1976).

A hithau wedi'i modelu ar gyfresi llwyddiannus fel *Casebook* a *Chyfres y Meistri*, ymgais yw hon i gasglu ynghyd rai o'r eitemau amlycaf ar y nofel Gymraeg, ysgrifau, adolygiadau a sgyrsiau sydd ar wasgar mewn cyfnodolion – rhai diarffordd ac anodd cael gafael arnynt yn aml – a chyfrolau sydd ers blynyddoedd allan o brint. Mewn cyfrol o'r fath, sy'n cynnwys cyfraniadau a welodd olau dydd gyntaf mewn amrywiol gyhoeddiadau dros gyfnod o hanner can mlynedd, ni ddylid synnu nad yw'r cyfranwyr bob tro'n edrych ar y nofel drwy'r un sbectol. I'r gwrthwyneb, gobeithir y bydd ystod y safbwyntiau a fynegir, nid yn unig yn awgrymu amrywiaeth a deinamig y nofel, ond hefyd yn ysgogi trafodaeth bellach ar y *genre*.

Carreg i lenwi bwlch, felly, ond petai'r gyfrol mewn unrhyw

ffordd yn garreg hogi i'r dychymyg ac yn hwb i greadigrwydd pellach, yna byddai wedi mwy na chyflawni ei nod.

Carwn ddiolch i'r awduron, y golygyddion a'r cyhoeddwyr, gan gynnwys Cyngor Llyfrau Cymru, am eu caniatâd parod i ailgyhoeddi'r hyn sy'n ymddangos rhwng cloriau'r gyfrol hon. Am gymwynasau eraill, diolch i Dyfed Elis-Gruffydd a Bethan Mair Matthews o Wasg Gomer, Teleri Jones o'r Lolfa, Aled Islwyn, Dafydd Llewelyn Jones, Robin Llywelyn, Mihangel Morgan, Llion Pryderi Roberts, Wiliam Owen Roberts, John Rowlands ac Angharad Tomos. Ac am iddi lywio'r cyfan mor ddeheuig drwy'r wasg, diolch yn arbennig i Ruth Dennis-Jones o Wasg Prifysgol Cymru.

*Gerwyn Wiliams*

'Os digwydd i'r hanes hwn syrthio i ddwylo rhai o'm cyfeillion pan fyddaf fi yn isel fy mhen, ac os digwydd iddynt fynd i'r drafferth o'i ddarllen, gwn y byddant yn synnu fy mod wedi ymdroi cymaint gyda phethau mor fychain a dibwys. Dyma fi wedi ysgrifennu saith o benodau ar y cyfnod byr, sef o adeg fy ngenedigaeth hyd y diwrnod yr euthum gyntaf i'r ysgol ddyddiol. Pe bawn yn ei ysgrifennu i un o'r cyfnodolion, diamau gennyf y byddai'r golygydd wedi colli pob amynedd er ys talm, ac wedi fy annog i symud ymlaen yn gyflymach, neu ynteu i daro yr hanes yn ei dalcen. Ond yn hyn y mae'r fantais o ysgrifennu i ddifyrru fy hun, ac nid y cyhoedd. Mae'r dyn sydd yn mynd ar daith negesyddol yn cerdded yn syth yn ei flaen ar hyd y ffordd agosaf, a hwyrach yn ôl pedair milltir yr awr ar ei oriawr. Ond y mae'r sawl sydd yn mynd i rodiana i'w hen wlad enedigol yn ddall i gerrig milltiroedd; mae'n dringo dros y cloddiau, yn crwydro yn y llwyni, yn hel nythod adar, yn casglu cnau a mwyar duon, yn eistedd ar y twmpathau mwsoglyd, ac yn lolian gyda min yr afon, a hynny heb gofio fod ganddo'r fath beth ag oriawr yn ei logell. Rhowch i mi yr olaf. Y fath ryddid sydd gennyf! Nid oes neb i'm galw i gyfrif am wneud rhagymadrodd i bob pennod, os byddaf yn dewis; nid oes eisiau ailffurfio brawddegau, os byddant yn darllen tipyn yn anystwyth a chlogyrnaidd, ac nid oes eisiau gofyn i mi fy hun beth a ddywed y darllenydd am y peth yma neu'r peth arall.'

*Rhys Lewis*, Daniel Owen

# Cynnwys

# Rhagymadrodd

'Y fath ryddid sydd gennyf!':[1] geiriau dathliadol Daniel Owen mewn paragraff yn *Rhys Lewis* (1885) a ddylai fod wedi ei naddu ar gof pob awdur ffuglen Cymraeg. Gyda'i nofelau ef y daw *genre* y nofel realaidd yng Nghymru'r ganrif ddiwethaf i'w anterth, ac fel y mae ei eiriau ef ei hun yn awgrymu, ef a archwiliodd ei phosibiliadau'n fwyaf llwyddiannus. Meddylier yn unig am ei dair nofel aeddfetaf a'u hamrywiaeth sy'n profi'n ddiamheuol na orffwysodd Daniel Owen ar ei rwyfau'n greadigol: parodi radical o '[b]rif ffurf rhyddiaith artistig'[2] ei oes a honno wedi'i sgrifennu yn y person cyntaf yw *Hunangofiant Rhys Lewis, Gweinidog Bethel*; comedi gymdeithasol a'i ffocws ar y byd masnachol, y tro hwn yn y trydydd person o safbwynt yr adroddwr hollwybodol, yw *Profedigaethau Enoc Huws* (1891); a rhamant lai uchelgeisiol wedi'i lleoli yng nghefn gwlad mewn cyfnod hanesyddol cynharach yw *Gwen Tomos, Merch y Wernddu* (1894). Mae hunaniaeth y tri thestun, sylweddol o ran maint ac ansawdd, yn ddiogel gan nad oes arwydd o ailysgrifennu'r un o'r lleill ar eu cyfyl.[3]

Po fwyaf yr ystyrir *Rhys Lewis*, mwyaf yn y byd y rhyfeddir at ei dewrder. Y dyn yma, y masocist hwn, sy'n tyngu llw ag ef ei hun y bydd yn dweud y gwir, yr holl wir, a dim ond y gwir, costied a gostio. Ac *fe* gostiodd ei benderfyniad yn ddrud iddo: fe'i gorfodwyd i drafod ei amgylchiadau teuluol caled a diramant ac i gydnabod anrhugarogrwydd llawer o'i gyd-Fethodistiaid, ei bobl ei hun, pan oedd ef a'i deulu yn eu gwendid. Canlyniad gwrthrychedd di-ildio'r nofel hon fu sefydlu'r nofel Gymraeg fel *genre* annibynnol a soffistigedig. Efallai mai'r gwareiddiad Methodistaidd yw *milieu* y nofel, ond camgymeriad fyddai tybio fod yr artist a'i cyfansoddodd yn ddarostyngedig i'r Calfin ynddo. Nid ar chwarae bach y galwyd *Rhys Lewis* gan Saunders Lewis y 'nofel fawr gyntaf yn yr iaith Gymraeg'.[4]

Nofel anturiaethwr yw *Rhys Lewis*, testun sy'n archwilio ac yn mapio'r tir ar gyfer y nofelydd Cymraeg. Cyfeiriwyd eisoes at baragraff agoriadol 'O Dan Addysg' (t.viii), datganiad lliwgar o botensial y nofel a'r awdur yn sylweddoli fod y byd yn ymagor o'i flaen yn achos y *genre* cyffrous hwn. Droeon yn ystod y nofel fe gyfeiria'n hunanymwybodol at arwyddocâd yr hyn a wna. Wrth gyfiawnhau ei fwriad i sgrifennu hunangofiant cwbl unigolyddol sy'n rhoi llawn cymaint o sylw i'r agweddau answyddogol ar fywyd y gwrthrych ag i'r achlysuron cyhoeddus, dywed fel hyn:

> Meddyliais lawer gwaith mor dda fuasai gennyf gael cofiant cywir o fywyd dyn cyffredin fel fy hunan. Yr holl gofiannau a ddarllenais i, yr oedd eu gwrthrychau yn ddynion mawr a hynod mewn rhywbeth neu'i gilydd, ac wedi bod yn troi mewn cylchoedd na buaswn i erioed ynddynt, a mynd trwy amgylchiadau na wyddwn i ddim amdanynt. Ac er o bosibl mai hyn oedd yn eu gwneud yn wrthrychau gwerth ysgrifennu cofiant ohonynt, teimlwn ar yr un pryd mor hyfryd fuasai gennyf gael darllen hanes dyn cyffredin – un wedi bod yn troi yn yr un cylchoedd a chyfarfod yr un profedigaethau â mi fy hun. Onid oes yma ddosbarth o feddyliau a theimladau na roddwyd mynegiad iddynt erioed, a hynny oherwydd eu cyffredinedd . . . Bûm yn meddwl lawer gwaith mai un gwahaniaeth mawr rhwng dyn cyffredin a dyn anghyffredin ydyw, fod yr olaf yn gallu mynegi'r hyn y mae wedi ei feddwl a'i deimlo, tra na all y blaenaf, neu o leiaf na cheisiodd, wneud hynny . . . pan fyddwn yn darllen awduron enwog . . . teimlwn yn gyffredin nad oeddynt yn dweud dim oedd yn hollol newydd i mi, eithr yn unig eu bod yn gallu rhoddi ffurf, a gosod mewn geiriau, yr hyn yr oeddwn i fy hun eisoes wedi ei deimlo neu ei feddwl, ond na fedraswn roddi mynegiad iddo. (3–4)

'It is never to tell them something they don't know, but something they know and hadn't thought of saying';[5] yr un fath â Robert Frost, dyma fynegi nid yn unig botensial y nofel gyda'i sylw i'r dyn cyffredin, ond hefyd natur gynyddol ddemocrataidd llenyddiaeth fodern. Llenyddiaeth a'i thraed ar y ddaear yw hon, llenyddiaeth a rydd sylw i brofiadau y gall y lliaws uniaethu â nhw.

Fe â'r cyfarwydd cartrefol hwn rhagddo yn y drydedd bennod i adrodd hanes ei ymweliad cyntaf â'r capel pan oedd yn blentyn ac fel y bu'n rhaid i'w fam ei gario adref ac yntau'n gweiddi crio am na chafodd gymun gan y pregethwr! O gofio mai hunangofiant gweinidog yw hwn, mae'n rhyfygus o onest wrth drafod ei blentyndod: 'A dweud y gwir – yr hyn yr wyf yn benderfynol o'i wneud – rhaid i mi addef nad oeddwn yn hoffi mynd i'r capel' (12). Gyda'i dafod yn ei foch ond eto'n ddigon ergydiol, bron nad yw'n ymddiheuro am roi'r fath sylw anghytbwys i'w blentyndod:

Mor ffortunus ydyw na fwriedir i'r hanes hwn gael ei gyhoeddi! oblegid ped amgen, ni allaswn adrodd yr hyn a adroddais, am y buasai yn rhy syml a phlentynnaidd, er ei fod yn wir, ac er y buasai, o bosibl, yn newydd mewn llenyddiaeth, er nad yn newydd i brofiad ambell ddarllenydd. (11)

Mae gan awdur y geiriau hyn fwy o ddiddordeb mewn datguddio'r gweinidog yn ei ddillad isaf yn hytrach nag yn ei goler gron; yn yr arisel a'r answyddogol yr ymddiddora, nid yr aruchel a'r cyhoeddus. Er nad anghofiodd erioed fod modd difyrru ac addysgu'r un pryd, diwallu angen, nid am ddeunydd darllen adeiladol a buddiol, ond am hanesion dynol a gwamal – dyna flaenoriaeth gyntaf Daniel Owen y nofelydd.

Roedd gonestrwydd Daniel Owen yn joch o ffisig ar y pryd. Nes at y gwir oedd y sgrifennu realaidd a phrofiadlawn hwn a barai i rai o gofiannau confensiynol yr oes ymddangos yn fwyfwy amherthnasol ac allan o gyswllt â realiti cyffredin. Yn wir, fe demtir dyn i holi cynnyrch pa *genre* yn union, ai'r cofiant ynteu'r nofel, oedd gwir *ffug*-chwedlau diwedd y ganrif ddiwethaf yn nhyb eu darllenwyr. Does dim syndod efallai fod pwyslais Daniel Owen ar ddatgelu'n onest drwy gyfrwng dulliau realaidd, rhywbeth a arwyddai gymaint o ollyngdod creadigol a moesol ar y pryd, wedi peri inni roi llai o sylw i elfennau amlwg ffuglennol yn ei nofelau. Efallai hefyd fod y nofel Gymraeg wedi cael anhawster ymddihatru oddi wrth ei chysylltiadau newyddiadurol, hynny yw, oddi wrth y cyfnodolion ffeithiol eu cynnwys a roddodd gartref iddi yn ystod y ganrif ddiwethaf. Mi fyddai'n werth ein hatgoffa ein hunain felly mai nofel wedi ei hadeiladu ar glamp o dwyll yw *Rhys Lewis* a bod ei ddarllenwyr yn fodlon cyfranogi o'r twyll yma, yn fodlon smalio mai ysgrif na fwriadai ei hawdur iddi gael ei hargraffu oedd y nofel. Ar goblyn o gyd-ddigwyddiad y codwyd *Enoc Huws*, sef bod brenin y dihirod, Capten Trefor, yn dad i dywysog y diniweitiaid, Enoc Huws. Ac fel y mae E. G. Millward wedi ein hatgoffa ymhellach, 'Gall fod elfen o ffantasi yn hanes Enoc a Susi a dyna a geir eto ym mherthynas Enoc a Marged'.[6]

Os cydnabyddwn mor gynhwysfawr a chyrhaeddbell oedd camp Daniel Owen, rhaid cydnabod hefyd mai methiant llawer o'r nofelwyr a'i dilynodd yn ystod y ganrif hon fu eu hanallu i adeiladu ymhellach ar y tir a hawliwyd ganddo ar eu cyfer. Do, fe ddisbyddwyd ar unwaith etifeddiaeth Daniel Owen y realydd a'r croniclwr cymdeithasol, ond am waddol Daniel Owen y chwedleuwr dychmygus a chlyfar, ymddengys mai pob yn dipyn a chan bwyll bach y trosglwyddwyd hwnnw i'r ugeinfed ganrif.

Wedi canu cymaint ar glodydd y nofelydd o'r Wyddgrug, efallai ei bod hi'n taro dyn yn afresymegol nad oes yr un bennod yn canolbwyntio'n gyfan gwbl ar ei gyfraniad yn y casgliad hwn o ysgrifau. Mae'r cyfiawnhad yn ddeublyg. Yn gyntaf, os trafodwyd gwaith unrhyw nofelydd Cymraeg yn drwyadl, yna Daniel Owen yw hwnnw, a gellir cael gafael ar ymdriniaethau â'i waith yn bur ddidrafferth.[7] Yn ail, a chan fentro gwrth-ddweud awgrym negyddol y paragraff blaenorol, bu'r nofel Gymraeg yn byw yn llawer rhy hir yng nghysgod ei gamp. Gan mor ddiosgoi yw ei bresenoldeb, temtasiwn anochel yw tynnu llinyn mesur ei nofelau ef dros nofelau eraill. Nid bod tueddiad o'r fath, i gymharu'r brawd bach yn anffafriol gyda'i frawd mawr hollalluog, wedi bod yn beth seicolegol iesol. Wedi dweud hynny, ac er mor anodd yw hi i gredu hynny wrth ddarllen rhai marwnadau beirniadol iddi, fe *fu'r* nofel Gymraeg fyw ar ôl i Daniel Owen gilio o'r tir! Byddwn felly am i absenoldeb trafodaeth unigol ar Daniel Owen gael ei ddehongli, nid fel arwydd o wendid, ond yn hytrach fel pleidlais o ffydd yn nofelau'r ugeinfed ganrif.

Yn gam neu'n gymwys, ac i raddau helaeth oherwydd ystyriaethau ymarferol, penderfynwyd cyfyngu'r drafodaeth yn yr ail adran i bymtheg teitl. Prysuraf i esbonio nad arolwg cyn-hwysfawr oedd gennyf mewn golwg; nid yw'r dewis chwaith yn awgrymu unrhyw ddetholiad terfynol neu ganonaidd. Rwy'n dra ymwybodol o'r ffaith nad oes adrannau unigol ar nofelwyr amlwg fel Elena Puw Morgan, Pennar Davies, Jane Edwards ac Eigra Lewis Roberts; diau y byddai golygydd arall wedi ei gweld hi'n wahanol. Ond tra'n cyfaddef fod y dewis yn cael ei reoli i ryw raddau gan y deunydd trafodaethol sydd ar gael, dewiswyd y testunau am o leiaf un o dri rheswm: yn gyntaf, am eu bod yn enghreifftiau *par excellence* o'r *genre*; yn ail, am eu bod yn arwyddo carreg filltir bwysig yn hanes y nofel Gymraeg; ac yn drydydd, am eu bod yn cynrychioli tueddiad neilltuol yn hanes y nofel Gymraeg. Yn eu ffyrdd eu hunain, awgryma pob un o'r testunau hyn beth o gryfder, amrywiaeth a menter y nofel Gymraeg yn ystod yr ugeinfed ganrif; i amrywiol raddau, manteisiodd pob un o'u hawduron ar ryddid y nofel.

Pont gyfleus rhwng nofelau Daniel Owen ar ddiwedd y ganrif ddiwethaf a chynnyrch ei olynwyr yn y ganrif hon yw *Gŵr Pen y Bryn* (1923) E. Tegla Davies gan mai Rhyfel Degwm y 1880au, mewn sir a ffiniai â sir enedigol nofelydd yr Wyddgrug, yw ei chefndir. Ac eto, yn wahanol i Daniel Owen, a lwyddodd yn rhyfeddol i ddal y ddysgl yn wastad drwy ddarlunio cymeriadau penodol yn erbyn cefndir cymdeithasol ehangach, ar wewyr enaid unigol y mae pwyslais y nofel hon. Anodd credu, o wybod am ei chynnwys, ei bod wedi ymddangos gyntaf oll yn *Yr Eurgrawn* rhwng 1915 a 1916, ond yng nghyd-destun y drafodaeth bresennol, mae Tecwyn Lloyd yn priodoli o leiaf un nodwedd bwysig i ddylanwad y Rhyfel Byd Cyntaf:

> Sgrifennai ar ôl y rhyfel mawr cyntaf, ac fe ddangosodd y rhyfel hwnnw yn boenus o glir fel y gellid cael mwy nag un natur tu mewn i'r un person. Un o effeithiau'r rhyfel ar y nofel a'r stori fer ydoedd eu mewnoli . . . *Gŵr Pen y Bryn* yw'r enghraifft gyntaf o'r nofel fewnol newydd yn Gymraeg; hyhi, os mynnir, ydyw rhagflaenydd *Y Goeden Eirin* gan John Gwilym Jones.[8]

Pont gadarn os ceidwadol a godwyd gan Tegla, felly, a synhwyrir mai mwy triw i ysbryd agored ac anturus Daniel Owen oedd Saunders Lewis, awdur a gyhoeddodd yn 1936 yr astudiaeth feirniadol gyntaf o bwys o waith ein prif nofelydd. Gan barhau â'r pwyslais ar newydd-deb cynhenid y *genre*, dadleuodd o blaid math gwahanol iawn o nofel i'r teip hirfaith y bu Daniel Owen yn ei sgrifennu:

Y mae'n drueni na chawsai Daniel Owen gyfle i ddarllen Ffrangeg neu Eidaleg. Yno cawsai esiamplau o nofelau byrion, tua'r un hyd â'r cofiannau nodweddiadol Gymreig megis *Cofiant Williams o'r Wern* gan Hiraethog. Hynny a fuasai'n gydnaws â'r traddodiad Cymraeg a hynny a fuasai'n dygymod yn iawn ag athrylith Daniel Owen ei hun. Ni ellir amau nad gwendid ei dair nofel bwysig ef yw eu bod yn rhy hir.[9]

Pwnc trafod i golocwiwm yw dyfarniad y frawddeg olaf, ond yr wybodaeth hon am lenyddiaeth Ewropeaidd a barodd i Saunders Lewis, chwe blynedd ynghynt yn *Monica*, sgrifennu nofel ac ynddi ychydig dros gant o ddudalennau, un gwbl wahanol i rai Daniel Owen. Ac fe'i tynnwyd yn gareiau gan y beirniaid am ei drafferth.

Yn y papurau enwadol y canfyddir yr adwaith ffyrnicaf i *Monica*, a siawns nad oedd a wnelo Catholigiaeth ei hawdur, nodwedd a oedd mor groes i'r consensws Ymneilltuol Cymreig, rywbeth â hynny. 'Ni fedr cath ymddangos ar lawnt heb fod gwrcath yn ei dilyn,' awgrymodd Iorwerth Peate yn *Y Tyst* gan fynnu fod y nofel yn amlygu obsesiwn ffasiynol ei hawdur â rhyw.[10] Fe'i hameniwyd ar dudalennau'r *Eurgrawn* gan Tegla Davies a ofnai fod pla Seisnig ar fin ymledu i Gymru: '. . . os yw *Monica* yn rhagflaenydd cnwd cyffelyb, onid arwydd yw hyn o'n taeogrwydd fel Cymry yn ymhyfrydu yn sborion y Saeson?'[11] Thomas Parry a'i hadolygodd yn fwyaf goleuedig ac a gyfeiriodd at fath o ragrith yn yr ymateb iddi a fuasai'n fêl ar fysedd Daniel Owen ac a oedd yn llyffethair i greadigrwydd: 'Ymddengys mai camgymeriad Mr Lewis, fel ambell un arall, oedd dweud y gwir yn *rhy* blaen – yn Gymraeg.'[12] Pregethwyd digon am bietistiaeth Anghydffurfiaeth y ganrif ddiwethaf, ac eto mae'r croeso a gafodd nofelau Daniel Owen yn awgrymu cynulleidfa dipyn mwy eangfrydig na'r un anoddefgar ei hymateb i nofel gyntaf Saunders Lewis ac yn gomedd inni fod yn rhy smỳg wrth wynebu sefydliad Ymneilltuol dauddegau'r ugeinfed ganrif.

Beth bynnag oedd y rheswm am hynny – a does dim dwywaith fod elfen o falais personol tuag at Saunders Lewis yn gymysg â'r feirniadaeth wrthrychol ar ei nofel[13] – y nofel gadd ei gwrthod yw *Monica*: fe'i herlidiwyd o dŷ llenyddiaeth Gymraeg, nid ailgyhoeddwyd mohoni tra oedd ei hawdur ar dir y byw, a dim ond oddi ar y 1970au y croesawyd hi go iawn yn ôl dros riniog y drws.[14] Hi, o ganlyniad, yw'r nofel Gymraeg 'fwyaf ysgaredig oddi wrth draddodiad rhyddiaith Gymraeg', chwedl John Rowlands,[15] sy'n sylweddoliad trist: petai'r beirniaid ar y pryd wedi bod yn ddigon dychmygus i gynnwys y nofel hon, un dynn ei gwead[16] a herfeiddiol ei chynnwys, dichon na fuasai cwrs y nofel Gymraeg ddilynol yn dra gwahanol. Ysywaeth, arall oedd y signal i lenorion y dydd.

Dengys *Traed Mewn Cyffion* (1936) a *William Jones* (1944) i ba raddau yr ymddisgyblodd y nofel Gymraeg ar ôl y cerydd cyhoeddus a gafodd *Monica*. Maen nhw'n nofelau mwy ceidwadol eu cynnwys a chymedrol eu dull, testunau sy'n tynnu darluniau parchus o'r werin chwarelyddol ogleddol a'r un lofaol ddeheuol ac yn gynnyrch dau o blant y werin honno. Roedd eu deunydd yn ddiamheuol Gymreig, eu darluniau'n fwy amlwg berthnasol na swbwrbia dosbarth canol Seisnigedig *Monica*. Roedden nhw hefyd yn fwy gwleidyddol gywir na nofel anghynnes y dyn diarth o Lerpwl. Ar yr arwrol a'r cadarnhaol y mae pwyslais y ddwy nofel, er bod *William Jones* yn cychwyn mewn cywair ffugarwrol. Disgrifio'r nofelau hyn a wneir, nid eu beirniadu: nid oes unrhyw awgrym o felodrama Fictoraidd yn *Traed Mewn Cyffion,* ac mae gwrthrychedd a rheolaeth y nofel honno yn batrwm artistig. Ymddengys *Traed Mewn Cyffion* yn fwy aeddfed a modern byth pan gofir mai tair blynedd yn unig sy rhyngddi a *How Green was my Valley* (1939) a dynnodd ddarlun siwgr-candi o'r tirlun diwydiannol Cymreig mewn cyfnod hanesyddol cyffelyb. Y mae'n werth pwysleisio hefyd fod Kate Roberts wedi cyflawni rhywbeth y methodd Daniel Owen â'i gyflawni, er gwaetha'r hyn a ddywed ar ddechrau'r nofel, yn *Gwen Tomos:*[17] sgrifennodd nofel dawel ac annramatig, nofel episodig a allai ddal ei thir yn annibynnol ar sgaffaldiau'r nofel Fictoraidd, sef dirgeledigaethau a chyd-ddigwyddiadau. Rhaid cydnabod fod hyd yn oed *Monica* soffistigedig yn siomi ar y pen hwn: rhydd y cyd-ddigwyddiad anhygoel yn yr olygfa olaf – Monica'n digwydd llewygu y tu allan i'r union dŷ doctor y bu Bob yn ymweld ag ef – gryn straen ar nofel ddiystryw o realaidd fel arall.

Anodd, serch hynny, yw peidio â chydnabod gwendidau nofelau T. Rowland Hughes yng ngoleuni rhai Daniel Owen, er mor awyddus oedd adolygwyr fel Iorwerth Peate, Caradog Prichard, Myrddin Lloyd a hyd yn oed Saunders Lewis i'w wisgo â mantell ei ragflaenydd.[18] Gyda synnwyr trannoeth, siawns na fyddem yn barod i ddehongli'r gorymateb beirniadol hwn fel arwydd o gyflwr ansicr y nofel Gymraeg yn gyffredinol yn ystod hanner cyntaf y ganrif hon. Y math o beth sy'n siomi dyn yn ei nofelau yw amharodrwydd yr awdur i ddarlunio'r gwir yn gymysg oll i gyd a'i agwedd dadol ond nawddoglyd tuag at ei ddarllenwyr fel yn yr enghraifft hon tua dechrau'r unfed bennod ar ddeg:

> Na, paid â dychrynu, ddarllenydd hynaws; oherwydd ni fwriadaf sôn fawr ddim eto am afiechyd Crad. Dywedaf hyn rhag ofn dy fod yn estyn am dy gadach poced ar ddechrau pennod drist ofnadwy. Ond hyderaf y bydd ei angen arnat, er hynny – i sychu dagrau chwerthin, nid i wylo. Yn unig cofia yn dy ddifyrrwch fod Crad yn wael, yn wael iawn.[19]

Y meddylfryd amddiffynnol hwn a barodd i Saunders Lewis ddadlau fod 'mynnu cadw'r "wylo" allan o'r nofel yn gwneud cam â'r darlun o fywyd cymoedd y di-waith',[20] a'r gwir amdani yw fod yn rhaid troi at nofel fel un Lewis Jones, *We Live* (1939), a'r darlun trasig o Maggie a John, cwpl y mae'n well ganddynt wneud amdanyn nhw'u hunain na mynd ar y plwyf, er mwyn cwblhau'r darlun o'r de dirwasgedig yn ystod y 1920au a'r 1930au.[21] Does dim dwywaith fod cyraeddiadau T. Rowland Hughes hefyd yn dipyn llai; cyfeiriodd Wiliam Owen Roberts at y sbectrwm cymdeithasol cyfoethog a geir yn nofelau Daniel Owen, er bod *Rhys Lewis* yn enwedig yn gweithio ar lefel arall, fel astudiaeth o enaid unigol, ar yr un pryd.[22] Fe ddadleuwn i mai yn eu portreadau mae cryfder nofelau T. Rowland Hughes, nid yn eu panorama cymdeithasol, er mor addawol yw'r cefndir llawn cyni yn *William Jones*. Fodd bynnag, nid tan i Gwenlyn Parry a Rhydderch Jones fynd ati yn ystod y 1970au i sgrifennu'r gomedi sefyllfa *Fo a Fe* yr ecsbloetiwyd mor llwyddiannus yr hiwmor unigryw Gymreig sy'n deillio o gydgyfarfyddiad dwy gymdeithas, un ogleddol chwarelyddol ar y naill law ac un ddeheuol lofaol ar y llall. Oes, mae'n rhaid cyfaddef mai T. Rowland Hughes, o blith pymtheg nofelydd y gyfrol hon, sy wedi manteisio leiaf ar ryddid cynhenid y nofel a'm bod yn tueddu fwy at feirniadaeth John Gwilym Jones, Bobi Jones a John Rowlands ar waith yr awdur nag at edmygedd Hugh Bevan,

T. Emrys Parry ac Eurys Rowlands ohono.[23] Eto i gyd, pa mor henffasiwn bynnag yr ymddengys ei waith, bron na fyddai arolwg o ddatblygiad y nofel Gymraeg, nid yn unig yn anghyflawn, ond hefyd yn anonest pe na roddid sylw i gyfraniad neilltuol T. Rowland Hughes a'i nofelau poblogaidd.

A *Monica* wedi ei gwrthod mor bendant fel model, gyda nofelau Islwyn Ffowc Elis y teimlir ein bod o'r diwedd yn troedio ar hyd palmentydd yr ugeinfed ganrif. Ei nofelau ifanc a deniadol ef, rhai diweddar eu hidiom a chyfoes eu cynnwys, yw'r trobwynt pwysicaf yn hanes y nofel Gymraeg ers dyddiau Daniel Owen. Ef yw tad y nofel Gymraeg fodern a genhedlodd dwr o blant – R. Gerallt Jones, Jane Edwards, Eigra Lewis Roberts, John Rowlands – a'r rheini yn eu tro yn ysbrydoli nifer o ddilynwyr pellach. O'r diwedd fe sicrhawyd dilyniant i'r nofel Gymraeg a chodi statws ei hawdur; ei enghraifft ef yn y 1950au a sicrhaodd ei bod yn *genre* perthnasol heddiw. Ar ryw olwg, yr un fu tynged *Ffenestri Tua'r Gwyll* (1955) â *Monica* bum mlynedd ar hugain o'i blaen: fe'i hadolygwyd 'mor anffafriol ag unrhyw nofel Gymraeg a gyhoeddwyd', chwedl ei hawdur.[24] Ond diolch byth, ail nofel oedd hon; yn hytrach nag anobeithio a chwilio am *genre* llenyddol arall, o leiaf fe allai'r awdur hwn ddychwelyd yn ei drydedd nofel, *Yn Ôl i Leifior* (1956), i erwau gwledig diogelach ei nofel gyntaf. Arwydda'r sylw beirniadol rhyfeddaf un ar y nofel – 'Anffawd fawr Mr Elis fel nofelydd yw fod ei ddychymyg mor fywiog a chryf'[25] – pa mor dynn oedd y ffrwyn am war yr artist Cymraeg a chanddo'r mymryn lleiaf o uchelgais a deall.

Ond yn angof ni châi *Ffenestri Tua'r Gwyll* fod: yn y gwareiddiad trefol mwyfwy seciwlar, materol ac ysbrydol wag a ddatblygodd drannoeth y rhyfel yr ymddiddorodd ei holl epil yn eu tro, gyda Jane Edwards yn canolbwyntio ar fywydau'r dosbarth canol Cymraeg proffesiynol a John Rowlands yn arbenigo ar nofelau campws. Sef yr union fath o nofel, a roes fwy o bwys ar archwilio meddyliau mewnol ei chymeriadau nag ar gynllunio plot allanol, yr adweithiodd Alun Jones yn ei erbyn yn ystod ail hanner y 1970au.[26] Roedd ei ddefnydd yn *Ac Yna Clywodd Sŵn y Môr* (1979) a *Pan Ddaw'r Machlud* (1981) o *genres* poblogaidd y nofel dditectif a'r *thriller* yn ddatganiad arwyddocaol ynddo'i hun. Ar adrodd stori ac ynddi ddigwyddiadau gafaelgar yr oedd ei bwyslais ef a doedd dim yn ymhonnus am ei fwriad diedifar i ddifyrru ei ddarllenwyr. Nofelau diriaethol yw ei eiddo ef, ac wrth fynd ati i'w lleoli mewn cymunedau Cymraeg 'naturiol' yn hytrach nag mewn maestrefi swbwrbaidd yn llawn pobl ddwad ddiwreiddiau, gosododd esiampl y byddai awduron eraill fel Penri Jones yn *Cymru ar Werth* (1990) ac Eirug Wyn yn *Smôc Gron Bach* (1994) yn ei hefelychu yn eu tro.

Beth bynnag am hynny, efallai mai'r hyn a brofwyd egluraf gan enghraifft *Ffenestri Tua'r Gwyll* ar y pryd oedd annigonolrwydd y mowld realaidd bellach; mae'n ddiddorol fod John Rowlands o'r farn fod 'Islwyn Ffowc Elis wedi cael ei lyffetheirio i raddau gan hualau realaeth'.[27] Fe synhwyrir rhyw dyndra o fewn y nofel, rhwng cyflwr meddwl ansad y prif gymeriad a'r dull rhesymegol a fabwysiedir i gyfleu hwnnw. Yn sicr, roedd ei hergyd yn rhy gynnil ar gyfer y gynulleidfa gyfoes, a fethodd â sylweddoli mai nofel seicolegol ei phwyslais wedi ei sgrifennu o safbwynt Ceridwen Morgan oedd hi. Dim ond yn nhudalennau olaf y nofel, pan ymddengys fod Ceridwen Morgan wedi colli'i phwyll go iawn, yr adlewyrchir ei hansadrwydd yn glir gan y naratif. Ac yntau'n ymdrin â thema debyg, fe lwyddodd Caradog Prichard i oresgyn problem greadigol debyg drwy fabwysiadu technegau modernaidd – llif yr ymwybod a'r ymson fewnol – i gyfleu byd lloerig *Un Nos Ola Leuad* (1961).

Fe ymestynnwyd ffiniau'r nofel Gymraeg mewn modd digynsail gan waith Caradog Prichard, nofel Joyceaidd athrylithgar, un fawr ei dylanwad ond annynwaredadwy. Yn wir, 'Nofel/Cerdd' Dafydd Rowlands, *Mae Theomemphus yn Hen* (1977), yw un o'r ychydig destunau Cymraeg eraill y gellid cymhwyso'r ansoddair 'Joyceaidd' ati. Hwn yn ddieithriad yw'r testun Cymraeg y cyfeiria awduron blaengar fel Angharad Tomos, Wiliam Owen Roberts a Robin Llywelyn ato wrth sôn am eu hysgogiadau llenyddol.[28] Oni welir ôl ei hadrannau salmaidd ar naratif farddonol *Sarah Arall* (1982), nofel y dywedodd Branwen Jarvis amdani fod rhannau ohoni'n darllen fel cerddi prôs?[29] Onid ei chynllun amseryddol chwâl hi yw'r cynsail ar gyfer cronoleg gymhleth *Si Hei Lwli* (1991)? Ac oni ryddhawyd Wiliam Owen Roberts a Robin Llywelyn yn greadigol gan naws ddiedifar lafar y nofel ac enwau priod ei chymeriadau amryliw?

Ar ôl y dyddiadur carchar realaidd *Yma o Hyd* (1985), cyhoeddodd Angharad Tomos *Si Hei Lwli* (1991), nofel fwy mentrus fodernaidd ei chynllun sy'n cynnwys elfen o ffantasi. Yn y nawfed bennod y ceir yr enghraifft orau o hyn: mae'r pellter

rhwng Eleni a Bigw, ei modryb hynafol, yn peidio dros dro a'r
ddwy yn closio fel cyfeillion mynwesol:

Tasgodd cudynnau o wallt gwinau hardd o'i phen, toddodd ei
sbectol i ddangos pâr o lygaid sionc, esmwythodd ei chroen fel
cotwm dan hetar, diflannodd y crychau, a daeth rhyw wytnwch
newydd i'w chorff. Gallwn arogli ei ffresni a'i hawydd i fyw.
Edrychodd y ddwy ohonom ar ein gilydd a chwerthin a chwerthin
a chwerthin heb reswm yn y byd.[30]

Golygfa ddynol, realaeth hudol hyfryd sy'n dwyn i gof ffuglen
Milan Kundera a Gabriel Gárcia Márquez. Serch hynny, er bod
Angharad Tomos yn parhau'n arbrofol ei natur yn *Titrwm* (1994)
ac *Wele'n Gwawrio* (1997), yng ngwaith Wiliam Owen Roberts,
Robin Llywelyn a Mihangel Morgan y gwelir y defnydd mwyaf
cyson o ddulliau ôl-fodernaidd.

M. Wynn Thomas, wrth nodi fod confensiwn y nofel realaidd
Gymraeg wedi gwisgo'n dwll, a gyfeiriodd ein hawduron at ein
traddodiad rhyddiaith cynharach:

. . . mi fydde'n dda gen i weithiau petai nofelwyr Cymru, dros dro
beth bynnag, yn bwrw heibio ffurf realaeth. Rwy'n credu fod
hwnna wedi mynd yn ffurf rhy ystrydebol, rhy gyfarwydd, rhy
gyfforddus o lawer. Fe hoffen ni eu gweld nhw yn sylweddoli taw
yn y Gymraeg y sgrifennwyd y Mabinogi . . .[31]

Yr un oedd byrdwn Wiliam Owen Roberts:

Mae ein rhyddiaith ni wedi cael ei heijacio gan realaeth . . . Ein
traddodiad go iawn ni ydi'r Mabinogi lle'r oedd dynion yn gallu
troi'n anifeiliaid, neu'n bysgod. Mae Kate Roberts, T. Rowland
Hughes a'r rhain i gyd mewn traddodiad negyddol, saff.[32]

Er mor gosmopolitan eu naws yw gweithiau'r awduron hyn,
felly, mae'r cynseiliau Cymreig hwythau'n ddigon hysbys. Fel yr
awgrymwyd hefyd wrth gyfeirio at gamp Daniel Owen, mae rhai
elfennau yn ei nofelau sy'n tynnu'n groes i'r patrwm realaidd,
elfennau a ecsbloetir yn llawn, os mewn cywair eironig, gan y
nofelwyr diweddar hyn. Ond os derbyniwn, am y tro o leiaf, fod
yr awduron hyn wedi ailddiffinio'r nofel Gymraeg yn radical,

tybed nad mater o ymbellhau oddi wrth nofel realaidd y
bedwaredd ganrif ar bymtheg mo hyn yn gymaint â dychwelyd
at ffrwd gynhenid rhyddiaith Gymraeg?
   Ar ôl ei *début* llachar fel nofelydd gyda *Bingo!* (1985), cyhoedd-
odd Wiliam Owen Roberts *Y Pla* (1987), nofel ideolegol eithriadol
o'i bath. Nid yn unig y daw hi â chysyniad fel mewndestunoli i
ganol ffuglen Gymraeg drwy drawsblannu, er enghraifft,
geiriau'r Calfin Bobi Jones ynghylch gwrthryfel yn erbyn
traddodiad yng ngenau'r Pab Clement VI o'r bedwaredd ganrif
ar ddeg:[33] y mae hefyd yn destun cyfeiriadol ar ei hyd. Yn
gyffredinol, tynnodd holl draddodiad y nofel hanes Gymraeg yn
ei ben; yn fwy penodol, y mae'r nofel yn '[w]rthbwynt penodol'
i *Y Gaeaf Sydd Unig* (1982) gan Marion Eames a *Betws Hirfaen*
(1978) gan J. G. Williams.[34] Nid yr un yw'r nofel hanes Gymraeg
ers cyhoeddi'r campwaith chwyldroadol hwn: nid ar y
dywysogaeth freiniol y mae ei ffocws ond ar y taeogion gwerinol
ar waelod y domen gymdeithasol; nid darlun delfrydoledig o
Gymru annibynnol yn yr Oesoedd Canol y byddai Saunders
Lewis wedi gwirioni arni sydd yma ond darlun sy'n
ymdrybaeddu yn y cwrs a'r arisel a'r grotésg yn null Ellis
Wynne; ac yn hytrach nag ymgroesi rhag anachroniaeth – pechod
marwol y nofelydd hanes clasurol – gwna'r nofel hon yn fawr
ohoni drwy ddod i ben gyda chyrch milwrol gan hofrenyddion a
thanciau o America fodern. Does dim syndod mai 'nofel gyfoes'
yw disgrifiad ei broliant ohoni a'r darllenydd ar ei diwedd fel
petai wedi ei daflu bendramwnwgl o Eifionydd y bedwaredd
ganrif ar ddeg i Vietnam yn ail hanner yr ugeinfed ganrif! O
ystyried sgôp uchelgeisiol y nofel hon – hanes maerdref Dolben-
maen wedi'i gyfosod â phererindod y Mwslim Ibn al Khatib –
does dim syndod fod cyfieithiadau ohoni wedi goresgyn ffiniau
rhyngwladol.[35]
   'Synnwn i ddim pe bai'r gyfrol hon yn gwyrdroi holl ddis-
gwyliadau darllenwyr Cymraeg ac yn agor pennod newydd
arwyddocaol yn hanes ein rhyddiaith ffuglennol': geiriau
hyderus Robert Rhys, un o feirniaid y Fedal Ryddiaith yn Aber-
ystwyth yn 1992 pan ddyfarnwyd y wobr i Robin Llywelyn.[36]
Coctêl meddwol yw *Seren Wen ar Gefndir Gwyn* sydd nid yn unig
yn ein hatgoffa mai yn y Gymraeg y sgrifennwyd y Mabinogi
ond hefyd yn ein hatgoffa am Ellis Wynne a J. R. Tolkien, am Wil
Sam a Franz Kafka. A newid y cyfrwng, ef yw Steven Spielberg y

byd llenyddol Cymraeg a'i nofel yn meddu ar gast Holly-
woodaidd ei faint. O fewn y tair tudalen cyntaf yn unig mae
cymeriadau a'u henwau'n siarad cyfrolau, rhai fel Dei Dwyn
Wya, Siffrwd Helyg Rallt, Anwes Bach y Galon, Betsan Bawb,
Gwil Sgrin Bach a Wil Chwil, yn ymddangos. Mae'r hanesion
anhygoel am Gwern Esgus sy'n ymddangos ar sgrin cyfrifiadur
Zählappell yng nghastell Entwürdigung yn dwyn i gof y
chwedlau niferus a ymgasglodd o gwmpas ffigur Arthur ac un
o'r cyfatebiaethau cryfaf yw hwnnw â chwedl *Culhwch ac Olwen*:
fe'n hatgoffir am yr anoethau rhyfeddol ac anodd y bu'n rhaid i
Gulhwch eu cyflawni yn unol â gorchymyn Ysbaddaden
Bencawr cyn iddo ennill Olwen gan yr hyn y gorfodir Gwern
Esgus, Pererin Byd a Tincar Saffrwm i'w wneud.

Erbyn meddwl, nid yw'r cyfeiriad gynnau at ffilm mor
anaddas â hynny wedi'r cyfan gan mor bwysig yw'r cyfrwng
i gylch cyfeiriadol nofelau fel *Bingo!* a *Dirgel Ddyn*. Yn groes
i gyngor Williams Parry i feirdd Cymru, aeth awduron ôl-
fodernaidd at lenyddiaeth am ysbrydiaeth, a gwelir hyn yn
amlwg dim ond o droi at deitlau rhai straeon byrion yn unig.[37]
Yn achos nofel gyntaf Mihangel Morgan, byddai Mr Cadwaladr,
prif gymeriad *Dirgel Ddyn* (1993), a thraethydd *Y Dreflan* (1881)
wedi deall ei gilydd i'r dim: 'Rhinwedd y cyffredin yw
taclusrwydd'[38] yw geiriau agoriadol adroddwr annibynadwy y
naill; 'Nid wyf fi wedi addaw hanes cysylltiol a chyfrodeddol',[39]
meddai'r llall cyn mynd rhagddo i gyffelybu ei ddull o gofnodi ei
hanes i ddull Spot y ci. Byddai defnydd Mihangel Morgan o gyd-
ddigwyddiad mor allweddol ag ymddangosiad Ann Griffiths yn
y dosbarth nos gydag i Mr Cadwaladr ei chofrestru fel 'dirgel
ddynes' wedi goglais Daniel Owen, a'r datgeliad ar ddiwedd y
nofel, mai creadigaeth o'i ben a'i bastwn ei hun fu'r greadures
honno o'r cychwyn cyntaf, yn dinoethi perfeddion ffuglennol y
nofel mewn modd mwy mentrus na'r ystryw a ddefnyddir reit ar
gychwyn *Rhys Lewis* hyd yn oed. Ond yn wahanol i Daniel
Owen, dyw Mihangel Morgan ddim am i'w ddarllenwyr 'atal eu
hanghredinedd'; onid un o fwriadau ei nofel yw atgoffa'r
darllenwyr am natur ffuglennol ffuglen Gymraeg? 'Amser:
fersiwn gwahanol o'r gorffennol diweddar', meddai'r nodyn ar
ddechrau'r nofel; y 'fersiwn' hwnnw sy'n bwysig, gair sy'n
awgrymu ymdrech mor seithug yw honno i atgynhyrchu realiti
mewn rhyddiaith:

... beth a olygir wrth 'realaidd'? Y gwir amdani yw nad oes dim un llyfr erioed wedi gallu adlewyrchu 'realiti' yn ei grynswth. Buasai'n cymryd ugain tudalen i ddisgrifio'r weithred o agor drws, a hyd yn oed wedyn, nid y weithred o agor drws a geid eithr disgrifiad mewn geiriau o'r weithred, a fyddai hwnna ddim yn 'realiti'.[40]

Nid at ddirgel ddynes y nofel y cyfeiria'r teitl chwaith, sylwer, ond at Mr Cadwaladr, y dirgel *ddyn*, arwydd i'n hatgoffa nad yw yntau'n bod mewn gwirionedd y tu hwnt i ffiniau'r nofel ac mai ffrwyth dychymyg yr awdur ydyw. Ffuglen yw hon sy'n ymorchestu yn ei statws ffuglennol. Mewn gair, metaffuglen.[41]

Sut yr aed ati i ennill y rhyddid hwn ar gyfer y nofel Gymraeg gyfoes? Mewn sgwrs rhyngddo a Robin Llywelyn, fe holodd R. Gerallt Jones am *Seren Wen ar Gefndir Gwyn*: '. . . dydach chi ddim yn dilyn gwreiddiau'r nofel yma'n ôl i unrhyw ddigwyddiada pendant yn eich profiad personol chi?' A'r ateb: '. . . doeddwn i ddim isio sgrifennu stori hunangofiannol . . . mi oeddwn i isio mynd oddi wrth betha oedd yn amlwg yn rhan o 'mywyd i'.[42] Ymddengys fod yma ymwrthod bwriadus â phrofiad uniongyrchol bersonol, y math o brofiadau neu gysylltiadau sy mor nodweddiadol o'r nofel Gymraeg fel arfer; hyd yn oed wrth ddarllen *Un Nos Ola Leuad*, y nofel fwyaf dychmygus a ragflaenodd y rhai diweddar, mae'n amhosib diystyru'n llwyr agweddau ar brofiad personol yr awdur ei hun. Caniataodd y ffantasi hon a leolwyd mewn rhyw fath o ddyfodol i Robin Llywelyn ymbellhau oddi wrth ei oes a'i brofiad ei hun yr un fath ag a ganiataodd dyfais y freuddwyd i Ellis Wynne wneud rhywbeth tebyg ddechrau'r ddeunawfed ganrif. Onid agwedd arall ar yr un peth, ymgais i hawlio rhyddid ffuglennol i'r awdur ac i dynnu sylw oddi wrth ei bersonoliaeth ef a'i ganolbwyntio ar y testun llenyddol, sydd y tu cefn i amharodrwydd Mihangel Morgan i ddweud rhyw lawer amdano'i hun yn gyhoeddus?[43]

Does dim syndod fod M. Wynn Thomas wedi cyfeirio yn ei adolygiad ar *Dirgel Ddyn* at '[y] criw mwya disglair o nofelwyr a gafwyd, hwyrach, yn y Gymraeg'.[44] O'r diwedd, fe ymddengys fod yma ddilyniant, sef to cyfan o nofelwyr yn fodlon ymestyn ffiniau'r *genre* gyda'u dychymyg ac nid ambell unigolyn yn cyhoeddi testun eithriadol unwaith yn y pedwar amser. Pam, tybed, fod yr hatsys creadigol hyn wedi eu codi yn ystod y blynyddoedd diwethaf? Wrth iddo resynu ddechrau'r 1990au at yr ysfa barhaus i 'ddysgu gwers, moeswers, moesoli' mewn llenyddiaeth Gymraeg, fe awgrymodd M. Wynn Thomas mai un rheswm dros y tueddiad hwn oedd dylanwad Anghydffurfiaeth:

Rwy'n credu fod dylanwad Anghydffurfiaeth wedi bod yn drwm, a hwyrach yn anffodus, ar lên Cymru yn y ffyrdd hynny . . . rwy'n amau weithie . . . yng Nghymru – oherwydd ein hanes – bod ofn y dychymyg arnon ni, bod ofn bywiogrwydd y dychymyg arnon ni a'n bod ni'n trial ei ffrwyno fe gymaint ag y gallwn ni.[45]

Wrth ystyried parodrwydd yr awduron dan sylw i gofleidio'r dychymyg, felly, trai Anghydffurfiaeth a llanw seciwlariaeth yw'r ystyriaeth gyntaf. Er mor seicadelig yw'r ddelwedd a feddwn o gymdeithas oddefgar y 1960au, roedd y gweinidog yn dal i gyfri digon ar y pryd i hawlio rhan ganolog yn nwy o nofelau diffiniol y cyfnod, *Ienctid yw 'Mhechod* (1965) a *Tywyll Heno* (1962); y mae godineb Emrys Rees yn achos panig moesol yn hytrach nag yn destun sbort. *Sarah Arall* sy'n darlunio'r newid cymdeithasol gliriaf: a hithau wedi ei lleoli yng nghefn gwlad Sir Gaerfyrddin o bobman, mae'r hipi yn gymeriad amlwg, y pregethwr yn anweledig. Cenhedlaeth ddi-foes yw un Sara: 'Mae Mam yn dweud nad oes dim cywilydd ar fy nghenhedlaeth i ac mai dyna sydd o'i le ar y to sy'n codi yn gyffredinol. Mae Dad yn dweud mai'r rheswm am hynny yw nad ydyn ni'n gwybod beth yw ofni rhywbeth mwy na ni ein hunain.'[46] Erbyn y 1980au a'r 1990au, wele genhedlaeth o Gymry sy wedi ymryddhau o faglau crefydd gyfundrefnol. Ni chelodd Mihangel Morgan ei agwedd wrthgrefyddol erioed, a hyd y gwyddys, nid yw Robin Llywelyn chwaith yn coleddu unrhyw syniadau trosgynnol.[47] Mae'n arwyddocaol hefyd mai Marcsydd yw Wil Roberts a'i fod yn gyd-awdur y gomedi sefyllfa *Teulu'r Mans* a wylltiodd gynifer o grefyddwyr yn gacwn ddiwedd y 1980au, ffars ddiedifar a brofodd nad oedd yr un fuwch sanctaidd yn aros.[48] Ac wrth fynd heibio, mae'r enghraifft hon yn codi sgwarnog arall, sef effaith ddiwylliannol S4C – yn ystyr ehangaf y gair – oddi ar ei sefydlu yn 1982, y tyndra a gyfyd, er enghraifft, wrth i gyfrwng bydol a chosmopolitan yn ei hanfod geisio darparu ar gyfer diwylliant sy wedi rhoi'r fath bwys ar werthoedd ysbrydol a thraddodiadol. Siawns nad ydi hynny hefyd wedi creu awyrgylch sy'n barotach i groesawu newydd-deb a rhyddid y nofelau diweddar. Yn sicr, does ar yr un o'r awduron hyn ofn trafod yr ysgrythur yn ysgafn.[49] Yn ôl tystiolaeth diweddglo 'crefyddol' *Si Hei Lwli* (1991) ac *Wele'n Gwawrio* (1997), Angharad Tomos, yn ôl pob golwg, yw'r eithriad sy'n profi rheol. Fel arall, dyma do o awduron gwrth-Gristnogol y byddai Saunders Lewis wedi eu croesawu â breichiau agored mor bell yn ôl â 1927 yn ôl tystiolaeth ei 'Lythyr ynghylch Catholigiaeth'.[50]

Yr ail ystyriaeth yw'r hyn a ddigwyddodd i genedlaetholdeb uniongred yn dilyn *débâcle* 1979. A hithau wedi rhoi ei holl fryd o'r cychwyn cyntaf yn 1925 ar sicrhau ymreolaeth i Gymru a hefyd wedi gweld y momentwm cenedlaetholaidd yn cynyddu fwyfwy oddi ar y 1960au, difethwyd *raison d'être* Plaid Cymru pan bleidleisiwyd â'r fath fwyafrif yn erbyn y mesur datganoli yn refferendwm Dygwyl Dewi'r flwyddyn honno. Oherwydd safle bregus Cymru a'i hiaith, hawliodd cenedlaetholdeb a'r athroniaeth a ddeuai yn ei sgil deyrngarwch greddfol y rhan fwyaf o ddigon o lenorion Cymraeg y ganrif hon. Yn ymwybodol neu'n anuniongyrchol, cynhwyswyd llenyddiaeth yn y frwydr i achub Cymru a does dim syndod, o'r herwydd, fod llawer o'r llenyddiaeth honno'n amddiffynnol ei hysbryd. Saunders Lewis a Kate Roberts yw'r enghreifftiau clasurol. Oedd, roedd y ddau'n benderfynol na fydden nhw'n cyfaddawdu eu safonau celf-yddydol nac yn ildio'u hannibynniaeth greadigol i ddibenion gwleidyddol, a do, fe warchododd y ddau eu hintegriti fel artistiaid. Ond byddai'n anodd os nad yn ddi-fudd ped ystyrid yr hyn a sgrifennwyd gan y ddau yma, dau genedlaetholwr hyd fêr eu hesgyrn, yn gwbl annibynnol ar eu credo wleidyddol. Saunders Lewis a ddywedodd am *Traed Mewn Cyffion* adeg ei chyhoeddi: 'Y mae sgrifennu fel yna yn act o amddiffyniad i'r genedl.'[51]

Ar y naill law, felly, fe sicrhaodd cenedlaetholdeb Cymreig gyfeiriad a phwrpas a hunaniaeth i lenyddiaeth. Dyna'r waredig-aeth gelfyddydol, ond y peryg oedd i beth o'r llenyddiaeth honno fynd yn syniadol ragweladwy ac yn dechnegol geid-wadol. Synhwyrir hefyd ragdybiaeth o du ambell feirniad y dylai'r nofel fod yn ymarferol ei hergyd a thryloyw ei pherthnasedd, rhywbeth a welir yn yr ymateb cyfoes i *Monica* a

*Ffenestri Tua'r Gwyll*: awgrymwyd bod lleoliad y naill yn anghymreig a chymdeithas y llall yn annichonadwy.[52] Yn sicr, nid er mwyn iddi gael mynd yn forwyn fach i genedlaetholdeb yr ymryddhawyd y nofel o afael iwtilitariaeth, fel erfyn i sectyddiaeth neu ddirwestiaeth, yn ystod y ganrif ddiwethaf. Os ystyrir y pedair nofel sy'n perthyn yn fras i hanner cyntaf yr ugeinfed ganrif, ai cyd-ddigwyddiad yw hi mai dwy a hyrwyddai ddelwedd ffafriol o'r werin Gymraeg oedd *Traed Mewn Cyffion* a *William Jones* dderbyniol ac mai dwy a dynnai ddarlun annymunol o'r dosbarth canol Cymreig oedd *Monica* a *Ffenestri Tua'r Gwyll* wrthodedig?

Tybed hefyd nad oes arwyddocâd yn y ffaith mai alltud o Dori, wedi ei ryddhau yn ddaearyddol – er nad yn emosiynol chwaith – oddi wrth ymrwymiadau gwladgarol, oedd awdur *Un Nos Ola Leuad*, rhagredegydd y nofelau diweddaraf hyn? Yn sicr, wrth i lenorion Cymraeg gael eu rhyddhau oddi wrth ymrwymiadau cenedlaetholaidd, fe'u rhyddhawyd yn greadigol hefyd. Ers diwedd y 1970au, fe heriwyd yn sylfaenol holl ffordd o feddwl a sgubo nifer o ragdybiaethau o'r neilltu. Tra chwalai'r consensws cenedlaetholaidd yn ystod y 1980au a'r 1990au, ymledodd efengyl hunan-les dan ddylanwad Thatcheriaeth: bychanwyd y cysyniad o gymdeithas a difethwyd cymunedau ledled Cymru wrth i ddiwydiannau trymion fel y diwydiant glo droi'n sglyfaeth i bolisïau monetaraidd. Gorseddwyd unigolyddiaeth a phreifateiddiwyd moesoldeb. Trosiad o'r byd datgymaledig hwn a ddarlunnir rhwng cloriau *Dirgel Ddyn*. Fel yr awgrymai teitl nofel Aled Islwyn, *Cadw'r Chwedlau'n Fyw* (1984), ni welwyd unrhyw barodrwydd ar ran nofelwyr y to ieuengaf i gynnal yr hen fytholeg draddodiadol yn y byd newydd oedd ohoni. Ond er gwaetha'r hinsawdd ddiwylliannol fygythiol ar y pryd, ymatebodd ein nofelwyr yn greadigol i'r her drwy lunio cyfres o chwedlau newydd. Yn driw i ysbryd eclectig – rhagor monolithig – diwylliant diweddar, nid syndod gweld y cywair yn amrywio, yng ngwaith Wiliam Owen Roberts a Robin Llywelyn yn enwedig, o'r ffurfiol i'r baróc i'r tafodieithol. Llwyddodd y nofel Gymraeg o leiaf i ffynnu ar ansefydlogrwydd ac anghydfod ac amrywiaeth. Yn hyn o beth, fe ddaeth ei dydd a throwyd yr hyn yr arferid cyfeirio ato fel ei gwendid, sef ei diffyg traddodiad, yn gryfder: llwyddwyd i fanteisio ar y ffaith mai hi yw'n *genre* llenyddol ieuengaf a'r un lleiaf caeth wrth draddodiad. Yn achos ein ffuglen fwyaf *avant-garde*, peidiodd llawer o'r hen amddiffynoldeb a datblygodd yn hyderus ac ymosodol. Ai pris ei rhyddid newydd yw bod ein ffuglen ddiweddar wedi colli ei chydwybod gymdeithasol?[53] Ai ffuglen fewnblyg yw hi sy'n syllu'n narsisaidd ar ei champau hi ei hun? Er gwaetha'r peryglon a ddaw o orweithio unrhyw wythïen lenyddol, go brin fod hyn yn wir yn achos yr enghreifftiau gorau ohoni. Wedi'r cyfan, mae yna ddimensiwn alegorïaidd i *Seren Wen ar Gefndir Gwyn* y gellir ei gymhwyso at sefyllfa Cymru ac mae'r ffaith fod Tir Bach yn llwyddo i drechu Gwlad Alltud yn y pen draw fel petai'n gwireddu'r broffwydoliaeth genedlaetholaidd y daw dydd y bydd mawr y rhai bychain. Ond perthnasedd yn nhraed ei sanau yw hwn, nid rhywbeth a gyhoeddir gan yr awdur mewn esgidiau hoelion wyth. Stori arall yw hi yn achos Wiliam Owen Roberts: yr un fath â Bertold Brecht neu Howard Brenton, dyw ei gonsýrn gwleidyddol byth braidd o'r golwg, ond gan fod ganddo'r fath *repertoire* ffuglennol at ei ddefnydd fe lwydda bron bob gafael i ddiriaethu ei weledigaeth yn afaelgar. Wrth iddo fwrw golwg yn ôl ddechrau'r 1980au dros hynt y nofel Gymraeg ers canol y 1970au, bu'n rhaid i Steve Eaves gyfaddef nad oedd y nofel Gymraeg 'yn faes mor fywiog a chyffrous â barddoniaeth ddiweddar':

Y drwg pennaf, wrth gwrs, yw nad oes gan y nofel yng Nghymru draddodiad hirfaith i feistri ceidwadol ei amddiffyn yn huawdl a helaethu arno, ac i arbrofwyr wyro oddi wrtho a'i stumio'n greadigol. O ganlyniad, 'does 'na ddim cymaint o drin a thrafod a phegynu barn ynghylch y nofel. Anodd, er enghraifft, fyddai dychmygu ffrae gyhoeddus ynghylch rhinweddau rhyw nofel, neu ddull o nofela, ar ddalennau'r *Faner*, neu ar y radio, neu hyd yn oed yng nghyfarfodydd llenyddol y Brifwyl. Ond peth digon cyffredin yw ffraeo cyhoeddus ynglŷn â barddoniaeth.[54]

Nid diflaniad *Y Faner* mo'r unig beth sy'n gwahaniaethu'r cyfnod presennol oddi wrth ddechrau'r 1980au. Os yw dadleuoldeb yn arwydd o gryfder, yna ni fu'r nofel Gymraeg yn fywiocach nac yn iachach nag yn ystod y blynyddoedd diwethaf: am ei natur hi y bu'r ffraeo llenyddol ffyrnicaf.[55] Ac fel yr awgrymwyd eisoes, llwyddodd i droi'r dŵr i'w melin ei hun gan fod gwyrdroi a pharodïo a gwneud hwyl am ben y traddodiadol yn rhan o ysbryd yr ôl-fodernaidd.

Nid bod ffyniant yr ôl-fodernaidd yn golygu tranc y realaidd; i'r gwrthwyneb, rhydd gyfle iddi ymadnewyddu ac ymgryfhau ac ailddarganfod ei chryfderau. Bydd geiriau David Lodge yn gysur i'r sawl sy'n amau hynny:

Mae'r nofel fel petai'n symud mewn cylchoedd: rŷch chi'n cael cyfnod realaidd, yna rhyw ffasiwn swrealaidd neu wrthrealaidd. Efallai'n bod nawr yn dychwelyd at nofel fwy realaidd, ac y bydd y triciau metaffuglennol yn mynd yn llai poblogaidd.[56]

Prun bynnag, mae nofelau llwyddiannus fel *Brân ar y Crud* (1995) gan Martin Davis a *Crac Cymraeg* (1996) gan Robat Gruffudd wedi ymddangos hefyd yn ystod y blynyddoedd diwethaf. At hynny, onid arwydd o iechyd llenyddol oedd fod dwy nofel mor wahanol i'w gilydd ag *O'r Harbwr Gwag i'r Cefnfor Gwyn* gan Robin Llywelyn a *Smôc Gron Bach* gan Eirug Wyn wedi mynd â dwy brif wobr yr Eisteddfod Genedlaethol am ryddiaith yn 1994? Does dim dwywaith na fu hi'n dda wrth y sgrifennu dychmygus diweddar hwn sy wedi agor llygaid llenorion yn gyffredinol i'w rhyddid.

*Cyfeiriadau*

1. Daniel Owen, yn E. G. Millward (gol.), *Rhys Lewis* (1885; arg. Caerdydd, 1993), 38.
2. Saunders Lewis, *Daniel Owen* (Aberystwyth, 1936), 15.
3. Mae hynny'n wir am *Enoc Huws* hyd yn oed: er gwaethaf bwriad ei hawdur iddi fod yn 'rhyw fath o atodiad' i *Rhys Lewis* ac, er bod rhai o hoff gymeriadau y nofel honno'n ailymddangos ynddi, does dim dwywaith ei bod hi'n llawer amgenach na nofel ddilyniant a'i bod yn meddu ar ei bywyd annibynnol ei hun. Gweler E. G. Millward (gol.), *Enoc Huws* (1891; arg. Caerdydd, 1995), 3.
4. *Daniel Owen*, 17.
5. Dyfynnwyd yn Derec Llwyd Morgan, *Barddoniaeth Thomas Gwynn Jones* (Llandysul, 1972), 11.
6. 'Cyflwyniad', *Enoc Huws*, xiv.
7. Y man cychwyn yw'r ddwy gyfrol o ysgrifau a olygwyd gan Urien Wiliam yng Nghyfres y Meistri, *Daniel Owen* (Llandybïe, 1983). Y gyfres amrywiol o ddarlithoedd a gyhoeddwyd gan Bwyllgor Ystafell Goffa Daniel Owen yn yr Wyddgrug yw'r ffynhonnell nesaf: rhwng 1976, pan gyhoeddwyd *Nofelydd yr Wyddgrug* gan John Gwilym Jones, a 1991, pan gyhoeddwyd *Daniel Owen a Natur y Nofel* gan Glyn Tegai Hughes, argraffwyd cyfanswm o ddeg darlith; gweler yn ogystal gyfraniad William R. Lewis at yr un gyfres, 'Enoc Huws a'r Llwyfan', yn

*Taliesin*, 98 (Haf 1997), 55–67. Gweler hefyd John Gwilym Jones, *Daniel Owen* (Dinbych, 1970); Ioan Williams, *Capel a Chomin* (Caerdydd, 1989); a John Rowlands, 'Daniel Owen', *Ysgrifau ar y Nofel* (Caerdydd, 1992), 1–83. Ar hyn o bryd, mae Robert Rhys wrthi'n paratoi cofiant i Daniel Owen, astudiaeth y gwelwyd ei blaenffrwyth eisoes ar dudalennau *Taliesin*, 92 (Gaeaf 1995), 49–78: 'Neilltuaeth Cystudd 1876–1881: Pregethau, Cymeriadau, Nofel'.
8. 'Y Nofelydd', yn Islwyn Ffowc Elis (gol.), *Edward Tegla Davies: Llenor a Phroffwyd* (Lerpwl, 1956), 101.
9. Saunders Lewis, *Daniel Owen*, 59. Er mor anwyddonol yw'r ymarferiad, mae'n ddiddorol nodi fod naw o blith y pymtheg testun a drafodir yn benodol yn y gyfrol hon yn cynnwys llai na 200 o ddudalennau; eu hyd, ar gyfartaledd, yw 153. Efallai'n arwyddocaol, cynnyrch cystadlaethau eisteddfodol yw pump ohonynt.
10. Adolygiad ar *Monica*, *Y Tyst*, 59 (12 Chwefror 1931), 9.
11. Adolygiad ar *Monica*, *Yr Eurgrawn Wesleaidd*, 123 (4, Ebrill 1931), 152.
12. 'Llenyddiaeth Newydd Cymru, 1930', *Yr Efrydydd*, 7 (6, Mawrth 1931), 164.
13. Synhwyrir drwgdeimlad Tegla Davies tuag at Saunders Lewis yn ei gyfeiriad coeglyd ato fel 'pentywysog byd llenyddol Cymru heddiw' yn ei adolygiad ar *Monica* (151). Tybed nad y rheswm am hyn oedd awydd meidrol Tegla Davies i dalu'r pwyth yn ôl i Saunders Lewis am yr hyn a ddywedodd amdano ef a'i nofel, *Gŵr Pen y Bryn* (1923), yn *An Introduction to Contemporary Welsh Literature* (Wrecsam, 1926) bum mlynedd ynghynt?

Unhappily the work is planned on the pattern of a sermon, with an introduction and three heads, and what should have been a rigorous study in the development of a weak nature turns in the end to piety and edification . . . What Tegla Davies lacks is cruelty, or in other terms artistic integrity. He wants to save people, even the people of his imagination. He cannot leave them to complete the evil that is in them, but must convert them to repentance and amiability. That kind of mind is not likely to produce a masterpiece of fiction . . . (12–13)

Mor fuan â hyn yn ei yrfa, gwelir delwedd ohono fel 'Aderyn heb gâr ac enaid digymar heb gefnydd', chwedl R. Williams Parry ('J.S.L.', *Cerddi'r Gaeaf* (Dinbych, 1952), 76), yn ymffurfio.
14. Er bod J. Gwyn Griffiths a Kate Roberts wedi cyfeirio at *Monica* yn ganmoliaethus ill dau, y naill yn 'Saunders Lewis', yn Aneirin Talfan Davies (gol.), *Gwŷr Llên* (Llundain, 1948), 125–6, a'r llall yn 'Rhyddiaith Saunders Lewis', yn Pennar Davies (gol.), *Saunders Lewis: Ei Feddwl a'i Waith* (Dinbych, 1950), 52–64, bu'n rhaid aros ugain mlynedd arall cyn cael ymdriniaeth gyflawn â hi gan John Rowlands yn 'Nofelau Saunders Lewis', yn J. E. Caerwyn Williams (gol.), *Ysgrifau Beirniadol V* (Dinbych, 1970); ailgyhoeddwyd yn John Rowlands, *Ysgrifau ar y Nofel*, 85–108. Fe'i dilynwyd gan R. Gerallt Jones yn 'Y Traddodiad a Drai', *Ansawdd y Seiliau* (Llandysul, 1972), 62–72, ac yn ddiweddarach gan Islwyn Ffowc Elis yn 'Dwy Nofel', yn D. Tecwyn Lloyd a Gwilym Rees Hughes (gol.), *Saunders Lewis* (Abertawe, 1975), 124–45. A chyn diwedd y degawd neilltuodd Bruce Griffiths ofod i'w thrafod yn *Saunders Lewis* (Caerdydd, 1979), 30–5.
15. 'Nofelau Saunders Lewis', *Ysgrifau ar y Nofel*, 85.

16. Nid oedd Iorwerth Peate yn barod i gydabod rhagoriaeth dechnegol y nofel hyd yn oed yn ei adolygiad arni: '. . . llenwir y stori hon â deunydd nad oes dim o'i angen, a phe tynnid hwnnw allan, ysgerbwd stori fer sy'n aros. A dyna yw hon – stori fer wedi ei sgrifennu'n ddigon anghynnil i gymryd maintioli nofel, heb odid un o hanfodion gwir nofel yn perthyn iddi.' Achubodd W. J. Gruffydd ei cham: '. . . dyma'r adrodd stori mwyaf celfydd a welwyd yng Nghymru erioed'; gweler 'Nodiadau'r Golygydd', *Y Llenor*, 10 (1, Gwanwyn 1931), 59.

17. 'At y Darllenydd', yn E. G. Millward (gol.), *Gwen Tomos* (1894; arg. Caerdydd, 1992), i: 'Cenfydd y darllenydd mai ystori hynod o syml ydyw *Gwen Tomos* . . . Nid oes ynddi ddirgeledigaethau na chyd-ddigwyddiadau rhyfedd ac annisgwyliedig fel a geir yn gyffredin mewn nofelau . . . Bwriedais i'r hanes fod yn *true to nature* . . .' Tybed nad arwydd o ymgais Daniel Owen i sefydlu purach cysyniad o realaeth oedd hyn, hynny yw, yn rhydd o ormes plot rhy glawstroffobig?

18. Pedwaredd nofel T. Rowland Hughes, *Chwalfa* (1946), a ddenodd yr ymateb mwyaf brwd. Yn ôl Iorwerth Peate yn *Y Cymro*, 'Yn hon eto profodd yn ddiamheuol mai ef yw nofelydd amlycaf Cymru er dyddiau Daniel Owen – ac nid wyf yn awgrymu bod Daniel Owen yn fwy nag ef.' Meddai Caradog Prichard yn *Y Ddinas*: 'Wedi cyhoeddi'r nofelau eraill, clywais amryw o bobl a'u darllenodd yn dywedyd am T. Rowland Hughes, "Dyma'r nofelydd Cymraeg gorau a gawsom ers Daniel Owen." Wel, wedi darllen y nofel ddiweddaraf, gallaf ddweud wrthych yn ddibetrus, "Y mae hwn yn well na Daniel Owen."' Ar y radio, fe honnodd Myrddin Lloyd fel hyn: 'Nid oes bellach ond Daniel Owen i'w gymharu ag ef fel nofelydd Cymraeg.' Dyfynnwyd y sylwadau hyn gan Edward Rees, awdur *Cofiant T. Rowland Hughes* (Llandysul, 1968), 164–5. Ac yn ôl Saunders Lewis o bawb yn ei adolygiad ar *William Jones*, Y Faner (7 Chwefror 1945): 'Fy nheimlad i yw bod Mr Hughes yn llwyrach nofelydd na neb a sgrifennodd yn Gymraeg wedi Daniel Owen. Ef yw etifedd Daniel Owen.'

19. T. Rowland Hughes, *William Jones* (Aberystwyth, 1944), 232.

20. Adolygiad ar *William Jones*, Y Faner (7 Chwefror 1945).

21. Gweler yr unfed bennod ar ddeg, 'The Big Strike' (134–52), yn *We Live* (1939; arg. Caerdydd, 1978). Ystyrier hefyd y darlun dadleuol a dynnodd Saunders Lewis ei hun o'r de dirwasgedig yn 'Y Dilyw 1939', *Byd a Betws* (Aberystwyth, 1941); ailgyhoeddwyd yn R. Geraint Gruffydd (gol.), *Cerddi Saunders Lewis* (Caerdydd, 1986), 10–12.

22. Gweler Wiliam Owen Roberts, 'Ellis Wynne o Garndolbenmaen', *Barn*, 305 (Mehefin 1988), 8:

Mae *Enoc Huws* i mi yn nofel anhygoel . . . Mae Daniel Owen . . . wedi gallu sgwennu nofel fwrgais i mi mewn diwylliant mân fwrgais. Mae ei nofelau'n cymryd haenau o gymdeithas ac yn sicr yn *Enoc Huws* mi gei di'r cyfalafwr ar y brig a'r dosbarth gweithiol yn y gwaelodion. Bron nad ydi-o'n fodel o Farcsiaeth glasurol ar waith lle mae hyd yn oed yr iaith yn ddarostyngedig i'r modd y mae'r dosbarth llywodraethol yn ei defnyddio hi.

23. John Gwilym Jones sy'n agor achos yr erlyniaid: '. . . diffyg mwyaf T. R. Hughes i mi yw unochredd sentimental ei brofiad'; gweler 'Beth yw Nofel', *Swyddogaeth Beirniadaeth* (Dinbych, 1977), 231. Gan Bobi Jones y cafwyd yr

ymdriniaeth fwyaf milain â'i waith a hynny yn 'Pum Pwdin Nadolig', *Llenyddiaeth Gymraeg 1936–1972* (Llandybïe, 1975), 237: '. . . yn sicr, nid yw wedi symud y nofel Gymraeg ymlaen i ryw ddyfnderoedd newydd o brofiad, nac wedi creu un cymeriad y mae'n aflonyddwch enaid cwrdd ag ef'. Ac meddai John Rowlands yn 'T. Rowland Hughes', *Ysgrifau ar y Nofel*, 111: 'Dyna'r syndod: fod nofelydd o gyfnod yr Ail Ryfel Byd yn gallu bod mor draddodiadol ei agwedd a'i ddull.' Hugh Bevan sy'n cyflwyno achos yr amddiffyniad: '. . . ni pheidiodd â bod yn artist difrifol wrth fod yn awdur poblogaidd'; gweler 'Nofelau T. Rowland Hughes', yn Brynley F. Roberts (gol.), *Beirniadaeth Lenyddol* (Caernarfon, 1982), 63. Meddai T. Emrys Parry: 'Nid yw'r blynyddoedd yn lleihau dim ar ein parch at T. Rowland Hughes, y nofelydd mwyn a chrefftus'; gweler 'T. Rowland Hughes', yn J. E. Caerwyn Williams (gol.), *Ysgrifau Beirniadol I* (Dinbych, 1965), 166. Ac yn ôl Eurys Rolant, 'Osgoi cydnabod ei fawredd fyddai anwybyddu mai ei waith ef yn meddiannu datblygiad y nofel yn Lloegr a ddug aeddfedrwydd i'r nofel yng Nghymru'; gweler 'Nofel *Chwalfa* (II)', *Y Genhinen*, 17 (1, 1966–7), 20.

24. Islwyn Ffowc Elis, 'Fy Nofel Aflwyddiannus', *Lleufer*, 13 (2, Haf 1957), 56.

25. Dafydd Jenkins, adolygiad ar *Ffenestri Tua'r Gwyll*, *Lleufer*, 12 (2, Haf 1956), 72.

26. Ni cheisiodd John Rowlands gelu'r ffaith erioed nad dirgelion plot oedd cryfder ei nofelau ef; dywedir ar siaced lwch *Tician Tician* (Llandysul, 1977): '. . . y mae'n credu'n gryf fod raid i nofel ddiddanu yn gyntaf oll – er y sylweddola nad yw ef ei hun wedi'i ddonio fel pensaer stori, gwaetha'r modd.'

27. 'Islwyn Ffowc Elis', *Ysgrifau ar y Nofel*, 210.

28. Mewn sgwrs a roddodd i Gymdeithas Lenyddol Bwlan, Llandwrog (20 Chwefror 1992), cyfeiriodd Angharad Tomos at y profiad o ddarllen yr adran yn *Un Nos Ola Leuad* sy'n cyfeirio at y prif gymeriad yn crio ar ôl iddo hebrwng ei fam i'r seilam, darn cwbl newydd, gonest o sgrifennu, yn ei thyb hi, a awgrymai bosibiliadau creadigol ar ei chyfer. Mewn sgwrs rhwng Simon Brooks a Wiliam Owen Roberts, cyfeiriwyd at nofelau Wiliam Owen Roberts, Robin Llywelyn, Mihangel Morgan, Gareth Miles a Dafydd Huws fel rhai ôl-fodernaidd; credai Wiliam Owen Roberts fod '*Un Nos Ola Leuad* a *Mae Theomemphus yn Hen* [Dafydd Rowlands, 1977] yn haeddu cael eu cynnwys hefyd'; gweler 'Trafodaeth a Gaed yn Sgil Rhai Sylwadau a Wnaethpwyd am Waith Denis Diderot', *Tu Chwith*, 2 (Haf 1994), 69. Ac mewn holiadaur yn *Y Cymro* (7 Medi 1994), y ddau destun Cymraeg y cyfeiriodd Robin Llywelyn atynt fel eu hoff lyfrau oedd *Traed Mewn Cyffion* ac *Un Nos Ola Leuad*.

29. Branwen Jarvis, adolygiad ar *Sarah Arall*, *Llais Llyfrau* (Gwanwyn 1983), 11–12.

30. Angharad Tomos, *Si Hei Lwli* (Talybont, 1991), 58.

31. 'Iaith Newid y Byd', *Golwg*, 4 (26, 12 Mawrth 1992), 19.

32. 'Y Saeson am Gael y Pla', *Golwg*, 1 (32, 27 Ebrill 1989), 23.

33. Gweler *Y Pla* (Caernarfon, 1987), 210–12; yn Bobi Jones, 'Gwrthryfel Ystrydebol', *Barddas*, 104/105 (Rhagfyr 1985/Ionawr 1986), 14, y deuir o hyd i ffynhonnell wreiddiol y geiriau. Gweler hefyd sylwadau'r awdur ar fater mewndestunoli yn 'Trafodaeth a Gaed yn Sgil Rhai Sylwadau a Wnaethpwyd am Waith Denis Diderot', *Tu Chwith*, 74–5.

34. Wiliam Owen Roberts, 'Ellis Wynne o Garndolbenmaen', *Barn*, 6.

35. I'r Saesneg y cyfieithwyd hi gyntaf a hynny gan Elisabeth Roberts,

*Pestilence* (Llundain, 1991). Gweler 'Y Saeson am Gael y Pla', 22–3; Ioan Williams, 'Y Pla yn Lledu', *Golwg*, 3 (33, 2 Mai 1991), 20–1; John Rowlands, 'Flies on a Bullock's Arse', *Planet*, 90 (Rhagfyr 1991/Ionawr 1992), 91–2. Fe'i cyfieithwyd hefyd i'r Almaeneg gan Klaus Berr: *Der Schwarze Tod* (Munchen a Leipzig, 1993).

36. Beirniadaeth y Fedal Ryddiaith, yn W. J. Jones (gol.), *Cyfansoddiadau a Beirniadaethau Eisteddfod Genedlaethol Cymru, Ceredigion, Aberystwyth, 1992* (Llandybïe, 1992), 134.

37. Gweler R. Williams Parry, 'Deg Gorchymyn i Feirdd', a gyhoeddwyd gyntaf yn *Y Genedl Gymreig* (14 Medi 1925) ac a ailargraffwyd yn Bedwyr Lewis Jones (gol.), *Rhyddiaith R. Williams Parry* (Dinbych, 1974), 65: 'Ewch at fywyd am ysbrydiaeth yn hytrach nag at lenyddiaeth.' Mae'r storïau a ganlyn yn enghreifftiau o chwarae gyda'r corpws llenyddol: Robin Llywelyn, 'Llawn Iawn yw'r Môr', 'Nid Twrci Mo Ifan', 'Morys y Gwynt ac Ifan y Glaw', 'Amser y Gwcw yw Ebrill a Mai', yn *Y Dŵr Mawr Llwyd* (Llandysul, 1995); Mihangel Morgan, 'Stryd Amos', 'Salem a Saunders', 'Cyfansoddiadau a Beirniadaethau', 'Nodyn ar un o Ysgrifau Syr T. H. Parry-Williams', yn *Te Gyda'r Frenhines* (Llandysul, 1994).

38. Mihangel Morgan, *Dirgel Ddyn* (Llandysul, 1993), 9.

39. Daniel Owen, *Y Dreflan: Ei Phobl a'i Phethau* (Wrecsam, 1881), 26.

40. 'Holi Mihangel Morgan', *Taliesin*, 83 (Gaeaf 1993), 14.

41. David Lodge sy'n diffinio'r gair yn ei gyfweliad ag Ioan Williams yn *Taliesin*, 82 (Haf 1993), 80:

Y ffuglen honno sy'n gwneud sylwadau ar ei phrosesau hi ei hun, ar ei chonfensiynau, yn ystod y sgwennu ei hun, gan ddinoethi'r ddyfais fel yr arferai ffurfiolwyr Rwsia ddweud, gan atgoffa'r darllenydd mai rhywbeth wedi'i lunio'n artiffisial yw'r cyfan, rhyw fath o gêm.

42. 'Llenor Porthmeirion', *Llais Llyfrau* (Hydref 1993), 7.

43. Yn groes i'r tueddiad Cymreig sy'n hawlio'r llenor yn eiddo cyhoeddus, mi fentrodd anniddigo llawer o gynrychiolwyr y wasg a'r cyfryngau yn Eisteddfod Genedlaethol Llanelwedd yn 1993 pan wrthododd gael ei gyfweld ganddynt. Fel y dywedodd wrth John Rowlands pan holwyd ef yn ddiweddarach am hyn, 'mae gan bob llenor hawl i fod yn berson preifat, dwi'n credu, ac ro'n i'n gweld pobl y cyfryngau yn moyn treisio'r hawl honno'. Gweler 'Holi Mihangel Morgan', *Taliesin*, 9.

44. 'Dadeni Gwefreiddiol a Chwarae Bach', *Golwg*, 5 (50, 26 Awst 1993), 21.

45. 'Iaith Newid y Byd', *Golwg*, 20.

46. Aled Islwyn, *Sarah Arall* (Caerdydd, 1982), 42.

47. Daeth agwedd wrthgrefyddol Mihangel Morgan yn amlwg yn ei atebion i gyfres o gwestiynau mewn holiadur yn *Y Cymro* (1 Medi 1993): 'Pa ddihareb neu ddywediad sydd bellaf oddi wrth y gwir? "Duw cariad yw" . . . Beth yw eich ofn mwyaf? "Ffanatigiaeth grefyddol" . . . Sut ydych chi'n treulio'ch Sul? "Yn osgoi crefyddwyr" . . . Beth yw'r felltith fwyaf erioed? "Crefydd."' Pan ofynnwyd i Robin Llywelyn yn *Y Cymro* (7 Medi 1994), 'Beth yw eich syniad chwi o nefoedd?', 'Sgin i run' oedd ei ateb diamwys.

48. Pan holwyd yr awdur am *Teulu'r Mans*, gwadodd fod yna unrhyw elfen o ddychan ar ei chyfyl a bod yr adwaith iddi wedi ei synnu: '. . . nid dychan oedd *Teulu'r Mans*. Roedd o'n cyfuno arddull ffârs, slapstic, comedi ddu, pethau

abswrd . . . mi gawsom ni i gyd sioc! Fe gadwodd *Stondin Sulwyn* i fynd am ryw bedwar diwrnod ac roedd 'na sôn amdano yn *Y Cymro* neu'r *Faner* am ddeg wythnos.' Gweler 'Ellis Wynne o Garndolbenmaen', *Barn*, 9.

49. Gweler, er enghraifft, y trafesti ar ddrama'r geni a ddarlunnir yn eglwys Dolbenmaen yn *Y Pla* (142–3), yn ogystal â chyfeiriad gwamal at ymdaith fuddugoliaethus Iesu i mewn i Jerwsalem pan ddychwela Gwern Esgus, Tincar Saffrwm a Pererin Byd i Dir Bach: '. . . roedd Tincar Saffrwm . . . yn dwrdio am fod neb wedi traffarth taenu dail palmwydd o flaen ei ful o'. Gweler *Seren Wen ar Gefndir Gwyn* (Llandysul, 1992), 52.

50. Gweler *Y Llenor*, 6 (2, Haf 1927), 74:

Anffawd fawr i lenyddiaeth Gymraeg ein hoes ni yw nad oes gennym sgrifenwyr gwrth-Gristnogol. Nid oes gennym neb . . . sy'n gwadu Crist, yn gwrthod hawl Crist, yn deall yn bendant y peth a gynwysir yng ngalwad Cristnogaeth, ac yn dweud 'Na' wrtho. Ni byddai gennyf i ond edmygedd llwyr i gryfder a gonestrwydd meddwl y fath awdur.

Mae'n ddiddorol nodi fod Saunders Lewis o'r farn fod *Traed Mewn Cyffion*, pan ddarllenodd deipysgrif ohoni ddiwedd 1934, yn ddiffygiol fel nofel: awgrymodd wrth Kate Roberts 'mai oherwydd eich bod yn gwrthod edrych yn hir ac yn ymofyngar ar oddi mewn y bywyd crefyddol y buoch yn aflwyddiannus'. Ymatebodd Kate Roberts yn bendant i'w awgrym: 'Petaswn i'n mynd i ysgrifennu nofel am fywyd crefyddol mi wnawn fy ngwron yn anffyddiwr ac fe ymosodwn ar grefydd ym mhob ffurf arni. Mae'n gas gan fy enaid Gristionogaeth.' Gweler Dafydd Ifans (gol.), *Annwyl Kate, Annwyl Saunders: Gohebiaeth 1923–1983* (Aberystwyth, 1992), 109–10. Ai cyfyngiadau diwylliannol a rwystrodd Kate Roberts rhag mynegi safbwynt mor ddiamwys o wrthwynebus â hyn mewn nofel ar y pryd?

51. *Annwyl Kate, Annwyl Saunders*, 115.

52. Awdur adolygiad digon goddefgar os petrus, J. Hubert Morgan, a awgrymodd yn *Y Llenor*, 10 (1, Gwanwyn 1931), 62:

Ond am Fonica a'i gŵr a nifer o'u cyd-faestrefwyr, gallai'r cwbl fod yn byw lawn cystal yn Harrogate neu Wiesbaden ag yn y Drenewydd . . . paham yr ymdraffertha Mr Lewis yn awr i ysgrifennu yn Gymraeg am fywyd sydd mor gyffredin ym mhob tref ac a ddisgrifiwyd droeon lawn cystal mewn ieithoedd eraill . . . Onid oes rhyw arbenigrwydd yn perthyn i fywyd cenedl y Cymry a gwahaniaethau hanfodol rhyngddo â bywyd cenhedloedd eraill Ewrob, yna, ni allaf ddirnad paham yr abertha'r awdur, fel prif swyddog y Blaid Genedlaethol, gymaint o'i egni a'i ddoniau dros hawliau cenedl nad yw'n namyn cysgod gwan o genhedloedd gwâr eraill sydd yn cyfrannu'n sylweddol at feddwl a diwylliant y byd.

Islwyn Ffowc Elis, yn 'Dwy Nofel', yn D. Tecwyn Lloyd a Gwilym Rees Hughes (gol.), *Saunders Lewis*, a achubodd gam Saunders Lewis:

. . . ergyd ofnadwy'r nofel yw fod y gymdeithas ddiwreiddiau a diamcan hon *yng* Nghymru; cynnyrch eithaf Deddf Uno 1536 yw'r boblach hyn, sy'n ddigymraeg yng Nghymru, heb un syniad am na hanes na thraddodiadau'u cenedl, heb ddelfryd, heb grefydd, heb nod gwerth ymgyrchu ato nac achos i hawlio'u teyrngarwch . . . Ac i'r neb sy ganddo lygaid i weld a chlustiau i wrando, cri enaid a rhybudd apocaluptig y nofel yw: 'Dyma'r mwyafrif o drigolion Cymru yn y flwyddyn 1930. Oni newidir y drefn y maen nhw'n byw dani a chyfeiriad eu bywydau, pobl fel hyn fydd holl drigolion Cymru yn y flwyddyn 2030.' Nofel wleidyddol yw *Monica*, heb air ynddi am wleidyddiaeth. (143–4)

Wrth iddo adolygu *Yn Ôl i Leifior* yn *Y Faner* (14 Mawrth 1957), cyfeiriodd Dafydd Jenkins at y nofel a'i rhagflaenodd: 'Ni bu erioed dŷ fel Trem y Gorwel uwchben tref Caerwenlli, a phetai yno dŷ o'r fath, ni allai helyntion *Ffenestri Tua'r Gwyll* ddigwydd yno am na allai Ceridwen Morgan ddigwydd.' Dyma un o'r pwyntiau yr aeth yr awdur ei hun ati i'w hateb ŷn 'Fy Nofel Aflwyddiannus', *Lleufer*, 13 (2, Haf 1957), 59: 'Gwir na welais i eto yng Nghymru gymdeithas fel cymdeithas artistig Caerwenlli; ond y mae'r unigolion yn bod, ac ni wneuthum i ddim ond dod â hwy at ei gilydd. Ac am 'wn i nad oes gan nofelydd hawl i hynny o ddychymyg o leiaf.'
53. Gweler adolygiad Harri Pritchard Jones ar *Dirgel Ddyn, Llais Llyfrau* (Gaeaf 1993), 12:

Cwestiwn bach sy'n fy mhoeni i, ynghylch yr holl awduron hyn [Mihangel Morgan, Robin Llywelyn a Wiliam Owen Roberts], ydy a fydd lle yn ein llên bellach i rinweddau cymdeithasol, neu gymunedol, fel trugaredd a dicter cyfiawn, ynteu a ydy Thatcheriaeth o ryw fath wedi dŵad i deyrnasu ym myd llenyddiaeth hefyd, a dim ond ideoleg ac unigolyddiaeth fydd piau hi ym myd cyfathrach pobl â'i gilydd.

54. 'Hynt a Helynt y Nofel Gymraeg er 1975', *Llais Llyfrau* (Gwanwyn 1982), 12.
55. Gyda *Bingo!* y dechreuodd y ffraeo go iawn: yng nghystadleuaeth Gwobr Goffa Daniel Owen yn Llanbedr Pont Steffan yn 1984 roedd John Rowlands am ei gwobrwyo hi, tra ffafriai ei gyd-feirniaid, Hywel Teifi Edwards a Harri Pritchard Jones, nofel hanes fwy confensiynol R. Cyril Hughes, *Castell Cyfaddawd*. Pan gyhoeddwyd nofel arloesol Wiliam Owen Roberts ddechrau 1985, ni welodd Alun Jones ddim amgenach na 'chlyfrwch geiriol sy'n ymhongar o'i ddechrau i'w ddiwedd' ynddi; gweler 'Torri Gwynt', *Llanw Llŷn*, 100 (Mawrth 1985). Mawr fu'r anghydweld ar gownt *Seren Wen ar Gefndir Gwyn*, er iddi hi lwyddo i ennill Medal Ryddiaith 1992 gyda chlod diamod y beirniaid, Alun Jones yn eu plith: gweler, er enghraifft, adolygiad Ioan Williams, 'I'r Beirniaid yn Unig?' yn *Golwg*, 5 (4, 24 Medi 1992), 'Seren Wib?' yn *Golwg*, 4 (49, 20 Awst 1992) a 'Llyfr (Mwya' Dadleuol) y Flwyddyn?' yn *Golwg*, 5 (35, 6 Mai 1993). Parodd y cysyniad o ôl-foderniaeth hefyd gryn anghydweld: gweler Karen Owen, 'Pen Ôl-Foderniaeth', *Golwg*, 8 (19, 25 Ionawr 1996). John Rowlands fu fwyaf selog yn cymell ac yn cefnogi'r ffuglen heriol hon, ac efallai nad cyd-ddigwyddiad mohoni fod Wiliam Owen Roberts, Robin Llywelyn a Mihangel Morgan ill tri yn gyn-fyfyrwyr iddo yn Adran y Gymraeg, Prifysgol Cymru, Aberystwyth; gweler, er enghraifft, 'Nofelau Deng Mlynedd', *Ysgrifau ar y Nofel*, 270:

Pa lenyddiaeth o werth sydd nad yw'n procio ac yn anesmwytho? Arwydd o fywyd yw hynny i mi, a dyna sy'n obeithiol ynglŷn â'n rhyddiaith ddiweddar – ei bod yn rhoi her a sialens i ddarllenwyr, yn hytrach na'u cadarnhau yn eu hen rigolau cyfarwydd.

56. 'Holi David Lodge', *Taliesin*, 80.

# ADRAN I

*Genre*

# 1

# Y Nofel Gymraeg Gynnar[1]

## DAFYDD JENKINS

*I*

Yn Eisteddfod Cymrodorion Dirwestol Merthyr Tudful, Nadolig 1854, cynigiwyd gwobr am 'ffug-chwedl – nofel Gymreig – y meddwyn diwygiedig yn arwr'. 'Anturiodd chwech o ysgrifenwyr galluog i gylch yr ymrysonfa ar y testun hwn,' ys dywedodd Eben Fardd yn ei feirniadaeth, a chyhoeddwyd o leiaf tair o'r chwe chwedl y flwyddyn wedyn. Y flwyddyn honno, 1855, yw'r trobwynt yn hanes ffuglen Gymraeg; o hynny ymlaen, y mae nofelau Cymraeg o ryw fath yn dod allan yn gyson flwyddyn ar ôl blwyddyn, ond cyn hynny ni wn ond am un llyfr gwreiddiol Cymraeg a gyfrifid yn nofel o gwbl pe cyhoeddid ef am y tro cyntaf heddiw – sef *Aelwyd f'Ewythr Robert* gan Gwilym Hiraethog. Ceir dangos yn nes ymlaen fod hwn yn llawer mwy na chyfaddasiad Cymraeg o *Uncle Tom's Cabin* Harriet Beecher Stowe; serch hynny, credaf mai o gofio mai yn 1852 y cyhoeddwyd *Uncle Tom's Cabin* gyntaf y gallwn ddeall paham y tarddodd y ffrwd nofelau Cymraeg tua 1855.

Yn un o'i *Essays on Fiction* (Llundain, 1864), ceisiodd Nassau W. Senior (gŵr sy'n adnabyddus hefyd am i Karl Marx ymosod ar ei athrawiaethau economaidd) roi rhesymau am lwyddiant eithriadol *Uncle Tom's Cabin*. Un rheswm am ei boblogrwydd yn Lloegr oedd ei fod yn rhad iawn, am nad oedd Lloegr ac America yn cydnabod hawlfraint ei gilydd (449):

> The necessary consequence is, that an English work which had acquired celebrity enough to be reprinted in America, reappears there in a form so cheap, that an enormous sale is ensured . . . The

---

1. Cyhoeddwyd gyntaf yn Gwilym Hiraethog, *Helyntion Bywyd Hen Deiliwr* (Y Clwb Llyfrau Cymreig, 1940).

same is the case with English reprints of American works. *Uncle Tom*
costs probably eight shillings in America, and only one here. The
American sale was, as we have seen, 150,000 copies, while the
English sale exceeded a million . . . A remarkable result of this state
of the law in both countries is, that the popular literature of America
is English, and the popular literature of England is American.
Reprints of American works of fiction, in which the matter of large
volume is compressed into 400 duodecimo pages of small print on
bad, thin paper, cover the railway book stalls, and filter from thence
into the farmhouse and the back rooms of the village shops. *Uncle
Tom, The Wide, Wide World, Queechy,* and *The White Slave,* form now
the staple of the reading of the middle classes.

Y mae'n debyg fod dylanwad llenyddiaeth boblogaidd
America yng Nghymru lawn mor bwysig ag eiddo llenyddiaeth
Lloegr – yr oedd 'Metta Victoria Fuller, awdures Americanaidd'
yn un o'r ddau yr ailddarllenodd Llew Llwyfo eu gwaith cyn
sgrifennu *Llewelyn Parri* – ond y mae geiriau eraill o eiddo Senior
yn fwy diddorol byth i ni. Meddai ef (435):

We believe that the principal cause of its American popularity, was
its religious colour. In the New England States there is a general
dislike, or rather a general dread, of works of fiction. Among
Puritans, the fear of evil predominates over the hope of good. Any
source of pleasure, which may also be a source of pain, is
prohibited. They think it is safer, perhaps easier, to be abstinent
than to be temperate. Novels give much amusement, and good
novels give some instruction; but the reading, even of good novels,
is easily carried to an excess which is always injurious to the mind,
and often to the character. A total abstinence, therefore, from novel-
reading pervades New England . . .
    Even in this country in some classes, particularly among the
Dissenters, novel reading is forbidden, and here, as in America,
*Uncle Tom* is excepted from the general prohibition.

Nid gwrthwynebiad a briodolai Senior i Biwritaniaid America
a oedd gan Biwritaniaid Cymru: credu'r oeddynt hwy mai
celwydd oedd ffug-chwedl, ond wedi cyhoeddi *Uncle Tom's
Cabin* dechreuwyd dadlau y gallai ffug-chwedl fod yn offeryn
daioni. Ni pheidiodd y gwrthwynebiad ar unwaith – os peidiodd
yn llwyr eto; ond yr oedd gan gyfeillion y ffug-chwedl erfyn
wrth law bellach, a mynych yr enwir *Uncle Tom's Cabin* i ategu'r

ddadl o'u plaid. Yn y 'Rhagdraith' i *Henry James*, un o chwedlau dirwestol 1855, er enghraifft, dywed Glan Alun (v):

Y mae rhai o'r prif foes-wersi wedi ei [*sic*] traddodi ym mhob oes o'r byd ar ddull dammegion, ac y mae rhai o orchestion penaf llëenyddiaeth, wedi bod ar ddull Ffughanesion.

Ffughanes, wedi ei seilio ar ffeithiau mewn rhan, oedd Iliad y Prif-Fardd Groegaidd Homer, ac Æneid y Prif-Fardd Lladinaidd Virgil; Ffughanes Farddonol, gan mwyaf, oedd Dinystr Jerusalam, gan Tasso; a Choll Gwynfa, gan yr Anfarwol Filtwn. Ffughanes, seiliedig ar ffeithiau, ydyw y byd-enwog Caban f'Ewythr Tom, o'r hwn y gwerthwyd yn agos i dri-chan-mil o gopiau gan un argraffydd, a'r hwn sydd wedi rhoddi y dyrnod trymaf i gaethfasnach America ag a gafodd erioed. Ffughanes ydyw y Cymreigiad o hono ar Aelwyd f'Ewythr Robert, â pha un yr anrhegwyd ei wlad yn ei ddull mwyaf dedwydd, gan y gor-ddawnus Gwilym Hiraethog.

A gellir mentro dweud mai gweld yr effaith a gafodd *Uncle Tom's Cabin* a symbylodd gynnig gwobr am ffug-chwedl ddirwestol; disgwyliai Eben Fardd y byddai *Llewelyn Parri* 'yn debyg o enyn cymaint o eiddigedd dros ryddâd y meddwon, ac a enynodd *Uncle Tom* dros ryddhâd y caethion'.

## II

Cyfrifir yn gyffredin mai *Y Bardd* gan Cawrdaf yw'r nofel Gymraeg gyntaf; ond ni chredaf fod hynny'n gywir. I'm tyb i, nid nofel yw *Y Bardd*, ac yn sicr, nid *Y Bardd* yw'r gwaith cyntaf o'i fath yn Gymraeg. Y mae cynllun y llyfr yn weddol hysbys, fel nad rhaid rhoi ond crynodeb byr ohono. Ceir yn gyntaf hanes y sawl sy'n adrodd y stori yn cael ei fwrw i dir yng Nghymru wedi i long dorri tano, a'i ymgeleddu gan offeiriad y plwyf. Ar dro yn y wlad, daw ef i fwthyn y Bardd, ac edrydd yntau sut y daeth i'r lle hwnnw i fyw yn feudwy; y mae'r rhan fwyaf o'r hanes yn mynd i ddisgrifio'r daith a gymerth y Bardd, wedi marw ei wraig a'i blant, yng nghwmni 'Arweinydd' (yn ôl wyneb-ddalen y llyfr, y mae 'yn cynnwys Teithiau Difyr ac Addysgiadol y Bardd gyda Rhagluniaeth'), a disgrifir hefyd deithiau'r Bardd wedi i'r Arweinydd ei adael. Wedi clywed holl hanes y Bardd fel hyn, y mae'r awdur yn egluro iddo sut y dylid cymhwyso gwersi

Rhagluniaeth at y digwyddiadau naturiol a ddaeth wedi hynny.
Y daith gyda Rhagluniaeth yw craidd yr holl lyfr, a hi sy'n rhoi
rhyw undod ac ystyr iddo; gellid darllen y llyfr heb ystyried mai
Rhagluniaeth yw'r Arweinydd, fel y gall plentyn ddarllen
*Gulliver's Travels* Swift heb roi dim sylw i'r dychan cymdeithasol
sydd ynddo – ond nid dyna amcan yr awdur. Ac er bod yn *Y
Bardd* ddarnau sydd yn ddiddorol ynddynt eu hunain – rhannau,
er enghraifft, o'r hanes a rydd yr offeiriad am yr ysbeilwyr ar lan
y môr – prin iawn y tâl *Y Bardd* ei ddarllen ar wahân i'w wersi; a
chan fod ymddygiad Rhagluniaeth – yn lladd plentyn yma er
mwyn achub eneidiau ei deulu, ac yn pentyrru bendithion
tymhorol ar deulu acw nes iddynt eu dwyn eu hunain i
golledigaeth – yn ymddangos bron yn gableddus o fympwyol,
go brin y tâl ei ddarllen er addysg.

Nid oes gan *Y Bardd* bwysigrwydd mawr yn hanes llenydd-
iaeth Gymraeg. Os ehengir y diffiniad o'r nofel ddigon i'w gyfrif
fel nofel, nid hawdd fydd cau allan *Gweledigaethau'r Bardd Cwsg*,
a *Tri Wŷr o Sodom* Pantycelyn, o'r diffiniad; byddai raid cyfrif mai
nofelau yw *Taith y Pererin*, ac efallai rai o chwedlau'r Oesau
Canol, megis *Breuddwyd Pawl Ebostol* o Lyfr yr Ancr. A chan na
wn am un awdur diweddarach a geisiodd ddilyn llwybr
Cawrdaf, rhaid imi gyfrif mai yn ôl, ac nid ymlaen, y mae *Y
Bardd* yn edrych.

Wrth geisio esbonio paham nad wyf yn fodlon galw nofel ar *Y
Bardd*, bydd yn gymorth dyfynnu o lyfr Saesneg diweddar, *The
Facts of Fiction*, gan Norman Collins (Llundain, 1932). Nid
beirniad llenyddol yw Mr Collins yn gymaint â newyddiadurwr
sy'n cymryd llenyddiaeth fel ei faes arbennig; y mae ei farn
oherwydd hynny'n fwy gwerthfawr yn y cysylltiad yma, gan ei
bod megis yn crisialu barn gyffredinol. Medd ef (10):

I realise that starting this historical romance of fiction at Richard-
son, and not at Defoe, or at Swift, or at Bunyan . . . may seem rather
like starting the Grand National on the easy side of Becher's Brook,
and romping home unfairly ahead of the winner. I have
deliberately overlooked the claims of everyone up to Defoe, . . .

True, Defoe could do most of the things that a modern novelist
can do, and do them as well. But he does not happen to have been
interested in those things that have become the main topics of
modern fiction. His mind in fiction remained the busy mind of a
brilliant boy. The mental age of *Robinson Crusoe*, is, I suppose,

somewhere between 10 and 15. The intelligence, it is perfectly true, is fully developed . . . I do not know exactly how I can explain to anyone who does not see it at once how *Robinson Crusoe* remains such famous fiction, yet never quite becomes a novel as we understand the term today. But perhaps I can hint at my meaning by suggesting what a colossal blunder – in a modern novelist's eyes – the creation of Man Friday really was. It would have needed the arrival of Woman Wednesday in place of Man Friday to make a modern novel of that nursery romance.

Gellid beirniadu geiriad y dadansoddiad hwn – cywirach fyddai sôn am ieuenctid moesol *Robinson Crusoe*, a chyfyngu gormod ar faes y nofel yw awgrymu fod y fenyw'n hanfodol iddi – ond eto y mae gwreiddyn y mater gan Mr Collins. Rhaid i'r nofelydd gyflwyno inni stori am fyd cyflawn, gwirioneddol; nid nofel ond 'stori i blant' yw stori am fyd anghyflawn fel *Robinson Crusoe*. Nid cip ar y byd a geir ychwaith, megis mewn stori fer, ond darlun o ran o'i ddatblygiad; a golyga hynny fod yn rhaid cyflwyno rhywbeth y gellir yn ddigon bras alw problem foesol arno. Gellir gwneud hynny mewn gwahanol ddulliau, ond y broblem foesol mewn byd gwirioneddol yw hanfod y nofel. Wrth gwrs, ni olygir fod yn rhaid i'r nofelydd wybod mai â phroblem foesol y mae'n ymwneud – chwaethach fod yn rhaid iddo drin y broblem yn ôl unrhyw safon neilltuol. Eithr heb y broblem foesol, gellir ffuglen – gellir stori fer, lle y gellir derbyn byd anghyflawn er mwyn ergyd arbennig; gellir alegori neu ddameg, lle y mae'r awdur yn ystumio'i fyd er mwyn goleuo'i bwnc; gellir rhamant hanesyddol, lle y mae'r cymeriadau'n gweithredu yn hytrach yn ôl eu teip nag yn ôl eu natur fel unigolion – ond ni ellir nofel.

Gellir cymhwyso'r athrawiaeth hon at lenyddiaeth Gymraeg, ond y mae'n amheus iawn a allesid ei llunio hi, na dim tebyg iddi, ar sail llenyddiaeth Gymraeg yn unig, am nad oes i ffuglen Gymraeg fywyd annibynnol ar wahân i ffuglen Lloegr ac America. Y mae gwahaniaeth mawr rhwng hanes barddoniaeth Cymru a hanes ei rhyddiaith. Bu dylanwadau estron ar y farddoniaeth, digon gwir; ond dylanwadau ar bren a oedd wedi dod i'w lawn dwf oeddynt – impiwyd i'r hen goeden elfennau newydd. Ond ar frigau coed estron y blodeuodd y rhyddiaith ddychymyg, ac yn ddiweddarach y bwriwyd hadau i dir

Cymraeg. Ni ellir ystyried ffuglen Gymraeg y ganrif ddiwethaf ar ei phen ei hun: nid am fod y cynnyrch yn brin, ond am ei fod mor amrywiol nes bod yn amlwg na thyfodd y cyfan o'r un gwreiddiau, ac am na ellir canfod yn hanes llenyddol Cymru fawr o wreiddiau i ddim ohono. Y mae chwedlau Cymraeg y bedwaredd ganrif ar bymtheg fel brigau coed yn dod i'r golwg uwchben y niwl, ac ni ellir deall eu perthynas â'i gilydd heb dreiddio drwy'r niwl at y goeden – ac erbyn gwneud hynny, siawns na cheir eu bod yn perthyn i fwy nag un goeden wedi'r cwbl.

## III

Os ceisir yn awr ddosbarthu'r ffug-chwedlau Cymraeg cynnar, fe welir mai yn hyn yn unig y maent yn unffurf – eu bod oll yn adrodd hanes mwy neu lai dychmygol am gymeriadau mwy neu lai dychmygol. O'r rhai a gyhoeddwyd rhwng 1850 a 1875, y mae rhai – *Llawenog*, *Owain Tudur*, *Rheinallt ab Gruffydd*, er enghraifft – yn rhamantau hanesyddol, eraill megis *Dafydd Llwyd* a *Wil Brydydd y Coed*, yn chwedlau dychan. Y mae eraill eto – *Llewelyn Parri*, *Jeffrey Jarman*, a gweithiau Roger Edwards a Gwilym Hiraethog – y gellid eu cyfrif yn nofelau; ceir gweld eto eu bod hwy yn perthyn i ddau ddosbarth gwahanol, ac mai rhai yn unig ohonynt sydd yn wir nofelau.

Ystyrier yn gyntaf y rhamantau hanesyddol. *Llawenog, neu Y Coed Cochion*, gan Berwyn, yw'r gyntaf; fe'i cyhoeddwyd yn 1862. Disgrifir hi fel 'chwedl draddodiadol wedi ei sylfaenu ar ddygwyddiad ym Mhowys', a'i chynnig fel esboniad ar enw y Coed Cochion ger Llanarmon Dyffryn Ceiriog. Stori antur ddigon bachgennaidd ydyw: y mae ynddi ramant garu, ond nid yw honno ond rhan o offer y stori antur – nid oes yma broblem yn y byd, nid oes ond Cymry glewion, rhianedd prydferth, a chiwed ystrywgar o Saeson, bawb yn chwarae ei ran yn ôl y rheolau, mewn helynt yn ystod ymgyrch Harri II yn erbyn Cymru yn 1165.

Nid nofel mo ramant hanesyddol Berwyn, nac ychwaith y rhamantau hanesyddol diweddarach, *Owain Tudur* gan William Pritchard, Pentraeth (buddugol yn Eisteddfod Porthaethwy, 1843), *Rheinallt ab Gruffydd* gan Llyfrbryf (buddugol yn

Eisteddfod Genedlaethol yr Wyddgrug, 1873), ac yn y blaen. Y maent yn fwy uchelgeisiol na *Llawenog;* ond, i ryw raddau oherwydd hynny, trawant yn fwy chwithig wrth fethu. Gallai Llyfrbryf lunio digwyddiadau cyffrous, a dwyn Lewis Glyn Cothi i'r llwyfan yn ddigon byw; ond y mae'n dryllio'r gyfaredd i ddarllenydd heddiw dro ar ôl tro. Dyma ddechrau *Rheinallt ab Gruffydd* (1):

Brydnawn drycinog o fis Chweroer, yn y flwyddyn o oed Cred a Bedydd 1465, gallesid gweled dyn canol oedran yn dringo'r rhiw sydd yn ymgodi'n raddol rhwng Morfa Caerlleon Gawr ar Ddyfrdwy, a'r Wyddgrug, yn sir Fflint. Yr oedd yn amlwg o hirbell ei fod yn dwyn llwyth o ofidiau, heblaw ysgrepan ledr o gryn bwys a maintioli.

Gallai ddisgrifio ei arwr mewn iaith flodeuog (15):

Credai'r bardd na welsai erioed harddach dyn. Gwawr ei 25ain mlwydd yn dechreu ymdywallt ar ei wyneb tirf. Dwy lath o daldra, gan sythed a brwynen, ac o gymesuredd difeius, yr hyn a wnelai ei gerddediad ysgafned a rhodiad rhian deg fraich yn mraich â'i chariadlanc yn y ddawns. Duach oedd ei wallt nag aden y gigfran, cochach ei ddeurudd na rhuddwaed brwydr. Cyfliw ei lygaid a nos dywell, a dwy ganwyll o'u mewn fel dwy seren ddysglaer; bwaog ei drwyn fel eryr eryrod Eryri. Iraidd ei farf fel glaswellt ieuanc tan fanwlith Mai; lluniaidd a llyfn ei dalcen a'i wddf a phe naddesid hwynt o'r marmor gwynaf. Ei fysedd o liw ac o lun blodeu tyner yr anemoni; a'i freichiau mor gedyrn a chyhyrog a cheinicau derw, fel pe buasai natur garedig wedi eu planu yno o bwrpas i amddiffyn y ty hardd hwnw yn yr oes waedlyd hono rhag niwaid. Bardd, mae yn wir, oedd Lewis, yn tremio ar wrthddrychau trwy chwydd-wydrau yr awen; ond efe a feddyliodd wrth edrych ar ein harwr am Sandde Bryd Angel – un o'r tri a ddiangodd a'i hoedl ganddo o Gad Gamlan gynt, – pawb dybient mai angel o'r nefoedd ydoedd.

Ond gallai hefyd ag un gair ddifetha'r awyrgylch a greodd (21):

'. . . ac y mae Robert Brown, cynfaer y ddinas yma, yn dathlu'r fuddugoliaeth heno mewn gwledd. Adwaenit ti Robert Brown?'
'Bondigrybwyll, ffwl a chythraul mewn croen llo,' ebai Robin, 'ac y mae'n debyg y byddi dithau yn ei wledd? Adar o'r unlliw ehedant i'r unlle!'

'Yr wyf yn un o'r gwahoddedigion,' ebai'r milwr, 'ond nid yw'r
dyddiau drwgdybus hyn yn caniatau i ddau Gymro ymddyddan yn
hir ar yr heol. Ymneillduwn am gorniad o fetheglin i Westy'r Baril.'

Rhaid canmol ei ddefnydd o'r mân gymeriadau i ysgafnu
rhediad y stori, megis yn hanes y Robin hwnnw – gwas ffyddlon
i Rheinallt – wedi'i ddal gan fintai o Saeson sy'n ymlid ar ôl
Rheinallt a'i wŷr. Ond temtir dyn weithiau wrth ddarllen i amau
nad yw ef yn cymryd ei ramant yn hollol o ddifrif; y mae tinc
cellweirus yn niwedd y disgrifiad barddonllyd o Rheinallt a'i
wŷr yn paratoi i ymosod ar Gaer (30):

> Safai dengwr-a-deugain ar ganol y gwastadedd eangfaith a elwir
> Morfa Caer . . . Ni lefarwyd ond ychydig o eiriau, a'r rhai hynny
> mewn sibrwd ac yn ddifrifol. Dystawai'r tafod, er mwyn i'r
> dwylaw baratoi at lefaru, canys yr oedd y cyfwng gerllaw. 'Cymru
> am byth!' ebai Reinhallt [sic], mewn llais isel treiddgar; 'Cymru am
> byth!' ebai'r dynion ar adenydd eu hanadl. 'Heb Dduw, heb ddim,'
> ebai'r blaenor; 'Heb Dduw, heb ddim,' ebynt hwythau âg un llais.
> 'Duw a digon', ebai ef; 'Duw a digon,' ebynt hwythau.
>   'Fy mrodyr,' ebai Reinhallt [sic], 'cofiwch mai nid gwaed nac
> yspail ydyw ein neges i Gaer heno; ond mai ein hamcan ydyw
> adfer i ddyn o'r un gwaed a ni eiddo a gymerwyd oddiarno trwy
> drais. Eithr o saif perchen gwaed ar eich ffordd gan geisio eich
> lluddias i gyrhaedd yr amcan mewn golwg, nid oes ond ei frathu.
> Brathwch hyd y carn y sawl a'ch rhwystro. Cadwch yn nghyd yn yr
> ysgarmes; cofiwch mai hawdd tori edefyn ungorn.'
>   Wedi gorphen yr oedfa hon o weddi a phregeth, . . .

Eithr a chofio'r adeg y sgrifennai, mae Llyfrbryf yn cadw'r
awyrgylch rhamantus yn bur effeithiol, a hynny heb lusgo
hynafiaeth i'w stori er ei gwaethaf. Nid sgrifennu yn ei gyfer a
wnâi: yr oedd yn gyfarwydd â gwaith nofelwyr Saesneg – y
mae'n enwi Bulwer, Dickens, Dumas, Cooper a Scott yn ei ragair
i Rheinallt ab Gruffydd, ac yn dangos ei fod wedi ffurfio barn ar ei
grefft:

> Hwyrach y dywed rhywun fy mod yn gwneud gormod o'm
> harwr; nis gwyr y cyfryw beth yw rhamant, a dymunwn ei
> argymell i ddarllen 'Beirniadaeth' o eiddo y llenor galluog
> CREUDDYNFAB ar y pwnc, a welir yn 'Nghyfansoddiadau Buddugol y
> Gordofigion, am 1867 ac 1868'.

Bydd yn werth dyfynnu o'r feirniadaeth honno (ar gystadleuaeth 'Rhamant Hanesyddol Gymreig; arwr, Syr Rhys ab Thomas' yn Eisteddfod Nadolig 1867), gan ei bod yn dangos barn aeddfetach nag a ddisgwyliem, ac i ryw raddau yn ategu'r hyn a ddywedwyd eisoes am y rhamant hanesyddol:

Y mae y Rhamant bur a digymysg yn hynach na hanesiaeth gofnodedig, ac oblegyd hyny yn goddef ychwanegiadau, arliwiaeth, a gormodiaeth, a fyddent yn droseddiadau amlwg yn erbyn chwaeth dda, pe cymhwysid hwynt at amser diweddarach, a chyfnod mwy hanesyddol. Felly, cawn yn y Romances haner duwiau, cewri, rhith-ysprydion, tylwythion teg, *witches*, a phob math o annichonolion, yn cyflawni pob math o weithredoedd, o'r rhai mwyaf gwrthun hyd y rhai mwyaf anmhosibl. Ac y mae y pethau rhyfedd hyn nid yn unig yn cael eu goddef, ond eu mwynhau, nid fel pethau y gellid eu defnyddio neu beidio, ond fel pethau hanfodol i gyfansoddiad o'r natur yma.

Er fod y Novel yn perthyn i'r un dosbarth o lenyddiaeth â'r Romance, nid yw yn perthyn i'r un cyfnod. Tra y mae un gofyn [*sic*] am wrhydri dychymyg, y mae y llall yn ymfoddloni ar wirebau bywyd cyffredin. Nid yw yn fwy na llai na bywyd cymdeithas wedi ei bortreadu gan egnion celfyddyd. Os parthluniaeth fydd y pwnc, parthluniaeth dan gyffyrddiad cwblhaol darfelydd ydyw. Os prydferthwch neillduol benyw fydd dan y *pencil*, prydferthwch wedi ei weithio i ymylau perffeithrwydd fydd. Ond yn y Novel, y mae yn rhaid i'r pethau gwirioneddol hyn fod yn sylfaeni i ddarfelydd ddiwylliedig i weithredu arnynt.

Cyfranoga Rhamant Hanesyddol o'r ddwy elfen hyn, ac i'r dosbarth hwnw y perthyna y testyn sydd yn awr dan sylw. Yn gymaint ag fod genym hanes lled helaeth o Syr Rhys ab Thomas, rhaid i'r Romance fod yn israddol; a chan fod yn yr hanes hwnw lawer iawn o adwyau, y mae ynddo ddigon o le i'r celfyddgar arfer ei ddychymyg a'i ddarfelydd. Y mae rhai gwaharddiadau yn ymgodi oddiar berthynas y ddwy elfen â'u gilydd. Yn 1af, Dylai prif ffeithiau hanes yr arwr roddi nodwedd i'r cyfansoddiad. Yn 2il, Dylai pob peth o natur ddychymygol fod yn is-wasanaethgar i ddwyn allan y cymeriad i'r graddau uwchaf o berffeithrwydd. Yn 3ydd, Ni ddylai un cymeriad segur gael ei ddwyn i fewn, ond dylai pob un sydd yn deilwng o enw a lle yn y cyfansoddiad allu gwneud rhywbeth, naill a'i hyrwyddo, neu atal, i ryw raddau *weithred* y cyfansoddiad . . .

Un traithawd a dderbyniwyd ar y testyn hwn . . .

Rhoddasom i lawr fel egwyddor nas gellir ei hosgoi y dylai prif ffeithiau yr arwr gael lle yn y Rhamant; ond y mae ein hawdwr, trwy ddiofalwch nas gellir rhoi cyfrif am dano, neu trwy fwriad nas gellir ei gyfiawnhau, wedi eu gadael allan yn llwyr. Nid oes dim yn y traithawd am fedrusrwydd Rhys ab Thomas fel marchogydd diail, a thrinwr arfau milwrol digyffelyb. Dim am ei fynediad i Burgundy, a pheri syndod i Phylip a'i lys at ei berffeithrwydd fel milwr. Dim am ei briodas âg Eva, merch Henri ab Gwilym, trwy yr hon y bu iddo ddwyn i amodau cyfeillgar ddau deulu, oedd wedi bod yn elynol i'w gilydd am oesau. Dim am ei garedigrwydd a'i lettygarwch oedd yn ddiarhebol yn y wlad. Dim am ei waith yn sefydlu trefn a chymydogaeth dda lle nad oedd ond gelyniaeth a chreulonderau yn ffynu o'r blaen. Dim am y warogaeth a dalai y bobl iddo, fel y gallasai, ar y rhybudd byraf, ddwyn pedair neu bum' mil o wyr meirch i'r maes pan fyddai galwad am eu gwasanaeth, a hyny trwy gyflenwad gwirfoddol yn unig. Dim am y rhan a gymerodd i godi Harri VII i'r orsedd. Dim am yr anrhydedd a'r swyddau uchel a bentyrwyd arno gan y brenin. A gadewir allan y gwrhydri digyffelyb a gyflawnodd ar Bosworth Feild [sic], pan lwyddwyd i ddiorseddu y gormesydd, a gosod coron Prydain yn ddyogel i gadwraeth y gangen Gymreig o'r teulu breninol; er mwyn gwneud lle i rhyw gyfeddach anmheus, ac ymddyddanion gwallgof, gyda haner witch a haner ellyll, mewn un o haner puteindai Llundain. Fel yna yr ymddygir at ffeithiau.

Beth a gawn yn eu lle? Rhyw hen wr o'r enw Thomas Dafis, a lodes ieuanc o'r enw Mabelle. Dyna fodau na chlywyd erioed son am danynt yn yr amser y cyfeirir ato. Rhys wedi colli Mabelle, ac yn myned i bedlera gan gymeryd arno chwilio am dani – yn dyfod yn ol heb ei chael – yn myned i Lundain i wneud ynfyttyn o hono ei hun o flaen y brenin. Am ddim a ellir ddysgu yn sicr oddiwrth yr hanes, y mae yn treulio y gweddill o'i oes i smocio a chwedleua yn y Brifddinas. Yr oedd yr arferiad o smocio cigars yn yr heolydd, yn ol yr awdur hwn, yn beth cyffredin yn amser Rhys ab Thomas; ond yn ol awdurdodau eraill llai anmheus, ni chlywyd son am dano mewn lle na ffurf yn y byd, am o leiaf gan' mlynedd ar ol hyny. Digwyddiad dyddiol debygid oedd gweled marchog yn troi i fasnachdy i gael owns o dybacco!

Nid pawb a geisiai sgrifennu rhamant hanesyddol Gymraeg a wnâi gystal gwaith â Llyfrbryf! Am William Pritchard, hyd yn oed, er i Cadwaladr Davies ddweud yn ei feirniadaeth ar *Owain Tudur* ei fod 'yn ddibetrus yn maentumio na chyrhaeddodd yr un nofelydd Cymreig eto safon mor uchel ag' ef, rhaid dweud na lwyddodd i lwyr osgoi sgrifennu am gyfnod cynnar o safbwynt nawddogol Ymneilltuaeth ei oes ei hun. Yr un feirniadaeth ag sydd gan Roger Edwards a Gwilym Hiraethog ar grefydd y llan, a awgrymir gan y disgrifiad hwn o bregeth (*Owain Tudur*, 49), a beirniadaeth ydyw sydd allan o le mewn rhamant hanesyddol:

Yna aeth yn mlaen i anog pawb i fod yn 'sobr ufuddfryd,' a 'pharchu eu gwell,' i 'ymgroesi rhag y diawl a'i weision,' i 'ymddyrchafael i Baradwys,' i 'dalu y degwm ac offrwm Pasg,' i 'gadw y llwybrau a chau pob porth a llidiart;' a diweddodd gyda'r fendithwers arferol, 'Rhad arnoch, Amen.'

## IV

Wrth gwrs, gellir defnyddio stori wedi'i gosod mewn oes arall fel offeryn i feirniadu neu wawdio oes y sawl sy'n sgrifennu; efallai mai dyna oedd amcan Glasynys yn *Dafydd Llwyd; neu Ddyddiau Cromwell*. Dywed ef yn y Rhagymadrodd i'r ail argaffiad mai 'cais a wneir yn y Chwedl ganlynol, i ddadlennu yr amser pryd yr oedd yr Ymneillduwyr yn eu gogoniant, wedi cael yr hyn a geisient'. Ac er iddo honni nad 'oes o'i mewn un peth nad yw wedi ei sylfaenu ar ffaith, neu nad ellir ei brofi oddiwrth groniclau *Dyddiau Cromwel*', nid yw hynny'n ddigon i wneud y chwedl yn stori gywir heb brofi fod y digwyddiadau a geir ynddi nid yn unig yn bosibl ond yn gyffredin.

Gellir petruso beth i'w ddweud am *Dafydd Llwyd*; ond pan ddown at *Wil Brydydd y Coed*, nid oes dau nad dychanu yr oedd yr awdur. Cyhoeddodd Brutus y gorchestwaith hwn o fis i fis yn *Yr Haul*, o fis Medi 1863 nes iddo yntau farw yn Ionawr 1866; felly câi gyfle bob mis i ateb unrhyw feirniadaeth a glywsai. Hawdd y gallai ef yn *Yr Haul* am Chwefror 1865 ateb yr 'haerllugrwydd sectyddol' a barai fod 'hanes Wil Brydydd y Coed yn cael ei wadu gan lawer o Sectwyr', trwy ddweud 'bod chwareu a chwareuon Wil wedi cael eu hactio drosodd a throsodd laweroedd o weithiau yn y capeli sectyddol' a mynd ymlaen i ddyfynnu enghreifftiau:

Yng nghorff y flwyddyn ddiweddaf, aeth allwedd llidiard mynwent capel yr Independiaid yn Glandwr, yn eisieu, a hyny

trwy ystrywiau plaid ag oedd wedi cyfodi yn erbyn un o
weinidogion parchusaf y corff hwn yng Nghymru. Yn y cythrwfl
mawr fu yng nghapel yr Independiaid yn Llanedi, er ys yng
nghylch chwe mlynedd ar hugain yn ol, mwy neu lai, bu y Parch.
David Rees, Capel Als, Llanelli, yn pregethu yn y capel, a'r Parch.
John Joseph, Llangenech, yn pregethu ar yr un pryd ar gareg fedd
ei dad yn y fynwent . . .

Ac y mae'n sicr ei fod ar ei uchelfannau wrth gael dwyn enw ei
hen wrthwynebydd David Rees i mewn; ond wedi'r cyfan, ni bu
cymaint o ddrygau ag a ddilynodd ôl Wil yn dilyn un pregethwr
a fu yng Nghymru, nac yn unman ond yn nychymyg toreithiog
Brutus. A'i athrylith ef sydd yn cyfiawnhau'r llyfr; er cymaint y
gallai cyfoedion 'sectyddol' Brutus ysgyrnygu dannedd drosto,
ni allwn ninnau beidio â mwynhau i'r eithaf beth fel 'pregeth
y *wheel*'. Byddwn ni'r Cymry'n rhy barod i geisio gosod
cyfansoddiadau Cymraeg ar lefel gwaith Saesneg sy'n hollol
wahanol iddynt – i alw 'Shakespeare Cymru' ar Twm o'r Nant, ac
yn y blaen. Ond dweud fy mhrofiad yr wyf i wrth ddweud fod
gan Brutus rai darnau o ddisgrifiad gorawenus sy'n fy atgoffa
am waith Dickens, neu nofelau cynnar Mr H. G. Wells – hanes
cinio yn Nhroed y Foel yn union wedi pregeth y *wheel*, er
enghraifft.

Gogoniant casgliad o feini hardd yw gogoniant *Wil Brydydd y
Coed*, nid gogoniant adeiladwaith wedi ei gymwys gydgysylltu.
Wrth sgrifennu stori i ddychanu sectyddiaeth, yr oedd dwy
ffordd yn agored i Brutus. Gallasai ddilyn ei arwr o ddydd
i ddydd, gan wneud pob digwyddiad yn gyfle i ergyd
ychwanegol: dyna a wnaeth yn *Wil Brydydd y Coed*, ac oherwydd
hynny bu wrth y stori am dros ddwy flynedd heb benderfynu
am Wil 'whether I shall kick him out of the ministry, or make him
a Doctor of Divinity'. Neu ynteu gallasai benderfynu ar gynllun,
a gyrru ymlaen ag ef, gan wneud y cynllun yn brif offeryn y
dychan, a heb ymdroi â manylion ddigon i guddio'r cynllun o
gwbl. Dyna a wnaeth yn *Cofiant Dai Hunandyb*, a gyhoeddodd yn
*Yr Haul* am Awst a Thachwedd 1860. Nid oes ond deuddeg
tudalen ohono, lle y mae *Wil Brydydd y Coed* yn llanw cant a
hanner heb ddangos argoel dod i ben; ond y mae'n gyfanwaith
perffaith gryno a gorffenedig. Yr un yw pechod Dai ag eiddo Wil
– rhwygo eglwys Ymneilltuol – ac y mae'r digwyddiadau ar y

ffordd yn bur debyg yn y ddwy stori; ond yn lle'r bennod am Wil yn pregethu oddi ar garreg fedd ei dad, er enghraifft, ni cheir ond paragraff am 'y gweinidog yn pregethu ar rwyg Corah yn yr anialwch, a rhwyg Ieroboam, fab Nebat', yn y capel, a 'Dai ar hyd y tai ar ben 'stolau yn pregethu am ormes Pharaoh, ac fel yr oedd Israel dan gaethiwed ym Mabilon, ac fel y mae y duwiolion trwy yr oesau yn cael cam'.

## V

Ni byddai ffordd *Wil Brydydd y Coed* na ffordd *Cofiant Dai Hunandyb* yn arwain at nofel. Stori fer yw *Cofiant Dai Hunandyb*; anodd gwybod pa enw i'w roi ar *Wil Brydydd y Coed* – nid oes ynddo'r unoliaeth a'r crynoder sy'n gwneud stori fer, ac nid yw'n cyflwyno problem foesol yn y byd gwirioneddol, fel y mae'n rhaid i nofel wneud. Nid problem foesol, ond blocyn taro i dderbyn ei ergydion ef, yw sectyddiaeth i Brutus; a byd dychmygol yw ei fyd.

Hwyrach y gallaf egluro fy nadl ymhellach trwy gyfeirio at lyfr sydd ar yr wyneb yn ddigon gwahanol i *Wil Brydydd y Coed*, sef *Gulliver's Travels*. Dywedodd Dr Johnson amdano, 'When once you have thought of big men and little men, it is very easy to do all the rest,' a chollfarnwyd ef yn aml am hynny. Ond y mae Mr Collins yn y llyfr a ddyfynnais gynnau yn ei amddiffyn (12):

> As narrative *Gulliver's Travels* may be better than, say, *Sense and Sensibility* . . . But granted the narrative capacity, the work of writing it stopped at the moment when the thought came to Swift . . .
> *Sense and Sensibility* on the other hand – and, indeed, any true novel – continues in energetic succession of creation from sentence to sentence, and from the first chapter to the last.

Felly gyda Brutus. Wedi iddo daro ar y meddylddrych o 'sectyddiaeth', yr oedd y gwaith creu ar ben, ac nid oedd yn aros ond gosod ar bapur y digwyddiadau a oedd yn dilyn yn naturiol o'r meddylddrych. Ateg i'r ddadl hon yw fod gennym *Cofiant Dai Hunandyb* yn ogystal â *Wil Brydydd y Coed*; y cwbl a wnaeth Brutus oedd gosod y digwyddiadau hynny i lawr, yn gryno yn y naill ac yn fanwl yn y llall. Bid sicr, yr oedd gofyn cael athrylith Brutus i wneud y ddau'n gampweithiau; ond yn y meddyl-ddrych y mae'r creu.

Gellir gweld yr un peth yn y ffug-chwedlau Cymraeg a sgrifennwyd ar destunau eisteddfodol, ac yn enwedig y rhai dirwestol. Yr oedd Berwyn yn ymwybodol fod y sawl a ddewisai'r testun mewn eisteddfod wedi gwneud y gwaith creu; meddai ef yn ei Ragymadrodd i *Iorwerth Llwyd*, 'yr oedd y testyn "Y plentyn andwyedig," yn fy rhwymo i'w gadw dan ofal ei rieni dros y rhan fwyaf o'i amser; a'i ollwng i orphen ei yrfa gyda brys, mor fuan ac y cafodd "y ffrwyn ar ei war",' a byddai unrhyw ymgeisydd ar destun eisteddfodol yn sicr o ofni cael ei gollfarnu am sgrifennu'n annhestunol pe dehonglai'r testun yn rhydd; gan hynny, nid oes yn nofelau dirwestol yr eisteddfod ddim ym-wybod â phroblem foesol, a gellir dweud yn ddigon teg fod y gwaith o greu wedi'i orffen pan osodwyd y testun. Ni wna'r ymgeiswyr ond sgrifennu'r stori; a'r sawl a sgrifennodd yn fwyaf diddorol sy'n ennill. Felly yr enillodd Llew Llwyfo yn 1854 gyda *Llewelyn Parri*. Yr un cynllun sydd i *Llewelyn Parri*, *Jeffrey Jarman* (Gruffydd Rhisiart) a *Henry James* (E. Jones): yr arwr wedi'i fagu dan amgylchiadau lle y dysgodd yn ifanc yfed diod gadarn, yn credu y gallai cymedroldeb ei gadw rhag meddwi, yn cwympo i feddwdod, yn cael ei achub gan ryw ddigwyddiad hynod ac yn mynd yn llwyrymwrthodwr; ac am fod y digwyddiadau achlysurol yn fwy diddorol yn *Llewelyn Parri* y mae hi'n rhagori ar y lleill. Barnai Dic Tryfan fod Llew Llwyfo'n well na Daniel Owen am adrodd stori (R. Hughes Williams, 'Y Nofel yng Nghymru,' yn *Y Traethodydd*, lxiv, 121):

> Fel nofel y mae *Llewelyn Parri*, er byred yw, yn hawlio lle uchel. Nid yw mor lafurfawr a *Rhys Lewis*, ond mae yn llawer mwy dyddorol, ac wedi dechreu ei ddarllen nis gellir ei rhoi o'r neilldu heb ei gorffen.

Eithr nid yw ein diddordeb yn *Llewelyn Parri* yn ddiddordeb yn Llewelyn a'i deulu – nid ŷnt hwy fawr mwy na theipiau o'r meddwyn, y fam annwyl, y chwaer ffyddlon, ac yn y blaen – ond diddordeb mewn digwyddiadau cyffrous fel hwn (15):

> Tua chwech o'r gloch y prydnawn, dychwelai gwas Brynhyfryd o'r dref . . . Aeth at ei feistr, a dywedodd –

'Wel, mistar, 'rydw i'n fwy parod i seinio titotal heiddiw nag yrioed o'r blaen.'

'Mae'n dda iawn genyf glywed hyny, Huw,' meddai Llewelyn Parri. 'Ond, atolwg, pa beth sydd wedi dwyn y fath gyfnewidiad yn dy farn?'

'Gwarchod pawb! welis i rioed ffasiwn beth yn fy mywyd ag a welis i heiddiw!'

'Beth oedd?'

'Wel, fel roeddwn i'n mynd i lawr Cae'r Dên, mi welwn dwr o bobol. Eis yno i wel'd beth oedd y mater, ac ar ôl stwffio cryn lawer trwy'r dorf, mi welis yr hyn na anghofia i mono fo byth. 'Roedd yno ryw griadur ar lun dyn, a'i wyneb gin lased a lliw glâs, a fflam fel fflam frwmstan yn dod allan o'i safn. Mi ofynis i ryw ddyn, fel darn o wr bynheddig, beth oedd y mater, a deudodd hwnw fod y dyn a welwn felly wedi dod i'r dref bore heiddiw yn feddw; a'i fod wedi gwneyd i oreu i gael dïod yn mhob tafarn, ond am nad oedd ganddo fo arian i dalu, roe neb ddim dafn iddo fo. O'r diwedd, medrodd fyn'd i iard P— Arms; torrodd dwll yn nhalcen balir o chwisgi, oedd newydd i osod yno, ac yfodd ei wala, nes aeth ar dân o'r tu fewn. Mi gwelis i o, Mistar,' ychwanegai'r llanc, gyd â'i ddwylaw i fynu, – 'mi gwelis i o'n llosgi; ac mi gwelis i o'n marw! Yfa i byth ddafn o gwrw na licar ond hyny, Mistar. Ac mi seinia ditotal rwan, i chwi.'

Y mae Dic Tryfan yntau'n cydnabod hynny; â ymlaen i ddweud:

Ofer fyddai ceisio cymharu Llew Llwyfo a Daniel Owen fel nofelwyr. Yr oedd y ddau yn perthyn i ysgol wahanol. Portreadu cymeriadau a wnai Daniel Owen, ond disgrifio eu gweithredoedd wnai Llew Llwyfo.

Nid yw *Llewelyn Parri* yn wir nofel, am nad yw dirwest yn broblem foesol o gwbl ynddi, a byd dychmygol a ddarlunnir ynddi, y byd y mae'r testun yn ei awgrymu. Nid nad yw dirwest yn broblem foesol yn y byd gwirioneddol; ond byddai gwir nofel gyda'r meddwyn diwygiedig yn arwr yn gorfod dangos gwrthdaro rhwng hoffter y meddwyn o gwmni llawen y dafarn a'i gasineb at ragrith ac anghariadoldeb rhai dirwestwyr, yn ogystal â rhwng ei sobrwydd a'i feddwdod. Y mae tuedd i drin y testun felly yn *Jeffrey Jarman*, er enghraifft yn y disgrifiad o'r cwrdd dirwest – a dedfryd o ganu'n annhestunol yw condemn-iad y beirniad arno (iv):

Nid yw yr helynt gyda'r llyfr 'seinio,' a'i ddarluniad o'r areithydd O'Brien, wedi eu tynu yn y fath fodd ag i enill serch at achos Dirwest.

## VI

Efallai y bydd rhai yn tueddu i gredu mai rhyw ddamcaniaeth wneud yw'r athrawiaeth hon fod gwahaniaeth hanfodol rhwng y chwedlau y soniwyd amdanynt hyd yn hyn, a nofelau Roger Edwards, Gwilym Hiraethog, a Daniel Owen. Ni fynnwn honni imi gael yr esboniad gorau ar y gwahaniaeth hwnnw, ond hoffwn gymell y sawl sy'n amau ei fod, i ddarllen yn gyntaf un o oreuon dosbarth y chwedlau nad ydynt nofelau – *Wil Brydydd y Coed*, neu *Llewelyn Parri*, neu hyd yn oed *Rheinallt ab Gruffydd* – ac yna yn union wedi hynny ddechrau darllen *Y Tri Brawd* gan Roger Edwards. O ran crefft ei chyfansoddi, byddai'n hawdd iawn beirniadu hon – y mae ynddi lawer gormod o bregethau meithion, a dywed Roger Edwards ei hun yn ei Ragymadrodd iddi (iv):

> Dywed y beirniaid celfydd y dylai cyfansoddiadau o'r fath yma fod ar gynllun *plot* rheolaidd; ond ymgadwyd yn fwriadol rhag amcanu at hyny yn yr adroddiadau hyn. Cywirdeb darluniadau, a buddioldeb addysgiadau, oedd yn fwyaf mewn golwg; a chymerwyd *Y Tri Brawd a'u Teuluoedd* fel edefau i rwymo ynghyd yr amrywiol adgofion ac adroddiadau.

Ond nid oes modd disgrifio'r gwahaniaeth rhyngddi a'r lleill ond trwy ddweud ei bod yn perthyn i fyd gwahanol. Chwedlau i ddifyrru gwyrda, dyna yw'r lleill, a byd dychymyg yw eu byd; ond byd real yw byd hon, byd lle y mae problem foesol hollol ddifrifol, a osodir allan yn ddigon clir yng ngeiriau Jane Lewis wedi i'r offeiriad fod yn galw gyda'i brawd ar ei glaf wely (10):

> 'O Betty Jones, yr wyf wedi blino ar yr hen Mr Humphreys hyna gyda'i "Codwch eich calon," a'i *"cheer up"*. Mae John ar ein gadael ni,' a chyda hyny hi a wylai fel nas gallai fyned ymlaen yn rhwydd; ond ffrwynodd ei theimlad, a dywedai ymhellach,
> 'Yr wyf wedi meddwl er ys nosweithiau mai nid rhywbeth fel ceffyl neu fuwch yn trigo ydyw marw dyn; ac nid oes yma neb yn

gallu siarad â John ond fel pe bae efe yn sicr o wella, er y gŵyr pawb sydd yn ei weled mai marw y mae.'

Yr un peth a geir, yn gliriach ac yn greulonach, yn hanes Anthony Wynne yn ceisio aelodaeth yn y seiat o serch at Jane Lewis.

Dangosodd Mr Saunders Lewis yn *Daniel Owen* (1936) gymaint yw dyled *Rhys Lewis* i draddodiad arbennig y cofiant Cymraeg. Y mae gwaith Roger Edwards yn amlwg iawn dan effaith yr un traddodiad; fel arwydd yn unig, cymharer y ddau ddyfniad hyn:

Gyda golwg ar ei grefydd bersonol, ofnus oedd ei brofiad y rhan amlaf. Addefai iddo dreulio dyddiau ei ieuenctyd yn ddilafur yn y Bibl a'i bethau, a bod hyny yn achos iddo fod yn ol mewn amgyffred a mwynhâd mewn cymhariaeth i'r rhai ag oedd wedi dyfod yn more eu dyddiau at grefydd; ac yr oedd yn ofid mawr ganddo. Bu yn ddiwyd iawn mewn darllen y Bibl a gweddïo; ac wrth iddo ymbalfalu am Grist, gellir barnu iddo ei gael Ef. Yr oedd Mr Jones yn rhoddi ei hunan i'r Gwaredwr bob dydd, a dyma oedd ganddo yr wythnosau olaf . . . Yr oedd yn tystio fod Crist yn myned yn fwy gwerthfawr ganddo bob dydd, ac yn teimlo yn fwy hawdd ei garu a chredu ynddo o hyd; ond byddai ammheuon yn galw heibio iddo, ac yn ei wneyd yn helbulus ar brydiau; eithr fe ddeuai gwawr drachefn.

Er i Mr Bowen gael ei gymeryd ymaith cyn cyrhaedd henaint, efe a gyflwynodd ei ddyddiau yn effeithiol ac anrhydeddus. Bu ei goethder meddwl, ei sefyllfa gyfrifol, a'i fedr parod at orchwylion cyhoeddus, yn wasanaethgar i beri i'r dosbarth uchelradd yn ei gymydogaeth goleddu meddyliau ffafriol i Fethodistiaeth Gymreig, ac i gael y rhan fwyaf o foneddigion ei wlad yn ewyllysgar i roddi lleoedd at adeiladu capelau. Yr oedd efe yn flaenllaw gyda phob gwaith da; ac er nad oedd yn ustus heddwch mewn enw, yr oedd efe felly mewn gwirionedd yn ei ardal. Nid oedd efe yn Diotrephes drahäus yn ei eglwys, nac yn Nabal galedgalon yn unman; ond yr oedd yn hawdd nesu ato ar bob achlysur.

Y mae'r naill yn ddyfyniad o *Y Tri Brawd*, a'r llall yn ddarn a godwyd ar antur o golofnau 'Bywgraffiaeth a Marwrestr' *Y Drysorfa*. A allai neb na ddarllenodd *Y Tri Brawd* ddweud mai'r ail a dynnwyd o'r nofel (150)?

Gan fod ar y ddau ddyled i'r un traddodiad, hawdd fyddai
tybio mai'r un peth a wnaeth Roger Edwards a Daniel Owen.
Camgymeriad fyddai hynny. Defnyddiodd Daniel Owen gynllun
hunangofiant yn ymwybodol, i gyfiawnhau – neu i guddio – ei
waith yn sgrifennu ffug-chwedl. Iddo ef, y stori oedd y diben, a
chyfrwng oedd yr hunangofiant. Ond i Roger Edwards, cyfrwng
oedd y stori; 'cywirdeb darluniadau, a buddioldeb addysgiadau
oedd yn fwyaf mewn golwg', ac am y gellid gwneud darlun
cywirach a mwy buddiol felly y sgrifennodd ef hanes cymer-
iadau dychmygol. Ac am ei fod yn ceisio cywirdeb darluniadau,
ni allai Roger Edwards osgoi cyflwyno problem foesol, ni allai
na sgrifennai nofel. Y mae ef yn sgrifennu hanes cymeriadau
dychmygol yn y byd gwirioneddol a adwaenai – dyna'r gwahan-
iaeth rhyngddo ef a Brutus a Llew Llwyfo: byd dychmygol yw eu
byd hwy. A dyna paham y mae *Y Tri Brawd* yn wir nofel, aelod
mwy distadl o'r un dosbarth â *Gwen Tomos*, a nofelau Gwilym
Hiraethog.

*VII*

A wyddai Roger Edwards a Hiraethog beth yr oeddynt yn ei
wneud, eu bod yn sgrifennu rhywbeth gwahanol iawn i
chwedlau duwiol Llew Llwyfo? Ni allwn ddweud, ac efallai nad
yw o bwys. Dechreuodd Richardson sgrifennu cyfres o lythyron
yn batrymau i ferched ieuainc a rhieni gwledig – a'r llythyron
hynny yw *Pamela*, y nofel fodern gyntaf yn Saesneg. Sgrifennodd
Hiraethog dair nofel: ond nid yw'r un ohonynt yn cychwyn allan
gyda'r bwriad amlwg o fod yn nofel. Cyfeiriwyd eisoes at *Aelwyd
f'Ewythr Robert* fel cyfaddasiad o *Uncle Tom's Cabin*: rhaid ei
ystyried hefyd fel nofel Gymraeg wreiddiol, a nofel bur hynod.
Cynllun Hiraethog yw i ŵr ifanc darllengar, James Harris,
gyfieithu neu grynhoi'r stori i'r cwmni ar aelwyd 'f'Ewythr
Robert', hen ffarmwr a ddisgrifir yn y 'Rhagdraith'. Gallesid
wrth gwrs ddefnyddio ffrâm Gymreig fel hyn yn unig er mwyn
cyfleu'r stori Americanaidd yn hwylusach, trwy fod rhywun
hyddysg wrth law i esbonio unrhyw beth dieithr yn y stori. Dyna
brif waith James Harris, ond nid dyna unig bwrpas y ffrâm
Gymreig, na'i diddordeb o gwbl i ni. Stori cymeriadau'r ffrâm
sydd o ddiddordeb yn awr, stori'r gwrthdaro moesol ym

meddwl f'Ewythr Robert. Yr un yw'r gwrthdaro yma ac yn *Helyntion Bywyd Hen Deiliwr*; ond y mae *Aelwyd f'Ewythr Robert* yn fwy hynod, yn gymaint ag mai trwy gyfrwng ymddiddanion y teulu ar yr Aelwyd yn unig y cyfleir y gwrthdaro. Yr hyn a adroddir o stori *Uncle Tom's Cabin* yw achlysur pob ymddiddan, ond y mae'r ymddiddanion yn llanw cymaint o le â'r adroddiad, a hwy yw deunydd y nofel Gymraeg.

Nid unigolyn yw'r prif gymeriad mewn nofel bob amser. Fel yn *Rhys Lewis*, dichon mai'r gymdeithas gyfan yw'r prif gymeriad, ac os felly, bydd disgrifio defodau'r gymdeithas a'u gweithrediad yn anhepgor i amlygu'r gwrthdaro sy'n gwneud nofel. Ond lle bo'r prif gymeriad yn unigolyn, gall y gwrthdaro'i amlygu'i hun lawn cystal mewn ymddiddan ag mewn gweithred; serch hynny, ychydig iawn o awduron a sgrifennodd nofelau heb ddognau helaeth o ddigwyddiad i dorri ar yr ymddiddan. I raddau, ymdeimlad fod angen achlysur i'r ymddiddan sy'n peri i hynny ddigwydd; i raddau, ofn na roddir clust i stori heb ddigwyddiadau cyffrous; ac ni bu ond ychydig iawn o awduron a fentrodd hepgor achlysur a chanoli ar yr ymddiddan. Gwnaeth Mr Aldous Huxley hynny yn rhai o'i nofelau; a chydnebydd ef ei fod yn hynny yn dilyn Thomas Love Peacock. Dyma ddisgrifiad o ddull Peacock (yn *The English Novelists*, gol. Derek Verschoyle; Llundain, 1936):

*Headlong Hall, Melincourt, Nightmare Abbey, Crotchet Castle* and, after an interval of thirty years, *Gryll Grange*, all show an extraordinary similarity of plot, and the way in which Peacock gets his effects is the same in each. His method is simplicity itself . . . He arbitrarily assembles a collection of disputatious and eccentric guests at a large country house. Having set an excellent dinner before them and circulated the madeira, their tongues are loosened to treat wittily, seriously or uproariously, in typical Peacockian dialogue of every topic under the sun . . .

As sentimental cement for the dialogues there is always a house-party romance loosely interwoven. With his habitual disregard for probability, 'reason being in no way essential to mirth,' Peacock winds the novels up by manoeuvring one or two happy couples to the altar. It's easy and it's practical. However, he is really as little interested in action and situation as in probability, and there is not much of either to be found in his work. His inventive capacity was not unable to provide them, but his selective sense was too sure to include anything irrelevant to his purpose.

Yr oedd gan Peacock gysylltiadau â Chymru: Cymraes oedd ei wraig, a bu ef yn byw yng Nghymru (gweler *Essays and Studies by Members of the English Association*, cyf. xiii; Rhydychen, 1926); ond peryglus iawn fyddai awgrymu fod Hiraethog hyd yn oed yn gwybod am ei fod ef, chwaethach fod ei ddylanwad arno. Ac nid oes angen awgrymu dim dylanwad; yr oedd gan y ddau ddigon o reswm dros fabwysiadu'r un dull, yn annibynnol – peth digon hynod yw mai Peacock yn unig o awduron Lloegr a fu'n ddigon dihidio am ei gynulleidfa i sgrifennu yn y dull a'i boddiai ef.

Y mae amgylchiadau seiadau Hiraethog yn wahanol iawn i eiddo rhai Peacock, a'i amcan, efallai, yn fwy difrifol; ond yr un yw'r cynllun. Angladd Modryb Elin, ar y diwedd, yw'r unig ddigwyddiad a ddisgrifir gan yr awdur yn *Aelwyd f'Ewythr Robert*. Cawn hefyd o enau rhai o deulu'r Hafod hanes codi ysgol yn y Cwm yn ôl cynllun a drafodwyd ar yr Aelwyd; a chawn hanes f'Ewythr Robert yn mynd yn aelod o'r seiat. Tipyn o gamgymeriad yw'r cyntaf; arwydd weledig o gyfnewidiad a ddigwyddodd eisoes yw'r llall, a pharhad mewn man arall, a chyda chymeriadau ychwanegol, o ymddiddanion yr Aelwyd.

Gellid cyfeirio at amryw o'r ymddiddanion i ddangos rhediad y stori, a dull Hiraethog o'i chyflwyno hi – yr ymddiddan a fu wrth i James Harris adrodd hanes gweision Shelby yn cynhyrfu ceffyl Haley, er mwyn iddo golli amser cyn gallu cychwyn i ymlid ar ôl Elisa, neu honno a fu wedi iddo adrodd hanes dianc Elisa a George o'u caethiwed, a'r ymgeledd a gawsant gan y Crynwyr. Fe welir wrth yr ymddiddanion hyn fod Hiraethog yn gynnil wrth greu cymeriadau yn ogystal ag wrth gyflwyno'r stori. Yr un yw f'Ewythr Robert â Hen Wr yr Hafod yn *Helyntion Bywyd Hen Deiliwr*: y mae hynny'n amlwg iawn yn nisgrifiad Modryb Elin ohono'n ceisio'i le yn y seiat, o'i gymharu â'r disgrifiad ym Mhennod XXV o *Helyntion Bywyd Hen Deiliwr*.

Nid oes neb yn yr *Helyntion* i gyfateb i Fodryb Elin. Efallai mai rhagoriaeth ynddo yw hynny – y mae hi braidd yn anodd ei dioddef gyda'i chariad Cristnogol at bawb oll – ac eithrio'r Puseyaid. Wrth sôn amdanynt hwy yn unig y mae'r natur ddynol yn cael peth o'i ffordd, a hithau Modryb Elin yn dangos ei bod yn fyw wedi'r cwbl.

Nid mantais yn unig i *Aelwyd f'Ewythr Robert* yw fod *Uncle Tom's Cabin* yn sylfaen iddo; er mai crynhoi'r stori a wna James Harris yn aml yn lle ei hadrodd yn llawn, y mae ei meithder yn dal datblygiad *Aelwyd f'Ewythr Robert* yn ôl, gan beri fod un ymddiddan weithiau'n ailadrodd sylwedd un arall. Pan sgrifennodd Hiraethog ddwy nofel ar ei sylfaen ei hun, fe'u gwnaeth yn fyrrach o lawer, serch iddo dreulio llawer o'i ofod yn ymbalfalu am gynllun. Y mae'n werth sylwi nad oes batrwm Cymraeg i hyd nofelau Daniel Owen; sonia Dic Tryfan am fyrred *Llewelyn Parri*, ond credaf mai *Y Tri Brawd* ac *Aelwyd f'Ewythr Robert* yw'r unig nofelau Cymraeg gwreiddiol cyn Daniel Owen sy'n hwy na hi.

Bu *Aelwyd f'Ewythr Robert* yn ddigon o lwyddiant i Hiraethog wneud yr Aelwyd yn llwyfan i waith arall. Decheuwyd cyhoeddi *Cyfrinach yr Aelwyd* yn *Y Dysgedydd* am Ionawr 1856; mae'r bennod ragarweiniol yn awgrymu cynllun ar gyfer yr holl gyfres ymddiddanion – sef gohebiaeth rhwng f'Ewythr Robert a'r 'Hen Ffarmwr' y sgrifennodd Hiraethog gymaint yn ei enw, i'r *Amserau, Y Dysgedydd*, a phapurau eraill. Dilynwyd y cynllun am beth amser: sgrifennodd y ddau hen ŵr at ei gilydd ddwywaith neu dair, a bu seiadau'r Aelwyd yn trafod y llythyron, ac yn arbennig yn ystyried cyflwr calon yr Hen Ffarmwr. Ond y mae'r bennod ragarweiniol eisoes yn dangos fod newid cywair er dyddiau *Aelwyd f'Ewythr Robert*, a throir i gyfeiriad newydd yn fuan.

Problem newydd yw problem *Cyfrinach yr Aelwyd*. Problem calon dyn o'r byd oedd yn *Aelwyd f'Ewythr Robert*, a dyna a fydd yn *Helyntion Bywyd Hen Deiliwr*, ond pan ddaeth Rhys Puw i'r Gyfrinach, a honni fod ganddo well calon nag yr oedd y crefyddwyr yn fodlon cyfaddef, bu raid cael ei wared cyn pen dau dudalen, oblegid problem y crefyddwr sy'n cydnabod drygioni ei galon yw problem *Cyfrinach yr Aelwyd*. Swydd Wmffre Dafydd yn y stori yw dadlau achos hen ddefodaeth y ddeddf; try ef ei feirniadaeth ar bob casbeth sydd ganddo, i ffurf eiddigedd dros enw da'r achos. Felly ceir Huw Huws yn rhoi darlith i'r cwmni, ac yn cyhoeddi ei destun – *Tri chythraul Williams o'r Wern!* (70):

'Aros, aros,' ebai F'ewythr Robert, 'gwarchod pawb! – tybed mod i chwedi dy ddallt ti'n iawn – Tri chythraul Williams o'r Wern ddeydist ti? be wyt ti'n feddwl?'

'Arhoswch chwithau dipyn, F'ewythr Robert,' ebai y darlithydd; 'rhaid i chwi beidio a thori ar y nhraws i fel hyn, neu ni allaf wneud dim yn y byd o honi hi. Yr oeddwn ar fedr egluro y testun pe cawswn lonydd.'

'Wel, ewch yn mlaen.'

'Ie, *Tri chythraul Williams o'r Wern*, meddaf eto, ydyw fy nhestyn. Deallwch, nad wyf yn meddwl mai y diweddar Williams o'r Wern oedd perchenog y tri chythraul, na'u bod hwythau yn ei feddianu yntau chwaith; na, yn wir, pell iawn ydwyf o feddwl y fath beth; ond gelwais hwynt dan yr enw hwnw, oblegid mai efe – Williams o'r Wern – a'u nododd hwynt allan gyntaf erbyn eu nodweddau priodol. Yn hanes bywyd y gwr enwog hwnw, yr ydym yn cael yn mysg sylwadau a dywediadau hynod o'i eiddo yr un canlynol: – "*Y tri chythraul*, – Y mae tri chythraul ag sydd yn gwneud mawr anrhaith a niwaid yn ein cynulleidfaoedd a'n heglwysi, sef cythraul y canu, cythraul gosod eisteddleoedd, a chythraul dewis swyddogion; y maent o'r rhywogaeth waethaf o gythreuliaid; ac nid â y rhywogaeth hon allan ond trwy ympryd a gweddi."'

Ond pan gynigir diolch i Huw, mae Wmffre'n pallu codi'i law (87):

'Wel, y mae chwedi i gymeradwyo gan bawb, ond Wmffre,' ebai'r Cadeirydd. 'Mae Wmffre'n teimlo trost y tri chythrel, mi debygwn i, onte mi fase'n codi i law.'

'Nac ydw i, saffed mod i yn y fan yma,' ebe Wmffre; 'ond mi ddeyda i chwi beth – ni dda gen i mo'r dyrlithio yma; – toedd dim son am rw lol fel yma yn amser rhen bobol: ac 'roedd llawer gwell golwg ar grefydd 'ramser hono na sydd y rwan. Dene'r son a glowch chi rwan namal iawn, – darlith ar y dyn yma a'r dyn arall; a be ydi hyny ond pregethu dynion: a dyna Huw yma chwedi myn'd yn waeth na hyny, – i bregethu cythreuliaid!'

Aeth Wmffre Dafydd yn rhy anhywaith er lles y stori, a bu raid rhoi taw arno yntau. Gollyngwyd yr Hen Ffarmwr hefyd dros gof, ond cafwyd cynllun newydd pan fu farw Tomas Evan, un o aelodau'r Gyfrinach, ac y gofynnwyd i Robert Llwyd, yr Hen Broffwyd, adrodd hanes ei dröedigaeth a'i fywyd crefyddol. Yn yr amgylchiadau damweiniol y mae prif ddiddordeb y dröedigaeth; yr oedd Tomas Evan wedi dechrau dilyn ymladdfeydd ceiliogod, a phenderfynodd gael ceiliog iddo'i hun (91):

Clywsai fod cenedlaeth ddiguro o geiliogod yn cael eu magu yn Lasynys, hiliogaeth hen ieir a cheiliogod Maelgwyn Gwynedd, yn amser Taliesin Ben Beirdd gynt. Aeth yno bob cam, a chytunodd ar bris ceiliog dihafarch, fel y dywedai ei berchenog, yr hwn na buasai efe yn petruso dal deg punt ar ei droed yn erbyn un mab iar ar wyneb yr holl ddaear. Yr oedd taid y ceiliog hwnw, meddai, wedi gorchfygu deg ar hugain o geiliogod goreu ei oes; ac yr oedd ei dad hefyd wedi bod yn brif arwr y *pit* am flynyddoedd, a dyfod allan yn fuddugoliaethwr o bob brwydr. Dychwelodd adref a'r ceiliog o dan ei gesail yn llawen, fel un wedi cael cyfoeth lawer. Mynodd ei gyfaill yn fuan i roi ei farn ar y ceiliog, yr hwn oedd yn athronydd ceiliogyddawl o'r radd uchaf. Gwnaeth sylwadau dyfnion a manwl iawn arno, o flaen ei big hyd flaen ei ewin – ei liw a'i lun, ei safiad a'i osgedd, ffurf ei ben, a chryfder ei wddf a'i aden. Yr oedd y cyfaill hwn wedi bod yn Lloegr yn gyru gwartheg i borthmon yn y gymydogaeth rai troion, ac wedi dyfod ag ambell reffyn o Saesoneg gydag ef oddiyno, a byddai yn defnyddio y rhai hyny yn mysg ei gyfeillion ar bob achlysur, ac edrychent arno ar y cyfrif hwnw fel oracl; synent yn ddirfawr at ei wybodaeth pan y clywent ef yn myn'd i'w Sasneg, fel y dywedent. Pan ofynodd Tomas iddo beth oedd ei farn am y ceiliog, 'Wel,' eb efe, 'y fo is fast rate cocin fightin ceiliog for sarten i ti.' Ond yr oedd yn anmheus ei fod o waedoliaeth ceiliogod Maelgwyn Gwynedd. Nid oedd mor fawr o gorff, nac mor fawreddig ei agwedd, a hiliogaeth y *cock royal family* hwnw; ar yr un pryd yr oedd yn barnu fod peth o'r gwaedoliaeth brenhinol ynddo.

Eithr dan ddylanwad pregeth 'un o hen bregethwyr tanllyd y dyddiau hyny' rhoddodd heibio'r ymladd ceiliogod, a thorri pen ei geiliog ei hun; a dechreuodd fynd i'r llan yn gyson. Daeth pregethwr arall heibio (95):

Llawer gwaith yr adroddodd Tomas hanes yr oedfa hono, a byddai yn crynu bob amser wrth son am dani. 'Arweiniodd y pregethwr ni,' meddai, 'at odre y mynydd teimladwy sydd yn llosgi gan dân, a chwmwl, a thywyllwch a thymhestl, a sain udgorn, a llef geiriau, nes oedd y cryfaf ei galon ohonom yn llewygu gan ofn. Yr oeddwn yn meddwl fod y *tan mawr* yn rhostio fy enaid. Yr oedd mellt yn llygad, a tharanau yn llais, a thân yn ngeiriau y pregethwr. A'r hyn a wnelai yr oedfa hono yn fwy hynod ac ofnadwy fyth oedd digwydd i storm fawr o fellt a tharanau dori allan ar ganol y pregeth. Yr oedd mellt y cwmwl a mellt y pwlpud yn fflachio arnom yn gymysg a'u gilydd . . . taranau y ffurfafen, a tharanau y ddeddf yn y weinidogaeth, yn rhuo yn ofnadwy uwch ein penau ar unwaith. Yr oedd mellt a tharanau y cwmwl yn peri mwy o fraw i rai, a mellt a tharanau y bregeth yn dychrynu eraill yn fwy, tra yr oedd eraill eto yn arswydo y ddwy storm. Yr oeddym wedi credu bod diwedd y byd

wedi dyfod. Ond beth bynag, gwnaeth y pregethwr fi heb yr un
grefydd; do, fe'i rhwygodd hi yn ddarnau man, ac a'i dangosodd hi
yn fratiau budron; a llosgodd y bratiau hyny yn ulw greision ger
bron fy llygaid.'

Ond y tro nesaf i'r un pregethwr hwnnw ddod heibio, 'gallu ac
ewyllysgarwch Crist i dderbyn ac achub y pechadur gwaelaf a
gwaethaf a ddelai ato oedd ei fater; a chymhellai bob pechadur
yn y lle i ddyfod ato fel yr oedd yn ddioedi'. A chyffyrddodd yn
arbennig â Tomas Evan, am iddo sôn 'am ryw bagan yn
aberthu ceiliog i'w dduw wrth farw'. Ond yr hanesion am fywyd
Tomas Evan fel crefyddwr sy'n gosod allan destun y nofel –
problem Piwritaniaeth os mynnwch – ac ateb Hiraethog i'r
broblem.

Cynnig olaf Hiraethog ar nofel yw *Helyntion Bywyd Hen
Deiliwr*; ac wrth fynd ymlaen yr aeth honno hefyd yn nofel.
Mewn cyfnodolyn y'i cyhoeddwyd gyntaf, a digon posibl na
fwriadai Hiraethog sgrifennu mwy nag ambell bwt o lythyr, pan
luniodd y bennod gyntaf, a'i gyhoeddi fel llythyr at y Golygydd,
yn y trydydd rhifyn o gyfrol gyntaf *Y Tyst* (13 Gorffennaf 1867).
Y mae'n amlwg ei fod yma eto fel yn *Cyfrinach yr Aelwyd* yn
ymbalfalu am gynllun nes iddo ddechrau adrodd stori Hen Ŵr
yr Hafod. Rhagymadrodd yw'r cyfan hyd at Bennod XVI; o
hynny allan, y mae popeth yn cyfrannu at osod allan yr un
broblem foesol ag a gafwyd yn *Aelwyd f'Ewythr Robert*.

Dywedwyd eisoes fod Mr Norman Collins yn cyfeiliorni wrth
sôn am berthynas y ddau ryw fel hanfod y nofel fodern. Â hynny
y bu nofelau Saesneg yn ymwneud fwyaf, byth er cyhoeddi
*Pamela*; ond problem arall oedd testun mawr nofelau Cymraeg y
ganrif ddiwethaf, problem perthynas dyn a'i enaid. Y broblem
honno yw testun *Helyntion Bywyd Hen Deiliwr*: a diddorol iawn
yw gweld fel y symudwyd y pwyslais pan wnaed cyfaddasiad
Saesneg. W. Rees Evans, ŵyr Hiraethog, a wnaeth y cyfaddasiad,
a gyhoeddwyd yn 1896 dan yr enw *Gwen and Gwladys*. Bydd yr
enw'n ddigon i ddeffro chwilfrydedd pawb sy'n gyfarwydd â'r
nofel wreiddiol: o ble y cafwyd dwy ferch a haeddai eu henwi yn
nheitl y llyfr? Digon hawdd deall fod y cyfieithydd wedi rhoi
enw mwy Cymreig na Margaret Evans ar ferch yr Hafod Ganol,
ac mai hi yw Gwladys Lloyd; ond ofer y ceisir Gwen yn y
Gymraeg. Mae hi'n gymeriad newydd: chwaer i fab y plas yw hi,

ac o ddwyn ei charwriaeth hi i'r stori, y mae'r rhan gyntaf yn cyfateb yn well i batrwm nofel Saesneg.

Bu Rees Evans yn fwy gofalus na'i dad-cu i gyflwyno digwyddiadau diddorol yn gyson drwy'r llyfr; ond y mae ei waith ef yn nofel lawer llai boddhaol na'r gwreiddiol. Nid wyf yn meddwl cymaint am feddalwch gwrthun pethau fel ei gyfeiriadau at werin Cymru a'u 'beloved Cymraeg', ag am y nofel fel cyfanwaith. Cadwyd holl ddigwyddiadau'r gwreiddiol, ond wrth ychwanegu atynt, daeth i'r stori anghysonderau sy'n ei gostwng i lefel lawer is. Er mwyn stori carwriaeth Gwen, rhaid i offeiriad y plwyf fod yn Buseyad ieuanc; ond perthyn digwyddiadau *Helyntion Bywyd Hen Deiliwr* i gyfnod pryd nad oedd sôn am Buseyaid yng Nghymru. Cwyn pedant, wrth gwrs, ond nid hynny'n unig; y mae llawer yn dibynnu ar yr offeiriad hwnnw. Yn *Gwen and Gwladys*, y mae ei ddefodaeth ef wedi gyrru bron pawb o'i blwyfolion at yr Ymneilltuwyr: hollol anghyson â'r hinsawdd ysbrydol a olyga hynny yw cyn-dynrwydd Hen Ŵr yr Hafod i fynd i'r seiat, a gwaith merch yr Hafod Ganol yn gwrthod mab y plas fel un anobeithiol ddigrefydd. Effaith y cyfnewidiadau a wnaed yn y cyfaddasiad Saesneg yw na ellir cysoni gweithredoedd y cymeriadau; gan hynny, gall *Gwen and Gwladys* fod yn nofelig ddifyr i dreulio awr neu ddwy, ond ei hunig werth i ni yw ei bod yn dangos y gyferbyniaeth rhwng traddodiadau Cymraeg a Saesneg y nofel yn y ganrif ddiwethaf.

Nid oedd na'm gofod na'm hamser na'm gwybodaeth yn caniatáu imi drafod pwnc y nofel Gymraeg gynnar fel y dylid ei drafod. Y mae yn y pwnc ddefnydd ymchwil blynyddoedd, ond bu raid seilio'r ymdriniaeth hon ar astudiaeth o gyfran fechan o'r nofelau a oedd yn hysbys i mi; ac nid oes un sicrwydd nad oes gannoedd eto na chlywais amdanynt. Y mae geiriau amryw o amddiffynwyr duwiol y ffug-chwedl yn awgrymu fod eithaf toreth o nofelau Cymraeg masweddus wedi eu cyhoeddi yn y cyfnod – a dylid astudio'r rhieni yn ogystal â'r rhai parchus. Bu llawer o sgrifenwyr Cymraeg yn ymbalfalu ym myd y nofel cyn i Daniel Owen gael ffordd glir; nid oes ond gobeithio imi lwyddo i roi rhyw amcan o'r dull yr aethant ati, ac o'r gamp a gyflawnodd rhai ohonynt.

# 2

## *Y Nofel: Datblygiad y Nofel Gymraeg ar ôl Daniel Owen*[1]

### DAFYDD JENKINS

### *Echdoe*

'Ystad bardd astudio byd' oedd arwyddair Siôn Cent yn ei ymgyrch yn erbyn yr Awen Gelwyddog a welai ef yn derbyn gwrogaeth beirdd eraill ei oes: a byddai'r un arwyddair (ond ei gymhwyso i bob llenor) yn gwneud cyngor buddiol iawn heddiw i feirniad a oedd yn ceisio deall hanes y nofel Gymraeg yn yr hanner can mlynedd a aeth heibio er pan gyhoeddodd Daniel Owen ei nofel olaf, *Gwen Tomos*, yn 1894.

I feirdd traddodiadol Cymru'r Oesau Canol, moli oedd swydd pencerdd – a moli yn ôl patrwm a benderfynwyd gan reolau pur gaeth ar gyfer pob dosbarth o ddyn y gellid canu iddo. Yr oedd i ddychan ei le yn eu cyfundrefn: er na wnâi'r penceirddiaid ddim ag ef, yr oedd yn briodol i feirdd o isel radd ddychanu dynion o isel radd. A rhoi'r mater mewn termau mwy modern, teipiau oedd cymeriadau'r farddoniaeth draddodiadol hon – teipiau da i'w moli, a theipiau drwg i'w dychan: nid oes mewn awdl o'r bedwaredd ganrif ar ddeg fwy o ddisgrifio gwrthrychol ar berson arbennig nag sydd mewn araith ar lwncdestun y llywydd mewn cinio Gŵyl Dewi yn y dyddiau hyn. Mae'r awdl a'r araith ar yr un tir yn union: defodau cymdeithasol yw'r ddwy, ac nid yw'r un ohonynt o angenrheidrwydd yn llenyddiaeth – yn ein hystyr ni i'r gair. Mynnodd Siôn Cent dorri â thraddodiad moliant, a dweud y gwir; a gwnaeth hynny yn bennaf drwy gyferbynnu'r hyn a oedd â'r hyn a ddylai fod. Ni chafodd ef

---

1. Cyhoeddwyd gyntaf gan Lyfrau'r Castell, Caerdydd, yn 1948.

ddilynwyr: yr oedd eu traddodiad hwy yn anwylach gan y beirdd na'i wirionedd ef, a'r moliant yn fwy derbyniol gan eu noddwyr. Ond cawn weld mai athrawiaeth Siôn Cent a roddai fod i lenyddiaeth; ac mae cymhariaeth i'w gwneud rhwng gwaith a dysgeidiaeth Siôn Cent yn ei ddydd ac eiddo Daniel Owen, gŵr arall na chafodd ddilynwyr. Ac yn y gymhariaeth honno ceir esboniad ar ddatblygiad rhyfedd y nofel Gymraeg yn yr ugeinfed ganrif.

Canys a chofio'r gamp a wnaeth Daniel Owen, gallesid disgwyl gweld y nofel Gymraeg yn symud ymlaen ar sail ei waith ef, gan gynyddu mewn crefft a gweledigaeth i raddau a fuasai'n amhosibl iddo ef; ond nid felly y bu. Nid symud ymlaen o'r fan a gyraeddasai Daniel Owen a wnaeth y nofelwyr Cymraeg a ddaeth ar ei ôl ef, ond graddol ymlwybro tua'r fan honno, a phrin y mae neb ohonynt eto wedi'i chyrraedd. A champ Daniel Owen ei hun sy'n cyfrif am hynny, am iddo ef fel disgybl i'r Awen Wir glirio'r ffordd i ddisgyblion llai medrus i'r Awen Gelwyddog.

Yr oedd gwahaniaeth hanfodol rhwng perthynas Siôn Cent â'i gymdeithas a pherthynas Daniel Owen â'i gymdeithas a benderfynodd beth fyddai canlyniad ei waith. Gwrthryfela yn erbyn barn cymdeithas yn ogystal ag yn erbyn traddodiad y beirdd a wnaeth Siôn Cent: yr oedd cymdeithas a'r bardd yn unfryd am swydd y bardd. Ond derbyn safonau cymdeithas a gwrthryfela yn erbyn syniadau'r nofelwyr, a oedd yn groes i safonau cymdeithas, a wnaeth Daniel Owen.

Nid oes angen manylu am safonau cymdeithas Biwritanaidd Cymru'r bedwaredd ganrif ar bymtheg: gellir eu crynhoi mewn geiriau o eiddo Daniel Owen ei hun, a ddywedodd y gallai 'yn hawdd ddychymygu am hen flaenor ymneillduol cywir, crefyddol, a duwiol, gyda Phererin Bunyan yn agored ar ei lin, â'r dagrau yn ei lygaid wrth ei ddarllen, ac, ar yr un pryd yn edrych – a hyny yn eithaf gonest – a'r nofelydd Cymreig fel dyn yn dyweyd celwydd i foddio ynfydion'. Yr oedd y rhagfarn Biwritanaidd honno'n rhwystr ar ffordd pawb a geisiai sgrifennu ffuglen Gymraeg yn y bedwaredd ganrif ar bymtheg. Mynnodd ambell un anwybyddu'r rhagfarn, a sgrifennu ar gyfer darllenwyr a oedd yn fodlon ei hanwybyddu hefyd – wedi'r cwbl, yr oedd digon o'r rheini ar gael, ond na chydnabu'r gymdeithas fod ganddi le i'r rhai a oedd yn sgrifennu ar eu cyfer. Buasai'r sgrifenwyr hynny'n cytuno â'r Piwritaniaid nad oedd eu gwaith yn 'wir'; yn y pwys a roddent ar y gwirionedd yr oedd y gwahaniaeth rhwng y ddwy ochr. Eithr pan ddechreuodd Daniel Owen sgrifennu, nid anwybyddu'r rhagfarn a wnaeth ef, ond ei defnyddio a'i gweddnewid: nid ceisio amddiffyn hawl y nofelydd i ddweud celwydd, ond mynnu adrodd hanes dychmygol er mwyn dweud y gwir yn llawn.

I'r ysgol ramantus o feirniaid llenyddol a oedd mewn bri yn Lloegr yr adeg honno, buasai agwedd Daniel Owen yn frad: ffraeth iawn fuasai Oscar Wilde, a ddywedodd 'All Art is absolutely useless', pe clywsai fod prif nofelydd cenedl wareiddiedig yn cael ei ganmol, fel y canmolwyd Daniel Owen gan Roger Edwards, am fod ei weithiau yn 'dwyn allan wirioneddau crefyddol mewn ffordd o adroddiadau neu ystorïau'. Ond yr oedd Roger Edwards yn drech beirniad, ie'n drech beirniad llenyddol, nag Oscar Wilde a'i gymheiriaid: dwyn allan wirioneddau – gwirioneddau crefyddol hefyd, os na roir ystyr ry gyfyng i'r gair crefyddol – yw diben y wir nofel. Ys dywed E. M. Forster, nid y defnydd sy'n ffug mewn nofel, ond y dull – nid y digwyddiadau a'r personau, ond y ffordd y treiddir i'r cymeriadau a'u datguddio i'r darllenydd nes ei fod yn eu hadnabod yn well na'i gyfeillion agosaf; a diben y treiddio a'r datguddio hynny yw rhoi i'r darllenydd rywbeth y gall ei adnabod a'i dderbyn fel y gwirionedd – y gwirionedd hanfodol, nid y ffeithiau arwynebol.

Mae i ffuglen nad yw'n ceisio datguddio'r gwirionedd hanfodol am ei destun le mewn bywyd, fel math o degan i ddiddanu gwyrda – ac arfer ymadrodd garedicach na 'boddio ynfydion': nid yw cydnabod gwerth y feirniadaeth Biwritanaidd yn golygu llyncu'r rhagfarn Biwritanaidd yn grwn. Eithr wrth lwyddo i ddatguddio peth o'r gwirionedd hanfodol y mae unrhyw sgrifennu yn mynd yn llenyddiaeth: ac efallai mai yn ei hymwybod â'r angen hwn am y gwirionedd y mae'r gwahaniaeth rhwng y nofel a ffurfiau eraill ar ffuglen. Beth bynnag, ni theimlaf y gellir bodloni ar ddiffiniad sy'n gwneud unrhyw ddarn gweddol faith o ffuglen yn nofel: rhaid i'r nofel wrth ryw fath o gydnabyddiaeth â'r gwirionedd.

Yn yr ystyr hon, ychydig o nofelau a sgrifennwyd yn Gymraeg yn union wedi amser Daniel Owen. Oherwydd yr oedd ei waith ef yn ddigon i argyhoeddi'r rhan fwyaf o'r Piwritaniaid nad oedd sgrifennu a darllen ffuglen o angenrheidrwydd yn bechod anfaddeuol; ond gan na wnâi'r Piwritaniaid wahaniaeth rhwng nofelau'r gwir a ffuglen y celwydd, yr oedd yn rhydd i bob Cymro sgrifennu ffuglen os mynnai, a'i sgrifennu ar y patrwm a fynnai. Ni fynnodd neb ddilyn – na hyd yn oed ddynwared – Daniel Owen: gwnaed yn fawr o'r rhyddid newydd, a chymerwyd benthyg patrymau ffuglen Saesneg. Nid ffuglen Saesneg ar ei gorau, wrth gwrs; o ddynwared Thomas Hardy, dyweder, cawsid efallai gymaint o'r gwirionedd ag wrth ddilyn Daniel Owen. Ond megis yr oedd Cymry 1855 yn credu mai *Uncle Tom's Cabin* oedd nofel orau'r byd, felly'r oedd sgrifenwyr Cymraeg 1895 yn cael patrymau mewn ffuglen ramantus o'r drydedd radd.

Am hynny bu'r nofel Gymraeg yn crwydro yn yr anialwch am yn agos i ddeugain mlynedd cyn dechrau cael cip ar wlad yr addewid, a oedd yn eiddo iddi pe buasai'n ffyddlon i'w gweledigaeth gyntaf. Efallai nad oedd modd iddi barhau'n ffyddlon: y pryd hynny nid oedd yr un E. M. Forster wedi codi yn Lloegr i ochneidio wrth gyfaddef fod y nofel yn adrodd stori. Ond bellach mae'r ochenaid wedi mynd allan, a Forster wedi'n rhybuddio mai er mwyn cyflwyno 'bywyd y gwerthoedd' yr adroddir hanes y bywyd mewn amser. Cronicl fyddai adroddiad manwl am weithredoedd dyn neu gymdeithas: petai'r gweith-redoedd yn ddigon trawiadol neu ddigrif, gallai'r cronicl droi'n fath o ramant, ond prin iawn yn nofel. At hynny rhaid cael gweithredoedd a fydd yn datguddio'r gwirionedd hanfodol am y prif gymeriadau: ac at rywbeth o'r fath yr oedd Saunders Lewis yn cyfeirio wrth ddweud fod Daniel Owen wedi gorfod rhoi heibio ffurf yr hunangofiant er mwyn gallu dweud y gwir yn ddigon llawn yn *Enoc Huws*.

Hanes yr ymdrechion at ddweud y gwir yn llawn, neu'n fwy na hynny efallai, hanes y modd y daethpwyd i geisio ymdrechu o gwbl – eto heb sylweddoli'n llawn mai dyna a wneid: dyna yw hanes y nofel Gymraeg yn yr ugeinfed ganrif. Ac wrth ei adrodd, bydd raid anghofio'r diffiniadau am y tro, a galw nofel ar lawer o ffuglen y celwydd, sydd â'i diddordeb yn yr amgylchiadau a'r digwyddiadau, nid yn y cymeriadau: yn y bywyd mewn amser, nid ym mywyd y gwerthoedd.

*Doe*

Dywed Thomas Parry yn ei *Llenyddiaeth Gymraeg 1900–1945* fod
*O Gorlannau y Defaid* Gwyneth Vaughan yn rhyfedd o debyg i
nofelau Daniel Owen, a rhydd ryw ledawgrym mai dynwared
Daniel Owen a wnaeth eraill o nofelwyr Cymraeg troad y ganrif.
Ond er cymaint fy mharch i farn Thomas Parry, ni allaf weld dim
tebygrwydd o gwbl rhwng *O Gorlannau y Defaid* – na nemor un
nofel arall o'r cyfnod – a gwaith Daniel Owen. Yn hytrach carwn
gymryd dywediad arall o eiddo Thomas Parry, sef y fformwla a
rydd ef i'r nofelau a gydysgrifennodd Elwyn a Watcyn Wyn, a
dweud mai wrth yr un fformwla yr oedd pawb yn sgrifennu yr
adeg honno.

Dyma'r fformwla: plentyn tlawd + rhyw ddirgelwch ynglŷn ag
ef + crefydd + diddordeb rhywun ariannog = llwyddiant bydol +
llawer o lwc anhygoel + datrys y dirgelwch. A gwelir ar unwaith
oddi wrth y fformwla hon mai diddordeb yr amgylchiadau fydd
diddordeb y nofel y ceisir ei sgrifennu wrthi, canys nid oes le i
gymeriad na meddwl yn y fformwla. 'Crefydd' yw'r unig elfen
yn y fformwla a allai fod yn anfaterol, ac erbyn dod i'r pwynt,
nid elfen anfaterol yw hithau, gan mai allanolion crefydd sy'n
gweithio yn y nofelau. Mae hynny i'w weld amlycaf yn *O
Gorlannau y Defaid*: yn honno, Diwygiad 1859 yw'r man cych-
wyn, a cheisir gwneud yr ysgytiad a gafodd pobl Bro Dawel yr
adeg honno yn symbyliad i weithrediadau'r stori. Ond nid yw'r
symbyliad cyntaf yn argyhoeddi o gwbl: efallai mai'r tröedig-
aethau sy'n digwydd yn rhy rwydd, ond beth bynnag am yr
achos, mae'r effaith yn sicr – sef nad yw crefydd cymeriadau'r
nofel yn ddim mwy o wirionedd bywiol iddynt hwy nag oedd hi
i'r mwyafrif mawr o Gymry cyfnod sgrifennu'r llyfr, ychydig cyn
Diwygiad 1904. Nid yw crefydd ond math o arferiad iddynt, a
chan hynny mae prif ddiddordeb y stori yn gorwedd yn y
dirgelwch o gwmpas Dewi Wyn – gydag isddiddordeb serch,
elfen yr anghofiodd Thomas Parry ei chynnwys yn y fformwla er
ei bod yn gryf yn nofelau Elwyn a Watcyn Wyn.

Go debyg yw'r fformwla yn nofelau T. Gwynn Jones, *Gwedi
Brad a Gofid* a *Gorchest Gwilym Bevan*, ac adlais o'r fformwla a geir
yn *Lona*, a gyhoeddodd ef fwy nag ugain mlynedd wedyn. Mae
yn *Gorchest Gwilym Bevan* elfen ychwanegol, o feirniadaeth
gymdeithasol, ond bras ac arwynebol iawn yw hi, a theip yw

pawb sy'n ymddangos yn y nofel. Gorlwytho'r stori â gormod o ddirgelion a chyffro, a'u dwyn at ei gilydd i'r un man ar yr un amser yn rhy anhygoel, yw gwendid *Gwedi Brad a Gofid*; ochr arall i'r gwendid hwn yw gwaith yr awdur yn dwyn i'r llwyfan gwmni o gymeriadau ac adrodd hanes cynhyrfus amdanynt, ac yna'u gadael yn llwyr am amser maith er mwyn dilyn cwmni arall heb unrhyw berthynas â hwy. Wrth gwrs mae pawb yn dod at ei gilydd mewn diweddglo gogoneddus – gyda phriodas ddwbl ar ôl angladd ddwbl neu drebl. Ceir yn *Gwedi Brad a Gofid* ryw adlais o *Enoc Huws*: perthynas o bell i Gapten Trefor yw Mr Bowen, ond ni threiddiodd Gwynn Jones i Mr Bowen ac Ivor Llwyd fel y treiddiodd Daniel Owen i Gapten Trefor ac Enoc Huws. Nid oes ganddo'r un diddordeb mewn cymeriad â Daniel Owen, ac felly mae ei ddigrifwch weithiau'n mynd yn grechwengar.

*       *       *

Cofier serch hynny fod Gwynn Jones yn amgenach llenor na neb o'i gyfoeswyr, neu o leiaf fod ynddo ddefnydd amgenach; ac er bod y nofelau cynnar a'r rhai diweddarach yn dangos nad fel nofelydd y mae ei gryfder mwyaf, mae yn y rheini rinweddau nas ceir yng ngwaith sgrifenwyr a oedd heb ei wybodaeth ef o lenyddiaeth Gymraeg – iaith lanach nag eiddo Daniel Owen yn y rhannau traethiadol, ac ymgom mwy naturiol nag eiddo neb ond Daniel Owen. Canys ymgom anystwyth ac annaturiol yw'r rhyfeddod mwyaf ynglŷn â'r nofel Gymraeg tua dechrau'r ganrif hon: ac mae'r rhyfeddod yn fwy o gofio fod nofelau Gwilym Hiraethog a hyd yn oed Roger Edwards yn iach o'r clefyd. Mae cymeriadau Elwyn, er enghraifft – yn *Nansi* ac *Irfon Meredydd*, ac yn fwy fyth yn ei nofel hanes *Ifor Owain* – yn siarad fel traethawd gan Lewis Edwards: dywedant bethau annaturiol, a dywedant hwy mewn iaith annaturiol. Ar eu gwaethaf, siarad fel crefyddwyr mewn seiat a wna cymeriadau Roger Edwards – a hynny pan fo rheswm ganddynt dros adrodd profiadau fel profiadau seiat.

Ni ddylid bod yn rhy lawdrwm ar y fformwla, efallai, oherwydd pan geisiwyd ymryddhau o swyn y diwedd dedwydd i'r nofel, yr oedd y ffrwyth yn fwy trychinebus o lawer, megis yn *Gweledydd y Glyn* Gwilym Llewelyn, lle y mae pentwr o

anffodion yn disgyn am ben yr arwr, ac yntau'n marw yn syth
wedi iddo gael ailafael ar ei gariad ac ennill clod tragwyddol
i Gymru drwy ei fedr fel crythor – digon o ddisgrifiad o'r stori
hon fydd dweud nad y peth mwyaf anhygoel ynddi yw
cyfeillgarwch ei harwr â Verdi. Mae'n ddigon amlwg wedi
astudio ychydig iawn ar nofelau Cymraeg troad y ganrif na allai
sgrifenwyr rhyddiaith Gymraeg fforddio hepgor canllawiau o
ryw fath wrth lunio'u gweithiau. Yng ngwaith Anthropos y mae
hynny i'w weld gliriaf: mae byd o wahaniaeth rhwng holl
hinsawdd ei ramantau ac eiddo *Y Pentre Gwyn* – yn union am ei
fod yn hwnnw yn pendant geisio atgyfodi rhywbeth a adnabu yn
y cnawd, lle nad yw ef yn y rhamantau ond yn darlunio
rhywbeth a ddychmygodd, neu yn wir ei ddyfeisio drwy
ddynwared llyfrau eraill. Mae'i fformwla ef weithiau beth yn
wahanol i'r fformwla gyffredin a roddwyd eisoes: eithr cyfieithu
fformwla llyfr i dermau bywyd Cymreig y mae ef yn y
rhamantau – nid cyfieithu'r bywyd Cymreig i dermau llyfr fel y
gwnaeth Daniel Owen. Ond y bywyd Cymreig yw'r man
cychwyn yn *Y Pentre Gwyn*: trosglwyddo i lyfr weledigaeth a
gafodd a wnaeth Anthropos ynddo, ac felly er y dichon nad yw
atgofion yn gyfuwch ffurf lenyddol â'r nofel, *Y Pentre Gwyn* yw
ei waith mwyaf ef.

Mewn gair, yr Awen Wir sy'n achub *Y Pentre Gwyn*, a'r Awen
Gelwyddog sy'n colli nofelau'r cyfnod, am fod uchelgais yr
awduron yn fwy na'u deall beirniadol, ac na welent mai rhyddid
peryglus oedd y rhyddid a enillodd Daniel Owen iddynt, i lunio
ffuglen fel y mynnent. Cydio mewn gormod o goelaid i ateb eu
dawn neu eu crefft fu pechod parod llenorion Cymraeg erioed, ac
yn anad un dosbarth o lenorion, nofelwyr y cyfnod hwn a
fu'n euog o'r pechod hwnnw, wrth geisio sgrifennu nofelau a
fyddai'n trafod bywyd cyflawn, a hwythau heb gael y profiad
a'u gwnâi'n ddigon aeddfed i ddeall problemau'r bywyd
hwnnw – na hyd yn oed sylweddoli fod problemau ynddo. Gan
hynny mae rhywbeth yn blentynnaidd o gwmpas y nofelau hyn,
ac ni ddechreuodd y nofel Gymraeg ddod i'w hoed nes mynd
drwy gyfnod o blentyndod a llencyndod – sef cyfnod o
ddarlunio bywyd plant a llanciau.

*                *                *

O gyfyngu ar faes ffuglen, gellid yn gyfreithlon osgoi'r problemau nad oedd y nofel Gymraeg eto'n ddigon aeddfed i'w trafod. Gwnaed hynny'n nes ymlaen drwy droi at y stori fer, a datblygodd hithau i aeddfedrwydd yn gynharach ac yn gyflymach na'r nofel. Ond yn y cyfnod hwn tua throad y ganrif, drwy sgrifennu am blant ac ar gyfer plant y gallwyd gadael y problemau anhydrin allan o'r cyfrif, a chynhyrchu gwaith a oedd yn ddigonol o fewn ei derfynau – er mai cyfyng oedd y rheini. Gallai llyfrau am blant gyflawni'r amod a awgrymodd Emrys ap Iwan pan soniodd ef am swyn llenyddiaeth Gymraeg gynnar fel y Mabinogion, a dweud mai 'yr unig air sy'n dynodi'n fanwl natur llenyddiaeth y cyfnod hwn ydyw'r gair Ffrangeg *naïveté*, y gellir ei Gymreigio yn *neifder*, sef y naturioldeb prydferth hwnnw a berthyn i lenyddiaeth yng ngwrid a charedigrwydd ei hieuenctid'.

Dyna'r esboniad, mae'n debyg, ar lwyddiant *Sioned* Winnie Parry: neu ran o'r esboniad, beth bynnag – oherwydd nid chwedl hollol syml am blentyn yw *Sioned*, erbyn myfyrio ychydig amdani. Yn un peth, mae iddi gryn gywreinrwydd patrwm, gyda'r bwrw'n ôl i adrodd hen hanes sy'n taflu goleuni ar gymeriad Sioned. Wedyn mae'r stori wedi'i gosod ar gefndir cyffredin a digon digyffro, a chan hynny mae'r diddordeb yn dibynnu ar ddatblygiad teimladau Sioned ei hun, nid ar ddig-wyddiadau cynhyrfus o'r tu allan: a llwyddiant yr awdur yn cyfleu'r datblygiad yna yw'r maen prawf ar y nofel. Datblyg-iad diniwed yw'r datblygiad, rhaid addef, a diau y gallai seicolegwyr a beirniaid llenyddol brofi nad yw datblygiad teimladau unrhyw ferch fyw mor ddiniwed ag eiddo Sioned; ond os confensiwn gwallus yw'r diniweidrwydd hwn (ac nid wyf yn llawn dderbyn hynny), mae'n gonfensiwn hawdd ei barchu yn llewyrch heulwen naturiol y stori. Mae naturioldeb arddull dafodieithol Winnie Parry'n cyfrannu'n fawr at neifder y gwaith; a chan fod annaturioldeb yn nam mor amlwg ar grefftwaith nofelau'r cyfnod, mae'i gwaith hi'n fwy disglair – er inni gyfaddef fod yn haws iddi hi sgrifennu'n naturiol wrth gopïo'r iaith lafar nag wrth dderbyn safonau anystwyth traddodiad rhyddiaith y bedwaredd ganrif ar bymtheg.

Mae rhywbeth o'r un neifder yn rhoi mantais gyffelyb i *Gwilym a Benni Bach* W. Llewelyn Williams. Mae hon wedi'i hadrodd o safbwynt gwahanol i eiddo *Sioned*: nid plentyn sy'n ei hadrodd, ac er ei bod yn fwy o stori am blant, nid yw cymaint o stori ar gyfer plant. Ar un olwg, nid stori am blant yw hi, gan mai hanes yr ewythr sy'n rhoi unoliaeth iddi ac yn ei gwneud yn gyfanwaith cymhennach na *Sioned*; ond ffrâm yn unig yw'r hanes hwnnw, a chymeriadau'r ddau blentyn yw defnydd y stori. Nid cymeriadau dyfnion mohonynt – ond nid oedd y nofel Gymraeg eto'n gallu gwneud cyfiawnder â chymeriadau dyfnion, ac nid bach o beth oedd cyflwyno cymeriadau nad oeddynt yn hollol ar yr wyneb, a'u darlunio cystal.

Aeth Llewelyn Williams ymlaen i sgrifennu un nofel mewn oed, *Gŵr y Dolau*, a chyfrol o ysgrifau, *'S Lawer Dydd*. Yr ysgrifau oedd uchafbwynt rhyddiaith Llewelyn Williams – prawf eto o werth y ganllaw brofiad: ac mae a wnelo'r ganllaw brofiad â rhagoriaeth *Gŵr y Dolau*. Nid yw hi o bell ffordd yn nofel berffaith: nid oes gynllun a phlot cymen iddi, ond mae ynddi ddefnyddiau sy'n dangos fod Llewelyn Williams yn wir nofelydd er hynny. Ym mhensaernïaeth y cyfanwaith y mae'r llyfr yn colli: mae crefftwaith y penodau'n llawer gwell, a'r darlunio ar gymeriadau'n feistraidd. Mae bron pob cymeriad unigol wedi'i ddarlunio gan greawdwr sy'n ei garu er ei fod yn sefyll yn ddigon pell oddi wrtho i'w weld yn gyflawn fel y mae, gyda'i rinweddau a'i wendidau'n ymuno i'w wneud ychydig yn ddigrif er ei waethaf. Hynny yw, mae pob cymeriad wedi'i ddarlunio gan nofelydd.

Gellid egluro'r pwynt hwn drwy ddyfynnu unrhyw un o'r disgrifiadau o gymeriadau: y mwyaf trawiadol yw'r disgrifiad o Mrs Morris y Gelli, sy'n peri i ddyn wenu cymaint am ben ei ffaeleddau, heb iddo beidio â'i pharchu am ei natur garedig. Yn y sylwi ar gymeriad y mae cryfder *Gŵr y Dolau*: mae ynddi wendid mewn cynllun, a pheth gwendid mewn safbwynt, am fod Llewelyn Williams yn ystumio'i farn i gydymffurfio â chonfensiwn ei ddydd: gyrrir gŵr y Dolau ei hun i'w fedd yn rhy glau o dipyn wedi iddo unwaith gwympo oddi wrth ras a meddwi.

Yn yr un ffordd y cychwynnodd E. Tegla Davies ar lwybr y nofel: ac ef o bawb a fanteisiodd fwyaf ar y ddisgyblaeth a gafodd wrth sgrifennu am blant, yn y cyfresi storïau – prin y gellir galw enw arall arnynt – *Hunangofiant Tomi*, *Y Doctor Bach*, a *Nedw*. Yr oedd ef hefyd yn sgrifennu storïau byrion i bobl mewn oed, ac yn eu plith un neu ddwy, megis 'Samuel Jones yr Hendre yn Diolch am ei Gynhaeaf', sydd gyda'r pethau cadarnaf mewn llenyddiaeth Gymraeg. Ar sail y paratoad hwn aeth Tegla Davies ymlaen i sgrifennu'r nofel *Gŵr Pen y Bryn*, y fwyaf uchelgeisiol yn Gymraeg yn ei dydd o ddigon, a'r gyntaf wedi Daniel Owen, efallai, i ddangos arwyddion fod ei hawdur yn ymwybod â'r angen am ddweud y gwir mewn nofel: ac yn union oherwydd hynny, nid y fwyaf llwyddiannus. Hanes sydd yn hon am ddyn parchus yn dod i adnabod ei enaid – testun i nofel na ellid gofyn am ei well, ac mae'r ffordd yr adroddir llawer o'r hanes yn addo cystal â'r testun – mae ôl deall pobl a'u dulliau digrif o ym- ddwyn, i'w weld o hyd ac o hyd: yn y disgrifiad o deulu Mathew Tomos y Pant ar yr aelwyd, er enghraifft, neu'r disgrifiad o'r plant yn disgwyl y cerbydau i'w cyrchu i'r ffair.

Dewiswyd cefndir amgylchiadau i'r nofel yn dda iawn hefyd: anodd meddwl am well dyfais at yrru'r dyn parchus a hanfodol wan i safle a'i gorfodai i ddod i adnabod ei enaid, na hon o'i osod yng nghanol brwdfrydedd y Rhyfel Degwm lle nad oedd yn ddigon dewr i wrthod bod yn arwr. Ac yn wahanol i'r rhan fwyaf o'r nofelwyr Cymraeg, mae Tegla Davies yn llawn sylweddoli maint y dewis y mae ef yn ei roi ar ei brif gymeriad; y drwg yn wir yw iddo ei sylweddoli gormod, nes ei fod yn traethu gwirioneddau cyffredinol am y natur ddynol yn llawer rhy aml, yn lle dangos y gwirioneddau'n gwisgo ffurf bendant ym meddyliau Gŵr Pen y Bryn. Mae'r athronyddu hwn yn gyson â thuedd gyffredin Tegla Davies i ymgolli mewn rhyw gyfriniaeth bur arwynebol: efallai mai agwedd arall ar yr un ymchwil am ddaioni cudd yw'r hyn y soniodd Saunders Lewis amdano flynyddoedd yn ôl fel ei ysfa am achub ei gymeriadau. Nid dweud yr wyf na allasai John Williams Pen y Bryn gael yr olwg a ddisgrifir ar ei gyflwr ei hun: dweud yr wyf nad yw Tegla Davies yn ein hargyhoeddi ddarfod iddo'i chael – ac amau na allasai'r un nofelydd arall ein hargyhoeddi ychwaith; canys pe cawsai John Williams yr olwg honno arno'i hun, buasai'n un o saint mwyaf yr oesau, ac ni allesid ei wneud yn gymeriad mewn nofel. Bu'r beirniaid llên Comiwnyddol rai blynyddoedd yn ôl yn holi pam na cheid mewn llenyddiaeth gyfoes gymeriadau mor ddewr â'u harwr mawr Dimitrov: rhoesant ateb sy'n debyg o fod yn gywir, sef na allai'r un llenor greu cymeriad mor ddewr â Dimitrov heb ei fod yntau'r llenor bron yr un mor ddewr. Mae gosodiad cyffelyb yn wir am arwyr Cristnogol; ni allai ond sant o lenor ddeall – a darlunio – sant o ddyn, a phe ceid y sant a allai ddarlunio sant, go brin y byddai'n rhoi amser i lenydda: gorchwyl i ddynion aeddfed ond pechadurus yw hwnnw. Fel yr aeth Tolstoi'n fwy o sant, aeth yn llai o lenor, nes iddo yn y diwedd gywilyddio o'i nofelau mwyaf. Y gwendid hwnnw o geisio dangos dyn rhy dda i ffrâm nofel yw gwendid hanfodol *Gŵr Pen y Bryn*: canlyniadau anorfod i hynny yw'r drefn bregethwrol a'r mynych bregethu sy'n cymryd lle digwyddiadau argyhoeddiadol. Cawn weld yn nes ymlaen i Tegla Davies lwyddo llawer mwy pan sgrifennodd nofel a chaniatáu i'w phrif gymeriad fynd i ddistryw o ryw fath yn lle cael ei achub.

\* \* \*

Trown yn ôl bellach i ddilyn llwybr arall o ddatblygiad ar seiliau symledd, sef llwybr y stori antur, a gynrychiolir ar wahanol adegau yn y cyfnod gan sgrifenwyr fel R. Silyn Roberts, E. Morgan Humphreys, Lewis Davies a W. D. Owen. Mewn storïau antur a storïau arswyd, cyfaddefir nad cymeriad ond digwyddiadau sy'n bwysig; oherwydd hynny, nid rhaid i'r sgrifennwr wrth y dychymyg aeddfed sy'n treiddio i gymeriad, ond yn unig y dychymyg byw sy'n gallu dyfeisio digwyddiadau, a'r rheini'n gyffrous heb fod yn anhygoel.

O'r safbwynt hwnnw y mae barnu'r dosbarth hwn o storïau, gan gofio o hyd nad ŷnt yn nofelau mewn unrhyw ystyr fanwl, ac mai fel disgyblaeth a pharatoad i'r sgrifenwyr ac i'r iaith y mae eu pwysigrwydd yn hanes y nofel. Ac o'r safbwynt hwnnw gellir canfod datblygiad a gwahaniaeth, nid yn unig rhwng y chwedlau am Twm Siôn Cati, dyweder, a ddarllenid yn llechwraidd mewn tai Piwritanaidd hanner canrif yn ôl, a storïau antur y ganrif hon, ond hefyd rhwng y cynharaf o'r rheini a'r rhai a sgrifennid erbyn tua 1925. Mae *Llio Plas y Nos* Silyn Roberts, er enghraifft, yn creu'n ardderchog y teimlad o ddirgelwch ac arswyd sy'n gweddu i'r stori; ond collir llawer gormod o amser ar ddechrau'r stori gyda'r disgrifiad (digon barddonol) o fro'r chwareli, nad yw'n berthynol i'r hanes o gwbl, a rhaid dod at ein hamser ni cyn gweld adrodd stori arswyd gan ddefnyddio'r disgrifiad fel ateg i'r stori yn unig, yn *Cyflafan y Plas* Siôn Germin. Mae yn *Yr Etifedd Coll* E. Morgan Humphreys, eto, anturiaethau digon i gipio'r anadl – ond mae'r awdur yn achub yr arwr lawer rhy aml drwy ymyrraeth ragluniaethol o'r tu allan yn hytrach na thrwy unrhyw ymdrech o'r eiddo ef ei hun. Mae hyd yn oed *Lewsyn yr Heliwr* Lewis Davies yn rhy wasgarog i gadw'r diddordeb yn hollol effro: mae pob rhan ohono ar ei phen ei hun yn effeithiol, ond bod yr hanes yn ymestyn dros ormod o flynyddoedd, nes mynd yn denau iawn mewn mannau. Cedwir y diddordeb yn fyw o bennod i bennod yn well yn *Wat Emwnt* yr un awdur, i ryw raddau oherwydd fod y stori'n adrodd digwyddiadau cyfnod byrrach: ac mae hynny'n un elfen yn rhagoriaeth *Madam Wen* W. D. Owen, yr orau o ddigon o'r rhamantau hyn.

Un elfen ymhlith llawer, ond elfen go bwysig hefyd, am fod a wnelo'r cyfyngu yma ar amser gymaint â sicrhau bywyd cyson y stori. Trai a llanw yw hanes diddordeb cymaint o storïau, ac mewn rhai mathau o stori, nid yw hynny'n fai o gwbl, ond yn beth cydnaws â'r awyrgylch y ceisir ei greu; eithr mewn stori antur o fath *Madam Wen*, gorau oll os bydd y stori'n symud ymlaen gyda rhuthr o'r dechrau i'r diwedd, gan gadw'r darllenydd yn dal ei anadl i ddisgwyl y cynhyrfiad nesaf – a dyna a geir yn *Madam Wen*. Ac mae'r elfennau eraill yn y stori'n gwneud eu rhan yn llawn tuag at greu'r symudiad di-droi'n-ôl. Dewiswyd y cymeriadau – teipiau o gymeriadau, mae'n wir, mewn stori fel hon – a'u darlunio bron yn berffaith: gŵr bonheddig ieuanc golygus a dewr, a merch fonheddig mor olygus ac mor ddewr ag yntau, a chyda rhamant dirgelwch yn perthyn iddi; a chwmni o isgymeriadau gwasanaethgar a ffyddlon, oll yn ddihirod ar yr wyneb, ond yn ymrannu'n ddwy garfan – un o wir ddihirod drwg, a'r llall o ffyddloniaid â chalonnau aur – fel tarddle i'r peryglon sy'n gwahanu'r arwr a'i gariad. Yr unig wendid yn y darluniau o'r cymeriadau yw prinder cefndir i Morys Williams: buasai'r cyferbyniad rhwng parchusrwydd ei gartref ef a ffydd amheus Madam Wen yn gryfach petai ganddo hen wraig o fam neu fodryb yn cadw tŷ iddo ac yn achwyn ar y bywyd peryglus a grëid i bobl dawel gan Madam Wen a'i mintai. Crëwyd y bywyd peryglus hwnnw i ni gan yr awdur ar drawiad yn y bennod gyntaf, gyda'i ddarlun o'r chwaraeaeth ddiwrnod yr wylmabsant, ac o'r diwrnod hwnnw nes i droad y rhod ein dwyn yn ôl i'r un man at wylmabsant arall, cedwir y stori ar fynd, nes bod dyn bron yn barod i ddweud ei bod yn mynd yn fwy na rhamant. A phe ceisiwn gyfiawnhau'r awgrym yna, sôn a wnawn am yr elfen o wirionedd hanfodol sydd yn y cyferbyniad rhwng gwahanol ddyheadau Einir Wyn a Morys Williams.

## Heddiw

Yn 1927 cyhoeddwyd yn *Y Llenor* ysgrif gan D. T. Davies dan y teitl 'Y Nofelau Newydd'. *Madam Wen* oedd prif destun yr ysgrif, a dywedwyd mai benthyg oddi wrth *Lorna Doone* oedd y disgrifiad yn *Madam Wen* o'r ymladd rhwng Morys Williams a Robin y Pandy. Flwyddyn neu ddwy yn ôl, gofynnodd cyfaill imi am fy marn am *Y Dewis* J. Gwilym Jones, gan ychwanegu 'Wrth gwrs, benthyg oddi wrth James Joyce yw'r syniad sydd ynddo.' Nid wyf am ddadlau'n awr a yw'r gosodiad yna'n gywir: y pwynt yw fod y gwahaniaeth rhwng meysydd benthyg y ddau sgrifennwr yn ddarlun o newid agwedd at y nofel yng Nghymru rhwng 1927 a 1943.

Mae'r newid agwedd yn llawer haws ei ddarlunio felly na'i ddiffinio: gellir dynesu at ddiffiniad drwy sôn am newid o ddiddordeb mewn digwyddiadau i ddiddordeb mewn cymeriadau, ac am newid o ddiddordeb mewn dynion eithriadol i ddiddordeb mewn dynion cyffredin – ac yna cofio ychwanegu nad yw neb yn gyffredin erbyn mynd i'w ddadansoddi; wedyn gellir sôn am y newid fel newid o ddiddordeb yn wyneb bywyd i ddiddordeb yn yr hyn sydd dan yr wyneb. Beth bynnag am ddiffinio, mae'r gwahaniaeth rhwng y ddau fath o lyfr yn eithaf amlwg, ac yn 1930 yr aeth yn amlwg, pan gyhoeddwyd *Monica* Saunders Lewis.

Nid *Monica* oedd y nofel gyntaf ar ei hochr hi i'r ffin: awgrymwyd eisoes fod *Gŵr Pen y Bryn* wedi croesi'r ffin, ond oherwydd ei chefndir cymdeithasol, nid oedd mor hawdd sylweddoli, pan gyhoeddwyd *Gŵr Pen y Bryn* gyntaf, fod ynddi rywbeth yn wahanol i chwedl ddiniwed. Eithr torrodd *Monica* yn bendant â phob arfer, ffurf a thestun mewn ffuglen Gymraeg. Yn lle cymdeithas fyw werinol cefn gwlad Cymreig (a'r gymdeithas honno'n elfen yn dylanwadu ar y cymeriadau) caed chwaldod y maestrefi bwrdais, fel rhyw gefnlen niwlog i'r chwarae. Yn lle digwyddiadau cyffrous a pheryglon a gofidiau oddi allan, caed undonedd diddigwyddiad, a gofidiau wedi'u creu yn y meddwl

neu'r enaid gan yr undonedd. Ac – yn ganlyniad i hynny – yn lle
llawer o deipiau syml yn ymateb i'r digwyddiad allanol wrth
reol, caed un cymeriad yn unig, yn dangos ei gymhlethdod wrth
oddef yr undonedd. Cyfuniad yr holl elfennau dieithr hyn, yn
hytrach na'r afledneisrwydd y cyhuddid hi ohono, a'i gwnaeth
yn annerbyniol gan gynifer o bobl barchus: yn ôl pob tebyg, ni
chawsent eu cyffroi gan stori a fyddai'n adrodd hanes yr un
gweithredoedd ag a wnaeth Monica, yn erbyn cefndir
cymdeithasol, na rhyw lawer gan ddadansoddiad o feddyliau
rhyw Monica arall, a ddenodd gariad ei chwaer mewn am-
gylchiadau allanol mwy cynhyrfus. A thegwch â'r bobl barchus
yw cofio na allwn eto ddweud ai llwyddiant oedd yr arbrawf a
ddug i mewn gymaint o elfennau newydd ar yr un pryd; mae'n
sicr mai rhwystr ar ffordd sgrifennu nofel seicolegol mewn iaith
heb draddodiad o'r fath oedd canolbwyntio ar gymeriad a
chanddo feddwl mor ddigynnwys.

Fe ddaw ergyd yr awgrym diwethaf yn eglurach wrth ystyried
nofel seicolegol arall, *Plasau'r Brenin* D. Gwenallt Jones. Nid oedd
nwydau Myrddin Tomos yn hon ddim gwannach nag eiddo
Monica; ond lle'r oedd ei meddwl hi heb nemor gynnwys ond
ei nwydau, yr oedd ei feddwl ef yn llawn atgofion am ei
fachgendod a'r gymdeithas wledig a fuasai'n llunio'i gymeriad
am gymaint o amser. Oherwydd hynny, er bod bywyd allanol
Myrddin Tomos yn llawn mwy undonog nag eiddo Monica, mae
ei feddwl yn rhoi lliw ar ei gymeriad wrth iddo'i ddangos ei hun.
Un digwyddiad sylweddol sydd yn *Plasau'r Brenin* – bwrw
Myrddin Tomos i garchar; wedyn ceir y digwyddiad manaf ym
mywyd y carchar yn symbylu meddwl ac atgofion Myrddin. O
ran patrwm mae'r nofel fel cyfres o donnau'r môr yn dilyn ei
gilydd: rhyw ddigwyddiad bach sy'n codi calon Myrddin neu'n
troi ei feddwl i gyfeiriad arbennig – dyna gychwyn y don, ac yna
mae'r don yn graddol golli cerdded, nes bod y meddyliau a oedd
ar y cychwyn mor gryf bron treulio'n llwyr, a'r cymeriad yn
gorwedd yn ddiymadferth i ddisgwyl ei gynhyrfu gan don arall.

Bydd yn dda edrych ar *Plasau'r Brenin* yng ngoleuni ysgrif a
gyhoeddodd W. J. Gruffydd yn *Y Llenor* yn 1930, ar adeg yr oedd
nofelau'n adrodd y caswir am y Rhyfel Byd Cyntaf yn mynd yn
boblogaidd yn Lloegr. Awgrymodd Gruffydd y gellid cryfach
nofel am y rhyfel yn Gymraeg nag yn Saesneg, gan i'r rhyfel daro
yn erbyn traddodiad capeli Cymru fel na wnaeth yn erbyn

unrhyw draddodiad o bwys yn Lloegr, a rhoddodd ef blot i'r
nofel Gymraeg, gan ychwanegu na sgrifennid hi byth, am fod y
Cymry parchus yn mynnu cadw urddas yr iaith Gymraeg drwy
gyfyngu siarad onest am faterion annymunol i'r Saesneg. Yr
oedd hyn cyn i *Monica* dorri'r garw; a gallwn feddwl fod
Gruffydd efallai'n cymryd golwg ry ddu ar bethau; ond y peth
trawiadol yw mai nofel am brofiadau gwrthwynebwr cyd-
wybodol yn y carchar yw'r unig nofel Gymraeg o werth a ddaeth
allan o'r rhyfel, a'i bod yn darlunio, nid gwrthdaro rhwng
cymeriad fel y'i lluniesid cyn y rhyfel a'r amgylchiadau newydd,
na hyd yn oed ddatblygiad (mewn ystyr fanwl) yn y cymeriad,
ond amlygiad graddol o gymeriad nas newidiwyd gan ei
brofiadau. Cyffelybwyd patrwm *Plasau'r Brenin* gynnau i gyfres
o donnau'r môr; mae cymeriad Myrddin Tomos fel traeth tywod,
a'r tonnau hynny'n gadael eu hôl mewn rhychau arno, ond heb
newid dim ar ei hanfod – a theimlwn wedi darllen *Plasau'r
Brenin* mai dyna sy'n naturiol ac iawn. Mae'n wahanol yn *Amser
i Ryfel* T. Hughes Jones: wedi cyrraedd diwedd honno, ni allwn
ddweud fod dim newid yn y cymeriad wedi'i amlygu'i hun, ond
ni theimlwn yma fod hynny'n naturiol – mae'r profiadau
gymaint mwy cynhyrfus nes ein bod yn disgwyl iddynt wasgu
mwy ar y cymeriad, a pheri newid mwy pendant ynddo.
Rywfodd ni lwyddodd Hughes Jones i'n hargyhoeddi na fuasai
newid yng nghymeriad Manod, nac i ddangos inni'r newid os
bwriadodd fod newid: rywle ar y ffordd aeth y weledigaeth ar
goll. A chan na lwyddwyd i ddangos effaith – neu ddiffyg effaith
– y digwyddiadau ar y prif gymeriad, rhaid i *Amser i Ryfel*
ddibynnu ar ei digwyddiadau am ei diddordeb, ond nid yw'r
digwyddiadau wedi'u gweu'n ddigon o blot i'n cynhyrfu, a'r
diwedd yw i'r nofel gwympo rhwng dwy stôl.

Ar yr olwg gyntaf, mae nofelau Elena Puw Morgan yn edrych
braidd yn rhyfedd o'u gosod yng nghwmni *Monica* a *Plasau'r
Brenin*. Oherwydd mai yng nghymeriad unigolyn canolog y mae
ei diddordeb mawr hi, fel Saunders Lewis a Gwenallt, y rhoir
hwy yn y cwmni hwnnw, a dwyster ei diddordeb hi yn yr
unigolyn yw'r allwedd i feirniadaeth gytbwys ar ei dwy nofel *Y
Wisg Sidan* ac *Y Graith*. Cyn sôn am ei nofelau fel cyfanweithiau,
rhaid dweud gair am grefftwaith eu manylion, sydd efallai'n
ffrwyth y ddisgyblaeth a gafodd hi wrth sgrifennu amryw o
lyfrau i blant cyn gwneud nofel mewn oed. Gwelir ôl y

ddisgyblaeth mewn brawddegau rhwyddach nag sydd gan Saunders Lewis (sy'n gorfod peri i'r Gymraeg siarad am bethau nad yw hi'n gyfarwydd iawn â hwy) na Gwenallt (sydd yn y rhannau traethiadol o'i lyfr yn tueddu i sgrifennu mewn cyfresi o frawddegau byrion syml ac felly'n rhoi argraff aflonydd stacato): fe gofir na sgrifennodd Saunders Lewis na Gwenallt ddim 'rhyddiaith bur' – na nofel na stori nac ysgrif – cyn eu nofelau. Mae nofelau Elena Puw Morgan o gymaint â hynny'n haws eu darllen; a rhinwedd ychwanegol yn ei sgrifennu hi yw'r disgrifio llygadog ar wrthrychau naturiol, sydd megis yn creu'r tywydd i ddigwyddiadau'r nofel – er enghraifft y disgrifiad o'r llwybr uwchben y môr a gerddodd Mali ar ei ffordd i Blas yr Allt yn *Y Wisg Sidan*, a'r disgrifiad ym mhennod gyntaf *Y Graith* o'r pantle bach lle y bu Dori'n gorffwys.

Nid yw un o'r ddwy nofel cystal fel cyfanwaith. Yn un peth mae arnynt fai sy'n gyffredin iawn mewn ffuglen Gymraeg, sef diffyg cydbwysedd: rhoddir gofod helaeth i osod sylfeini, ond ar frys yr adeiledir y tŷ arnynt. Rhoddir bron deucan tudalen o *Y Graith* i hanes Dori hyd at ei phriodas; eir dros y gweddill o'i hoes mewn trigain a deg, er mai yn y rhan honno yr oedd ei chymeriad yn dod i'w lawn dwf. Efallai mai agwedd yw'r gwendid hwn ar wendid arall, sef gorbwyslais ar un cymeriad ar draul y lleill. Gan mai un cymeriad sy'n cael yr holl sylw yn *Monica* a *Plasau'r Brenin*, ac na chyfrifwyd hynny'n wendid ynddynt hwy, mae angen ymhelaethu peth ar y pen hwn. Unigolyn yw canolbwynt y pedair nofel: ac unigolyn heb fod yn eithriadol oddi allan, bob tro – mae pob unigolyn yn eithriadol oddi mewn, a hynny sy'n rhoi cyfle i'r nofelydd. Ond mae Monica a Myrddin Tomos yn symud ar lwyfan o amgylchiadau naturiol cyffredin – y faestref a'r carchar: nid oes dim mwy aneithriadol na maestref, ac er nad yw carchar yn beth cyffredin i'r rhan fwyaf ohonom, mae'n beth meidrol dealladwy – am mai gwaith dyn yw ef, ond odid. Nid amgylchiadau naturiol cyffredin yw'r llwyfan i symudiadau Mali a Dori yn nofelau Elena Puw Morgan: mae hanes Mali wedi'i amodi gan greulonder ei mam, a chyn y gellir derbyn y ddwy stori rhaid derbyn y ddau gymeriad creulon fel rhan o'r fframwaith. Ac ni wneir y cymeriadau hynny'n gredadwy, am na ddangosir hwy ond fel teipiau o greulonder: ni ddadansoddir dim arnynt er cyfiawnhau eu gweithredoedd a pheri iddynt argyhoeddi.

Byddai'n iawn efallai i'r fam fod yn deip o greulonder petai
Dori'n deip o ddiniweidrwydd, ond gan fod Dori'n gymeriad
byw, mae ei bywyd hi'n dryllio'r ddelw bapur o'i mam ac yn
gwneud ei chysondeb creulon yn anhygoel. Gallwn gredu y
buasai Dori'n gwneud fel y gwnaeth petai ei mam yn gwneud fel
y gwnaeth hithau: credu y gallasai ei mam fod mor gyson gas
yw'r anhawster sy'n rhwystro i'r nofel argyhoeddi'n llwyr; a
theimlaf braidd mai diffyg diddordeb yr awdur yn y fam sy'n
peri nad yw'r fam yn argyhoeddi. Yn Dori y mae ei diddordeb hi,
ac er mwyn Dori y mae'n rhaid i'r fam fod fel y darlunnir hi;
petasai gan yr awdur ddiddordeb yn y fam fel rhywbeth heblaw
dodrefnyn, buasai'n ei hastudio nes ei deall yn well, a'i
chyflwyno fel y gallem ninnau ei chredu'n llwyrach.

*        *        *

Unigolion mewn gwagle yw Mali a Dori, a Monica a Myrddin
Tomos: fel rhan o'r dodrefn yn unig y mae'r personau eraill yn y
nofelau hyn yn bod. Mewn eraill o'r nofelau Cymraeg diweddar,
mae'r gymdeithas gyfan yn bwysicach nag unrhyw gymeriad
unigol; a chanlyniad i gystadleuaeth y nofel yn Eisteddfod
Genedlaethol 1934, pryd y cynigiwyd gwobr am nofel yn ymdrin
â hanes tair cenhedlaeth, oedd tair o'r nofelau hyn a gyhoedd-
wyd – *Creigiau Milgwyn* Grace Wynne Griffith a *Traed Mewn
Cyffion* Kate Roberts, y ddwy nofel gydfuddugol, a *Ffynnonloyw*
Moelona, nas danfonwyd i'r gystadleuaeth. Wedi i T. J. Morgan
ddarnio *Creigiau Milgwyn* mor drwyadl wrth ei hadolgyu yn *Y
Llenor*, nid oes angen rhoi llawer o le i'w thrafod: nid rhaid ond
cyfeirio ati fel enghraifft o'r nofel sydd â'i diddordeb yn ei
digwyddiadau cyffrous, ac nad yw'n dweud dim o'r gwir – y
gwir hanfodol oddi mewn – am ei chymeriadau, er bod ynddi
ryw ymgais arwynebol i'w dadansoddi. Ysywaeth, yn ystrydebol
ac anniddorol ddigon yr adroddir hanes y digwyddiadau, a
chollir y cyfle a gymerir yn y ddwy nofel arall, i drafod y tair
cenhedlaeth fel un teulu'n parhau o hyd: rhes o unigolion yw tair
cenhedlaeth, mam a merch ac wyres, *Creigiau Milgwyn*.
    Cymryd gormod o goelaid i ateb ei dawn a wnaeth Grace
Wynne Griffith; cymryd gormod o goelaid i ateb ei gofod a
wnaeth Moelona – pechod llenyddol sy gryn dipyn yn llai, ond
eto'n ddigon i rwystro i'r nofel argyhoeddi'n llwyr. Cip o dro i

dro a geir ar deulu Ffynnonloyw: mae pob cip yn ddarlun cywir a chyson a chredadwy (ac wrth fynd heibio mae'n werth sylwi mor wahanol y trinnir y plentyn siawns yn *Ffynnonloyw* rhagor *Creigiau Milgwyn*), ond gan gymaint yw'r bylchau amser rhwng y naill gip a'r llall, teimlir fod angen rhyw arwyddion mwy pendant ym mhob darlun, o'r cyfeiriadau y bydd y cymeriadau'n datblygu iddynt erbyn y darlun nesaf. Nid dweud yr wyf na allasent ddatblygu fel y dywedir iddynt wneud, na bod dim yn y darluniau'n awgrymu na byddent yn debyg o wneud, ond fod angen rhyw arwydd i ddangos pam yr aed i un cyfeiriad yn hytrach nag i gyfeiriad posibl arall.

Nid cyfyngder ei gofod yn unig, efallai, a barodd i Kate Roberts roi i *Traed Mewn Cyffion* y ffurf sydd arni, ffurf bur debyg i eiddo *Ffynnonloyw*. Nofel storïwr-byr yw *Traed Mewn Cyffion*. O ran ffurf, cadwyn o storïau byrion (rhai'n hwy na'i gilydd) yw hi. Cyflwynir hanes teulu Ifan Gruffydd y chwarelwr drwy ddarlunio'r naill argyfwng ar ôl y llall, gan neidio o argyfwng i argyfwng. A chofio mai argyfyngau bach yw llawer ohonynt, yn anaml y mae'r naid yn ormod i'w goelio, er bod y neidio'n peri fod rhai o'r cymeriadau braidd yn annelwig, a bod weithiau raid wrth ddarn o gofnod prennaidd i esbonio pethau – megis hwnnw ym Mhennod XI (o draethawd eisteddfod ar Hanes y Mudiad Llafur yn ardal Moel Arian, gellid tybio) lle y ceir yr hanes sy'n gefndir i benderfyniad Wiliam, bedair pennod yn nes ymlaen, i fynd i'r de. Mae'r darn hwn yn esiampl dda i brofi'r rheol mai trwy ddarlunio enghreifftiau unigol personol, nid drwy ddatgan egwyddorion cyffredinol, y mae'r nofel yn gwneud ei gwaith – haws goddef y darnau cofnodol sy'n llanw'r bylchau yn hanes personol y plant. A gallesid rhoi ffurf bersonol ar y ffeithiau a gynhwysir yn y darn pennod hwn – dyweder mewn atgofion ym meddwl Wiliam a'i dad.

Mae darn anfoddhaol fel hwn wrth gwrs yn taro'n waeth o'i gael yng nghanol sgrifennu cystal â chrynswth y nofel. Yr ystrydeb 'awyrgylch' yw'r gair a ddaw rwyddaf i grynhoi rhinwedd arbennig storïau Kate Roberts: a'r awyrgylch hwnnw – wedi'i greu drwy ddisgrifiad o fanion allanol digon disylw ac o feddyliau ac atgofion y cymeriadau – sy'n aros fel ffrwyth y nofel gyfan. Mae rhai rhannau ohoni'n storïau byrion cyflawn ynddynt eu hunain – y bennod gyntaf, er enghraifft, a'r darn ym Mhennod IX sy'n rhoi hanes carwriaeth Owen â Gwen Rhyd

Garreg. Fel storïau byrion, mae'r ddau ddarn hyn yn eithaf ysgafn eu bryd – yn ysgafnach na dim a gyhoeddodd Kate Roberts ar enw stori fer; fel rhannau o'r nofel, mae'r darnau ysgafn yn cyfrannu at yr awyrgylch prudd. Ac yn y prudd-der hwnnw ceir arwydd arall mai gwaith storïwr-byr yw *Traed Mewn Cyffion*. Mewn stori fer, peth cyfreithlon (yn wir, peth anorfod) yw dal at yr un lliw, er mai undonog iawn yw dal at yr un lliw mewn stori ar ôl stori; ond mewn nofel dylid dangos rhywfaint o'r amrywiaeth lliw sy'n bod mewn bywyd gwirioneddol, a chymaint bai yw gorbwysleisio'r du a'r llwyd â gorbwysleisio'r gwyn a'r coch. Llai na chyfiawnder â Jane Gruffydd a'i theulu fuasai peidio â dangos eu brwydr yn erbyn amgylchiadau caled eu bywyd, ond llai na chyfiawnder â'r bywyd hwnnw oedd peidio â dangos yr elfennau eraill ynddo. Dichon, wrth gwrs, na allai Jane Gruffydd weld yr elfennau hynny: diffyg ynddi hi fyddai hynny, nid bai; ond bai yn y nofelydd yw ei bod hithau heb ganfod y diffyg yn y cymeriad. Ac mae'n werth sylwi na bu Kate Roberts yn euog o'r bai hwnnw yn *Deian a Loli*, sydd gyda *Laura Jones* yn ffurfio nofel, a honno heb ddibynnu ar ei diniweidrwydd am ei gwerth, er mai plant yw ei chymeriadau canolog. Mae Elin Jôs yn gorfod ymladd cymaint â Jane Gruffydd: ond nid yw Kate Roberts yn cymryd bywyd Elin gymaint o ddifrif ag yw Elin, na chymaint o ddifrif ag yw hi'n cymryd bywyd Jane. Mewn gair, mae Kate Roberts yn sefyll y tu allan i fywyd Elin Jôs, ond aeth hi'n un â Jane Gruffydd yn ei brwydr – ac er cymaint rhinwedd y gall hynny fod ynddi fel Cristion, gwendid yw ef ynddi fel nofelydd.

\*       \*       \*

Y gwendid hwn o'r awdur yn mynd yn un â'i gymeriadau yn ei deimladau yw gwendid mawr y math o nofel a adwaenir yn Saesneg fel *first novel* – y math a barodd y dywediad 'Mae defnydd un nofel ym mywyd pawb ohonom: y gamp yw sgrifennu'r ail.' Beirniadaeth arwynebol iawn sydd yn y dywediad; y gwirionedd yw fod defnydd digon o nofelau ym mywyd pawb, ac mai'r gamp yw sgrifennu cymaint ag un ohonynt. Ond gall rhywun sy'n medru sgrifennu ystumio'i brofiad a'i feddyliau i rywbeth tebyg i nofel yn weddol hawdd, ac ni sylweddolir mai dyna'r cwbl a wnaeth nes bod sawl awdur wedi gwneud nofel debyg o brofiadau tebyg. Anaml yn wir y bydd 'nofel gyntaf' yn llenyddiaeth fawr: at hynny rhaid i'r awdur fyfyrio'n hir am ei brofiad a'i feddyliau, nes gallu edrych arnynt yn wrthrychol (a dyna fyddai fy ateb i'r awgrym fod y paragraff hwn yn tanseilio'r ganmoliaeth a roddais i *Plasau'r Brenin*), a'r arfer yn Lloegr – a gwledydd eraill lle y mae pás ar nofelau am a wn i – yw rhuthro i sgrifennu'r nofel gyntaf yng ngwres y profiadau a'i cynhyrfodd. Nid yw hynny'n golygu nad oes werth i'r nofel gyntaf: mae iddi o leiaf werth ymarferiad yn y grefft i'r prentis, ac arwydd dda yw fod sawl nofel gyntaf wedi'i chyhoeddi yn Gymraeg yn y blynyddoedd diwethaf. Mae amrywiaeth fawr yn eu safon: diddordeb y cefndir o fywyd anghynefin yw diddordeb pennaf *Gweld y Byd* Cyril P. Cule, ac ni throswyd y propaganda economaidd a gwleidyddol ddigon i dermau gwrthrychol ymarferol – i ryw raddau oherwydd cyfyngiadau gofod. Mae yn *Anesmwyth Hoen* Kate Bosse-Griffiths yr un diddordeb o fywyd anghynefin, gyda sgrifennu a chynllunio mwy celfydd, ac yn arbennig ddangos allan gymeriad yn fwy hanfodol: eithr hyd yn oed yma diddorol yw sylwi fod y nofel hon yn llai aeddfed o dipyn na'r storïau byrion a gyhoeddodd yr awdur yn y gyfrol *Fy Chwaer Efa*.

Ond *Y Dewis* J. Gwilym Jones yw'r pwysicaf o 'nofelau cyntaf' y Gymraeg hyd yn hyn; hi sy'n rhoi mwyaf o addewid am nofel i ddod – am mai ynddi hi y mae'r crefftwaith gorau, er nad yw ei chynllun mor gymen a chrwn ag *Anesmwyth Hoen* na hyd yn oed *Gweld y Byd*. Fel yr awgrymodd T. J. Morgan wrth ei gwobrwyo yn Eisteddfod Genedlaethol 1939, *mynnu* cael gwrthdaro rhwng dau alwad fel testun i'r nofel a wnaeth yr awdur; ac nid yw'r gwrthdaro nac yn argyhoeddi nac yn cuddio'r ffaith mai nofel-eiddio'i brofiad ei hun y mae'r awdur wrth adrodd hanes Caleb – er y dichon mai ei nofeleiddio drwy ei droi o chwith a wnaeth ef. Hefyd mae yn y nofel ddwy stori, eiddo Nesta, ac eiddo Caleb, ac ni ddilynir yr un o'r ddwy i'r pen na'u gweu i'w gilydd yn hollol foddhaol; nid llawer o fai yw gadael y storïau ar hanner, ond gofalu eu gadael yn y man iawn, eithr gwendid mawr yw methu penderfynu pa edefyn i'w ddilyn, a gadael i'r ddwy stori ddirwyn ymlaen ochr yn ochr. A gwendid mwy, i'm meddwl i, oedd penderfynu yn y diwedd roi'r flaenoriaeth i stori Caleb, sydd i mi'n dibynnu lawer gormod ar ddyfais y gwrthdaro.

Canys yn y ffordd y mae stori Nesta'n mynd yn hollol

gredadwy y mae un o ragoriaethau mwyaf *Y Dewis*. Mae datblygiad cymeriad Nesta'n dibynnu ar ysbryd caled ei thad a'i chwaer, yn union fel yr oedd datblygiad cymeriad Dori yn *Y Graith* yn dibynnu ar greulonder ei mam; ond mae ysbryd caled y tad a'r chwaer wedi'i gyflwyno mewn disgrifiadau sy'n dadlau drosto, lle y mae creulonder mam Dori wedi'i roi fel gosodiad y mae'n rhaid ei dderbyn. Gellir gweld yn stori Caleb ddigon o fedr yr awdur – mewn disgrifio, megis yn y disgrifiad cyntaf oll, o'r daith ganol nos at fedd newydd tad Caleb; mewn sylwadaeth ar driciau meddwl, megis yng ngwaith Caleb yn ceisio arwydd i ddangos a fyddai ef wedi mynd drwy'r arholiadau; ac mewn sylwadaeth ar allanolion, megis yn hanes y cyfarfod eglwysig lle y codwyd Caleb i bregethu. Ond hanes Nesta sy'n dangos gallu i amgyffred cymeriad, ac mae'r gallu hwnnw'n bwysicach i'r nofelydd na medr yn y pethau eraill. Mae amgyffred cymeriad yn baratoad anhepgor ar gyfer traethu'r gwirionedd hanfodol am y cymeriad; nid yw'r sylwadaeth graffaf a'r disgrifio cywiraf ynddynt eu hunain yn rhoi ond gwirionedd damweiniol arwynebol ac allanol, ac am na chrynhowyd y sylwadaeth a'r disgrifio yn ddigon pendant i ategu cymeriad Caleb y mae *Y Dewis* yn methu cyrraedd y nod yn llawn.

Bydd y paragraff diwethaf yn gymorth i ddeall y feirniadaeth y carwn ei chynnig ar waith T. Rowland Hughes. Oherwydd nes cyhoeddi *Chwalfa*, ni allai dyn lai na theimlo'i fod ef yn osgoi dod wyneb yn wyneb ag unrhyw gymeriad: nid oedd yn cyflwyno unrhyw weledigaeth gyflawn, am fod rhyw ddiffyg dewrder yn peri iddo droi ei lygaid oddi wrth yr agweddau anhyfryd ar ei destun. Gofid i feirniad oedd gweld difetha cyfanrwydd ei waith fel hyn, am fod ei ragoriaeth fel sgrifennwr yn deffro gobaith am lenyddiaeth wir fawr.

Canys cyn iddo gyhoeddi *Chwalfa*, yr oedd Rowland Hughes eisoes wedi dangos ei feistrolaeth fel sgrifennwr – y feistrolaeth sy'n dod i'r golwg, nid mewn gorchestion arddull, eithr mewn sgrifennu nad yw'n tynnu sylw ato'i hun, ac sydd ar yr wyneb yn hollol ddiymdrech. Ar yr wyneb y mae'n ddiymdrech, wrth gwrs; mewn gwirionedd mae'n ffrwyth disgyblaeth a gafwyd wrth arfer llawer â sgrifennu mewn llawer ffurf lenyddol.

Felly mae'r darnau cysylltiol yn ei holl nofelau yn hollol ddidramgwydd – a dyna'r ganmoliaeth uchaf y gellir ei rhoi i'r rhannau hynny o'r nofel; ac mae'r ymgom, nid yn 'naturiol' fel ffotograff nad yw'n dethol dim, ond yn dwyn nodau'r gelfyddyd sy'n dewis yr ychydig ddywediadau a fydd yn rhoi'r argraff iawn. Heblaw'r rhagoriaeth hon ym manylion ei grefftwaith, mae Rowland Hughes yn rhagori yn saernïaeth ei nofelau fel cyfanbethau: a champ yw honno sy'n ei dangos ei hun braidd yn amlycach ar yr wyneb. Patrwm anarferol sydd ganddo yn O Law i Law, lle yr adroddir hanes yr wythnos olaf a dreuliodd John Davies yn ei hen gartref, a'r atgofion a ddaeth iddo wrth iddo ymadael â'r naill ar ôl y llall o ddodrefn y tŷ. Y cartref yw canolbwynt y nofel, a chysylltiad pob dodrefnyn â'r cartref sy'n clymu ynghyd yr atgofion a ddaw i ganlyn y dodrefn. Os mynnir rhoi enw ar y patrwm gellir galw patrwm yr olwyn arno – y cartref yw'r bŵl, a'r dodrefn yw'r adenydd, yn ei gysylltu â'r cant, sef bywyd John Davies.

Fe ddychwelir eto i graffu'n fanylach ar gant yr olwyn: digon yn awr yw cyfeirio ato fel cymorth i ddeall y patrwm y gellir ei ganfod yn O Law i Law. Patrwm hollol uniongyrchol a syml sydd i William Jones: yn lle newid amser yn ôl ac ymlaen, dechreuir yn y dechrau a mynd ymlaen – heb ond ychydig iawn o daro'n ôl i esbonio ambell beth a ddigwyddodd cyn y dechrau – nes cyrraedd y diwedd. Ond mae'n werth pwysleisio fod y stori'n mynd ymlaen yn gyson, ac na cheir ynddi ddim darnau llanw fel sydd yn Rhys Lewis, dyweder, lle y bwriodd Daniel Owen i'r gronfa o leiaf un stori fer ddigrif am un o'i gymeriadau, heb ei bod yn ychwanegu dim at ddatblygiad yr hanes. Ysgyfarnog yw'r bennod 'Ymweliad Thomas Bartley â'r Bala' yn Rhys Lewis, ond mae disgrifiad Rowland Hughes o gampau William Jones a'i nai gyda'r tandem, er enghraifft, yn cyfrannu llinell neu ddwy at y darlun o'r nai.

Yn Yr Ogof gellir unwaith eto ganfod patrwm cywreiniach nag sydd yn William Jones, ond heb fod mor amlwg a phendant ag yn O Law i Law. Yn y nofel hon a wnaed o hanes yr wythnos a orffennodd gyda'r Croeshoeliad, mae'r patrwm yn debyg i deulu o gylchoedd mwy a llai, oll yn canoli ar yr Iesu, a gellir meddwl am y stori fel hanes y symud graddol o'r cylch pellaf i'r cylch agosaf i mewn, ac yna allan drachefn. Gwaith ardderchog sydd yn y cylchoedd allanol lle y crëir y cefndir, cefndir ag iddo'r ddwy brif elfen o Ymerodraeth Rufain a chrefydd Iafe, a'r grefydd honno'n golygu pethau gwahanol iawn i wahanol bobl; ond wrth nesáu at y canol, mae gafael y nofelydd yn gwanhau a'i

waith yn argyhoeddi llai o hyd. Ni lwyddodd o gwbl i greu'r
angerdd a fuasai'n briodol i ganolbwynt ei destun, pa
ddehongliad bynnag a dderbynnid arno; a hynny yn y pen draw
oherwydd diffyg yn ei weledigaeth ef o'r testun.

Mae rhywbeth o'r diffyg hwnnw yn dod i'r amlwg yn y
cymeriadau unigol yn y tair nofel. O'r rheini, John Davies yn *O
Law i Law* a ddarlunnir yn fwyaf llawn: ei hanes ef yw cant yr
olwyn yn y patrwm, a chan fod y gwahanol rannau o'r cant
wedi'u llunio ar wahân, nid rhyfedd inni deimlo nad ŷnt wedi'u
cysylltu'n hollol foddhaol â'i gilydd – mae gormod o wrym yn yr
asiad, ac ni'n hargyhoeddir yn llwyr mai'r un dyn yw'r hogyn a
aeth i'r môr gyda'i ewythr a'r adroddwr deallus a fu'n croesi'r
mynydd i garu – er bod John Davies yn cofio'r ddau. Yn y ddwy
nofel arall, anodd peidio â theimlo mai teipiau yw'r holl
gymeriadau, y gellwch wybod yn lled dda cyn iddynt weithredu
beth a wnânt. Teip o'r dyn bach cartrefol da ei natur yw William
Jones, teip o'r glöwr dewr yw ei frawd-yng-nghyfraith, teip o'r
gŵr ieuanc goludog a all ffordio bod yn feddylgar yw Othniel
yn *Yr Ogof*: nid oes yn yr un ohonynt ddatblygiad. Ac er bod
datblygiad – neu o leiaf gyfnewidiad – yn Joseff o Arimathea, nid
yw'r cyfnewidiad yn gwneud cymeriad cyflawn ohono, am mai
er mwyn y cyfnewidiad y mae ef yn bod. Gwyddom o'r dechrau,
wedi clywed ei enw, mai troi at blaid yr Iesu a wna Joseff: pa
bryd y bydd hynny a pha fodd yw'r unig ddirgelwch, a phan
ddaw'r dröedigaeth, ysgafnhad yw'n teimlad, am weld diwedd
ar y gofid o ddisgwyl amdani.

Rhaid pwysleisio fod i deipiau eu lle mewn nofel, yn ogystal â
chymeriadau cyflawn: gwaith digon beichus ei ddarllen fyddai
nofel a gynhwysai fwy nag ychydig o gymeriadau cyflawn –
mae'n briodol i'r rhan fwyaf o'r personau fod yn deipiau am mai
swydd dodrefn sydd iddynt. Ond pan elo'r holl bersonau'n
deipiau, mae'r nofel i gyd wedi'i phenderfynu o'r dechrau, ac
nid oes ynddi wrth fynd ymlaen greadigaeth newydd, ond yn
unig ddyfeisio; nid oes datblygu, ond yn unig ymhelaethu. A
chymryd cyffelybiaeth o gerddoriaeth, mae'r thema wedi'i rhoi
pan ddewisir y teip, ac ni all y nofel fod yn fwy na chyfres o
amrywiadau arni; pan fo mwy nag un teip, mae'r gwaith o'u
cydblethu'n ymdebygu i ehediant – i *fugue* – mae'n fwy cymhleth
na'r thema-ac-amrywiadau syml, ond gellir ei chyfansoddi wrth
reol fathemategol, wedi unwaith gael y testun neu destunau

sylfaenol. Bydd rhagor rhwng y naill ehediant a'r llall, yn ôl medr y cyfansoddwr: a chyfansoddwr medrus iawn yw Rowland Hughes – ond ehediannau oedd ei dair nofel gyntaf, nid symffonïau.

I'r nofel fawr lle y mae'r prif bersonau'n wir gymeriadau cyflawn, mae rhyw weledigaeth gyflawn yn anhepgor: ac am fod ynddi weledigaeth gyflawn y mae *Chwalfa* yn rhagori ar nofelau eraill Rowland Hughes. Ni fynnwn fod yn bendant o gwbl am natur y weledigaeth: fe all fod yn weledigaeth ar gyflawnder personoliaeth rhyw ddyn, neu fe all fod yn weledigaeth ar hanfod rhyw gymdeithas o ddynion. Yn *Chwalfa*, cymeriad teulu yw'r testun, a chyflwynir y weledigaeth o'r cymeriad hwnnw fel y lluniwyd ef, neu'n gywirach efallai fel yr amlygwyd ef, gan Streic Fawr y chwarelwyr yn 1900–3.

Nid dibwys yw'r ffaith fod cymaint o amser rhwng adeg y streic ac adeg sgrifennu'r nofel amdani: naturiol yw inni feddwl am yr hanner canrif a oedd rhwng Tolstoi a 1812 pan sgrifennodd ef *Rhyfel a Heddwch*, a naturiol yw cymharu'r defnydd llenyddol a wnaed o'r streic gan T. Gwynn Jones yn *Gorchest Gwilym Bevan* yn 1900, a chan Rowland Hughes yn 1946. Stori antur yw *Gorchest Gwilym Bevan*, a defnyddir y streic er rhoi cyfle i arwriaeth gyffrous personau'r stori; datblygiad o weledigaeth yw *Chwalfa*, a dywedaf hynny er mai unochrog, mewn un ystyr, yw'r weledigaeth. Â'r gweithwyr y mae holl gydymdeimlad Rowland Hughes, lawn cymaint â Gwynn Jones, a chyff gwawd yn unig yw'r Stiward, Mr Price-Humphreys, iddo ef. Hwyrach y byddai'r nofel yn gryfach byth, pe caem well golau ar y Stiward: ond wedi'r cwbl, darlun o deulu'r chwarelwr sydd yn y nofel, ac i'r teulu hwnnw, bwci oedd y Stiward, nid dyn a chanddo enaid fel hwy'u hunain. Nid troeon ei feddwl a fyddai'n effeithio ar y teulu, ond ei weithredoedd, er mor ystrydebol fyddent: ac ond iddynt fod yn ystrydebol, byddai ef yn deip y gellid ei dderbyn. Byddai'n wahanol pe gwnâi ef rywbeth *heb* fod yn ystrydebol – yna byddai raid wrth esboniad cyn y gellid credu ynddo.

Yng ngoleuni'r ffaith mai darlun o'r teulu yw *Chwalfa* y mae barnu pob rhan ohono, a'r cwestiwn i'w ofyn yw: a yw'r rhan hon yn cyfrannu at y darlun? Wrth ei ddarllen am y tro cyntaf, yr oeddwn yn tueddu i feddwl fod ynddo ormod o hanes Llew ar y môr: wrth ei ailddarllen, gwelwn fod yr hanes hwnnw'n angenrheidiol er mwyn dangos, drwy'r sgwrs ar ei diwedd, gymaint o chwarelwr oedd Llew, er mai am dri mis y bu'n gweithio yn y chwarel ac iddo dreulio bron cymaint â hynny ar y môr. Yr un modd gyda hanes Dan yn swyddfa'r papur newydd, gyda'i lenydda a'i garu a'i ddiota: yr wyf yn llai sicr yma nad yn yr hwyl o greu ffigur comig Ap Menai yr ysgubwyd llawer o'r defnydd i mewn, ond yma eto mae holl fwhwman Dan yn rhan o'r ansefydlogrwydd a ddaeth dros fywyd y teulu oll gyda'r streic. Rhagoriaeth na ddylid ei phasio'n ddisylw yn *Chwalfa* yw ei bod yn gadael Dan heb ei 'achub' ar y diwedd: ynddo ef, cafodd y streic effaith barhaol, lle yr aeth y gweddill o'r teulu'n ôl i rigol ddigon tebyg i'r hen, er bod ei hamgylchedd dipyn yn wahanol.

Y torri hwnnw ar fywyd Dan yw'r arwydd amlycaf fod yn *Chwalfa* y dewrder y gwelwyd ei eisiau yn y tair nofel gyntaf. Gellir amgyffred y pwynt yn gliriach o gymharu *Chwalfa* â *William Jones*, ac o gymharu tynged Dan ag eiddo Arfon, nai William Jones. Yn *William Jones* nid yw cyni a diflastod y cymoedd yn gwasgu dim ar y darllenydd, am na chaniateir iddynt wasgu dim ar bersonau'r nofel; ac mae Arfon yn cael ei achub yn rhy hawdd o lawer – yn dod yn ôl i dŷ ei dad heb iddo erioed fynd ymhellach na ffin y wlad bell, ac er mor ddymunol i'r teimlad yw ei weld ef yn ddiogel, mae'n andwyol i'r nofel fel ymgais at gyflwyno gweledigaeth – a go brin yr oedd Rowland Hughes yn anelu at ddim mor uchelgeisiol yn *William Jones*. Yr oedd ei nod yn uwch yn *Chwalfa*, ac wrth wynebu pob agwedd ar fywyd teulu Edward Ifans y gallodd ef gyflwyno gweledigaeth gyflawn ar y cymeriad, a chreu rhywbeth mwy na stori ddifyr. Canys mawredd y weledigaeth, nid medr y sgrifennu, sy'n penderfynu mawredd nofel – er bod angen medr hefyd cyn y caiff mawredd ei effaith yn llawn.

Daw hynny'n amlwg iawn o edrych ar *Dial y Tir* W. Ambrose Bebb. Fel nofelydd, prentis yw Bebb, ac mae ar ei waith bron pob diffyg technegol a all fod ar nofel. Mae'r ymgom yn ornaturiol – mae'n cofnodi'r cwbl a ddywedasai'r personau, yn lle bod yn ddarlun a fyddai'n cyfleu'r hyn a ddywedent yn ei gydbwysedd priodol. Mae'r disgrifiadau a'r rhannau cysylltiol yn orlwythog o eiriau haniaethol, nes bod y cymeriadau bron ar goll mewn cymylau o osodiadau cyffredinol, lle y dylsid cael disgrifiadau unigol mewn geiriau diriaethol. Er hynny i gyd, mae gwel-edigaeth arbennig i'w chanfod yn *Dial y Tir*, yn wahanol i *William Jones* neu *Yr Ogof*. Trwy'r niwl y canfyddwn weledigaeth

Ambrose Bebb, ond yr oedd y weledigaeth ar fywyd caled a phenderfyniad i'w wella, gydag ef pan ddechreuodd lunio'r llyfr. Nid oes niwl o gwmpas *Yr Ogof*, ac mae'n rhy hawdd gweld nad oes y tu ôl iddo weledigaeth arbennig – ond yn unig wybodaeth ddeallus am hanes Palesteina yn amser yr Iesu, ac am rai o'r dulliau y gellid dehongli'r hanes.

*        *        *

Wrth feddwl am *Yr Ogof* a *Dial y Tir*, rhaid cydnabod mai anodd eithriadol yw cymryd y naid ddwbl mewn dychymyg y mae'n rhaid wrthi at wneud nofel hanes, a honno'n wir nofel. Rhaid cymryd y naid a gymerir ym mhob nofel ond 'nofel gyntaf', i bersonoliaeth dyn arall; a rhaid cymryd naid i amgylchiadau na ellir eu profi ond yn unig eu dychmygu. Gellir cymryd y naid ddwbl, os bydd yr awdur wedi'i drwytho yn hanes y cyfnod lle y gosodir y stori: eto cofier mai amod *cael* gweledigaeth yw'r trwytho, ac nad yw'n rhoi unrhyw gymorth tuag at gyflwyno'r weledigaeth – fel y dengys *Dial y Tir*.

Amod arall, fe ddichon, yw fod yr awdur yn cael gafael, yn ei ddewis gyfnod, ar gymeriad a chanddo feddwl o fath cydnaws iddo – nid o angenrheidrwydd feddwl tebyg i'w feddwl ef ei hun, ond meddwl y gall ei ddeall. Meddwl *paysan* sydd gan Ambrose Bebb: felly gallodd ddeall meddwl ymfudwyr Llanbrynmair. A chael gafael mewn meddwl cydnaws mewn cyfnod arall yw hanner cyfrinach *Orinda* R. T. Jenkins. Mae digon o brofion yn ei ysgrifau ef (heb sôn am ei waith wrth ei swydd fel hanesydd) mai ysgolhaig yw ef; ac ysgolhaig yw Richard Aubrey – ond nid teip o ysgolhaig ychwaith. Carwr yr encilion yw ef, dyn tawel a'i hyfrydwch yn ei lyfrau, fel y gellid tybio y byddai'n barod i aberthu'r cwbl er mwyn dal i fwynhau'r 'darllen, a'r darllen, a'r darllen, hyd oriau mân y bore', a brisiai ef gymaint yng Ngholeg yr Iesu. Ond pan ddaeth yr adeg iddo sefyll dros egwyddor, sefyll a wnaeth ef, a gorfod gadael Rhydychen, a threulio blynyddoedd o fywyd llwm yng Nghymru, yn hiraethu am yr hen wynfyd, ac yn rhyw synnu ato'i hun am ddewrder y sefyll hwnnw – eto heb edifaru.

Meistrolaeth ar grefft sgrifennu yw rhan arall o gyfrinach *Orinda* – meistrolaeth a ddaeth gyda chymaint o arfer; a rhygnwyd cymaint ar y tant hwnnw, fel nad oes angen ond ei brin gyffwrdd wrth sôn am ddwy nofel arall, *Fy Hanes i fy Hunan* Bodfan, a *Gyda'r Glannau* Tegla Davies. Hanes gŵr a aeth i'r weinidogaeth heb fod ganddo wir alwad (a rhoi'r peth yn fras iawn) sydd yn y ddwy; ac eithaf annisgwyl yw bod tair nofel 'yn y person cyntaf' yn cyrraedd mor agos at nod y nofel â'r tair hyn. Diffyg cydbwysedd yw'r bai mwyaf ar grefft *Fy Hanes i fy Hunan* a *Gyda'r Glannau*: fel y digwydd yn rhy aml mewn nofelau Cymraeg, mae'r pen wedi'i weithio'n llawer manylach na'r corff, a'r diwedd wedi mynd yn wir gynffon, yn atodiad disylw. Yn *Gyda'r Glannau* y mae effaith hynny amlycaf: rhoir hanes llawn am ymdrechion William Williams i gael mynd yn bregethwr – yr ymdrechion a fu'n sail i'w gymeriad; ond ceir yr argraff mai amodau'r cyhoeddwr, yn hytrach na gofynion y nofel, a barodd roi amlinelliad mor fras o'r cymeriad ar waith yn y blynyddoedd diweddarach. Gwir mai crynodeb byr iawn a roir yn *Fy Hanes i fy Hunan* o'r blynyddoedd a dreuliodd John Cymro Jones wedi iddo briodi: ond yr oedd ei gymeriad ef wedi'i ddatguddio'i hun yn llawn yn ei ddewis o wraig, ac yntau wedi mynd yn deip o'r pregethwr sy'n dringo i fod yn offeiriad. Teip yw John Cymro Jones erbyn hynny (oherwydd gall datblygiad cymeriad fod yn ddirywiad i deip), ac nid oes angen rhoi hanes manwl amdano; ond mae William Williams yn dal i ddatblygu wedi iddo fynd yn William Cicero-Williams, ac mae lle i ddangosiad llawnach o'r datblygu hwnnw, ac yn arbennig i ddangosiad llawnach o gymeriad gwraig William, fel y datblygodd hwnnw dan y profedigaethau. Rhan annelwig iawn o'r dodrefn yw Mrs Cicero-Williams yn y nofel fel y mae hi.

Nid cwyno'r wyf fod y ddwy nofel hyn yn darfod braidd yn yr awyr: cydnabyddir heddiw nad oes raid i nofel bob amser orffen yn gymen gyda phriodas neu farwolaeth – nac unrhyw ddigwyddiad arall. Mae gorffennedd yn cyfrif mewn nofel o hyd, wrth gwrs, ac mae *Orinda* yn ennill ar y ddwy arall am ei bod hi wedi'i sgrifennu o safbwynt yn rhaglen amser y nofel sy'n peri gweld yr holl hanes a adroddir fel un cyfanbeth. Mae'n ennill hefyd – efallai yn rhinwedd yr ennill cyntaf hwnnw – am fod ynddi well cydbwysedd rhwng y naill ran a'r llall: mae'r hanes am ddyddiau Coleg yr Iesu wedi'i adrodd yn ddigon llawn, ac nid yw hanes yr ymadael a'r blynyddoedd o alltudiaeth yn creu'r argraff mai rhagarweiniol yw'r cwbl arall.

Mae a wnelo crefft a chynllun y tair nofel hyn â'u llwyddiant, eto gallesid fod heb y ddau beth a dal i osod y nofelau ymhlith rhai gorau'r Gymraeg, am i'r awduron gael gweledigaeth bendant ar ddynion arbennig; gwelsant hwy'n gyflawn, yn rhinweddau a ffaeleddau; ac yn bwysicaf oll, carasant hwy, er gwaethaf eu rhinweddau a'u ffaeleddau. Am eu bod yn gweld pob ochr i'r cymeriadau hyn, ac yn eu caru hwy, gallasant ddweud y gwir hanfodol amdanynt. A hyn sy'n rhyfedd ar un olwg: fod dweud y gwir hanfodol am gymeriadau digon difrifol yn gallu goglais y darllenydd cymaint ag a wna'r tair nofel hyn. Ond erbyn ailfeddwl, mae nofelau mewn ieithoedd eraill, a'u testunau'n llawer mwy difrifol na'r rhain, sy'n goglais yn yr un ffordd yn union – The Way of All Flesh, Madame Bovary, Y Brodyr Karamazov.

Ac o ystyried eto yr arwyddair a enwyd ar ddechrau'r bennod gyntaf, fe welir paham y mae hynny; oherwydd mae derbyn yr arwyddair hwnnw yn golygu (yng ngeiriau Saunders Lewis) mai 'gogan . . . yw dweud y gwir am ddyn. Nid yw nac yn foliant nac yn ddychan. Y gwahaniaeth rhwng gogan a'r ddau hyn yw mai ffrwyth sylwadaeth a phrofiad ydyw.' Lle y mae dychan yn gwneud dyn o ddosbarth neilltuol yn destun digrifwch, a moliant yn gwneud dyn o ddosbarth arall yn destun edmygedd, y ddau yn rhinwedd eu dosbarth, mae gogan yn edrych ar y ddau fel y maent, a daw digrifwch yn naturiol o'r cyferbyniad rhwng y dyn fel y mae a'r dyn fel y gallai fod.

Mae hyn oll yn golygu fod angen i'r nofelydd sefyll yn ddigon pell oddi wrth ei gymeriadau i weld eu rhinweddau a'u gwendidau yn eu maint a'u perthynas iawn, ac eto fod yn ddigon agos atynt i gydymdeimlo â hwy – a defnyddio ymadroddion y digwyddodd imi eu darllen mewn adolygiadau y diwrnod yr oeddwn yn sgrifennu hwn, rhaid i'r nofel wrth 'that god-like air of pity and detachment that is the hallmark of a real work of art', a thrwy hynny ceir rhyw 'capacity for inspiring tolerance in the reader for the apparently intolerable'.

Ychydig o nofelau Cymraeg sy'n dangos y nodweddion aeddfed hyn: er dyddiau Daniel Owen ni chyhoeddwyd mwy na dwy neu dair sy'n cyflawni'r amod hon a hefyd yn hollol foddhaol o ran crefft – Chwalfa ac Orinda efallai, a Sgweier Hafila T. Hughes Jones yn sicr. A champweithiau bychain yw Orinda a Sgweier Hafila: mae Sgweier Hafila mor fychan nes iddi ennill gwobr yn yr Eisteddfod Genedlaethol fel stori fer hir. Eithr nofel

yw hi yn ôl unrhyw ddiffiniad nad yw'n dibynnu'n unig ar
amlder geiriau. Ceir ynddi ddatblygiad a chyfnewid ar gymeriad
– nid tro nac awgrym o ddatblygu yn unig, ond cyfnewidiad
cyflawn wedi'i ddilyn i'r pen. Ar ddechrau'r stori, dyn hollol
gyffredin, yn crafu bywoliaeth mewn lle cyffredin iawn, a
chanddo'r un diddordebau cyffredin â'i gymdogion, yw Daniel
Rhos-y-grug. Ond cymeriad ar ei ben ei hun yw pob dyn, ac mae
digwyddiad bach yn ddigon i beri i gymeriad Daniel flodeuo nes
iddo golli'r holl ddiddordebau cyffredin, ac anghofio'r cwbl ond
tir Hafila a'r aur sydd ynddo. Cyfyngu cymeriad Daniel i rigol
gul y mae'r cyfnewidiad hwn ynddo; gan hynny, mae ei fywyd
yn mynd yn fwy undonog, a gellir adrodd hanes y blynyddoedd
olaf yn gryno, a chadw cydbwysedd y nofel, er bod yr hanes yn
y rhannau cyntaf yn fanylach. Ond rhigol ddofn yw'r rhigol gul,
ac yn hanes pregeth angladdol Daniel, lle y cyffelybwyd ef i'r
gŵr a werthodd ei gwbl er mwyn cael trysor mawr, gwnaed
cyfiawnder llawn â'r weledigaeth a drodd ei fywyd wyneb i
waered – neu wyneb i fyny am y tro cyntaf.

Ac nid oes nemor frawddeg yn y llyfr nad yw'n goglais y
darllenydd. Digon hawdd yw tynnu crechwen ar y darlleniad
cyntaf: ond ychydig yw gwerth sgrifennu crechwengar erbyn yr
ail ddarlleniad – nid yw'r digrifwch ddigon o ddifrif, neu mae'n
dibynnu ar gyffyrddiad arwynebol. Nid y digrifwch yna sydd yn
*Sgweier Hafila*, ond y digrifwch dwfn a ddaw o'r cyferbyniad
rhwng dyn fel y mae a dyn fel y gallai fod, y soniwyd amdano
eisoes. Hawsaf peth yn y byd fyddai enwi enghreifftiau o *Sgweier
Hafila*, o'r darlun bach o Davies Hyde Park, a fu'n gwerthu llaeth
yn Glanrafon Dairy yn Llundain ac a alwodd Hyde Park ar ei
gartref yng Nghymru, hyd at y disgrifiad o ddadleuon y plwyf
ynglŷn â'r neuadd goffa.

Mae *Sgweier Hafila* yn gyfanbeth mor berffaith nes temtio dyn i
geisio esbonio paham y methodd ei hawdur gydag *Amser i Ryfel*.
Un esboniad posibl yw'r gagendor rhwng y bywyd cefn gwlad
yn *Sgweier Hafila* a'r bywyd milwrol – gagendor nas pontiwyd
gan Hughes Jones, er gwaethaf ei brofiad, yn *Amser i Ryfel*. Neu a
rhoi agwedd arall ar yr un pwynt, yr oedd raid cyfieithu
profiadau Manod yn y rhyfel i dermau llenyddiaeth Gymraeg, ac
nid oedd llenyddiaeth Gymraeg – neu o leiaf y nofel Gymraeg –
eto wedi prifio digon i allu ymarfer â'r gwaith. Ond cynnyrch
bywyd gwledig o'r fath sy'n gefndir i *Sgweier Hafila* yw

llenyddiaeth Gymraeg, ac am fywyd felly yn anad dim y dylai hi fedru siarad. Ac mae'r gosodiad hwnnw'n arwain at awgrym arall: mae *Sgweier Hafila* nid yn unig yn adrodd hanes yn erbyn cefndir gwledig, ond hefyd yn ei adrodd mewn ffordd nad yw'n gwyro fawr oddi wrth draddodiad y chwedl cefn gwlad. Erbyn ystyried, dangos cymeriad y sawl yr adroddir amdano yw amcan pob stori wledig: o gwmpas dynion, a'u hadwaith hwy i ddigwyddiadau, y mae'r stori'n troi. Gyda *Sgweier Hafila* felly mae nofelydd Cymraeg o'r diwedd yn dilyn Daniel Owen – ei ddilyn, nid ei ddynwared. Cymerodd Daniel Owen ffurf gynhenid Gymreig y cofiant, a'i throi'n nofel a oedd yn dweud y gwir. Cymerodd Hughes Jones ffurf gynhenid Gymreig y chwedl cefn gwlad, a'i throi hithau'n nofel a oedd yn dweud y gwir.

## Yfory

Merch crefft yw pob celfyddyd: nid ceisio creu pensaernïaeth, dyweder, yw'r ffordd orau i'w chael, oherwydd ail gynnyrch yw hi, sy'n dod pan fo'r adeiladydd yn llwyddo i gyflwyno mewn meini ryw weledigaeth deilwng – a hynny'n ddigon aml heb yn wybod iddo. Ers canrifoedd bellach, mae gennym syniadau am bensaernïaeth fel celfyddyd, sy'n peri inni dybio y gellir creu pensaernïaeth ohoni'i hun, ar wahân i unrhyw ddiben defnyddiol a all fod i'r adeilad; felly pan wrthododd Palmerston y cynlluniau a baratoesai'r hen Gilbert Scott ar gyfer rhyw swyddfeydd yn Whitehall, defnyddiodd Scott hwy at adeiladu gorsaf St Pancras. Yr un syniad diwreiddiau a barodd i lawer sgweier adeiladu adfeilion i addurno'i diroedd: a beirniaid da oedd y werin a roddodd yr enw *folly* ar y cyfryw bethau.

Ail gynnyrch yw pensaernïaeth, ac ail gynnyrch yw llenyddiaeth, sy'n dod pan fo gwaith y sgrifennwr yn cyflwyno mewn geiriau ryw weledigaeth deilwng, yn esgor ar elfen ychwanegol ar wahân i unrhyw wirionedd arwynebol sydd yn y sgrifennu. Gorawen – *ecstasy* – yw'r elfen honno yn ôl Arthur Machen; ni waeth pa enw a roir arni, ond cydnabod ei bod hi, oherwydd ynddi hi y ceir allwedd i feirniadaeth gytbwys ar lenyddiaeth gwahanol gyfnodau. Syniad cymharol ddiweddar yw'r syniad am lenyddiaeth fel celfyddyd, ar wahân i ffurfiau arbennig ar sgrifennu fel crefftau: ond y syniad hwn mewn rhyw ffurf sy'n gwneud beirniadaeth lenyddol yn bosibl. Nid oedd gan feirdd Cymraeg yr Oesau Canol unrhyw syniad o'r fath, er bod ganddynt athroniaeth bendant am swydd prydyddiaeth, yr athroniaeth a grynhoir yn y geiriau 'diddanu gwyrda'; eto yr oedd eu gwaith yn aml yn esgor ar yr elfen ychwanegol a'i gwna'n llenyddiaeth i ni. Rhaid inni gofio wrth feirniadu gwaith beirdd yr Oesau Canol mai moli oedd eu hamcan, a pheidio â chondemnio bardd am fodloni ar weu brodwaith o foliant; ond nid yw dweud hynny'n golygu na ddylem ni – gan nad yw'r brodwaith moliant o werth i ni fel defod gymdeithasol – fesur gwerth ei brydyddiaeth yn ôl ein syniad ni am lenyddiaeth. Gallwn gydnabod medr a chywreinrwydd cân o foliant i uchelwyr heb farnu fod iddi werth fel llenyddiaeth; ond gallwn hefyd ddweud fod ambell gân foliant yn llenyddiaeth, am ei bod yn esgor ar yr elfen ychwanegol sy'n cyflwyno inni ryw wirionedd hanfodol – er mai gwirionedd o fewn ffrâm neu batrwm yw ef, ac er nad oedd y bardd a'i canodd yn bwriadu gwneud dim ond dilyn y patrwm, nac yn sylweddoli ei fod yn gwneud dim ond hynny. Byddai dweud y dylem ni heddiw roi'r flaenoriaeth i'r cerddi o'r Oesau Canol a gâi fwyaf o groeso gan feirdd ac uchelwyr y cyfnod yn debyg i ddweud y dylem gyfrif Jack Oliver yn fwy bardd na Gwenallt am fod mwy o werthu ar *Cerddi'r Barbwr* nag ar *Ysgubau'r Awen*: er cymaint y dywedir wrthym am beidio â mesur gwaith un oes wrth safonau oes arall, mae'n rhaid inni fesur gwaith yr Oesau Canol wrth safonau heddiw os mynnwn ei fesur fel llenyddiaeth.

Ni ellir mesur llenyddiaeth wrth unrhyw safon ffurf neu bwnc: gall llyfr technegol fod yn llenyddiaeth, fel y mae *Rural Rides* Cobbett yn llenyddiaeth, ac *Y Tri a'i Gynnyrch* R. Alun Roberts – a da y gwyddom mor hawdd y gall awdl neu bryddest fethu bod. Mae rhai ffurfiau mwy llenyddol bur na'i gilydd, y teimlwn amdanynt nad oes ganddynt hawl i fodolaeth oni byddant yn llenyddiaeth: nid oes gan neb lawer i'w ddweud wrth delyneg nad yw'n llenyddiaeth. A chan gymaint o waith sy'n mynd i nofel, tebyg mai da yw nad yw'r gwaith yn ofer os methir y nod: onid e byddai perygl inni fod heb nofelau o gwbl. Oherwydd mewn oes a aeth i ymwybod â llenyddiaeth fel peth dros ben ar wahân i grefft sgrifennu, y nofel yw'r ffurf uchaf ar lenyddiaeth, yn rhinwedd ehangder ei gweledigaeth. Cipdrem ar ddarn o fywyd a geir mewn telyneg: ceir golwg ar ddarn helaethach mewn llyfr hanes, ond golwg fwy arwynebol; eithr mewn nofel ceir gweledigaeth ar y bywyd oddi mewn, ar raddfa sydd o angenrheidrwydd yn gymharol fawr, gan fod datblygiad yn anhepgor mewn nofel.

Wrth roi i'r nofel y lle blaenaf mewn llenyddiaeth, rhaid cofio y gellir sgrifennu mewn prydyddiaeth neu brôs, ac mai nofel yw pob cân faith o bwys: heddiw mae'n ffasiynol galw nofel ar yr Odyseia, a nofel farddonol yw'r enw a roir ar gân Stephen Vincent Benét, *John Brown's Body* – o ran hynny, onid nofel yw *Theomemphus* Pantycelyn? Mae yn y nofel le hefyd i farddoniaeth a rhyddiaith – i farddoniaeth sy'n ceisio swyno'r darllenydd drwy ei deimlad yn ogystal â rhyddiaith sy'n ceisio'i argyhoeddi drwy ei ddeall. Gellir cymysgu'r ddau ddull fel y mynner er mwyn cyrraedd y nod; ond y rhyddid hwn i droi pob dŵr at felin y nofel, yr hwn sy'n ei gwneud yn offeryn pwrpasol i drin cymaint o bynciau, sydd hefyd yn creu'r perygl mwyaf iddi – y perygl iddi fynd yn wasgarog a cholli golwg ar y nod. Dyna berygl y mae ffurf sefydlog yn amddiffyn y soned a'r englyn rhagddo: ac mae a wnelo'r perygl a'r rhyddid â natur y nofel fel ffurf ymwybodol ar lenyddiaeth. Gan na wyddai'r Oesau Canol am lenyddiaeth yn ein hystyr ni, gallent ganu cerddi ac adrodd chwedlau heb feddwl am lenyddiaeth ac eto ei chynhyrchu; ond yr ŷm ni bellach yn gwybod da a drwg, ac ni allwn lwyr anghofio fod llenyddiaeth. Nid ŷm yn debyg o'i chynhyrchu wrth feddwl amdani hi'n unig, ond eto rhaid inni gadw rhyw gof amdani yng nghefn y meddwl: mae oes neifder llenyddol wedi mynd heibio.

*    *    *

Yng ngoleuni'r rhagymadrodd yna y carwn edrych ar y nofel Gymraeg. A theimlad o siom yw'r teimlad cyntaf a ddaw i ddyn wrth feddwl am allu'r nofel i droi pob pwnc a phob dull yn llenyddiaeth – teimlad o siom fod cymaint o feysydd heb eu cyffwrdd gan yr un nofelydd Cymraeg. Cymaint o destunau mawr ym mywyd Cymru, i ddechrau – ni sgrifennodd neb nofel Gymraeg am fywyd y glöwr: o bwrpas yr wyf yn peidio â dweud 'ni sgrifennodd neb nofel yn datguddio hanfod bywyd y glöwr', am na wn am un nofel Gymraeg sy'n trin y testun hyd yn oed yn arwynebol. Sgrifennwyd amryw nofelau ar gefndir gwledig, a chafwyd yn *Sgweier Hafila* oleuni wrth fynd heibio ar fywyd y rhostir llwm – ond cip o oleuni yw hwnnw o'i gymharu â'r hyn a roddodd Caradoc Evans, er ei holl bechodau, ar y frwydr rhwng dyn a'r mynydd, ac o'i gymharu â'r hun a roddodd Kitchener Davies ar ffurf drama yn *Meini Gwagedd*. Ac esgeuluswyd y cyfle gorau oll i nofelydd modern, efallai, am na cheisiodd neb adrodd hanes gŵr o'r dosbarth canol Cymraeg, a cheisio olrhain datblygiad y meddwl bwrdais mewn athro neu bregethwr neu glerc a gododd o'r werin Gymreig.

A chofio fod cymaint o destunau heb eu trafod hyd yn oed yn yr hen ddulliau uniongyrchol traddodiadol, hwyrach na ddylem achwyn fod cyn lleied o arbrofi ar ddulliau newydd. A hwyrach nad damwain yw'r ffaith mai o'r ardal lle y datblygwyd crefft ffuglen Gymraeg ddiweddar i'w phwynt uchaf, sef ardal chwareli sir Gaernarfon, y daeth yr arbrawf mwyaf llwyddiannus mewn dull newydd, sef *Y Purdan* Gwilym R. Jones. Stori fer hir yw hon, er iddi ennill gwobr yr Eisteddfod Genedlaethol am nofel; nid datblygiad yn digwydd sydd ynddi, ond datblygiad wedi digwydd, ac yn bod fel ffaith i'w hystyried yn yr argyfwng sy'n destun i'r stori fer. Ond nid gwaeth am hynny: nid er mwyn egluro'r gwahaniaeth rhwng nofel a stori fer y cyfeirir at *Y Purdan*, ond er mwyn sôn am ddull y stori o wneud isymwybod y dyn ar ei wely angau yn foddion i adrodd ei hanes – dull â rhywbeth o'r swrrealaidd yn perthyn iddo. Yn hynny o beth mae'r stori'n perthyn o bell i waith fel *Ulysses* James Joyce; ac er nad awgrymir ei bod ar yr un raddfa â hwnnw, mae iddi ran o'r un aeddfedrwydd sydd mor brin mewn ffuglen Gymraeg.

Arbrawf arall na bu mor llwyddianus – a hynny efallai am nad oedd gan yr awdur gystal cefndir traddodiad – yw *Aeddan Hopcyn* Geraint Dyfnallt Owen. Ni fynnwn haeru fy mod yn sicr beth oedd nod yr arbrawf hwn, ond yn unig ddweud mai yn un o nofelau Kafka y gwelais rywbeth yn debyg i batrwm iddo: ceir yn *Der Prozess* beth o'r un afresymoldeb digwyddiadau ag yn *Aeddan Hopcyn*, ac efallai mai'r un math o alegori sydd yn y ddau.

Ar wahân i *Y Purdan* ac *Aeddan Hopcyn*, ni chaed dim arbrofion mewn dull yn Gymraeg: nid yw ffantasi fel *Stori Sam* Tegla Davies i'w gyfrif yn yr un byd â nofelau ffantastig C. S. Lewis neu Rex Warner, er enghraifft. Er cymaint y mae *That Hideous Strength* yn goglais, mae ef hefyd yn codi gwir arswyd gan mor ddifrifol yw ef; ond mae *Stori Sam* yn rhy niwlog i greu mwy na theimlad cysurus fod dyn yn ymhel â chyfriniaeth – unwaith eto rhaid sôn am anaeddfedrwydd y gwaith Cymraeg, sy'n fwy hynod yng ngwaith Tegla Davies am fod eraill o'i weithiau – *Gyda'r Glannau* a rhai o'r storïau byrion – mor aeddfed.

Bu amryw feirniaid yn ceisio esbonio arafwch y nofel Gymraeg yn dod i aeddfedrwydd, a rhoddodd mwy nag un ohonynt bwyslais ar amgylchiadau economaidd fel rhwystr ar ffordd y nofel Gymraeg. Mewn ysgrif yn *Y Llenor* yn 1928, awgrymodd Kate Roberts – wedi iddi sôn am yr amodau yr oedd raid eu cyflawni er creu nofelydd Cymraeg – na allai'r nofelydd Cymraeg, pe crëid ef, byth sgrifennu ei nofel, am na allai ennill bywoliaeth wrth sgrifennu nofelau Cymraeg, ac na allai oherwydd hynny roi i unrhyw nofel ddigon o amser i fyw yn ei hawyrgylch a gwneud cyfiawnder â hi. Dadl bur debyg sydd gan Aneirin Talfan Davies yn y bennod 'Yr Artist yng Nghymru' ar ddiwedd ei astudiaeth o James Joyce, *Yr Alltud*: 'amaturiaeth', chwedl yntau, yw bai mawr llenyddiaeth Gymraeg, a gellid dileu'r bai hwnnw petai llenydda yn Gymraeg yn foddion bywoliaeth.

Nid beirniaid Cymreig yn unig a fu'n canu'r dôn hon: hon oedd tôn Virginia Woolf yn *A Room of One's Own*, wrth holi paham nad yw menywod – dosbarth dirwasgedig fel y Cymry – yn cynhyrchu llenyddiaeth mor fawr â gwrywod. Aeth hithau ymhellach na'r Cymry: iddi hi, yr oedd pum cant o bunnoedd y flwyddyn, ac ystafell ichwi'ch hun, yn anhepgor cyn y gallech feddwl am sgrifennu nofelau. Ac mae'n eithaf gwir fod hamdden ac esmwythyd diofid yn rhwyddhau'r gwaith o sgrifennu, a bod mynych arfer â sgrifennu yn caboli a hogi'r arfau, a'u gwneud yn addasach i wneud y gorau o'r defnydd o fo gan y sgrifennwr. Ond mae'r sawl sy'n gosod cymaint o bwys ar yr amgylchiadau allanol yn anghofio mai fel amatur y sgrifennodd bron pob nofelydd Saesneg ei nofelau cyntaf, ac mai sgrifennu pethau heblaw nofelau a oedd yn rhoi bywoliaeth i'r rhai a oedd yn sgrifenwyr wrth eu crefft. Nid ar ei nofelau yr oedd James Joyce yn byw, a byddai Anthony Trollope yn codi am bump y bore er mwyn sgrifennu am deirawr cyn mynd at ei waith gyda'r llythyrdy neu i ddilyn cŵn hela.

Am ben hyn, mae gwir berygl i'r nofelydd proffesiynol fynd i sgrifennu er mwyn sgrifennu ac nid er mwyn dweud neges sy'n mynnu ei ddweud – nes ei fod yn y diwedd yn traethu'n

rhyfeddol o gain am bynciau hollol ddibwys. Dyna'r teimlad a
ddaw ar ddyn wrth ddarllen llawer o waith Henry James: mae'r
offer sgrifennu wedi'u llwyr berffeithio ganddo, ond nid oes dim
o werth iddynt i weithio arno erbyn y diwedd, am fod y llenor
wrth ymroi mor llwyr i lenydda yn ymadael â'r bywyd sydd
wedi'r cwbl yn ddefnydd crai llenyddiaeth. Cnoi cil ar brofiadau
ei ieuenctid a wnaeth James Joyce ar hyd ei oes; ac mae mewn
ieuenctid fel eiddo Joyce ddigon o ddefnydd i gnoi cil arno: ond
peth peryglus yw i unrhyw lenor benderfynu bodloni ar y
defnydd a gasglodd eisoes a chau allan brofiad newydd, fel y
mae llenor proffesiynol bron yn rhwym o wneud. Agwedd yw'r
ddadl hon ar yr un gwirionedd ag a bwysleisiwyd o'r blaen –
mai ail gynnyrch yw llenyddiaeth, ac mai'n anaml y ceir hi wrth
gychwyn allan i'w chreu.

Rhoddodd Kate Roberts ormod o bwyslais ar ddylanwad
amgylchiadau allanol ar y nofelydd: yr oedd hi'n nes at y
gwirionedd wrth gyfeirio at ddiffyg traddodiad Cymru mewn
rhyddiaith, o'i gymharu â thraddodiad cryf prydyddiaeth
Gymraeg. Mae i'r gwahaniaeth yma ddwy effaith niweidiol ar y
nofel Gymraeg: yn un peth mae diffyg traddodiad rhyddiaith
yn peri nad yw nofelwyr Cymraeg yn sgrifennu cystal â
thelynegwyr Cymraeg – na hyd yn oed yn ceisio ymboeni
cymaint i sgrifennu'n dda. Ond hefyd mae cryfder traddodiad
prydyddiaeth yn peri mai ffurf telyneg a roir ar ei ben i unrhyw
feddwl a ddaw i lenor sy'n medru tipyn ar gynghanedd a mydr;
ac yng ngwaith W. J. Gruffydd gwelir y duedd hon yn cyrraedd
ei huchafbwynt. Sonnir yn aml am ddylanwad Thomas Hardy ar
brydyddiaeth Gruffydd, ac mewn rhifyn o *Tir Newydd*, gwnaeth
yntau sylwadau eithaf chwyrn am y sôn, gan ddweud mai
nofelau Hardy a ddarllenasai ef. Digon gwir, mae'n debyg,
oherwydd dylanwad nofelau Hardy sydd arno: ond nid mewn
nofelau y dangoswyd y dylanwad, canys mynnodd Gruffydd
lawer gwaith grynhoi i delyneg ddefnydd nofel – megis yn
'Gwladus Rhys' a 'William Prys y Te'. Ac er mai yn nhelynegion
cwta Gruffydd y carcharwyd y nofelau mwyaf a aeth ar goll, ni
byddai raid edrych drwy lawer cyfrol o gyfansoddiadau'r
Eisteddfod Genedlaethol cyn gweld nofelau a ystumiwyd i ffurf
awdl neu bryddest.

Magu'r arfer o roi i ryddiaith yr un gofal ag a roir i
brydyddiaeth fydd un amod i lwyddiant y nofel Gymraeg. Mae

hynny'n golygu ar un llaw ofal am fanylion iaith; ond lle y mae iaith barddoniaeth – yn Gymraeg, hyd yma, beth bynnag – yn tynnu'n bennaf ar ffynonellau llenyddol, gallu i drosglwyddo iaith lafar fyw i lenyddiaeth yw cryfder mawr iaith rydd: dyna un rheswm na ddaeth rhyddiaith i'w llawn dwf eto, gan mai'n ddiweddar iawn y sylweddolwyd mai rhyddiaith farwaidd a geir o lynu'n gaeth at iaith lyfr.

Ond y mae rhoi'r gofal priodol i ryddiaith yn golygu mwy na gofal am iaith bwrpasol, mae'n golygu ymroi i ddeall y defnyddiau y gofynnir i'r iaith eu cyflwyno. Dyna werth y cnoi cil y soniwyd amdano mor aml eisoes: cofier cymaint o flynyddoedd a aeth heibio cyn i Gwenallt roi ffurf nofel ar ddarn o'i brofiad (a chymaint mwy o flynyddoedd a oedd rhwng brwydrau Napoleon ac adeg sgrifennu *Rhyfel a Heddwch*), ac yna fe sylweddolir pwysigrwydd y gosodiad fod T. Hughes Jones yn mynnu byw ryw ddeng mlynedd gyda'i gymeriadau cyn eu rhoi ar bapur. Ac mae amod i'r cnoi cil, amod y cyfeiriodd W. J. Gruffydd ati yn y nodiadau a ddyfynnwyd eisoes, a Kate Roberts yn ei hysgrif hithau. Dywedodd Gruffydd na sgrifennid byth y nofel fawr a ellid yn Gymraeg am y Rhyfel Byd Cyntaf, am fod y Cymry fel cenedl ddwyieithog yn derbyn pob llenyddiaeth ag iddi fawredd, pob llenyddiaeth a oedd yn cyffwrdd â gwir broblemau bywyd, yn Saesneg, gan gadw'r Gymraeg yn ddi-frycheulyd oddi wrth y byd drwg aflednais; a dywedodd Kate Roberts nad oedd dim mawredd mewn sgrifennu Cymraeg am nad oedd y sgrifenwyr yn meddwl yn ddwfn am eu bywyd – gan fwrw peth o'r bai ar y farn gyhoeddus, am fod honno yn erbyn darlun onest o ddyn.

Rhyw deimlad cyffelyb sydd wrth wraidd awgrym Aneirin Talfan Davies fod raid i Gymro fynd yn alltud os yw'n dymuno creu llenyddiaeth fawr: mae agosatrwydd y bywyd Cymreig yn peri na all llenor yn hawdd draethu'n onest ar sail ei brofiad, rhag ofn digio'i gymydog. Ac mae cylch cyfyng y gymdeithas Gymreig yn rhan o'r esboniad ar ragoriaeth y sgrifennu Saesneg gan Gymry: er ichwi ddigio pob enaid yng Nghymru â'ch gwaith, mae digon o farchnad ar ôl os sgrifennwch yn Saesneg, a digon o gylchoedd cymdeithasol i'ch derbyn, ond os dywedwch y gwir am y gŵr drws nesaf mewn Cymraeg rhy blaen, mae'n cau arnoch yn fuan. Nid cymhleth y dwyieithog yn unig sy'n cyfrif am barodrwydd y Cymro parchus i ddarllen llenyddiaeth

fwy cignoeth yn Saesneg nag yn Gymraeg: mae a wnelo â'i
barodrwydd i wrando'n fwy cysurus ar y caswir am bobl eraill
nag ar y caswir amdano'i hun – oherwydd ni chaiff onestrwydd
nofelau Saesneg am Gymry ddim mwy o groeso nag onestrwydd
nofelau Cymraeg.

Y ffaith fwyaf trawiadol wrth edrych ar yr agwedd hon i'r
nofel Gymraeg yw i Daniel Owen lwyddo i ddweud y gwir yn
weddol drwyadl, a darlunio cymeriadau digon annymunol, ac
eto gadw'i barch. Dwy elfen a welaf yn ei lwyddiant ef: yn gyntaf
ei waith yn sgrifennu am fywyd yr oedd ef yn hollol gynefin ag
ef, ac yn ail yr arwyddion amlwg a geir yn ei nofelau ei fod yn
caru pob cymeriad sydd ganddo, am ei fod yn ei ddeall mor
llwyr. Ni chuddiodd ef wendidau Capten Trefor, ond gadwodd
inni weld peth o'i ochr ef i'r ddadl hefyd, ac argyhoeddodd ni ein
bod yn gweld darlun cyflawn. Unwaith eto, drwy ddweud y
gwir i gyd y llwyddodd Daniel Owen: hynny sy'n cadw'i waith
ef yn fyw, er gwaethaf diffygion ei grefft – moesoli amhwrpasol,
atodiadau heb gysylltiad â'r brif stori, iaith sy'n gymysg o
fflachiadau llygadog ac ymadroddion chwyddedig ei gyfnod.

A dweud y gwir fydd gorchwyl y nofelydd Cymraeg a fynno
gystadlu â champ Daniel Owen. Er mwyn dweud y gwir yn
Gymraeg fel y gallo argyhoeddi, mae'n debyg y bydd raid i bwnc
y nofelydd fod yn un y mae'r iaith eisoes yn medru ei drafod cyn
iddo ef ddechrau ar ei waith: prin y gall ef lunio'i arfau o'r
dechrau. Ac mae'n sicr fod raid i'r pwnc a'i gefndir fod yn hollol
gyfarwydd i'r nofelydd: ni wna'r tro iddo orfod dysgu'r *local
colour* yn unswydd ar gyfer y nofel, ond rhaid iddo ddod yn
hollol naturiol fel y gallo ef roi ei ddychymyg ar waith, nid i
lunio digwyddiadau ond i ddeall meddyliau ei gymeriadau.
Rhaid i'w ddychymyg gael digon o amser i fyfyrio ar y
meddyliau hynny, a dyna bwysigrwydd hamdden i'r nofelydd.
A rhaid i'r nofelydd, wedi iddo gael ei weledigaeth drwy
fyfyrdod, ei chyflwyno'n ddi-ofn, heb falio am farn na chym-
deithas nac unigolyn.

Fe ddichon y bydd yr amod olaf yn golygu fod raid i'r
nofelydd fynd yn fath o alltud, a thorri'r gyfathrach rhyngddo a'r
gymdeithas sy'n faes neu gefndir i'w waith. Eithr os bydd yn
golygu hynny, ni bydd yr alltudiaeth fawr o galedi arno; canys os
yw ei ddehongliad onest ef o'r gymdeithas yn ei chythruddo hi,
rhaid fod ei athroniaeth ef yn rhy groes i'w syniadau hi iddo allu

cael llawer o ddiddanwch ohoni, pe câi fyw'n barchus fel aelod
ohoni. Ac os ceir nofelydd mawr yn sgrifennu yn Gymraeg, ni
bydd alltudiaeth – ar ba ffurf bynnag – yn alltudiaeth iddo, am
mai'r nofelau fydd ei fyd ef: iddynt hwy y bydd yn rhoi'r lle
blaenaf yn ei fywyd, ac aberthir pob peth arall iddynt. A geir neb
yn fodlon gwneud hynny, sy gwestiwn arall: mewn Cymru sy'n
galw am gymaint o ffurfiau eraill ar wasanaeth, nid yw'n sicr y
gall nofelydd gau arno'i hun ddigon i sgrifennu'i nofelau, mwy
nag y gallodd beirdd cyfnod Owain Glyndŵr ganu cerddi yn lle
ymladd. Ond mae amod fawr creu nofelau mawr yn ddigon clir
bellach, a'r llenor Cymraeg bellach yn sylweddoli – yn ymarferol
os nad mewn athrawiaeth – mai arwyddair Siôn Cent yw
arwyddair priodol y nofelydd.

# 3

## *Cipdrem ar y Nofel Hanes Gymraeg*[1]

### J. GWYNFOR JONES

Hyd yma nid yw'r nofel hanes Gymraeg wedi cael y sylw a haedda. Ac eithrio rhai cyfeiriadau mewn astudiaethau llenyddol amrywiol a beirniadaethau'r Eisteddfod Genedlaethol ynghyd ag ymateb nofelwyr hanes unigol i'w gwaith creadigol mewn cylchgronau, pennod Mr Dafydd Ifans, 'Nofelau Hanesyddol fel Llenyddiaeth' (*Ysgrifau Beirniadol IX*) yw'r unig gyfraniad penodol ar y pwnc sydd ar gael yn Gymraeg. Nid oes un beirniad llenyddol yng Nghymru hyd yma wedi mentro, mewn perthynas â nofelau hanes Cymraeg, i drafod y maes fel y gwnaeth Avrom Fleishman a Helen Cam, er enghraifft, gyda nofelau tebyg yn Saesneg. Y mae hynny braidd yn od gan fod cymaint o nofelau hanes bellach wedi ymddangos yn Gymraeg dros yr hanner canrif diwethaf ar wahanol themâu a chyfnodau. Er hynny, byr yw'r traddodiad o gymharu â chefndir y nofel Saesneg wrth reswm ac nid yw'r dylanwadau llenyddol yng Nghymru ychwaith wedi bod mor eang a phellgyrhaeddol. Y nofel hanes, mae'n debyg, a chyfeirio ati'n fras, fu'r greadigaeth lenyddol faith fwyaf poblogaidd yng Nghymru yn ystod yr ugain mlynedd diwethaf o safbwynt nifer y darllenwyr a'r farchnad cyhoeddi llyfrau'n gyffredinol. Y ffurf lenyddol sy'n apelio fwyaf atom, yn ddiau, yw honno sy'n dwyn atgof ac sy'n ail-greu'r gorffennol. Mae'n well gennym fel Cymry droi'n ôl nag ymgodymu â'r presennol a cheisio dyfalu'r dyfodol.

Mae'n debyg fod pob nofel, yn y bôn, yn nofel hanes. Ni ellir osgoi'r ffaith fod pob nofelydd sy'n llunio stori am ei gyfnod ef ei hun yn ysgrifennu am ddigwyddiadau sy'n rhan o brosesau hanes yr eiliad y rhoir pin ar bapur, boed heddiw, ddoe neu'r

1. Cyhoeddwyd gyntaf yn *Taliesin*, 45 (Rhagfyr 1982).

gorffennol diweddar. Mae'r hyn a gyflawnir ac a ysgrifennir heddiw bellach yn hanes. Yr hanesydd Groegaidd Thucydides (*c*.460–*c*.399 CC), a ddarganfu ddulliau sylfaenol beirniadaeth hanesyddol, oedd un o'r rhai cyntaf i honni nad oedd hanes o un-rhyw werth os nad oedd yn hanes cyfoes. Yn ei farn ef, profiad personol a'r gallu i weld a sylwi yn y fan a'r lle, sef y gorffennol cyfoes, yn unig a allai gynnig i'r ymchwilydd brwd unrhyw wybodaeth bendant a chywir. Byddai haneswyr yr oes hon yn dadlau'n ffyrnig, wrth reswm, yn erbyn honiad o'r fath gan fod y ddwy fil a hanner o flynyddoedd sy'n gwahanu'r cyfnod presennol oddi wrth gyfnod Thucydides wedi gweld cynnydd enfawr yn amrywiaeth y dystiolaeth hanesyddol sydd ar gael ac yn nhechneg astudio hanes. Gellid dadlau, o safbwynt dehongli tystiolaeth a thechneg, fod haneswyr yr oes bresennol yn gwybod llawer mwy am y gorffennol pell nag a wyddai'r hen hanesydd hwnnw mae'n debyg am orffennol ei wareiddiad ef. Ond pwynt arall yw hwnnw.

O droi at gynnwys nofelau modern poblogaidd ychydig yn fanylach gwelir mai agweddau ar hanes cyfoes a ddadlennir fynychaf ynddynt. Yn Gymraeg, er enghraifft, y mae nofelau cynnar Eigra Lewis Roberts megis *Brynhyfryd*, a gyhoeddwyd ym 1959, erbyn hyn yn adlewyrchu cyfnod sydd bellach yn ddigon pell yn ôl i haneswyr allu bwrw golwg weddol dreiddgar drosto, sef trothwy bwrlwm ac optimistiaeth iach y 1960au. Teimla Jane Edwards hithau fod gwahaniaeth yn ei dull hi o ddehongli cymdeithas a chymeriadau yn ei nofelau cynnar a'i nofelau mwy diweddar. Nid yw tanbeidrwydd cenedlaethol degawd y 1970au, fel y cyfeddyf, i'w deimlo yn ei nofelau cynnar. Dywed hynny ei hun yn ddigon eglur:

> Pan oeddwn i'n sgwennu *Dechrau Gofidiau* a *Byd o Gysgodion* caru a rhyw oedd wedi mynd â 'mryd i. 'Roedd hynny'n naturiol gan fy mod i'n ifanc ar y pryd a dyddiau Macmillan oedd hi – dyddiau 'you've never had it so good'. A 'doedden ni eto ddim wedi cael ein sobreiddio gan frwydr yr iaith, na chodi'n calonnau gan fuddugoliaeth y Blaid . . . Rŵan, mae'r iaith a gwleidyddiaeth yn chwarae rhan amlwg yn fy llenyddiaeth i a mae hynny yn anochel gan eu bod yng nghanol y berw.

Pan gofir bod cyfran helaeth o blant ysgol uwchradd erbyn hyn yn astudio pynciau cyfoes diweddar fel rhan o'u maes llafur ar gyfer yr arholiadau allanol mewn Hanes ac o gofio hefyd am ddylanwad annileadwy y teledu yn y cartref a bod pynciau cyfoes o bedwar ban byd bellach yn rhan annatod o fywyd beunyddiol yr unigolyn, ni ddylid cyfyngu'r term 'nofel hanes', fel y cyfryw, dan unrhyw amod i gyfnod na phroses gymdeithasol neilltuol. Gallai nofelau am gefndir cyfnod cynhyrfus y Beatles neu Fur Berlin neu Refferendwm Datganoli 1979 yng Nghymru, er enghraifft, fod yn 'hanesyddol' eu naws yn y 1980au yn rhinwedd eu hapêl i orffennol nad yw'n orffennol yn yr ystyr y byddir fel rheol yn meddwl amdano. 'Ceisio cofnodi hanes heddiw drwy gyfleu mŵd a chyflwr y gymdeithas 'rwy'n byw ynddi a wnaf,' meddai Jane Edwards ar un achlysur: 'mae'n debyg mai'r themâu 'dwi'n eu trin amlaf ydi agweddau ar fywyd sy'n codi o'r sefyllfa gyfoes . . . yr hyn 'dwi'n drio wneud ydi dadansoddi sefyllfa gyfoes a gosod pobl mewn sefyllfaoedd lle mae'n nhw'n gorfod ymateb i ddilema'r oes.' Dyna bwnc hanes, yn ei hanfod, sef ceisio dadelfennu problemau a dilema unrhyw gymdeithas mewn cyfnod neu oes arbennig. 'Y mae'r elfen hanesyddol', meddai'r Prifathro Pennar Davies, 'yn bresennol hyd yn oed mewn nofelau a gyflwyno eu m̈ater yn erbyn cefndir cyfoes ac ni all nofelydd sy'n trin ei gyfnod ei hun osgoi hanes ei gyfnod ei hun.' Y mae deunydd ei nofel *Anadl o'r Uchelder*, er enghraifft, gweithiau megis *Un Nos Ola Leuad* gan Caradog Prichard, *Traed Mewn Cyffion* gan Kate Roberts ac *Ienctid yw 'Mhechod* gan John Rowlands, er cymaint y gwahaniaeth rhyngddynt mewn themâu, cyfnod a chrefft dehongli, bellach yn rhan gynhenid o'r prosesau hanesyddol. Maent i gyd yn adlewyrchu cyfnodau a phroblemau dynol o fewn cymdeithas arbennig, a mwy na hynny, ceir ynddynt ymateb yr awdur i'r problemau hynny trwy gyfrwng portread o gymeriadau neu sefyllfaoedd trawiadol.

Mae'n rhaid cofio, fodd bynnag, mai prosesau hanes nad ydynt wedi eu cwblhau yn fynych iawn yw themâu nofelau o'r math hwn, a chyfyd y cwestiwn: ai teg casglu mai nofel hanes yw honno sy'n trin a thrafod cyfnod neu thema y mae'r awdur ei hun yn rhan ohono? A yw'r awdur hwnnw'n gallu sefyll yn ddigon pell yn ôl i allu gwerthfawrogi'r prosesau hynny sy'n digwydd ac yn effeithio arno ef a phawb arall ar y pryd yn union fel y bydd haneswyr neu nofelwyr rhan gyntaf y ganrif nesaf, dyweder, yn mynd ati i geisio dehongli'r 1970au a'r 1980au?

Dylai'r haneswyr neu'r llenorion hynny, pwy bynnag fyddant, osod y degawdau hynny mewn persbectif llawer mwy gwrthrychol ac mewn dull mwy thematig nag a all haneswyr y presennol. Erbyn hynny, mae'n debyg, fe ddehonglir argyfwng ynysoedd y Falklands a phroblemau cyffelyb, er enghraifft, nid fel symbol o ddirywiad sofraniaeth Prydain Fawr ond, ar gefndir ehangach, fel un agwedd ar ddymchweliad gwareiddiad cyfalafol y Gorllewin. Wedi dweud hynny rhaid ystyried bod nofelau hanes eraill, lawer ohonynt, a'r storïau ynddynt, yn mynd yn ôl i'r gorffennol pell. Mae nofelau hanes o'r math hwn wedi apelio dros y blynyddoedd at ddarllenwyr yng Nghymru a Lloegr, nofelau sydd â'u themâu bellach yn rhan o brosesau hanes y gorffennol pell a niwlog hwnnw y darfu amdano. Os am sefydlu dosbarth nos ar bwnc yn ymwneud â llenyddiaeth Cymru, astudiaeth o nofelau hanes amdani. Byddai pwnc felly'n siŵr o ddenu nifer o aelodau a fyddai'n barod i ymdaflu'n frwdfrydig i ddarllen llenyddiaeth a hanes. Y mae sefydlu dosbarthiadau o'r math hwn yn hanfodol bwysig, nid yn unig i roi cyfle i bobl ddarllen nofelau Cymraeg ond hefyd i allu cyfrannu iddynt ryw gymaint o wybodaeth am hanes a chefndir eu cenedl, pwnc sydd ysywaeth yn niwlog iawn i'r mwyafrif ohonynt. Y mae'r ddwy elfen, sef cyfuniad o hanes a llenyddiaeth, gredwn i, yn hanfodol bwysig wrth ystyried llunio unrhyw gwrs ar hanes llenyddiaeth. Dyma feysydd llafur, heb unrhyw amheuaeth, sydd wedi cael eu hesgeuluso yng Nghymru ar sawl lefel. Ni ellir gwadu'r cysylltiad hanfodol bwysig sydd rhyngddynt. Y mae'r naill yn gymar addas iawn i'r llall.

Gall safle'r tiwtor mewn dosbarth nos sy'n trafod nofelau hanes, fodd bynnag, fod braidd yn amwys: a ddisgwylir iddo, er enghraifft, roi ei linyn mesur dros gynnyrch llenyddiaeth greadigol o'r math hwn fel nofelydd neu feirniad llenyddol neu hanesydd? Nid yw pob tiwtor, o angenrheidrwydd, yn nofelydd nac yn feirniad llenyddol ond dylai fod ganddo grap go dda ar hanes a rhyw gymaint o grebwyll llenyddol. Y mae gwybodaeth o hanes a chydymdeimlad llwyr â phrosesau hanes yn anhepgorol i nofelydd wrth gynllunio ac ysgrifennu. Y gwahanol ddulliau o drin y prosesau hynny, yn y bôn, sy'n amlygu'r gwahaniaeth sylfaenol rhwng nofelydd a hanesydd. Prin bod angen cytuno â'r Athro Herbert Butterfield pan ddywedodd mai'r byd chwedlonol yn bennaf yw prif faes y nofelydd hanes. 'To the historian', meddai, 'the past is the whole process of development that leads up to the present; to the novelist, it is a strange world to tell tales about.' Tebyg oedd ymateb Thomas Carlyle pan ddywedodd fod realaeth (sef hanes pur) yn odidocach fel ffurf lenyddol na ffuglen. Bid a fo am hynny, nid oes disgwyl i awduron nofelau hanes fod yn haneswyr wrth eu galwedigaeth. Yn wir, gall fod yn fanteisiol iddynt ar lawer cyfrif beidio â bod, yn arbennig os yw'r nofelwyr hynny'n ysgrifennu am gyfnod y maent wedi eu trwytho'u hunain i ormodedd ynddo. Gall hynny droi nofel hanes yn syrffed. Fodd bynnag, o gymhwyso'r 'realaeth' y cyfeiria Carlyle ati mewn ystyr ehangach a chyda dychymyg byw dan reolaeth sylweddolir mai honno, yn sylfaenol, sy'n cyfleu orau swyddogaeth y nofelydd hanes. Creu realaeth yn ôl y weledigaeth a gawsai'r awdur sydd bwysicaf ynghyd â'r dychymyg i allu trosglwyddo'r weledigaeth honno i'w gynulleidfa. Dyma hanfod y nofel hanes mewn unrhyw iaith.

\*     \*     \*

Wrth feirniadu'r Fedal Ryddiaith yn Eisteddfod Genedlaethol Abertawe ym 1964 (y gystadleuaeth, gyda llaw, y bu *Lleian Llan Llŷr* gan Rhiannon Davies Jones yn fuddugol ynddi) cyfaddefodd y Dr Glyn Ashton nad oedd ganddo ef fawr o gewc at nofelau hanes. Chwiw bersonol ar ran cyn-Geidwad Llyfrgell Salesbury, Coleg y Brifysgol, Caerdydd, oedd hynny, bid siŵr, ac mae'n ddigon posibl ei fod yn mynegi teimladau llawer o bobl nad ydynt yn hidio fawr ddim am ramant y gorffennol mewn unrhyw ffurf rhwng cloriau. Ofnai Syr Walter Scott, yr arloeswr yn y maes hwn, y byddai ei nofel *Waverley* yn fethiant: 'an experiment on the public taste which might very probably fail', chwedl ef, a gwrthododd roi ei enw dan y teitl. Arbrawf newydd oedd ysgrifennu nofelau o'r math hwnnw yn ei gyfnod ef, sef rhan gyntaf y bedwaredd ganrif ar bymtheg, er bod rhai wedi eu cyhoeddi cyn hynny. Hyd yn gymharol ddiweddar ni chymerai beirniaid llenyddol Saesneg, o ddiwedd cyfnod Victoria ymlaen, y nofel hanes o ddifrif er cymaint amrywiaeth y nofelau a gyhoeddwyd yn y ganrif gynhyrchiol honno.

Sut bynnag, rhyw ugain mlynedd yn ôl, roedd John Raymond, y newyddiadurwr a'r beirniad, yn llawenhau fod y ffurf lenyddol hon mor boblogaidd ymhlith darllenwyr yn gyffredinol: 'We must all agree', meddai, 'that there is no time like the present for the historical novel in all its variety and richness.' Cyfeirio a wnâi at y twf sylweddol yn nifer y nofelau poblogaidd a ymddangosai yn Saesneg yn y 1950au. Gellid ychwanegu hefyd fod hynny'n berffaith wir am y dyddiau presennol – yn Gymraeg yn ogystal â Saesneg – ac nid yw hynny'n syndod gan fod llawer mwy o ffynonellau hanes ysgrifenedig ac ati ar gael bellach mewn swyddfeydd archifau, amgueddfeydd a llyfrgelloedd ynghyd â thoreth o ffilmiau, tapiau a chyfresi teledu (nifer ohonynt bellach ar fideo), yn ddramâu a rhaglenni dogfennol, ar bynciau hanesyddol o bob tuedd ac o bob cyfnod. Y mae cyfleusterau o'r fath yn sicr wedi creu diddordeb o'r newydd yn y gorffennol er ei fwyn ei hun, ac o safbwynt astudio nofelau fel cyfraniad i lenyddiaeth mae'r grefft o'u hysgrifennu wedi datblygu'n ddirfawr yn ystod y blynyddoedd diwethaf. Yn ychwanegol at hynny bu cynnydd sylweddol yn ystod y blynyddoedd diweddar mewn cyhoeddi bywgraffiadau, cofiannau, hunangofiannau, newyddiaduron, cyfnodolion a dyddiaduron o bob math yn adlewyrchu bywydau cymeriadau unigol, rhai'n fwy adnabyddus na'i gilydd, o fewn eu cymdeithas mewn gwahanol gyfnodau a than amgylchiadau neilltuol. Y mae'r holl ddeunydd hwn yn gyfraniad amhrisiadwy ac yn wir angenrheidiol i grefft y nofelydd. Y mae hefyd yn cyfrif i raddau pell iawn am y diddordeb cynyddol a geir yn y dyddiau presennol mewn hanes lleol a hanesyddiaeth boblogaidd.

Bu cynnyrch y nofel hanes Saesneg, o gyfnod Syr Walter Scott ymlaen, yn doreithiog iawn. Ef oedd yr arloeswr yn y maes a bu ymddangosiad ei nofelau yn gychwyn i gyhoeddi cyfres o nofelau eraill yn Lloegr yn ystod y ganrif ddiwethaf. Y mae'r Dr Helen Cam, ysgolhaig a gyhoeddodd astudiaeth fer ar nofelau Saesneg, yn rhestru mewn atodiad ddetholiad o bron 250 o nofelau hanes a gyhoeddwyd rhwng cyfnod Scott a diwedd 1950. Yn *The Historical Fiction Guide*, a gyhoeddwyd yn Efrog Newydd ym 1963, rhestrir tua phum mil ohonynt ac mae'r nifer a ymddangosodd er hynny'n syfrdanol. Nid yw'r cynnyrch Cymraeg, fodd bynnag, hanner mor llewyrchus: yn wir, un o'r adrannau tlotaf yng nghyfrol Syr Thomas Parry, *Hanes Llenyddiaeth Gymraeg hyd 1900*, yw ei arolwg o'r llenyddiaeth greadigol, nofelau yn arbennig, a gafwyd yn ystod ail hanner y bedwaredd ganrif ar bymtheg. Saif Daniel Owen ar ei ben ei hun, wrth reswm, ond mae angen diffinio'i le yntau'n ofalus hefyd yn hanes y nofel yng Nghymru. Nid edrychai arno'i hun, ddim mwy nag y gwnaeth Thackeray a Dickens yn eu dydd mae'n debyg, fel nofelydd hanes ond fel llenor creadigol a ysgrifennai gan amlaf am yr hyn, yn ei olwg ef, a nodweddai ei gymdeithas yn yr Wyddgrug a'r cyffiniau. Y cynnyrch ac nid y bwriad sydd, yn ei hanfod, yn hanesyddol.

O gofio felly am ymyrraeth hanes â phob agwedd ar fywyd dynol dylid cynnig diffiniad manwl o nofel hanes a cheisio dyfalu beth yn hollol yw'r gwahaniaeth rhwng nofel hanes, nofel hanesyddol a nofel mewn hanes. Y nofel hanes arferol yw'r *historical novel* a luniwyd gan awdur am gysylltiadau cymeriadau â'i gilydd mewn cymdeithas y tu allan i'w gyfnod a'i brofiad ef ei hun, ac mewn perthynas â thema arbennig neu gyfres o ddigwyddiadau allweddol ym mywydau'r cymeriadau hynny. Creadigaethau o'r fath, sef cynnyrch y nofelwyr hynny sy'n ceisio ail-greu'r gorffennol ac yn ymwybodol eu bod yn gwneud hynny, fel rheol yw prif faes y beirniaid llenyddol ac adolygwyr y nofel hanes.

O droi at gategori arall, sef y nofelau hynny sydd erbyn hyn yn ffynonellau hanes i'r cyfnod yr ysgrifennwyd hwy ynddynt, hwy yw'r nofelau mewn hanes y cyfeiriwyd atynt eisoes. Ceir digon ohonynt yn Gymraeg a Saesneg, y rhan fwyaf ohonynt yn adnabyddus ac yn weithiau sydd wedi apelio at ddarllenwyr dros y blynyddoedd, megis *Rhys Lewis* ac *Enoc Huws* gan Daniel Owen, *Nicholas Nickleby* ac *Oliver Twist* gan Charles Dickens, a *Tom Jones* gan Henry Fielding ymhlith eraill. Y mae'r nofelau hyn a'u tebyg yn croniclo hanes ond fe'u cyfrifir hefyd yn gyfraniad allweddol, yn gerrig milltir yn wir, mewn cyfnod neilltuol yn hanes llên cenedl. Os am ystyried Daniel Owen yn nofelydd hanes, sef ei fod yn ysgrifennu am gyfnod y tu allan i'w brofiad personol ef ei hun, mae'n rhaid troi at *Gwen Tomos*, nofel y mae ei ddigwyddiadau wedi eu lleoli mewn cyfnod yr oedd y nofelydd yn rhy ifanc i'w gofio: mewn cyd-destun felly dylid diffinio nofel fawr Leo Tolstoi *Rhyfel a Heddwch*, ac yn Gymraeg *Gŵr Pen y Bryn* gan Tegla Davies, *Chwalfa* gan T. Rowland Hughes a *Heniarth* gan Beynon Davies, nofel sy'n ymdrin â bywyd ffarmwrol yng nghanolbarth Cymru tua diwedd chwarter cyntaf yr ugeinfed ganrif.

Mae i bob nofel, beth bynnag fo'i hansawdd, ei lle yn hanes llenyddiaeth rhyw wlad rywbryd neu'i gilydd, ond pan gyfeirir at y nofel hanesyddol wir fawr, ystyrir fel rheol gynnyrch nofelydd sydd wedi creu cyffro neu sy'n nodi carreg filltir arbennig yn natblygiad llenyddiaeth greadigol. Nid yw nofelau o'r fath, o angenrheidrwydd, yn seiliedig ar y gorffennol pell. Ystyrir *Waverley, Rhyfel a Heddwch, Sybil* gan Benjamin Disraeli, ac yn Gymraeg *Monica* gan Saunders Lewis a *Cysgod y Cryman* gan Islwyn Ffowc Elis, bob un ohonynt yn eu ffyrdd eu hunain, yn nofelau sy'n torri tir newydd neu'n nodi cam pendant ymlaen yn hanes twf y nofel fel ffurf lenyddol.

Saif y nofel hanes, fodd bynnag, mewn categori ar ei phen ei hun: ynddi ymdrinnir â deunydd a luniwyd gan awdur am gyfnod y tu allan i gylch ei brofiad personol megis *Henry Esmond* gan Thackeray, *Westward Ho!* gan Charles Kingsley ac *A Tale of Two Cities* gan Dickens. Rhaid defnyddio'r dychymyg i'r eithaf i greu'r gorffennol hwn ar sail ffeithiau cywir, ac mae rhai nofelau'n fwy llwyddiannus na'i gilydd o'r safbwynt hwn. Er enghraifft, deuir i wybod mwy am gyfnod y Chwyldro Ffrengig wedi darllen *A Tale of Two Cities* na dyweder *The Scarlet Pimpernel* gan y Farwnes Emmuska Orczy. Nid yw gallu'r nofelydd i lunio'r stori ar gefndir hanesyddol cywir yn golygu o angenrheidrwydd y gall fod yn hollol wrthrychol. Ni ellir gwadu bod dolen gydiol bur bendant rhwng yr hanesydd a'r nofelydd. 'A historian', meddai Joseph Conrad, 'may be an artist too and a novelist is a historian, the preserver, the keeper, the expounder of human experience.' Y mae hynny'n ddigon dealladwy os cytunir, fel y gwna rhai, mai ffuglen yw pob hanes wedi'i seilio ar realaeth patrymau arbennig o fyw ac ar ffenomenâu cymdeithasol. Yr Athro G. R. Elton a soniodd am bwrpas hanesydd proffesiynol – 'to understand a given problem from the inside – living with its attitudes and prejudices'. Y tebyg yw felly y disgwylir iddo fod yn oddrychol yn ogystal, hyd y gellir, os oes ganddo ddigon o dystiolaeth wrth law i'w gynorthwyo i fod felly. Gall goddrychedd yr hanesydd proffesiynol, fodd bynnag, fod yn wendid ac yn foddion i wyrdroi hanes os camddefnyddir ef yn fynych. Prif orchwyl yr hanesydd yn y pen draw yw casglu, trefnu a dehongli.

O safbwynt y nofelydd hanes da, fodd bynnag, ei brif rinwedd yn ddiamau yw ei oddrychedd: hynny yw, wrth lunio'i gymeriadau mae'n rhaid iddo geisio'i roi ei hun yn yr union sefyllfa y maent hwy ynddi. Rhaid iddo gydymdeimlo'n llwyr â'r cymeriadau hynny a chreu cymdeithas gredadwy ohonynt ar sail ei wybodaeth o'r cefndir. Cymerer y disgrifiad a ganlyn fel enghraifft o'r dull a ddefnyddia Marion Eames i greu awyrgylch yn *Y Stafell Ddirgel*:

> Nid oedd a wnelo gradd mewn cymdeithas ddim â'r peth. Gwehydd, crydd, turniwr, cowper – roedd y mân grefftwyr yn eu plith. Ond ffermwyr oedd y rhan fwyaf ohonynt, yn weision ac yn sgweiarod. Er hynny syndod mawr i drigolion Dolgellau oedd deall fod Robert Owen, Dolserau, yn un ohonynt. Un o ddisgynyddion y Barwn Owen a lofruddiwyd gan y Gwylliaid Cochion dros ganrif ynghynt oedd Robert Owen. Seneddwr brwd a Phiwritan ydoedd yn ystod y Rhyfel Cartref, ac fel ustus heddwch dywedwyd iddo drin y Breniniaethwyr yn bur llym. Dywedodd hyd yn oed Maesygarnedd amdano fod perygl i'w lymdra yrru pobl i ragrithio a honni eu bod ym mhlaid y Senedd. Ofnwyd ef trwy'r sir. A pha ryfedd felly fod pobl yn ofni'r Crynwyr? Oni chysylltwyd enw Robert Owen â Phlaid y Bumed Frenhiniaeth, ac oni bu ef o gwmpas y sir yn casglu arian at fyddin y Cadfridog Harrison? Treuliodd bymtheng wythnos mewn carchar yn y Bala oherwydd ei waith yn gwneud hyn.

Dyma dalp go dda o hanes wedi'i wau'n gynnil a diymdrech mewn paragraff sy'n cyflwyno Robert Owen, Dolserau, Dolgellau, y Crynwr a'r Pumed Frenhinwr pybyr, yn y modd mwyaf eglur i'r darllenwyr a'i osod yn deg o fewn ei gefndir priodol fel bonheddwr o ddylanwad yn ei sir. Nid yw'r awdur yn cymhlethu pethau. Mae cyfeirio at y Barwn Owen, Maes-ygarnedd, y Cadfridog Thomas Harrison a Phlaid y Bumed Frenhiniaeth, heb ymhelaethu geiriau, yn arwydd o ddull crefftus yr awdur yn cyflwyno'r cymeriad pwerus yma i'r dim yn gynnil a diwastraff.

Disgwylir i'r nofel hanes wneud llawer mwy na diddanu: dylai hefyd symbylu'r dychymyg o fewn fframwaith hanesyddol diffiniedig a bod yn gyfrwng i ddatblygu'r cymeriadau fel pe baent yn rhan o brofiad yr awdur ei hun yn y cyfnod sy'n gefndir i'r nofel. Dyna un o ragoriaethau nofel fel *Orinda*, R. T. Jenkins, lle mae'r awdur yn ceisio'i uniaethu ei hun â'r cymeriadau a'r rheini wedi eu creu'n gynnil i bortreadu cefndir cyfoethog y cyfnod ychydig wedi Adferiad y brenin Siarl II ynghyd â'r gymdeithas yn ei chyflawnder yn Aberteifi a Morgannwg. Gall yr awdur beintio darlun penigamp o'r gymdeithas yn y broydd hynny yn hynod ddiymdrech, yn union fel petai yn y fan a'r lle yn gwylio gwaith a gorchwyl beunyddiol yn digwydd:

Cerddais i lawr Stryd y Bont, allan drwy'r Porth Mawr, dros y bont ac i Landudoch. Pawb ond myfi'n ddiddig brysur: y seiri llongau'n naddu ac yn curo; pwythwyr hwyliau yn eu llofftydd yn clebran; y rhaffwyr yn plethu ac yn tynnu; y llongwyr yn dadlwytho ac yn llwytho'n llawn stŵr; y pysgodwyr yn trwsio'u rhwydau dan ganu. Daeth rhyw ias o hiraeth am Lantrisant drosof – am yr olwg o'i Chastell ar Fro Morgannwg yn ymdonni tua'r môr, a Môr Hafren yn arian dan yr haul, a Gwlad yr Haf y tu hwnt iddo. Daeth atgofion am y towyr yn plethu'r cawn ar bennau'r bythynnod melynion, am y llanciau'n canu tribannau, am yr arddwr yn canu i'w ychen ar bridd coch y Fro wrth dynnu'r gwys, am Fari Lwyd a'r Wasel, ffeiriau'r Bont-faen a'u baledwyr, y gamp pêl droed o'r naill ben i'r llall o stryd hir y Bont-faen, pan oeddwn i'n blentyn.

Y mae'r ffin rhwng nofel a nofel hanes, fel y cyfeiriwyd eisoes, yn denau iawn. Ceir dau fath ar nofel hanes. Yn gyntaf ceir y rhamant bur, nofelau sy'n pwysleisio hynodrwydd lliwgar cyfnod arbennig ac yn ceisio cyflwyno ffantasi chwedlonol. Y bwriad yw creu cymeriadau nad ydynt yn hanesyddol ond sydd er hynny'n cymryd eu lle priodol o fewn fframwaith cyfnod: nofelau hollol ddychmygol tebyg i *Cipio'r Castell* gan Llywelyn C. Huws, *Cefn Ydfa, Nest*, a *Dyddiau'r Gofid* gan Geraint Dyfnallt Owen, *Y Gwylliaid* gan E. Bryn Williams ('Ffrwyth dychymyg', yn ôl yr awdur, 'gyda rhai traddodiadau am Wylliaid Cochion Mawddwy'), *Eleri* gan D. W. Morgan, ac yn arbennig greadigaethau lliwgar a deniadol Elizabeth Watkin Jones a swynodd genedlaethau o blant ysgol yng Nghymru yn y 1950au. Y mae nofelau o'r fath yn rhan bwysig o gorff llenyddiaeth rhamant ym mhob oes ac yn ymwneud, fel y dylai pob nofel hanes, boed ramant neu fel arall, â bodau dynol. Er cymaint fu diddordeb haneswyr ym mhob cenhedlaeth mewn sefydliadau politicaidd a chyfansoddiadol, brwydrau, brenhinoedd, trefn gymdeithasol, crefydd ac ati, yn y bôn pobl gyffredin sydd y tu cefn i'r cyfan, a phersonau o gig a gwaed yw deunydd nofelau hanes fynychaf. Disgwylir i'r cymeriadau fod yn gynrychiolwyr cywir eu hoes. Y mae gwahaniaeth sylfaenol rhwng 'ffuglen hanes' (*historical fiction*) a 'hanes ffug' (*fictitious history*). Bwrw

sen ar ymdrechion nofelwyr a haneswyr fel ei gilydd a wna
hanes ffug wrth reswm, ond sôn am bobl, eu bywyd, eu
problemau, eu dyheadau a'u hamcanion a wna ffuglen hanes. Er
nad yw'r cymeriadau o angenrheidrwydd yn bersonau mewn
hanes fel y cyfryw, maent er hynny'n cyfateb, yng ngolwg yr
awdur, i'r math o gymeriadau y gellir disgwyl eu cael yn y
cyfnod a bortreadir megis yr hen fwtler 'difri Pengrwn' Timothy
Benet yn *Orinda*, Rebecca Parry ac Emma Quinn yn *I Hela Cnau*
gan Marion Eames, a Beth Hall yn *Fy Hen Lyfr Cownt* gan
Rhiannon Davies Jones.

'Human nature is the novelist's subject,' meddai Jane Austen.
Yr unigolyn yn ei holl gymhlethdod dynol yn y pen draw sy'n
bwysig, pa mor lliwgar a rhamantus bynnag yw'r cefndir a
bortreadir, a gall y nofelydd ddewis un person neu nifer o
bersonau a'u dadansoddi yn ôl safonau eu hoes eu hunain.
Wedi'r cyfan, nid un person sy'n gwneud hanes ond y niferoedd
di-rif ac anadnabyddus sy'n lledfodoli yng nghefndir pob nofel;
y nhw bob tro sy'n cynnal y stori am y prif gymeriadau mewn
nofel lwyddiannus. Prawf o grefft y nofelydd hanes yw ei allu i
wisgo'r ffurfiau anweledig a llwydaidd hynny â gwisg ddynol
fel y ceisiodd Rhiannon Davies Jones, er enghraifft, ei wneud
wrth ddarlunio amgylchiadau a helyntion cymunedau caeth a
rhydd ym Môn y ddeuddegfed ganrif yn ei nofel *Llys Aberffraw*.

Dyletswydd gyntaf y nofelydd hanes yw rhoi blas i'w
ddarllenwyr ar ddysgu neu ddarllen hanes. Dyna oedd amcan
sylfaenol nofelau fel *Lois* a'r *Cwlwm Cêl* gan Elizabeth Watkin
Jones, *Corn, Pistol a Chwip* gan T. Llew Jones a'r enwog *Madam
Wen* gan W. D. Owen. Bwriad awduron fel hyn yw diddanu
ieuenctid, crynhoi ffeithiau gweddol fras a cheisio gwau
cymeriadau yn y modd mwyaf deniadol o gwmpas y ffeithiau
hynny. Mae T. Llew Jones, yn ei ragair i'r nofel y cyfeirir ati
uchod, yn egluro'i ddull ef o ysgrifennu'n ddigon diamwys:
'Mae'r rhan fwyaf o'r hanes hwn yn wir,' meddai, 'ac mae'r
digwyddiadau a ddisgrifir yn y stori wedi eu codi'n bennaf o hen
newyddiaduron ac o lyfrau. Mae ambell un hefyd wedi ei godi o
hen faledi o'r ddeunawfed ganrif. Felly, dim ond y cymeriadau
sy'n "ddychmygol" ac nid ydynt hwy mor ddychmygol chwaith,
gan mai pobl fel rhain oedd yn teithio ar y Goets o Lundain i
Gymru.' Try hyn oll ganddo yn weithred greadigol. Nid yw'r
ffeithiau eu hunain, wrth reswm, yn orbwysig i blentyn nac

ychwaith gywirdeb y dehongliad o'r ffeithiau hynny. Cynnal diddordeb yn y stori sydd bwysicaf: gwneud hanes yn destun rhamant, yn iasoer, cyffrous a gwefreiddiol yn ôl y galw. Nid yw rhagfarnau'n bwysig ychwaith mewn nofelau hanes hollol ddychmygol: y rhamant a ddylai apelio fwyaf ynghyd â'r arwrol a'r anghyfarwydd. Os gall llenyddiaeth o'r math hwn greu diddordeb ymhlith yr ifainc a'u harwain i astudio hanes yn fwy difrifol neu eu helpu i ddarllen nofelau hanes mwy uchelgeisiol, gorau oll. Mae'n debyg nad yw *Madam Wen*, er enghraifft, o safbwynt hanes, yn darlunio cyfnod mor arbennig o dda ag a wna, dyweder, *Catrin o Ferain* gan R. Cyril Hughes neu *Betws Hirfaen* gan John Griffith Williams, gan mai prin yw'r cyffyrdd-iadau manwl a geir ynddi o hanes y ddeunawfed ganrif yng Nghymru. Y mae llawer mwy o ôl cig a gwaed ar gymeriadau nofelau eraill a'r rhesymau am hynny yw bod mwy o ffynonellau ar gael erbyn hyn i gynorthwyo awduron wrth iddynt geisio llunio fframwaith a chynllun trylwyrach ei gefndir i blant a hefyd fod bwriad W. D. Owen, a ysgrifennai bron drigain mlynedd yn ôl, yn dra gwahanol i eiddo'r ddau awdur arall.

Ail-greu cyfnod a gorffennol byw a lliwgar a wnaeth Scott yn ei gyfres nofelau Albanaidd, sef *Waverley*, *Heart of Midlothian*, *Rob Roy* a *The Antiquary*. Mae'r cefndir, mae'n wir, yn artiffisial ac nid yw'r ffeithiau hanesyddol bob tro'n gywir ganddo, ond trwy ei ffantasïau mynegodd nifer o wirioneddau hanesyddol a gollwyd gan yr hanesydd. Yng Nghymru, ychwanegir at y dimensiwn rhamant drwy i rai awduron roi cryn bwyslais ar greu nofel yn seiliedig ar brofiadau un person hollol ddychmygol a pheri i'r profiadau hynny lunio patrwm y stori. Daw hynny i'r amlwg yn bur effeithiol, er enghraifft, yn hanes Angharad, un o blant gordderch llys Owain Gwynedd yn Aberffraw yn nofel Rhiannon Davies Jones; Anna, yr abades yn *Lleian Llan Llŷr* gan yr un awdur, a Dafydd ap Gwgan yn *Betws Hirfaen*.

Yr ail fath o nofel hanes yw honno sy'n canolbwyntio ar ddehongli cymeriadau y gwyddys iddynt fod yn bersonau mewn hanes ac yn allweddol i ddeall teithi meddwl cyfnod arbennig. Os yw nofelydd am geisio ail-greu cymeriadau a'u gosod ar gefndir cyfnod mewn hanes, a mynd ati i ddyfeisio'r berthynas a fuasai rhwng y cymeriadau hynny â'i gilydd, rhaid iddo'n gyntaf wybod a deall y cefndir hwnnw'n dda, cael gafael ar hanfodion y cyfnod a rhoi iddo'i briod le yn natblygiad hanes gwlad neu diriogaeth neu gymuned o bobl. Rhaid i'r awdur wneud i'w ddarllenydd deimlo'i fod yn gweld pethau'n digwydd yn hytrach na'i fod yn gorfod derbyn gair yr awdur mai felly y bu hi. Sonia'r Athro Raymond Williams, yn ei gyfrol *The English Novel from Dickens to Lawrence*, am bwysigrwydd cynhenid y gymdeithas yr ymdrinnir â hi i'r nofelydd ei hun: rhaid iddo'i drwytho'i hun hyd y gall, meddai, yn agweddau amrywiol ar fywyd y gymdeithas, boed honno'n gymdeithas gyfoes neu mewn cyfnod a saif y tu allan i brofiad personol yr awdur. Dyma'r 'knowable society or community', chwedl yr Athro Williams. Mae adnabod y gymdeithas – ei chryfderau a'i gwendidau – yn rhoi i'r nofelydd fframwaith y gall weithio oddi mewn iddo. 'When life is seen in the context of history,' meddai Fleishman, 'we have a novel; when the novel's characters live in the same world with historical people, we have a historical novel.' Adlewyrchir agweddau pwysig ar fywyd cymunedol yn gyson yn y nofel ardal neu gymdogaeth – y *provincial novel* a fu mor boblogaidd yn Lloegr y bedwaredd ganrif ar bymtheg a Thomas Hardy yn brif feistr arni. Y maen prawf mewn nofelau o'r fath yw'r gallu i gyflwyno cymeriad cyflawn ar gynfas y mae ef ei hun yn rhan ohono. 'Y peth sy'n bwysig wedi'r cwbl mewn stori', meddai'r Dr Kate Roberts, 'yw nid y bywyd sydd y tu ôl, ond perthynas nifer fechan o gymeriadau â'i gilydd, eu hymdrech feunyddiol â rhyw bwerau mawr y tu mewn a'r tu allan iddynt hwy eu hunain.'

Un o brif amcanion y nofelydd hanes yw ceisio gwneud i bobl a helyntion oes a fu ymddangos yn bwysig i ddarllenwyr ei oes ef ei hun. Ni all fod yn ddiduedd ac ni ddisgwylir iddo: gall greu tueddiadau, rhagfarnau a safbwynt yn ôl y galw, ond rhaid iddo wau'r cyfan o fewn fframwaith y cyfnod a ddewisir ganddo. Yn sicr ni ddylai bentyrru ffeithiau ar draul celfyddyd. Rhaid 'bod yn ddoeth', meddai Hugh Bevan, 'i wneud y dodrefn hanesyddol yn fwy o gyfrwng nag o ddiben ynddo'i hun.' Mae nofel hanes, felly, yn rhywbeth amgenach na newyddiaduraeth. Rhaid peidio â llethu'r stori â ffeithiau, a'r ddisgyblaeth honno sy'n dangos techneg nofelydd ar ei gorau: defnyddio ymgom yn gelfydd, creu awyrgylch a sefyllfa mewn geiriau dethol bachog a datblygu cymeriad mor gynnil ag sydd bosibl. Er nad nofelau yn ystyr arferol y gair yw *Hunangofiant John Elias*, a olygwyd gan Goronwy Prys Owen, a *Llyfr Coch Siân* a *Siân a Luned* gan

Kathleen Wood, eithr argraffiadau personol ac, mewn perthynas â'r olaf, cyfres o lythyrau, ceir deunydd nofelau yn y tri gwaith. Olrhain pererindod ysbrydol personoliaeth rymus yn y dull mwyaf mewnblyg a wna'r hunangofiant a phortreadu cyfnod canol oes Victoria a wna'r ddwy gyfrol arall, y naill yn ardal Beddgelert a'r llall ym Mhatagonia a Phenmorfa a hynny mewn iaith rymus a chyda dychymyg lliwgar cytbwys. Mae'r tair cyfrol fel ei gilydd, mewn gwahanol ffyrdd, yn ddogfennau hanesyddol o bwys ynddynt eu hunain yn y modd y maent yn creu awyrgylch effeithiol i gyfnod. Mae'r un peth yn wir am *Fy Hen Lyfr Cownt*, sef nofel led-hanesyddol ar ffurf hunangofiant dyddiadurol Ann Griffiths, yr emynyddes, gan Rhiannon Davies Jones. Y gamp fwyaf ynddi yw gallu'r awdur i gyfleu'r gorffennol heb lethu'r darllenydd â manylion dibwys ac amherthnasol.

Mae'n rhaid i'r hanes fod yn iswasanaethgar i'r stori; dylai dyheadau, bwriadau a gweithredoedd cymeriadau fod yn nodweddiadol o'r oes sy'n ffurfio cefndir i'r nofel. Gall yr elfen empathetig, os dymunir, fod yn gryf mewn nofelau o'r fath, a'r gamp yw creu cydbwysedd celfydd rhwng ffeithiau moel a'r stori ddychmygol. Y mae gwead y nofel hanes wir afaelgar yn dynn iawn ond, ar yr un pryd, yn rhoi i'r awdur ddigon o ryddid i ddychymyg byw a chyfoethog. Dywedyd un tro am un o brif nofelwyr Cymru ei bod 'fel gwniadwraig dda sy'n gwybod yn iawn pa liwiau sydd arni eisiau ar gyfer ei thapestri ei hun'. Y grefft sylfaenol, fel ym mhob nofel, yw adrodd stori. Os yw'r nofelydd am roi cyhoeddusrwydd i'w syniadau ef ei hun neu, o leiaf, os yw am ddweud rhywbeth pendant, y cymeriadau ac nid ef ei hun a ddylai wneud hynny drosto. Er enghraifft, mae R. Cyril Hughes yn ei ddwy nofel am Gatrin o Ferain yn mynd i'r afael o ddifrif â chymeriadaeth gref. Mae'n ceisio gwau'n ddiwyd iawn y ffeithiau hanesyddol y bu ef yn eu casglu o amgylch cymeriad Catrin a chreu ohoni gymeriad lliwgar a chytbwys. O gofio'r rhamant a berthyn iddi y mae'r awdur hefyd yn ceisio ychwanegu dimensiwn newydd sy'n addas ar gyfer y rhamant honno wrth geisio dwysáu bywyd carwriaethol Catrin ym mlynyddoedd ei hieuenctid. Bwriad yr awdur yw ceisio dehongli'r cymeriad ar sail ffeithiau cywir ac olrhain y tueddiadau neu'r camau pendant tuag at Brotestaniaeth ynddi a chynllunio'r camau hynny fel rhan o frodwaith y berthynas gymhleth rhwng Catrin a'i phedwar gŵr. Defnyddia ddull cywrain: nid yw'n cofnodi ffeithiau i gyfleu hanes ond yn gafael yn yr hanes hwnnw, lliwio dipyn arno a'i wneud yn llawforwyn, yn rhannol, i adrodd stori gredadwy am arwres ei nofelau ac, yn rhannol, fel y dywed ef, i geisio 'dehongli hanes a mynegi safbwynt Cymreig'.

Y mae sylwadau'r awdur ei hun ar y ffordd y bydd yn mynd ati i gynllunio nofel hanes yn hynod ddiddorol. 'Rhaid plethu cymysgedd o ffeithiau amdani hi [sef Catrin o Ferain]', meddai, 'i mewn i gefndir hanes y cyfnod, ond yn ogystal rhaid i'r prif ddigwyddiadau ynghyd â'r tueddiadau cenedlaethol fod yn rhan annatod o'i stori hi ei hun.' Mae'n amlwg felly mai Catrin, i'r awdur, sy'n cynrychioli'r hyn a ddigwyddodd ar gynfas ehangach yng Nghymru'r unfed ganrif ar bymtheg. Meddai ymhellach: 'Y cyfnod sydd bwysicaf, nid y cymeriadau.' Defnyddio Catrin a wna i bortreadu cyfnod yn hytrach nag ymdrechu i addasu'r cyfnod hwnnw er mwyn gallu amlygu Catrin ei hun yn llawnder ei phersonoliaeth. Ni olygir, wrth reswm, nad yw'r bersonoliaeth honno yn llenwi bron pob tudalen. Dyma a ddywed yr awdur: 'Cael ei newid yn araf y mae Catrin o Ferain fel y newidiodd y prif uchelwyr o fod yn Babyddion pur, uniaith Gymraeg, yn byw mewn neuaddau bychain mediefal ac yn rhan gyflawn o'r gymdeithas, i fod yn Brotestaniaid dwyieithog neu uniaith Saesneg yn byw mewn tai llawer mwy moethus ac yn amau gwir werth eu hen ddiwylliant.' Y mae'r awdur yn y fan hon yn ymdrin â thema ganolog cymdeithas yng Nghymru canrif y Tuduriaid – y tueddfryd a gafodd ddylanwad aruthrol ar ymagweddu'r uchelwyr. Iddo ef, troi o fod yn Babyddes o argyhoeddiad i fod yn Babyddes yn ei chalon yn unig a wna Catrin gan gydymffurfio'n allanol er lles dyfodol ei phlant a'i dosbarth. Pan gwblheir y ddwy nofel sydd ganddo yn yr arfaeth (ar fywyd Catrin gyda'i dau ŵr olaf) daw'r cynllun hwn, fe obeithir yn fwy caboledig a chrefftus i'w lawn dwf.[2] Gall rhai beirniaid faentumio fod triniaeth felly'n ymylu ar fod yn orgrefftus gan mai prif fwriad yr awdur yw ceisio gosod Catrin o fewn cyd-destun cyfleus iddo ef ei hun, ac efallai fod yr awdur yn tueddu i osod Catrin o fewn terfynau caeth fel na all ddatblygu fel cymeriad mewn perthynas â'i chefndir. Anfantais

2. Cyhoeddodd R. Cyril Hughes gyfres o dair nofel, sef *Catrin o Ferain* (1975), *Dinas Ddihenydd* (1976) a *Castell Cyfaddawd* (1984).

yn fynych yw llunio fframwaith meddwl gorgyfyng a rhy artiffisial mewn nofel hanes. Er hynny, nid oes a wad fod ganddo faes toreithiog i lafurio ynddo a gwna hynny â dawn gwir gelfydd. Yn sicr nid yw cymeriad Catrin, yn y ddwy nofel hon, yn colli dim mewn dwyster nac apêl ac ni all triniaeth yr awdur ohoni ychwaith ond elwa ar drylwyredd gofalus yr ymchwilio. Cred yr awdur mewn cymeriadau cryf ac mor agos ag y gallai fod at realaeth. Cyffelyb ei hansawdd yw *Gwres o'r Gorllewin*, nofel gan Ifor Wyn Williams sy'n portreadu cymeriad cadarn ac unplyg Gruffudd ap Cynan, Brenin Gwynedd, mewn amser a lle.

Yn ddiamau, cyfres o ddigwyddiadau yn y gorffennol yw'r deunydd crai. Os portreadir cymeriadau hanes neu os creïr cymeriadau newydd mae'n rhaid iddynt arddangos cymhellion dynol – meddwl, teimlad, ymddygiad, ymateb – o fewn gofynion cefndir y stori. Dyna yw'r elfen fwyaf effeithiol yn *Chwalfa* gan T. Rowland Hughes – ymateb cymeriadau, rhai cryf a rhai gwan, i her y streic a'r cyni cymdeithasol a ddaeth yn ei sgil. 'I'r nofel fawr,' meddai Dafydd Jenkins yn ei astudiaeth o'r nofel Gymraeg wedi Daniel Owen, 'mae rhyw weledigaeth gyflawn yn anhepgor: ac am fod ynddi weledigaeth gyflawn y mae *Chwalfa* yn rhagori ar nofelau eraill T. Rowland Hughes. Ni fynnwn fod yn bendant o gwbl am natur y weledigaeth: fe all fod yn weledigaeth ar gyflawnder personoliaeth rhyw ddyn neu fe all fod yn weledigaeth ar hanfod rhyw gymdeithas o ddynion' (gw. t.77). Yn ôl Honoré de Balzac, bwriad y nofel hanes yw ceisio portreadu'r achosion a roes fod i ffeithiau hanes yng nghonglau cudd y galon ddynol a anwybyddir yn fynych gan haneswyr. Mae'r hanesydd, fel rheol, yn sefyll y tu allan i gyfnod: mae'n chwilio, cofnodi a dehongli ffeithiau a gyfyd o ffynonellau. Mae'r nofelydd, ar y llaw arall, yn sefyll y tu mewn i gylch profiadau'r cyfnod ac yn creu sefyllfaoedd. Yn ei sylwadau ar *I Hela Cnau* gan Marion Eames, dywed Saunders Lewis fod 'y darlun o'r gymdeithas Gymreig yn Birkenhead yn gyfraniad pwysig iawn i hanes Cymru'. Ac ymhellach, pa well enghraifft o greu awyrgylch yn gynnil mewn geiriau dethol na'r canlynol a geir yn *Lleian Llan Llŷr*?

Dyna braf oedd hi yn y llys y dyddiau hynny. Dychwelai Peredur a'r milwyr ar eu meirch o Is-Conwy drwy Fwlch Sychnant ac yna byddai gwledd. Aroglau cawl, cig oen a saws yn llenwi'r neuadd.

Bara cann a gwinoedd Ffrainc. Yr Arglwydd Llywelyn yn eistedd gerllaw'r sgrin a chydag ef Ednyfed Fychan, y Canghellor, a'r Tywysog Dafydd. Yna'r prif westwyr a'r hebogydd. A thrwy gydol y Gwanwyn bu chwerthin yn y llys.

Barn beirniad arall ar *Eryr Pengwern* gan yr un awdur yw ei bod yn darlunio cyfnod a thryblith y chweched ganrif ym Mhowys a'r cyffiniau mewn dull storïol ac yn y modd mwyaf cywrain a chywir ag y gallai unrhyw awdur a dychymyg ganddo ei wneud.

Adrodd a dehongli a wna'r hanesydd mewn dull academaidd yn ôl ei weledigaeth ef ei hun: byw'r cyfnod a wna'r nofelydd a disgwyl i'w ddarllenwyr deimlo'r hyn sydd ganddo i'w gyfleu. Dyna pam y dywedir mai crefft sydd gan yr hanesydd a chelfyddyd sydd gan y nofelydd. Disgyblaeth, fodd bynnag, sy'n nodweddu'r naill a'r llall. Mae'r nofel yn llwyddo i'r graddau y gall yr awdur ei drawsblannu ei hun i fyd y bu'n ei drwytho'i hun ynddo. Mae'n ddigon posibl dadlau ei bod hi'n haws ysgrifennu nofel am y gorffennol diweddar nag am unrhyw gyfnod ymhell y tu hwnt i gylch profiad yr awdur. Ysgrifennu am y gorffennol diweddar, i raddau, a wnaeth Syr Walter Scott a Daniel Owen. Efallai iddynt deimlo ei bod hi'n haws ysgrifennu nofel neu gyfres o ddigwyddiadau y byddent wedi clywed eraill o genhedlaeth hŷn na nhw yn siarad amdanynt. Ar y llaw arall, onid yw hi'n haws i awdur ymgolli'n llwyr yn rhamant an-effeithiol y gorffennol pell, fel y gwnaeth Charles Kingsley yn ei *Hereward the Wake* neu, yng Nghymru, Rhiannon Davies Jones ac Ifor Wyn Williams yn eu nofelau hwythau, nag yw hi iddo geisio ymgodymu â themâu y mae ef yn rhan annatod ohonynt?

Pa gyfnod bynnag a ddewisir mae'n rhaid i'r nofelydd gael y persbectif hanesyddol cywir. Mae'n rhaid i'r ffeithiau bob amser fod yn gydnaws â'r ymchwil. Ni ddylid camesbonio na cham-ddisgrifio na cheisio cyflwyno hanes gwyrdroëdig i guddio llu o feiau! Mae'n rhaid i'r cefndir a'r dehongliad ohono fod mor gywir ag y gall yn nhyb yr awdur. Er cymaint y beirniadu a fu ar yr hanesydd R. G. Collingwood fel sylwebydd ar amcanion a gwerth astudiaeth o hanes nid oedd ymhell o'r gwir pan ddywedodd na ellid ysgrifennu nofel hanes gymeradwy os nad oedd ysgerbwd ffeithiol y nofel honno'n gydnaws â ffeithiau'r cyfnod. 'The novel and the history', meddai, 'must both of them make sense: nothing is admissible in either except what is necessary, and the judge of this necessity is in both cases the imagination.' Â ymlaen i egluro mai un brif dasg sydd gan y nofelydd, sef creu darlun clir a synhwyrol. Mae gorchwyl yr hanesydd, ar y llaw arall, yn ddeublyg: creu darlun synhwyrol, fel y nofelydd, ond hefyd ofalu bod y creu hwnnw yn union fel y caniata'r dystiolaeth ysgrifenedig. 'All history', meddai ag afiaith, 'merely pretends to be history': creadigaeth ddychmygol, yn y bôn, yw pob hanes ond bod astudiaeth o hanes, fel y cyfryw, yn ddarostyngedig i gonfensiynau llawer mwy caeth nag yw hanfodion y nofel. Yn sylfaenol, fodd bynnag, mae'n rhaid i'r hanesydd a'r nofelydd fod yn gwbl onest, y naill â'i ffynonellau a'r llall â'i ddehongliad dychmygol o gyfnod arbennig a'i gymeriadau.

Ni olyga hyn oll, wrth reswm, y dylai'r nofelydd orlwytho'i nofel â ffeithiau. 'Cnoi a threulio hanes' oedd bwriad Dyddgu Owen yn ei nofel *Y Flwyddyn Honno*, a seiliwyd ar chwedl, ac er mwyn ateb gofynion y chwedl honno bu raid iddi, fel y cyfeddyf, ail-greu i raddau hanes blwyddyn dienyddio'r Cyrnol John Jones o Faesygarnedd. Fe'i bwriadwyd ar gyfer plant yn eu harddegau ond nid yw bob amser yn nofel hawdd ei dilyn. Barn yr awdur, fodd bynnag, yw y dylai'r plant hynny fod yn gwybod digon am gefndir y cyfnod yn hanes Cymru, sef cyfnod y Piwritaniaid ac Adfer Siarl II i'r orsedd, i allu cael crap go dda ar y stori. A gwir hynny wrth reswm. Ymhellach, dywed rhai beirniaid fod gormod o ffeithiau yn nwy nofel R. Cyril Hughes ar Gatrin o Ferain; ar y llaw arall cred ambell adolygydd nad yw cymeriad yr abades yn *Lleian Llan Llŷr* yn ddigon cryf i gynnal rhediad y stori. Awgryma beirniad arall fod diddordeb Saunders Lewis yn ei nofel yntau, *Merch Gwern Hywel* – y 'rhamant hanesiol', fel y geilw ef hi – fwy yn y dehongliad o gyfnod nag mewn datblygu'r prif gymeriadau fel pobl fyw.

Os gellir derbyn bod y nofel hanes yn gyfrwng llenyddol sy'n gymorth i astudio hanes fwy o ddifrif rhaid cydnabod felly fod iddi safonau pendant. Mae'n rhaid iddi allu creu llenyddiaeth a hanes da. Y gred gyffredinol yw bod rhaid ysgrifennu hanes yn ddeniadol os yw'r pwnc i apelio at ddarllenwyr: 'give truth those attractions which have been usurped by fiction', meddai'r Arglwydd Macaulay ar un achlysur. Bid a fo am farn un o brif haneswyr Lloegr ei ddydd, ni all hanesydd gyflawni popeth. Mae gan y nofelydd ddau rinwedd amgenach na'r hanesydd. Yn gyntaf, gall ail-greu mewn modd arbennig iawn trwy ddefnyddio dulliau nad ydynt yn addas i'r hanesydd nac ychwaith yn dderbyniol ganddo. Gall y nofelydd fanylu, dewis ac ymestyn fel y myn, a dehongli ei gymeriadau yn ôl ei fympwy ei hun. Gall hefyd ddefnyddio'i bwerau creadigol wrth lunio cymeriad mewn hanes. Y mae Ambrose Bebb yn ddigon onest ei farn ar y modd y bu ef yn ymdrin â'i gymeriadau yn y nofel *Dial y Tir*. 'Ond fe'i hadroddais', meddai am gefndir eang y nofel honno, 'yn fy ffordd fy hun gan greu'r cymeriadau i fodloni fy serch i tuag atynt, a pheri iddynt oll lefaru, ymddiddan ac ymddwyn, at fy mhwrpas i . . . Fy mhlant i ydynt i gyd, bellach, ac yn siarad gan mwyaf yn ôl ieithwedd Llanbrynmair a'r cylch.'

Yn Saesneg mae'r nofelau hanes at ei gilydd yn llawn o ecstasi parhaol ac yn hynod am y gwrthdaro tanbaid, y cefndir cyfoethog, a'r cymeriadau cryf ac argyhoeddiadol sydd ynddynt. Daw hynny i'r amlwg i raddau hefyd mewn rhai nofelau Cymraeg: ystrywiau deniadol Catrin o Ferain; cadernid Gruffudd ap Cynan; dirgelwch cymeriadau'r offeiriad Gruffudd ac Etien; a sensitifrwydd heintus Ann Griffiths. Un peth na all yr hanesydd ei wneud â'r personau y mae'n ymhel â nhw, fodd bynnag, yw plymio i ddyfnderoedd eu bodolaeth trwy gyfrwng dychymyg. Ni olyga hynny, wrth reswm, fod y nofelydd bob tro'n gywir ei ddadansoddiad. Mae perygl iddo ddarllen gormod i mewn i ambell sefyllfa neu gymeriad, eu gorliwio i eithafedd a'u gwneud yn hollol artiffisial. Ond gall ddefnyddio'i ddawn hefyd i ddychmygu'n greadigol ac adeiladol. Dyna un o brif ragoriaethau *Y Stafell Ddirgel*: y cefndir yn sylfaen i gymeriadau cryf a phortread cadarn o drallodion a rhwystredigaethau a ddeuai i ran cymuned grefyddol neilltuol mewn oes greulon ac anoddefgar:

> Croesawyd y ddau gan oleuadau llachar y siandeliriau yn neuadd yr Hengwrt. Agorwyd y drws mawr allanol iddynt gan was mewn lifrai ysblennydd. Ar waelod y grisiau derw llydan safai Hywel Vaughan a'i wraig Lowri. Daliai Meg ei hanadl mewn rhyfeddod at yr olygfa.
> Roedd Hywel wedi ei wisgo mewn sgarled, gyda ryfflau gwynion am ei wddf a'i addyrnau. Clymwyd y wisg yn dynn i'w gorff gan wasgod glaerwen â botymau aur arni. O dan ei bennau gliniau cydiwyd ffriliau ei drowsus gan rubanau gwyrdd. Disgynnodd ei berwig grychiog ddu fel mantell am ei ysgwyddau.

Cynllunio cywrain a disgrifio cynnil yn wir. Gall y nofelydd yma

gynnig dehongliad ar dir rheswm a llenwi bylchau â'i dehongl-
iad hi ei hun o gymeriadau mewn hanes megis Rowland Ellis,
Brynmawr, sy'n ganolog i'r stori, a hefyd Dorcas, cymeriad ffug
a fu farw'n erchyll ac sydd yn ddigon real rywsut i fod yn wir.

*          *          *

Beth yw cefndir ysgrifennu nofelau hanes yng Nghymru? Pa
symbyliad a gafodd nofelwyr yr ugeinfed ganrif o waddol y
gorffennol i fynd ati i gynhyrchu nofelau da a chofiadwy? Fel y
crybwyllwyd eisoes tenau a digon di-ddim fu cynnyrch oes
Victoria yn y maes hwn. O daflu golwg fras dros y ganrif
ddiwethaf sylweddolir yn fuan mai brau iawn yw'r cynnyrch.
Ceisio portreadu cyfnod mewn hanes ar ffurf chwedl a wnaeth
William Pritchard, er enghraifft, yn ei nofel *Owain Tudur*, ac nid
yw ymdriniaeth Mary Oliver Jones o fywyd a charwriaethau
Dafydd ap Gwilym yn *Y Fun o Eithinfynydd* yn ddim amgenach
na rhamant hanesyddol lipa ei gwead a'i chynllun. Yn sicr ni all
cynhyrchion felly fyth gymharu â ffuglen debyg yn Lloegr y
cyfnod. Bu rhamant hanes yn ffurf lenyddol doreithiog a
phoblogaidd yn llên Lloegr ers cyfnod y cewri hanes megis
Edward Gibbon yn Lloegr a'r Dr William Robertson yn yr Alban
yn y ddeunawfed ganrif. Yr oedd eu gweithiau hwy yn ddar-
llenadwy yn eu dydd a chawsant ddylanwad mawr ar nifer o
nofelwyr o gyfnod Scott i Jean Plaidy (sy'n ysgrifennu hefyd dan
yr enwau Victoria Holt a Philippa Carr) a'i nofel dda *St Thomas's
Eve*. Gwir yw dweud bod hanes Lloegr a'i hymerodraeth, am
resymau amlwg, wedi cael digon o sylw gan nofelwyr o'r
ddeunawfed ganrif ymlaen fel y dengys gwaith Jane Austen,
Charlotte Brontë, W. M. Thackeray ac eraill. Mewn cymhariaeth,
ychydig iawn o ramantau hanes a geid mewn llenyddiaeth
Gymraeg. Beth sy'n cyfri am hynny? Ai diffyg gwybodaeth? Ai
diffyg diddordeb? Ai diffyg balchder cenedlaethol? O gymryd yr
ugeinfed ganrif i ystyriaeth (ac eithrio'r ugain mlynedd
diwethaf) ychydig o nofelau hanes a ymddangosodd a hyd yn
oed yn awr y mae darllenwyr nofelau yng Nghymru yn dal i
ddisgwyl am nofel fawr ar Lywelyn Fawr neu Lywelyn ein Llyw
Olaf neu Owain Glyndŵr.[3] Pryd yr ymddengys y Jean Plaidy

3. Cyhoeddwyd *Y Gaeaf Sydd Unig*, nofel am gyfnod Llywelyn ein Llyw Olaf,
gan Marion Eames yn 1982, blwyddyn coffáu saithcanmlwyddiant ei farw.

Cymraeg tybed? Ni ellir gwadu bellach fod digon o ddeunydd hanesyddol ar gael mewn rhyw ffordd neu'i gilydd ac mae haneswyr wedi cyhoeddi cryn dipyn erbyn hyn am yr arwyr cenedlaethol ac wedi ceisio ailddehongli eu gyrfaoedd a'u gorchestion. A oes raid inni fel Cymry ddisgwyl am ryw achlysur arbennig – cofio, canmlwyddiant, nawdd gan y llywodraeth neu gystadleuaeth eisteddfodol – i annog rhai o'n hawduron i greu nofelau o gefndir cyfoethog ein hetifeddiaeth genedlaethol?

O edrych ar y sefyllfa ychydig yn fanylach efallai fod gormod o bwyslais wedi cael ei roi yn y gorffennol yng Nghymru ar ramant bur a chwedloniaeth yn hytrach nag ar greu nofelau ar dir hanesyddol ffeithiol. Y gwir yw nad yw hanes Cymru fel pwnc wedi cael ei briod le yn y gyfundrefn addysg yn y gorffennol fel y cafodd hanes Lloegr a'r ymerodraeth yn ysgolion Lloegr, ac mae hynny'n sicr wedi cael effaith ddinistriol ar wybodaeth y Cymry (Cymraeg a di-Gymraeg fel ei gilydd) am gefndir eu hanes a'r dehongliad priodol ohono. Yn y dyddiau presennol ansad iawn yw gwybodaeth Cymry o hanes eu gwlad. Mae'n wir fod haneswyr megis Syr O. M. Edwards, W. Llewelyn Williams, Ambrose Bebb ac yn arbennig Syr John Edward Lloyd, R. T. Jenkins a David Williams wedi cyfrannu'n helaeth iawn at ein dealltwriaeth o hanes Cymru dros y canrifoedd. Erbyn hyn, fodd bynnag, o gofio am y cefndir gwleidyddol, synhwyrir yn gyffredinol fod mwy o ddiddordeb yn cael ei ddangos yn ein treftadaeth genedlaethol. Rhoir mwy o bwyslais ar ddarganfod y gwreiddiau a cheir mwy o ymroi i bynciau megis hanes Cymru yn yr ysgolion yn gyffredinol. Cyn yr Ail Ryfel Byd ychydig o nofelau hanes cofiadwy a gafwyd ac eithrio cynnyrch Daniel Owen, Tegla Davies, Ambrose Bebb a T. Rowland Hughes. Ers blynyddoedd bellach mae byd y ffilmiau, y teledu a'r ddrama radio, fel cyfryngau, wedi hen ennill eu plwyf yn Saesneg ac i raddau yn Gymraeg. Llifa'r cyfresi teledu Saesneg i gartrefi yn ddi-baid ac yn Gymraeg, yn ystod y blynyddoedd diwethaf, ymddangosodd addasiad o *Merch Gwern Hywel, Y Stafell Ddirgel, Y Rhandir Mwyn* a *Gwen Tomos* ar y sgrîn fach. Y mae darpariaeth o'r math hwn, er nad ydyw o reidrwydd yn cymell gwylwyr mynych y teledu i ddarllen mwy, o leiaf yn sicr o'u gwneud i raddau'n fwy ymwybodol o'u gwreiddiau. 'Pan oeddwn ifanc,' cyfaddefodd Dyddgu Owen ar un achlysur, 'credwn mai pwysleisio'r ffaith fod yna fyd a lle i Gymru ynddo o'r tu allan i'n libart ni, oedd yn bwysig. Erbyn heddiw, credaf ei bod yn bwysicach hwyrach inni fynd yn ôl at ein gwreiddiau.' Pwysleisio ei hagwedd bersonol hi tuag at y nofel hanes a wna, a'i hamcan yw ceisio dangos bod ysgrifennu nofelau hanes yn gyfrwng iddi ailafael yn ei gwreiddiau.

Y mae nofelau hanes Cymraeg fel rheol yn ymdrin â Chymru neu â Chymry. Nid yw hynny'n wir am y nofel gyffelyb yn Lloegr. Mae cynfas holl Ewrop a thu hwnt iddi wedi denu ei llenorion hi. Er enghraifft, mae *The Cloister and the Hearth* gan Charles Reade yn gyflwyniad arbennig ar ffurf nofel o hanes Ewrop cyfnod y Dadeni Dysg a chefndir y dyneiddiwr enwog Desiderius Erasmus. A yw Gruffudd ap Cynan neu John Jones, Maesygarnedd neu Gatrin o Ferain lawn mor adnabyddus i Gymry tybed ag yw Alffred Fawr, Oliver Cromwell, yr Arglwydd Nelson ac eraill tebyg iddynt yn Lloegr? Go brin. Credir bod dau brif reswm am hyn. Yn y lle cyntaf mae'r gyfundrefn addysg yn Lloegr ynghyd â ffilmiau a rhwydwaith y teledu wedi peri bod gwahaniaeth mawr wedi digwydd i'r ymdeimlad o hanes ymhlith y Saeson. Efallai nad yw cynhyrchion prin o'r math hwnnw ar y cyfryngau yng Nghymru ynddynt eu hunain yn ddigon i ennyn diddordeb y Cymry yn eu hanes. Diddanwch gweladwy diymdrech yw byd y ffilmiau a'r teledu: ymborth i'r dychymyg a'r meddwl yw'r nofel.

Yn ail, cyfyd pwnc hanes Cymru unwaith eto. Yn fras gellir ei rannu'n ddwy ran am fwy nag un rheswm. Tueddir i dderbyn y flwyddyn 1536 fel toriad gweddol bendant yn hanes y genedl. Y mae'r cyfnodau cyn y Ddeddf Uno, o safbwynt y genedl, ar lawer ystyr yn fwy deinamig. Ynddynt ceir gwrthdaro rhwng Celt a Rhufeiniwr, Brython a Sais, a Chymro a Norman, a'r cyfan yn cyrraedd uchafbwynt arbennig yng nghyfnodau Llywelyn ein Llyw Olaf, Owain Glyndŵr a Maes Bosworth, cyfnodau pan dyfodd yr ymdeimlad cenedlaethol i fod yn ffactor byw a grymus yn hanes y genedl. Dyma'r math o gyfnodau a roes gyfle i awduron *Gwres o'r Gorllewin, Llys Aberffraw, Betws Hirfaen* ac *Eryr Pengwern* arddangos eu doniau creadigol. Yn y nofelau hynny ymdeimlir â'r frwydr oesol dros barhad cenedl ynghyd â hunanbarch ac undod cenedlaethol yn wyneb argyfwng. Ac i ganol y tyndra yma y cyflwynir portreadau craff o gymeriadau sy'n symbolau o aberth, ymdrech ac arwriaeth y blynyddoedd hynny.

Yn y cyfnod wedi 1536, fodd bynnag, nid amlygir y

tanbeidrwydd cenedlaethol i'r un graddau: ymdeimlir â rhyw lonyddwch afiach mewn cyfnod y bu i uchelwyr Cymru eu haddasu eu hunain dan drefn lywodraethol Lloegr. 'Os yw llenyddiaeth Cymru yn brin o gwbl,' meddai un beirniad wrth drafod Catrin o Ferain, 'mewn llenyddiaeth bendefigaidd y digwydd hynny.' Y rheswm sylfaenol am hynny, mae'n debyg, yw'r prosesau cymdeithasol: yr ymddieithrio cyson o'r tir a'r Seisnigo ymhlith y rhelyw mawr o uchelwyr Cymru erbyn y ddeunawfed ganrif. Mae'r nofel hanes yng Nghymru sy'n ymwneud â'r cyfnodau mwy diweddar, at ei gilydd, yn trafod themâu sy'n adlewyrchu byd a bywyd yr haenau mwy canolig neu'r bobl gyffredin – y werin fel y'i gelwir, nofelau megis *Gŵr Pen y Bryn* (a'r Rhyfel Degwm yn gefndir iddi), *I Hela Cnau* (sy'n ymdrin â nifer o Gymry ifainc a gefnodd ar dlodi yng Nghymru i chwilio am fywyd gwell ar lannau Mersi ym mlynyddoedd canol y ganrif ddiwethaf), a *Cwm Hiraeth*, nofel fywgraffyddol mewn tair rhan gan Rhydwen Williams, a'i phlot yn ddwfn ym mywyd crefyddol a chymdeithasol cymoedd y de o flynyddoedd cynnar yr ugeinfed ganrif ymlaen.

Mae rhai o brif nofelau Cymru a leolwyd yn yr Oesoedd Canol yn adlewyrchu'n eglur y gwahaniaeth rhwng dau gyfnod a dau safbwynt. Nofel a seiliwyd ar hanes dwyrain Powys ym mlynyddoedd canol y seithfed ganrif yw *Eryr Pengwern* gan Rhiannon Davies Jones. Ynddi, ceir adwaith cymdeithas gyfan a gwahanol unigolion o'i mewn i fygythiad y Saeson: nofel yw hi sy'n llawn o'r Hen Ganu a'r hanes cynnar ac sy'n amlygu'r frwydr barhaol dros ryddid a pharch cenedlaethol. Tebyg yw *Llys Aberffraw* gan yr un awdur: tyndra a bortreadir yn honno hefyd, y tro hwn yng Ngwynedd yn ail ran y ddeuddegfed ganrif: y berw yn llys Owain Gwynedd a'r bygythiad i'r tywysog hwnnw ac i gymuned Aberffraw o ganlyniad i rym ymosodol milwriaethus y brenin Harri II. Ystyrier *Gwres o'r Gorllewin* hithau, a'i lleoliad eto yng Ngwynedd yn ail hanner yr unfed ganrif ar ddeg sef cyfnod o argyfwng a thensiwn yn hanes gwleidyddol Cymru. Y thema ganolog ynddi yw'r casineb rhwng Gruffudd ap Cynan a Robert o Ruddlan a'r caethiwed a ddioddefodd Gruffudd trwy ran helaethaf rhediad cronolegol y nofel. Rhydd yr awdur gefndir da a defnyddia ddychymyg byw, yn arbennig wrth ddisgrifio poenau arteithiol a chyflwr corfforol a meddyliol yr arwr. Yn *Betws Hirfaen* gan John Griffith Williams,

yn ogystal, cyfyd tyndra a niwrosis cyfnod Owain Glyndŵr i'r
wyneb: y rhwyg rhwng teyrngarwch i Owain a theyrngarwch i'r
brenin Harri IV. Darlunnir cymdeithas leol eofn yn Eifionydd ar
fin gwrthryfel ac olrheinir cyfraniad y gymdeithas honno i'r
ymgyrch wrthryfelgar. Trwy gyfrwng profiad Dafydd ap Gwgan
mae'r awdur wedi ceisio ail-fyw'r cyfnod: gall ymdeimlo â'r
tyndra, y cyntefigrwydd, y caledi, perygl y byd o'i gwmpas
ynghyd â thangnefedd y bywyd eglwysig â rhyw sensitifrwydd
hynod o effeithiol.

Dyma'r math o nofelau a ysgrifennwyd yn ddiweddar am
Gymru'r Oesoedd Canol. O gyfnod y Tuduriaid ymlaen nid yw'r
gwrthdaro cenedlaethol hanner mor danbaid a dramatig, a phan
ymddengys gwrthdaro felly fe'i traddodir mewn ffurf lai arwrol
a mwy personol fel a geir yn *Catrin o Ferain*. Nofel yw hi sydd, yn
y bôn, yn cyfleu amheuon a phetruster mewn cyfnod o newid:
''Rwy'n teimlo', meddai Catrin mewn un man, 'fy mod rhwng
dau gynhaeaf,' a dyma'r ymadrodd, y mae'n debyg, sy'n
allwedd i ddeall yr holl nofel. Darlun o Gymru'r ddeufyd sy'n ei
amlygu'i hun unwaith eto: y ffydd newydd wedi'i chyflwyno
ond heb ei deall. Dwyseir y berthynas rhwng y ddwy ffydd,
denir yr uchelwyr gan y moesau trefol er bod y traddodiadau yn
parhau i ddal eu gafael yn dynn mewn rhai ardaloedd mewn
gwahanol ffyrdd. Sefyllfa debyg, i raddau, a geir yn nofel Marion
Eames, *Y Stafell Ddirgel*, nofel sy'n portreadu i'r dim y tensiwn
rhwng crefydd gyfundrefnol yr Eglwys Anglicanaidd a'r pwerau
a oedd yn ei meddiant i weithredu ei hawdurdod ar y naill law a
chaledwch argyhoeddiad yr Anghydffurfwyr, sef y Crynwyr, ar
y llaw arall. Gwisgir ffeithiau noeth â dychymyg: gall yr awdur
ddisgrifio ysblander a moethusrwydd, gerwinder ac argyhoedd-
iad, ystryw a chreulondeb â chelfyddyd bur. Nofel yw hi sy'n
ymwneud â chanlyniadau yn hytrach na phrofiad sefydlu'r
'stafell ddirgel'. Nid credo'r Crynwyr a ymddengys gliriaf ynddi
ond effeithiau'r gredo honno, a ddehonglir drwy gyfrwng
arweinwyr mudiad y sect honno a'u dilynwyr. Mae gan Dyddgu
Owen hithau bethau treiddgar i'w dweud yn *Y Flwyddyn Honno*.
Nid y digwyddiadau cyffrous yng Nghwm Nancol wrth i
ysbïwyr chwilio am y Cyrnol John Jones, Maesygarnedd, y
breninleiddiad, wedi'r cyfan sy'n bwysig yn y nofel honno ond y
tyndra a ymddengys ynddi ar dir teyrngarwch – i'r Goron, i'r
Piwritaniaid, i deulu lleol parchus ac i gyfraith a threfn. Cyfyd y

tensiwn hwn yn bur effeithiol i'r wyneb yng nghwrs yr ymgecru
parhaol ymhlith aelodau o'r teulu mewn cyfnod o ansicrwydd a
newid cymdeithasol. Ar drothwy'r ugeinfed ganrif y lleolir
*Chwalfa*, nofel a'i phlot yn adlewyrchu'n rymus iawn frwydr
chwarelwyr Arfon yn ystod Streic Fawr y Penrhyn (1900–3) am
eu hawliau syflaenol. Daw'r rhwyg i'r amlwg rhwng aelwydydd:
dryllir teuluoedd ac amlygir y dirywiad mewn cymeriadau
unigol ac ati. Ar y llaw arall portreadir dewrder ystyfnig, ewyllys
dda a charedigrwydd. Hanfod y nofel yw'r gwrthdaro enbyd
rhwng dau rym mawr yn ardal y chwareli bryd hynny – y
tirfeddiannwr Seisnig ac undeb y chwarelwyr, ac effeithiau'r
rhwyg ar y gymdeithas.

*       *       *

Ai i ddysgu gwers yr ysgrifennir nofel hanes? Ai adlewyrchiad
o'r Gymru gyfoes ddylai pob thema hanesyddol fod mewn
nofelau? Dywedir yn fynych fod hanes yn ei ailadrodd ei hun a
bod y gorffennol yn cael ei ail-fyw trwy gyfrwng prosesau
cymdeithasol. Os felly, a ddisgwylir cael adlais o'r Gymru gyfoes
yng ngwead pob stori? Mae rhai nofelwyr yn bendant iawn eu
barn ar y mater hwn mewn perthynas â'u gwaith personol eu
hunain. Dyfynnwyd geiriau Dyddgu Owen eisoes, a hithau
bellach yn argyhoeddedig ei bod yn bwysicach inni fel Cymry
fynd yn ôl at ein gwreiddiau a thrwy hynny baratoi ar gyfer y
presennol a'r dyfodol. Mae Marion Eames yn fwy pendant fyth:
'Does dim pwrpas mewn ysgrifennu nofel hanes,' meddai, 'onid
yw'n taflu goleuni o ryw fath ar heddiw.'

Nid yw argyfwng hunaniaeth wedi cael effaith ar nofelwyr
Lloegr i'r un graddau ag a gafodd ar nofelwyr yng Nghymru
sy'n ysgrifennu yn Saesneg a Chymraeg. Yn fynych iawn daw
rhyw elfen glir o sgitsoffrenia i'r amlwg ynom fel Cymry: nid
ydym yn sicr yn aml i ba genedl yr ydym yn perthyn, ai Cymru
ai Prydain Fawr warchodol, cymhlethdod a ymddengys dro ar ôl
tro yn ein hymddygiad cymdeithasol a'n hymateb i'r byd o'n
cwmpas a hefyd yn aml iawn yn ein llenyddiaeth. Onid bwydo'r
ansicrwydd a wna'r nofelydd hanes wrth fynnu mynd yn ôl i'r
gorffennol? A oedd bywyd yn well bryd hynny ynteu a oes yn y
gorffennol hwnnw wersi sylfaenol a rydd arweiniad inni sut i
fyw heddiw? Y mae John Rowlands, yr ysgolhaig a'r nofelydd,

wedi cyffwrdd â thuedd gref ymhlith rhai nofelwyr i droi'n ôl am eu syniadau a'u deunydd: 'Ar un lefel,' meddai, 'nid yw'n ddim ond arwydd o reddf amddiffynnol cenedl mewn argyfwng. Mae apelio at y gorffennol yn un ffordd sydd gennym o'n sicrhau'n hunain ein bod ni'n bod. Ond 'rwy'n sicr fod y gorffennol yn gallu bod yn gymorth hawdd ei gael mewn cyfyngder. Hawdd mewn ystyr yn unig – sef ei fod ef yn rhoi cyfle i rywun ddianc oddi wrth dryblith y presennol i fyd lle mae'n tryblith o leiaf yn ddiffiniedig.' Pwynt sylfaenol y beirniad hwn yw bod cwmpas pob nofel hanes yn gyfyng yn yr ystyr bod yr hanes wedi digwydd: mae'n ddiffiniedig ac ni ellir ei newid. Llunio plot o gwmpas digwyddiadau'r hanes hwnnw yw gorchwyl y nofelydd.

O gofio mai themâu a thueddiadau yn y pen draw (rhywbeth na allai Rudyard Kipling, fe ymddengys, mo'i amgyffred) yw craidd pob datblygiad hanesyddol ac nid unrhyw syniad o gyfnod neu oes hunanbwrpasol annibynnol, anodd yw osgoi'r dybiaeth mai nofelau hanes yw *Rhyfel a Heddwch* gan Tolstoi ac *Yn Ôl i Leifior* gan Islwyn Ffowc Elis am fod y ddau awdur, mewn gwahanol gyd-destun, yn ysgrifennu am dueddiadau a fuasai'n datblygu dros genhedlaeth yn ôl a mwy pan ysgrifennwyd hwy yn y lle cyntaf. Nid *spectacle* hanesyddol, o angenrheidrwydd, yw pob nofel hanes. Ceir math arall lle y cais nofelydd edrych, o safbwynt datblygiad cymdeithasol, ar argyfyngau ei oes ei hun, megis Charlotte Brontë yn ei nofel *Shirley* a George Eliot yn *Middlemarch* a *Felix Holt*. 'The real trustworthy historical novels', meddai un sylwebydd, 'are those which were a-writing while the history was a-making.' Y pwynt sylfaenol yw natur apêl y gorffennol i'r nofelydd a'r darllenydd fel ei gilydd. Ai'r gwahaniaeth ynteu'r tebygrwydd rhwng y gorffennol a'r presennol sy'n denu? Ai'r ddihangfa ai'r waredigaeth? 'Chwilio am hanes yn ei ail-adrodd ei hun mewn cymdeithas,' meddai Rhiannon Davies Jones, 'sôn am unigolion yn wynebu'r un problemau moesol ar hyd y canrifoedd, dyna waith nofelydd hanes i mi.'

Cyfyd perygl, wrth reswm, pan fo awdur yn gwisgo'i ffeithiau â delweddau cyfoes o unrhyw fath ac yn llusgo seicoleg fodern i'w nofel a thrwy hynny briodoli tueddiadau modern i'w gymeriadau. Daw nodweddion felly i'r amlwg, meddai E. H. Carr, yn ymateb yr hanesydd i'r cyfnod a astudia neu broblemau hanes y cais eu datrys. Credai fod yr hanesydd yn adlewyrchu'r gymdeithas y mae ef ei hun yn byw ac yn gweithio ynddi. Gwêl ef yr hanesydd mewn cyflwr o newid ei hun. 'It is not merely the events that are in flux. The historian himself is in flux. When you take up a historical work it is not enough to look for the author's name on the title-page: look also for a date of publication or writing – it is sometimes more revealing.' Gellid cymhwyso'r hyn a ddywed yr hanesydd Marcsaidd hwnnw i fyd y nofelydd sydd â'i fryd ar ddehongli cymeriadau a chyfnod yn ôl ei ddaliadau gwleidyddol ef ei hun. Gall hynny ddigwydd yn hollol ddiarwybod iddo'i hun, wrth reswm, am fod ei gefndir yn lliwio'i feddwl yn llawer mwy effeithiol nag yw tueddfryd y cyfnod yr ysgrifenna amdano. Y gamp, fel y dywed un beirniad llenyddol, yw ceisio ffurfio presennol o'r gorffennol heb i'r gorffennol hwnnw golli dim ar ei gymeriad unigryw. Mesur llwyddiant y nofelydd hanes, fel yr eglura Islwyn Ffowc Elis, yw ei allu 'i'w drawsblannu'i hun i fyd na allodd ond darllen amdano.' Â ymlaen: 'Yn fwy na hynny dibynnir ar ei ddawn i wneud y byd hwnnw'n fyw i'w gyfoeswyr ef ei hun.' I brofi'i bwynt cymer un enghraifft o blith yr ychydig nofelau hanes Cymraeg sydd wedi eu cynllunio ar gefndir hanes ehangach, sef *Yr Ogof* gan T. Rowland Hughes. Cefndir Cristnogol y cyfnod cynnar wedi Atgyfodiad Crist yw'r thema, a beirniadwyd yr awdur am osod llinyn mesur yr ugeinfed ganrif ar Iddewon a Rhufeinaid fel ei gilydd yn y cyfnod pell hwnnw. Gall hynny ddigwydd hefyd pan ysgrifenna nofelydd am gyfnod agos at ei oes ei hun. Beirniadwyd Daniel Owen am ei fod yn rhy agos at Fethodistiaeth ei oes i allu ei thrin o hirbell, fel petai, a chyda'r mesur hwnnw o wrthychedd a ddisgwylir gan nofelydd hanes.

Nid oes amheuaeth, cyflyrir pob nofelydd gan y gymdeithas a roes fodolaeth iddo a gall ei ragfarnau ef lithro'n ddiarwybod i'w waith. Bwriad rhai nofelwyr, fodd bynnag, yw argyhoeddi'n wleidyddol heb flewyn ar dafod. Mae *Llys Aberffraw* ac *Eryr Pengwern* yn enghreifftiau da o nofelau felly. Digwyddiadau haf 1969 a lladd y ddau ŵr ifanc mewn ffrwydrad yn Abergele, meddir, oedd y symbyliad i'r naill ac yn *Eryr Pengwern*, 'Hogia'r iaith yw hogia Maelgwn: pobl y llwybr canol yw trigolion Trenn.' Canmolir gwaith Rhiannon Davies Jones gan un beirniad yn rhinwedd ei gallu i 'uniaethu'n ddiymdrech ac yn hollol ddidwyll' gyda brwdfrydedd amcanion y genhedlaeth ifanc dan ei gofal yn y Coleg Normal, Bangor. 'Yn wir,' meddir ymhellach, 'ysbrydolir hi ganddynt yn ei gwaith hanesyddol. Arnynt hwy y delweddir y garfan ifanc a ddaliodd y gaer hyd y diwedd.' Meddai'r awdur ei hun wrth ddiweddu ei nofel:

> Gwenodd y mab bychan yn chwareus yng ngwres y tân fel y magai Medlan a Meisir ef.
>
> Gallai Tynged fod yn garedig weithiau ac felly yr oedd hi y bore hwnnw yn Llys Mathrafal, yn fuan wedi Calan Gaeaf y flwyddyn honno. Fe ddôi Calan Mai eto ac wedi'r cwbl yr oedd y wlad rhwng Trenn a Thrafal yn dirion i'w rhyfeddu.
>
> Ryw ddiwrnod pan fyddai Owain fab Cynddylan yn cyrraedd oed gŵr, fe gyflwynai Llywarch Ifanc iddo y gadwyn aur a ddaethai Garwen Rheged o'r Hen Ogledd.
>
> Felly y byddai dolennau'r cenedlaethau yn parhau.

Synhwyrir gobaith nwyfus yn y geiriau. Nid nofel sy'n gorffen yw hi ond nofel sy'n diweddu, ac mae gwahaniaeth.

Meddai Dyddgu Owen am y nofel hon: 'Darllener hi am ei stori a'i rhamant, darllener hi am y gwrtaith sydd ynddi i wreiddiau ein cenedl . . . a saernïodd y nofelydd ei gwaith yn y fath fodd i'n gadael gyda llygedyn o obaith am ddyfodol ein cenedl.' Gwisgir y nofel â delwedd arwrol na all y darllenydd fyth mo'i hanghofio a thanlinellir hynny yn y teitlau o'r Hen Ganu a roir i bob adran a'r gofal am ddefnyddio ffeithiau cywir a pharatoi map i leoli prif ddigwyddiadau'r nofel. Ym marn yr awdur mae gan Gymru'r seithfed ganrif rywbeth pendant i'w gynnig i Gymru y dyddiau presennol o safbwynt moesoldeb, unplygrwydd pwrpas a hunan-barch cenedlaethol. Ni fyddai pawb efallai yn cytuno â'r gosodiad hwnnw ond awgrymu i'r gwrthwyneb mai encil yw hanes wedi'r cyfan lle gellir llochesu rhag realaeth bywyd cyfoes. Yn ei feirniadaeth ar y nofel yn Eisteddfod Genedlaethol Bangor ym 1971 mynegodd John Rowlands ei farn ar bwnc ysgrifennu nofelau hanes. 'Mae ysgrifennu nofelau hanes yn boblogaidd ymysg llenorion Cymraeg am ryw reswm. Teimlaf weithiau mai dihangfa hawdd ydyw am ei fod yn osgoi wynebu'r problemau sy'n codi wrth greu arddull Gymraeg i drafod bywyd cyfoes.' Nid yw'r beirniad hwn, o angenrheidrwydd, yn beio awduron am eu claddu eu hunain yn y gorffennol os dymunant wneud hynny ond yn hytrach yn eu beio am wastraffu eu doniau mewn meysydd llai pwysig na her a thryblith yr oes bresennol. Y nofel real iddo ef yw honno sy'n trafod heddiw a darparu ar gyfer yfory.

A ellir realaeth o ddychymyg hanesyddol? Yn y ddeunawfed ganrif yn Lloegr ymddangosodd y nofel realaidd, sef yr ymgais i ganfod gwirionedd o fewn cylch profiad yn hytrach na gorfodi'r profiad hwnnw i gydymffurfio ag egwyddorion sylfaenol unrhyw gymdeithas. Syr Walter Scott oedd y nofelydd cyntaf i gyflwyno realaeth i ddehongliad o gymdeithas; creu realaeth o hanes, ac effaith ei waith creadigol ef fu creu dealltwriaeth ynghylch lle dyn yn y cyfanfyd. Hynny yw, ymestyn i'r gorffennol, yn ei brofiad ef, yw'r nofel hanes. Yn ddiamau ceir bod realaeth yn elfen ganolog mewn nofelau hanes ym mhob iaith, ond y duedd mewn nofelau hanes Cymraeg yw nid ymestyn yn ôl o'r presennol real ond gafael yn y gorffennol ac os yw hynny'n briodol, cynnig rhywbeth ohono i'r presennol, sef defnyddio digwyddiadau'r gorffennol i oleuo'r presennol. Hyn sy'n cyfrif, yn y bôn, pam na cheir traddodiad nofelau hanes cyfoethog yng Nghymru; nid yw'r nofel realaidd wedi datblygu dim yn ystod y ddwy ganrif cyn, dyweder, y Rhyfel Byd Cyntaf. Erbyn hyn, wrth reswm, mae'r Dr Kate Roberts a tho o nofel-wyr ifainc cyfoes y genhedlaeth bresennol wedi gosod y nofel Gymraeg ar seiliau dipyn cadarnach nag y bu.

A yw darllenydd yn chwilio'n ddi–baid am wers gyfoes yng ngweithiau Dickens, Thackeray neu hyd yn oed Daniel Owen? Nid oes neb a wad fod y natur ddynol yr un ym mhob cyfnod ond bod pwerau amrywiol dan amgylchiadau gwahanol yn peri i'r natur honno adweithio mewn dulliau na fyddai cymdeithas heddiw yn eu deall na'u gwerthfawrogi. Onid gweledigaeth yr awdur sy'n bwysig? Os gwêl ef neu hi y stori'n ddigon addas i gyfleu gwead bywyd cymeriadau arbennig ar gefndir cyfnod neilltuol er mwyn creu diddanwch yn unig, popeth yn dda; os gwêl yr awdur ystyron amgenach a helaethach yn ei stori pwy a wad iddo'r hawl i'w mynegi â dychymyg byw; os yw'r darllenydd yn dymuno darllen i mewn i nofel hanes a chanfod elfennau nad oeddynt yn hysbys i'r awdur ei hun perffaith ryddid iddo wneud hynny ond iddo beidio ag uniaethu barn yr awdur â'i syniadau ef ei hun. 'Nid wyf yn sicr', meddai un beirniad am *Gwres o'r Gorllewin*, 'a oes gan yr awdur rywbeth i'w ddweud yn y nofel hon ar wahân i'r ffaith fod yr hanes ei hun yn llefaru'n hyglyw am arwriaeth a dyfalbarhad Gruffudd ap Cynan.' Gall unrhyw un, mae'n debyg, os yw'n dymuno, ganfod gwersi mawr hyd yn oed mewn gosodiad felly.

Tuedd ddiweddar y nofel yw ymdrin ag argyfwng gwacter ystyr. Dyna brif themâu nofelau y Dr Kate Roberts, Jane Edwards, John Rowlands, Eigra Lewis Roberts ac R. Gerallt Jones ymhlith eraill. Yn eu plith, fodd bynnag, ceir ambell nofel hanes sydd naill ai'n gallu dyfnhau'r syniad o wacter mewn amser a lle yn y gorffennol neu lenwi'r gwacter hwnnw a rhoi gobaith yng ngolau'r hyn a ddigwyddodd yn yr oesoedd a fu ac ym mharhad unigryw ein hetifeddiaeth fel cenedl hyd at y presennol. Yr unig destun gobaith bellach yng Nghymru, ar wahân i'r ymlyniad wrth yr iaith Gymraeg, yw magu ymwybyddiaeth o hanes y genedl. Y mae angen yr hanes hwnnw yn ddifrifol arnom fel cenedl. Gwelodd Gwyneth Vaughan hynny'n ddigon eglur mor bell yn ôl â 1908 yn ei chyflwyniad i Plant y Gorthrwm. 'Ysgrifennwyd y stori hon', meddai, 'gyda'r amcan o roddi i blant Cymru ryw ddrychfeddwl am ddyddiau a fu, a'r rhiant sydd a'i hanes megis wedi dianc i dir angof. Pur anaml y clywir yr un gair heddiw am frwydr 1868 ac ychydig o'n pobl ieuanc ŵyr ddim amdani.' Mewn geiriau eraill credai Gwyneth Vaughan, yn ei chyfnod hi, fod yn rhaid atgyfodi cof y genedl er mwyn gallu sicrhau'r etifeddiaeth ar gyfer y dyfodol. Y cof hwnnw sy'n cynnal y berthynas annatod sydd rhwng yr unigolyn o fewn ei gymdeithas a'i orffennol. Gelynion pob cenedl yw amser, newid ac angau neu dranc, a'r cof yw'r unig gynneddf ddynol a all wrthsefyll y ffactorau dinistriol hynny a chynnal hunaniaeth cenedl. Cof cenedl yw hanes. Gwir ddyletswydd (a champ) y nofelydd hanes, i raddau helaeth yw diddanu, ond yn ei waith fel llenor pwysicach iddo yw meithrin y cof hwnnw, yn ei ddull poblogaidd ei hun, yn y Gymru gyfoes ac ar gyfer y cenedlaethau sydd i ddod.

Meddai Owain Gwynedd yn y nofel Llys Aberffraw ar drothwy bygythiad milwrol y Normaniaid i'w deyrnas yng Ngwynedd: 'Pan ddaw'r ddrycin fe dery o Gaer. Gall ysgwyd y canghennau a thorri'r pren, ond po noethaf y pren gwytnaf yn y byd y gwreiddiau.' Yng ngolwg yr hyn a drafodwyd eisoes sieryd y geiriau hyn yn huawdl iawn drostynt eu hunain.

# 4

## *Thema yn y Nofel Gymraeg*[1]

### ISLWYN FFOWC ELIS

*I*

Yr wyf am ddechrau gyda thri dyfyniad: pethau a ddywedodd tri o lenorion cyfoes Cymru am eu hamcan wrth lenydda. Dyma'r cyntaf:

> . . . ni'm denwyd i sgrifennu storïau yn delio â rhyw, neu ymdrechion rhwng pobl o wahanol gymeriadau a'i gilydd, neu ag ymdrechion ysbrydol eneidiau – ymdrech yn erbyn tlodi ydoedd o hyd.

Dyna'r cyntaf. Ac un gweddol hawdd nabod yr awdur ynddo, rwy'n siŵr. Dyma'r ail:

> Fy ymdrech bennaf i wrth sgrifennu yw ceisio deall pob person o'r tu mewn, a'i ddehongli megis trwy ei feddwl a'i galon ei hun.

A dyma'r trydydd:

> Fy awydd pennaf oedd ceisio trin meddyliau sydd i bob pwrpas yn hollol normal, trin yr anawsterau a'r ddeuoliaeth a'r brwydrau sy'n ymddangos i mi yn gyffredin i'r rhelyw ohonom.

Tri dyfyniad yw'r rheina allan o *Crefft y Stori Fer* (gol. Saunders Lewis, Y Clwb Llyfrau Cymreig, 1949). Dim ond un o'r tri llenor sy'n nofelydd, er y gallasai'r tri fod o ran dawn a gallu. Y cyntaf yw Kate Roberts, yr ail yw D. J. Williams, a'r trydydd yw John

---

1. Cyhoeddwyd gyntaf yn Jac L. Williams (gol.), *Pamffledi Llenyddol* (Llyfrau'r Dryw, Llandybïe, 1963).

Gwilym Jones. Ac yr wyf wedi dechrau â'r tri dyfyniad am eu
bod yn allwedd – i waith y tri storïwr yna, bid siŵr, a hefyd i
waith pob un sy'n sgrifennu stori. Oherwydd mae gan bob
nofelydd – ac am nofelwyr y byddwn ni'n sôn – ryw agwedd
neilltuol a ffordd neilltuol o ddweud y rhywbeth hwnnw. A dyna
sy'n mynd i benderfynu pa themâu y mae'n mynd i'w dewis ar
gyfer ei nofelau. Neu, yn wir, pa themâu sy'n mynd i'w ddewis
ef. Oherwydd, yn y pen draw, offeryn yw'r nofelydd. Offeryn yn
llaw ei brofiad ef ei hun, wedi'i lunio a'i liwio gan ei brofiad, ac
yn cael ei ddefnyddio gan ei brofiad – ar drugaredd ei brofiad, os
mynnwch.

Ac felly, mae'r dyfyniad o Kate Roberts beth yn wahanol i'r
ddau arall. Sylwch ar yr hyn a ddywed D. J. Williams: 'Fy
mhwrpas pennaf i . . . yw ceisio deall pob person o'r tu mewn'; a
J. Gwilym Jones: 'Fy awydd pennaf oedd ceisio trin meddyliau'.
Hynny yw, mae gan y ddau fwriad ac ewyllys tuag at eu
cymeriadau; hwy, i raddau helaeth iawn, yw'r meistriaid. Ond
gwrandewch ar Kate Roberts. Dyma'r dyfyniad yn llawnach:

> O'r gymdeithas y'm codwyd ohoni, cymdeithas dlawd ar adeg
> dlawd yn ei hanes, oherwydd hynny ni'm denwyd i sgrifennu
> storïau yn delio â rhyw, neu ymdrechion rhwng pobl o wahanol
> gymeriadau a'i gilydd, neu ag ymdrechion ysbrydol eneidiau –
> ymdrech yn erbyn tlodi ydoedd o hyd.

Sylwch: 'Oherwydd y gymdeithas . . . ymdrech yn erbyn tlodi'.
Doedd ganddi hi fawr o ddewis. Offeryn ydyw hi yn llaw ei
phrofiad cynnar, ei magwraeth, ei chymdeithas fore oes. Wrth
gwrs, mae D. J. Williams hefyd yn gynnyrch ei gymdeithas, a
John Gwilym Jones. Ond fe gymhellwyd y naill i sgrifennu gan ei
hoffter o bersonau a'i hoffter o stori, a'r llall gan ei ddiléit mewn
seicoleg a'i drwytho mewn llenyddiaeth Gymraeg. Dynion yw'r
ddau sydd i raddau helaeth wedi dewis sgrifennu fel y gwnânt,
ac yn sgrifennu am unigolion. Gwraig wedi'i *gorfodi* i sgrifennu
fel y gwna yw Kate Roberts, i gael gollyngdod i'w phrotest yn
erbyn tlodi'i chymdeithas fore, ac felly mae hi'n sgrifennu am
ungolion; rhaid cael nofel i ddarlunio cymdeithas. Dyna pam y
troes Kate Roberts yn nofelydd.

Roedd yn rhaid dechrau fel hyn cyn sôn am themâu'r nofel
Gymraeg, er mwyn dangos nad yw'r nofelydd yn hollol rydd i

ddewis ei ddeunydd, ac o'r herwydd fod defnyddiau nofelau Cymraeg yn bur gyfyngedig. Mewn stori fer, a hyd yn oed mewn drama, fe all awdur bigo yma a thraw fel ceiliog mewn cadlas, gan ddewis ei ddefnyddiau beth o bobman. Nid yw'n rhaid iddo fanylu llawer ar gefndir ei gymeriadau; yn wir, does ganddo ddim lle i fanylu. Ond mewn nofel mae'n rhaid i'r cefndir fod yna; mae'n rhaid 'gosod yr unig mewn teulu', y cymeriadau mewn cymdeithas. Ac felly mae'n rhaid i'r nofelydd fod yn llawer mwy gofalus i ddewis cefndir y mae'n fwy cyfarwydd ag ef.

Mae un peth arall i'w benderfynu. Beth sydd i'w olygu wrth 'thema'? Fe fyddai rhai o'r hen bregethwyr, wedi codi'u testun, yn dweud, 'Mater: y peth a'r peth.' Ac fe allem ninnau, yn lle sôn am thema, sôn am 'fater' nofel. Hynny yw, am ba beth y mae'r nofelydd yn sôn? Pa sefyllfa ddynol y mae'n ceisio'i ddarlunio, neu pa nodwedd ddynol y mae'n ceisio'i dadansoddi? Pa neges, pa wirionedd . . . ac yn y blaen.

## II

Yn ôl y diffiniad hwn o thema, fe fyddai'n weddol hawdd gosod labeli ar nofelau Cymraeg. *Enoc Huws* Daniel Owen: rhagrith; *Gŵr Pen y Bryn* Tegla Davies: uchelgais; *Monica* Saunders Lewis: chwant; *Traed Mewn Cyffion* Kate Roberts: dycnwch. Ac fe all y labeli hyn fod yn gywir, mewn ffordd syml a chyffredinol iawn. Ond wrth gwrs, does dim dau nofelydd yn trin yr un pwnc yn yr un ffordd.

Er enghraifft, fe fyddai'n anodd cau rhagrith allan o unrhyw nofel aeddfed. Rwy'n pwysleisio 'nofel *aeddfed*', oherwydd mae'r ifanc yn rhy onest i ragrithio ac i nabod rhagrith. Sylwch chi ar waith nofelwyr Cymraeg ifainc heddiw; mae'u cymeriadau'n bwrw'u perfedd wrth ei gilydd ac yn dweud y gwir am ei gilydd yn eu hwynebau heb flewyn ar dafod, heb guddio dim, yn eu dadansoddi'u hunain a'i gilydd yn barhaus. Gwenwyn araf yn gweithio yw rhagrith, ac mae dyn yn ei weld mewn pobl eraill cyn ei weld ynddo ef ei hun. Dyna pam na all nofelydd ddim sgrifennu'n dda am ragrith nes ei fod yn ganol oed, wedi dysgu bod yn un person yn ei waith, yn berson arall i'w ffrindiau, yn berson arall eto i'w blant, ac wedi cael ei faglu a'i siomi gan ragrith pobl eraill.

Ond wedi nabod rhagrith, does dim rhaid iddo weld rhagrith yn beth drwg. Mae rhagrith yn beth gwahanol iawn i Daniel Owen a Tegla Davies ar y naill law a John Gwilym Jones ar y llall. Dyna Capten Trefor yn *Enoc Huws*, y perchennog gwaith plwm sydd i bob golwg yn barchus ac yn grefyddol, yn dweud wrth Enoc:

> Yr wyf yn cofio, Mr. Huws, pan oeddwn dipyn yn iau nag wyf yn awr, y byddwn yn cael difyrrwch nid bychan wrth gerdded allan yn nhrymder nos ar fy mhen fy hun, pan fyddai trwst y byd a masnach wedi distewi, a dim yn bod, mewn ffordd o siarad, i aflonyddu ar fy myfyrdodau. I un o duedd fyfyrgar fel fy hunan, mewn ffordd o siarad, nid oes dim yn fwy hyfryd i'r teimlad, nac, yn wir, yn fwy llesol i'r enaid, na thro wedi bo nos, pryd y gall dyn, mewn dull o ddwedu, ymddiosg oddi wrth bob gofalon a thrafferthion bydol, ac ymollwng, megis i gymundeb â natur fel y mae, yn ôl fy syniad i, yn fwy *impressive* yn y nos . . .

A chwithau'n gwybod fod y gwalch ymhell iawn o fod â thuedd fyfyrgar, ac yn meddwl llai na dim am les ei enaid. Neu o leiaf, fe ddowch i wybod hynny yn y man, oherwydd yr oedd Daniel Owen yn ddigon o artist i wneud i ddyn fel Capten Trefor ymddangos yn ddidwyll nes dod yr amser i'w ddinoethi. Ond gwalch yw Capten Trefor. Nid gwalch yw John Williams yn *Gŵr Pen y Bryn*. Twyllo pobl eraill yr oedd Capten Trefor. Yr oedd John Williams yn ei dwyllo'i hun:

> Cyn y rhyfel degwm, pan feddylient am John Williams, am ddyn cwynfanllyd, arwynebol, di-ddal, a di-ddiolch y meddylient; pan feddylient am Ŵr Pen y Bryn, meddylient am hen gyff urddasol, un o'r rhai hynaf ac urddasolaf yn y wlad. Er na chyhoeddodd neb fod newid i fod wedi hyn, mor gref yw greddf oni pheidiodd pawb â sôn byth mwy am na John Williams na Gŵr Pen y Bryn – Mistar Williams Pen y Bryn ydoedd ef bellach, i bawb. Yr oedd ef ei hun, ac etifeddiaeth y gorffennol iddo, yn un, mwy, yng ngolwg y fro. Ac ar hyn yr oedd Gŵr Pen y Bryn yn fodlon.

Ond y ffaith yw nad oes dim newid yng Ngŵr Pen y Bryn – hyd yma. Newid actor ydyw, dyn yn chwarae part gwahanol, arweinydd yn y Rhyfel Degwm yn hytrach na ffarmwr wedi suro. Ond mae'r ardal yn credu ei fod yn ddyn gwahanol, ac mae John Williams ei hun, dros dro, beth bynnag, yn credu'i fod yn ddyn gwahanol. Dyma ragrithio mwy gwenwynllyd hyd yn oed na rhagrith Capten Trefor, yr actor bwriadol, y rhagrithiwr proffesiynol. Eto i gyd, mae rhagrith yn debyg yng ngwaith Daniel Owen a Tegla Davies. Rhagrith y dyn sydd ar bedestal, y dyn sy'n gorfod gwisgo delw gyhoeddus, y dyn sy'n ymddangos yn gyfoethog ond sy mewn gwirionedd yn dlawd, y dyn sy'n actio'n wrol ond sy'n wir yn llwfr.

Pan ddown ni i ddarllen dramâu John Gwilym Jones fe ddown wyneb yn wyneb â rhagrith gwahanol. Dyw J. Gwilym Jones hyd yn hyn ddim wedi cyhoeddi nofel hir, ond os gwna hynny – ac rwy'n gobeithio y gwna – rwy'n bur sicr y byddai hi'n ymdrin â rhagrith yn weddol helaeth.[2] Ond rhagrith gwahanol ydyw. Nid rhagrith y dyn cyhoeddus pwysig, ond rhagrith pawb. Mae un ymadrodd sy'n digwydd mewn dwy o'i ddramâu, *Lle Mynno'r Gwynt* a *Gŵr Llonydd*, a hwnnw yw, 'byw celwydd'. Yn *Gŵr Llonydd* mae Poli Lewis, sy'n edrych ar ôl ei thad oedrannus a'i phedwar plentyn, newydd ddweud celwydd bach wrth Edgar, ffarmwr ifanc sy mewn cariad â'i merch Beti. Mae Beti yn y tŷ pan yw Edgar yn galw, ond mae'i mam yn dweud ei bod hi allan. Wedi i Edgar fynd, meddai hi:

'R oedd i mi ddeud celwydd wrtho fo yn garedicach o lawer nag iddo fo gael ei wrthod. 'Dydi deud celwydd ddim yn beth hawdd . . . ddim yn beth hawdd o bell ffordd . . . mae'r pum mlynedd dwytha 'ma wedi dysgu hynny i mi . . . am bum mlynedd 'r ydw i wedi byw celwydd, ac 'r ydw i'n sicr, sicr, sicr fy mod i'n gwneud y peth iawn . . .

Hynny yw, yn ystod y pum mlynedd hynny mae hi wedi cuddio'r gwir am ei mab Robin, ac yn wir wedi gorfod cadw ar bawb o'i chwmpas mewn rhyw ffordd neu'i gilydd. Gorfod byw celwydd er mwyn bod yn fam effeithiol i bob un o'i phlant gwahanol. Yr hyn y mae J. Gwilym Jones yn ei ddweud yw nad oes neb yn iawn adnabod neb arall oherwydd nad yw neb byth yn ymddangos yr hyn ydyw. Na neb chwaith yn ei adnabod ef ei hun ond mewn argyfwng neu mewn gwewyr o ymddadansoddi.

Yr wyf wedi cymryd tair enghraifft o ymdrin â rhagrith. Ond camgymeriad fyddai cyfyngu rhagrith i waith y tri awdur hyn.

2. Cyhoeddodd John Gwilym Jones ddwy nofel, sef *Y Dewis* (1942) a *Tri Diwrnod ac Angladd* (1979).

Mae rhagrith ym *Monica* Saunders Lewis, yn amlwg ym merched snobyddol y faestref, fel Mrs Amy Huws, ond mae Monica'i hun, a Bob ei gŵr, yn 'byw celwydd'. Mae rhagrith yn *Chwalfa* T. Rowland Hughes, y rhagrith confensiynol mewn stiward a stiward gosod a'u teuluoedd. Mae rhagrith yn *Y Byw Sy'n Cysgu* Kate Roberts, yn arbennig yn Esta a'i mam, ond mae hyd yn oed Lora Ffennig ei hun yn gorfod dal wyneb, 'byw celwydd'.

Mewn gair, mae'n anodd i nofel aeddfed beidio â darlunio rhagrith. Yn wir, cymeriad heb rywfaint o ragrith, cymeriad heb ddyfnder ydyw, cymeriad rhy syml. Mae gan bob cymeriad o bwys rywbeth i'w guddio oddi wrth y byd, ac oddi wrtho ef ei hun. Pan weddïodd Pantycelyn, 'Cudd fy meiau rhag y werin, Cudd hwy rhag cyfiawnder Ne',' yr hyn a olygai oedd, 'Cudd hwy rhag cydwybod Williams.' Oherwydd nid oes dim yn fwy anodd i ddyn nag wynebu'r hyn ydyw. Ac mae hyn yn rhan o ddefnydd pob nofel o bwys.

Y gwrthwyneb i ragrith yw dadrith, ac mae'r ddau'n cydgerdded. Fe ddinoethwyd Capten Trefor, fe welodd Enoc Huws fod y Capten yn dlawd, yn fydol ac yn sgamp, ac yn y dadrith hwnnw y mae Enoc o'r diwedd yn tyfu'n ddyn. Dadrith syml iawn yw dadrith Joseff o Arimathea yn *Yr Ogof* Rowland Hughes, dim ond gweld fod y Proffwyd o Nasareth yn well na'r Sanhedrin, a theimlo'i lygaid sanctaidd yn chwilio cyrrau'i galon, ond oni bai am y dadrith hwnnw fyddai dim stori i'w hadrodd. Dadrith enbyd yw eiddo Lora Ffennig yn *Y Byw Sy'n Cysgu* – gwraig yn dod i nabod ei gŵr yn ei absenoldeb, ac yn dod i nabod ei theulu a'i theulu-yng-nghyfraith a'i chymdogion. Dadrith ychydig yn wahanol yw eiddo Rhys Davies yn *Y Foel Fawr* R. Gerallt Jones – dyn wedi'i hyfforddi i feddwl ac i athronyddu yn gweld drwy gymdeithas a dull y byd, ac yn penderfynu encilio. Yr un math o ddadrith sydd yn *Nid yw Dŵr yn Plygu* Bobi Jones, ond mai Cymru fel cenedl sy'n dadrithio y tro hwn.

Y cyfan yr wyf wedi'i ddweud hyd yn hyn ydyw: mai thema pob nofel o bwys yw'r hyn sy'n digwydd i ddyn mewn rhyw argyfwng yn ei fywyd. A'r peth hwnnw, mewn gair, yw 'Adnabod'. Adnabod ei deulu, ei ardal, ei enwad, ei genedl, y byd – unrhyw un o'r rheina – ac/neu ei adnabod ef ei hun. Troi rhagrith yn ddadrith. Tynnu'r masg. Codi'r caead. Dyna thema sylfaenol y nofel fel ffurf ar lenyddiaeth.

Felly, does dim llawer rhagor i'w ddweud, ond dweud fod yr adnabod hwn yn digwydd drwy uchelgais wedi'i chyflawni neu wedi'i siomi, neu drwy gariad neu siom mewn cariad, neu oherwydd chwant o ryw fath, neu ymdrech yn erbyn personau neu amgylchiadau – fel yn storïau Kate Roberts, ymdrech yn erbyn tlodi. Ac felly, os ydym ni i sôn am themâu'r nofel *Gymraeg* yn arbennig, mae'n rhaid inni edrych, nid yn unig ar y thema – yr adnabod neu'r methu adnabod mewn amgylchiadau arbennig – ond ar yr amgylchiadau'u hunain, oherwydd y rheini, a'r rheini'n unig, sy'n Gymreig.

## III

Mae un peth od i'w weld yn y nofel Gymraeg. Os oes rhywbeth wedi llunio a lliwio'r gymdeithas Gymraeg gyfoes, crefydd yw hwnnw. A chrefydd o fath arbennig, sef Ymneilltuaeth. A hyd y blynyddoedd diwethaf hyn, eithriad oedd nofel Gymraeg nad oedd y capel yn chwarae rhan ynddi – capel, a gweinidog, a dysgu adnodau, a chyfarfod llenyddol. Ond gydag eithriad, nid dylanwad crefyddol mo'r capel, ond dylanwad cymdeithasol – lle i weld y cymeriadau ar eu gorau, neu'u mwyaf rhagrithiol.

Dyw hyn ddim mor wir am Daniel Owen, am ei fod ef yn byw yn nes na ni at gyfnod bywiol Ymneilltuaeth. Lle mae Thomas a Barbara Bartley yn cael eu derbyn i'r seiat, a lle mae Gwen Thomas yn cael ei hargyhoeddi gan bregeth John Phillips yng nghapel y Methodistiaid, mae'r capel yn gwneud yr hyn y mae capel i fod i'w wneud. Ond hyd yn oed yn Daniel Owen rhyw fath o ysgol safonau yw'r capel yn hytrach na chysegr, ac yr oedd yntau ar drothwy'r dirywiad ysbrydol. Yn *Enoc Huws* mae Dafydd Dafis, ar ei aelwyd, yn rhoi darlith answyddogol ar y seiat, ac yn ceisio egluro pam y mae'r seiat mor amhoblogaidd. Ac yn dweud:

> Mae'r seiat, yn ôl fy meddwl i, yn sefydliad hynod fanteisiol, nid yn unig i wrando profiad, ond hefyd i'w greu a'i feithrin . . . Mae'r dyn digrefydd wedi dyfod i fucheddu yn debycach i'r dyn crefyddol, a'r dyn crefyddol yn rhy fynych, yn bucheddu yn debycach i'r dyn anghrefyddol. Mae lle i ofni, mewn llawer amgylchiad, fod rhyw fath o fargen wedi ei tharo rhwng y byd a'r eglwys. Mae troedigaethau hynod, ysywaeth, erbyn hyn, yn anaml, a bod o fewn ychydig i fod yn Gristion yn ffasiynol.

Wrth gwrs, fe ellid disgwyl i grefydd chwarae rhan amlwg yn nofelau troad y ganrif. Mae hynny'n digwydd yn nofelau Gwyneth Vaughan, er mai mecanwaith allanol crefydd sydd amlycaf ynddynt hwythau. Yn *Gŵr y Dolau* Llewelyn Williams, y capel yw'r lle i ddangos orau y gwahaniaeth dosbarth rhwng Mrs Morris y Gelli a'i chydaelodau. Gweinidog yw un o'r ddau brif gymeriad yn *Lona* T. Gwynn Jones, ond rwy'n credu mai'r rheswm am hynny oedd fod ar Gwynn Jones eisiau cymeriad ifanc wedi cael addysg dda ac ar yr un pryd yn Gymro da, ac mai gweinidog oedd agosaf at y delfryd. Ond syrthio mewn cariad yw amcan pennaf y gweinidog hwn, a herio holl safonau parchusrwydd drwy syrthio mewn cariad â sipsi.

Mae gwahaniaeth yn *Gŵr Pen y Bryn*. Wedi dinoethi rhagrith a hymbyg y capel Ymneilltuol a'i achlysuron cymdeithasol, fel yn y bennod ddigri ar Gyngerdd Bethania, a datguddio gwacter y gweinidog, T. Cefnllech Roberts, mae'r peth eithriadol yn digwydd. Nid yn y capel y mae John Williams yn cael ei dröedigaeth derfynol, ond yno, yn y seiat i ddathlu gwroniaeth y Rhyfel Degwm, y mae'n tystio i'w dröedigaeth. Gweinidog Ymneilltuol yw Tegla Davies, ac yr oedd yn ei galon ef gystwyo'i Ymneilltuaeth am ei ffug a'i hanffyddlondeb, ond hefyd ddangos mai'r capel, wedi'r cwbl, yw iechydfa'r enaid.

Fel y gellid disgwyl, does dim sôn am gapel yn *Monica* Saunders Lewis. Yn rhyfedd iawn, does dim sôn am unrhyw eglwys ynddi chwaith. I T. Rowland Hughes yr oedd capel a gweinidog yn rhan anhepgor o'r cefndir, ac mae'i weinidogion yn gymeriadau byw: Mr Jones yn *O Law i Law*, Edward Lloyd ddiog a Mr Rogers weithgar yn *William Jones*. Ond mae gweinidogion yn rhyfedd o absennol yn *Chwalfa*, ac mae'u habsenoldeb mewn brwydr felly yn huawdl. Wrth gwrs, mae Robert Williams ac Edward Ifans, dau o arweinwyr y streic, yn golofnau Ymneilltuol.

I awdur fel Kate Roberts, wedi'i magu yn Rhosgadfan, ardal y capeli mynych a helaeth, mae'r capel eto'n un o ddodrefn bywyd. Ond nid yw'n cyffwrdd dim â'r argyfyngau personol. Dyn ar y cyrion yw Mr Jones y Gweinidog yn *Y Byw Sy'n Cysgu*, yn barod iawn i helpu, ond yn methu, am nad yw ef a'r hyn y saif drosto yn cyfri fawr ddim i Lora. Cymerwch ddwy nofel ddiweddar gan frawd a chwaer. Yn *Ar Chwâl* gan Catrin Lloyd Rowlands, mae Mr Jones y Gweinidog rywle ar y cyrion, dyn

diwylliedig sy'n medru trafod llyfrau. Mae Ann yn dweud wrth
Ilud:

> 'Bu Mr. Jones y gweinidog yma heno, a 'r oedd o'n deud nad
> oedd o wedi dy weld di yn y capel yn ddiweddar. 'R oedd o'n
> gofyn amdanat ti yn arw.'
> (Ac meddai Ilud wrthi'i hun): O dyma fo eto. Y busnesu
> tragwyddol. Aeth i'w chragen ar unwaith. (Ac meddai hi'n uchel):
> 'Go damio. Y fo a'i gapel . . .'

Does dim condemniad cyffredinol ar grefydd capel yn y 'damio'
yna, dim ond geneth ifanc mewn ffit o dymer ddrwg yn
gwrthryfela yn erbyn pob math o ymyrraeth â'i bywyd. Wedyn,
yn nofel y brawd, John Rowlands, *Lle Bo'r Gwenyn*, mae Elwyn a
Gwyn yn angladd Madam, gwraig eu llety:

> Gwyn eu byd y rhai pur o galon . . .

> Ond 'd oedd Madam ddim yn 'bur o galon', meddwn wrthyf fy
> hun gan chwerthin . . . Hwyrach y basa Duw yn ei gweld hi'n bur
> o galon, ond nid Mr. Evans, y *Parchedig* Gwilym Evans, B.A., B.D.,
> *parchus* weinidog Eglwys Bresbyteraidd Cymru . . .

> '. . . Canys hwy a welant Dduw.'

> 'R oedd o'n brysio drwy'r gwasanaeth rŵan. Yr oedd o'n ei
> theimlo'n rhy boeth, a dim ond rhyw ddyrnaid o gymdogion yn y
> fynwent, a 'd oedd neb o bwys yma, felly, 'd oedd hi fawr o
> wahaniaeth 'wnâi o weddïo'n dda ai peidio.

Mae tipyn o chwerwedd, wrth gwrs, yn y geiriau sydd mewn
llythrennau italig, *parchedig* a *parchus*, ond chwerwedd personol
llanc ydyw yn erbyn un gweinidog sy'n amherthnasol i'w fyd a'i
broblem ef.

Y peth yr wy'n ceisio'i ddangos yw hyn. Yn y mwyafrif mawr
o nofelau Saesneg does dim sôn am grefydd o unrhyw fath, ond
pan fydd sôn, fel yn nofelau Graham Greene, mae rhyw
orfodaeth ysbrydol ddofn i'r sôn hwnnw. Yn y mwyafrif llethol o
nofelau Cymraeg, ar y llaw arall, y *mae* sôn am grefydd, gan
amlaf ar ffurf gweinidog neu gapel, ond sôn ydyw am rywbeth
sydd yna'n barhaus, yn rhan o gefndir pob Cymro Cymraeg, pa

un a ydyw'n gapelwr ai peidio, rhywbeth na ellir peidio â'i grybwyll os yw'r cefndir i'w baentio'n gyflawn. Yn nofelau Daniel Owen yr oedd y capel yn ganolog; yn nofelau'r to hynaf heddiw y mae'n gefndir anochel; yn nofelau'r to ieuangaf y mae'n symbol o bob ymyrryd â bywyd preifat, i'w anwybyddu os yw'n ddieffaith, i brotestio yn ei erbyn os yw'n ymwthgar.

Ond dyma sy'n od: mewn gwlad a fu mor grefyddol, does gennym ni'r un nofel sy'n ymdrin yn fanwl â phererindod ysbrydol, â gwneuthuriad sant, â dylanwad cyson capel neu eglwys ar enaid sensitif. Mewn gair, dim nofel a dim cymeriad tebyg i Aliosha yn *Y Brodyr Karamazov*. Y canlyniad yw, pan fo nofelydd Cymraeg yn darlunio rhagrith a dadrith, ac yn dwyn cymeriad i'w adnabod ei hun a'i gymdeithas, ychydig iawn o le sydd i grefydd yn yr adnabod hwnnw. Ar y cyfan, felly, rhan o'r cefndir Cymraeg yw crefydd, nid elfen anhepgor yn y thema.

Beth am waith? Hynny yw, galwedigaeth cymeriadau mewn nofel. Mae'n bwysig trafod hyn, oherwydd mewn nofelau Saesneg, yn arbennig, mae galwedigaeth yn rhywbeth sylfaenol. Yr oedd Anthony Trollope yn *Barchester Towers* yn medru llenwi nofel gyfan â chlerigwyr. Nofel am glerigwyr yw hi, ac yr oedd eu huchel alwedigaeth a'u bagad gofalon ynghlwm wrth y thema. Mae llawer o nofelau'r Sais heddiw wedi'u gosod ym myd busnes, ac yn *Room at the Top* gan John Braine, er enghraifft, dringo mewn busnes ac effaith hynny ar ddyn ydyw'r thema, yn ddadrith a rhagrith yn gymysg.

Dwy brif alwedigaeth sydd i gymeriadau nofelau Cymraeg – y ffarm a'r chwarel. Mae hyn yn ddigon naturiol; dyna'r ddau brif ddi-wydiant yn ardaloedd Cymraeg y gogledd yn ystod y ganrif a aeth heibio, a'r gogledd, ysywaeth, hyd yn hyn, a gynhyrchodd fwyafrif ein nofelwyr. Mae'n resyn na fyddai cymoedd glo'r deheudir wedi codi nofelydd Cymraeg da yn nyddiau'u hanterth, ac mae'r nofel Gymraeg yn anghyflawn fel portread o Gymru heb o leiaf un nofel dda am y dirwasgiad yn y cymoedd rhwng y ddau ryfel.

Hyd yma, dau Ogleddwr sy wedi rhoi'r portreadau gorau o'r gymdeithas lofaol mewn nofel: Daniel Owen yn *Rhys Lewis* – a glofa yn Sir y Fflint yw honno – a Rowland Hughes yn *William Jones*. Fe wnaeth Islwyn Williams y peth efallai'n well na neb yn ei storïau byrion, ac mae'n dyled ni'n fawr i'w goffadwriaeth am y storïau rhagorol hynny. Ond chawsom ni ddim nofel gan Islwyn Williams.

Wrth gwrs, mae patrwm diwydiannol Cymru'n newid. Diwydiannau llai o lawer erbyn hyn yw amaethyddiaeth a chwarelyddiaeth a chodi glo. Ac yn eu lle fe dyfodd mamothiaid y felin ddur a'r gwaith cemegol a'r atomfa. Dim ond un nofel hyd yn hyn sy wedi ymgodymu â'r sefyllfa newydd, a honno yw *Haf Creulon* T. Glynne Davies. Goruchwyliwr adran mewn ffatri yw Huw, yr arwr, ac mae nifer o olygfeydd y nofel wedi'u gosod yn y ffatri. Newyddiadurwr a gohebydd radio fu T. Glynne Davies hyd yn hyn, a diau mai cipolygon gohebydd a gawn ni ar waith y ffatri yn hytrach na phrofiad un sy wedi treulio dyddiau a blynyddoedd yn ei sŵn a'i harogleuon. Ond mae hyn yn codi pwnc arall: i ba raddau y gall, ac y dylai, nofelydd ddewis defnyddiau o'r tu faes i'w brofiad ef ei hun?

Rhaid inni beidio ag anghofio'r crefftwyr chwaith. Fe roes Gwilym Hiraethog gychwyn da inni gydag *Atgofion Hen Deiliwr*, ond sylwedydd oedd y teiliwr hwnnw, nid dyn y cafodd ei deilwriaeth effaith lesol neu aflesol arno.

Mae'r crefftwyr wedi cael lle eithaf anrhydeddus yn y nofel Gymraeg, ac enwi dim ond Nat y Gof yn *Gŵr y Dolau*, Dafydd Huws y Saer yn *Gŵr Pen y Bryn*, Thomas Bartley yn cynrychioli'r cryddion, a Preis y Barbwr yn *O Law i Law*. Prin y mae byd masnach wedi cael chwarae teg; oni bai am Daniel Owen a'i Abel Huws ac Enoc Huws yn cynrychioli'r siopwyr bach, a thad Monica yn y nofel o'r un enw, ychydig iawn fyddai'r cipolygon a gawsem ni y tu ôl i'r cownter. Mae Selyf Roberts, fodd bynnag, wedi dod â masnach i'r nofel ar raddfa go grand yn *Cysgod yw Arian*, a diolch am weld bancer yn sgrifennu nofelau Cymraeg.

Ond mae bywyd y swyddfa yn dir glas yn llenyddol. Mae'n siŵr fod digon o Gymry Cymraeg bellach yn treulio'u hoes mewn swyddfeydd i fentro ar y wythïen newydd hon. Mae W. Leslie Richards wedi gwneud meddyg yn brif gymeriad o'r diwedd yn ei nofel *Llanw a Thrai*, ac athro ysgol yn *Yr Etifeddion* a *Cynffon o Wellt*, er nad nofelau am athrawon ydynt. Mae Bobi Jones ac R. Gerallt Jones o'r diwedd wedi dod â ni wyneb yn wyneb â darlithwyr coleg a churaduron amgueddfa, ac mae John Rowlands ac Eigra Lewis Roberts wedi'n cyflwyno ni i fywyd myfyrwyr. Mae hyn oll, wrth gwrs, yn arwyddocaol. Mor sicr â bod y ddrama Gymraeg ddifrifol wedi gadael y gegin ffarm, mae'r nofel Gymraeg yn prysur adael y ffarm a'r chwarel ac yn ein harwain ni i fywyd y dosbarth proffesiynol. Tipyn yn academaidd yw hwnnw hyd yn hyn, ond mae dechrau ar bopeth.

A sôn am ddosbarth, dyna, wrth gwrs, gyfyngiad arall ar y nofel Gymraeg. Pobl o bell fu'r sgweieriaid yn nofelau Cymraeg y gorffennol, fel y sgweier Gruffydd yn *Gwen Tomos* – rhyw gysgodion tadol neu arswydlon yn ymsymud i mewn ac allan o goed y plas. Fe wnaeth Leslie Richards beth go ddewr, yn *Cynffon o Wellt*, sef gwneud y sgweier yn gymeriad canolog ac adrodd stori'r sgweier yn y person cyntaf. Ond wrth gwrs, prin fod digon o sgweieriaid ar ôl yng Nghymru a'u bod yn ddigon pwysig bellach i achosi llawer mwy o nofelau am eu dosbarth hwy.

Nofel y dosbarth gweithiol a'r dosbarth canol fu, ac ydyw'r nofel Gymraeg. Ac yng Nghymru Gymraeg nid oes mo'r un dieithrwch rhwng y ddau ddosbarth hynny ag sydd, dyweder, yn Lloegr. Ond a allwn ni ddweud fod dosbarth a galwedigaeth wedi dylanwadu ar gymeriadau ein nofelau? Dim ond i'r graddau fod y chwarelwr yn byw mewn perygl beunyddiol a'r ffarmwr yn byw beunydd ar drugaredd y tywydd, y masnachwr a'r crefftwr ar drugaredd y cyhoedd, a myfyrwyr a darlithwyr ac athrawon ar drugaredd syniadau. Ac wrth reswm, mae'n rhaid i bob cymeriad fod yn rhywbeth heblaw gwryw neu fenyw; rhaid cydnabod chwilfrydedd y darllenydd, ac nid cymeriad crwn yw'r cymeriad heb alwedigaeth.

Mae un cefndir arall y carwn i gyffwrdd ag ef cyn gorffen. Rhywbeth y gŵyr y rhan fwyaf o ddynion Cymru amdano, ac eto sydd wedi chwarae rhan fechan iawn yn ei nofelau. A hwnnw yw rhyfel.

Fe ellir dweud mai dwy nofel sydd gennym yn Gymraeg sy'n nofelau am ryfel fel y cyfryw: *Amser i Ryfel* T. Hughes Jones am y Rhyfel Byd Cyntaf ac *Ym Mhoethder y Tywod* Hydwedd Bowyer am yr Ail.[3] Y rhain yn unig sy'n trafod o ddifri effaith bod yn filwr yn y ddwy gyflafan ar fachgen o Gymro. Fe ellir enwi eraill sy naill ai'n storïau antur da, fel *Dianc* T. M. Bassett, neu ynteu'n crybwyll effaith rhyfel ar y gymdeithas Gymreig gartref: y mae amryw sy'n gwneud hynny. Ac wrth gwrs, y mae gennym o leiaf un nofel am frwydr y gwrthwynebwr cydwybodol, sef *Plasau'r*

---

3. Pe bai'r awdur wedi cyhoeddi'r sylwadau hyn ddwy flynedd yn ddiweddarach, byddai'n siŵr o fod wedi ychwanegu *Gwaed Gwirion* (1965), nofel Emyr Jones am y Rhyfel Byd Cyntaf, at ei restr.

*Brenin* D. Gwenallt Jones. Ond mae'r ffaith yn aros: o gymharu â llenyddiaeth gwledydd eraill, mae rhyfel wedi mynd heibio i'r nofel Gymraeg bron mor llwyr â phetai Cymru'n wlad niwtral.

Mae'n ddiddorol – os yw 'diddorol' yn air gweddus yma – turio i'r rhesymau posibl am fudandod nofelwyr Cymraeg ynghylch y ddau ryfel byd. Mae'n debyg mai ychydig o'n nofelwyr a fu'n filwyr. Mae'n bosibl hefyd fod rhyfel yn beth rhy Seisnig yn ei ogoniannau a rhy boenus yn ei erchyllderau i filwyr sy'n ddigon Cymreig i sgrifennu'n greadigol yn Gymraeg gael blas ar ei gofio a'i ddarlunio. Eto i gyd, fe gollodd Cymru waed ei chalon a mêr ei hesgyrn yn y ddau ryfel byd. Dyna 'fater' sy'n ddigon ar gyfer nofel rymusa'r iaith. Yn ormod, hwyrach.

*          *          *

Mae'n bryd crynhoi. Nid oes dim yn Gymreig yn y nofel Gymraeg ond ei hiaith a'i chefndir a'i chymeriadau. Yn y pethau hyn y mae hi mor Gymreig ag ydoedd nofelau Dickens o Seisnig neu nofelau Dostoiefsci o Rwsaidd, er ei bod yn llai felly heddiw oherwydd yr ymdebygu a'r ymdoddi sy ar gynnydd beunydd rhwng pobl a phobl.

Y mae'r nofel ym mhob iaith yn un yn ei themâu sylfaenol, neu'n wir ei thema sylfaenol, sef yr adnabod sy'n dod i ddyn mewn argyfwng. Neu efallai, y methu adnabod yn niffyg argyfwng, sy'n drymach gan eironi ac yn gofyn nofelydd go alluog i'w drin.

Tasg pob nofelydd Cymraeg, felly – ac y mae'u nifer ar gynnydd, diolch am hynny – yw myfyrio'n ddyfnach beunydd yn y thema hon, meinhau'i synhwyrau fel y gwelo'n gliriach, a gloywi'i eiriau fel y mynego'n rymusach, yr adnabod ar genedl neu gymdogaeth neu hunan a all ddigwydd, efallai i Gymry, efallai yng Nghymru, ond i'w ddarlunio hyd eithaf dawn yn Gymraeg.

# 5

## Yr Eisteddfod Genedlaethol a'r Nofel Gymraeg[1]

ISLWYN FFOWC ELIS

Y cwestiwn y disgwylir i mi ei ateb, efallai, yw hwn: a ydyw'r Eisteddfod Genedlaethol wedi cyfrannu at dwf a datblygiad y nofel Gymraeg? Pe medrwn i ateb 'Ydyw' ar ei ben, byddai dwy genhedlaeth o bwyllgorwyr eisteddfodol yn ymchwyddo'n gyfiawn. Ond os yw'n rhaid dweud 'Nac ydyw', neu 'Ychydig iawn', fe ddylem, a bod yn hollol deg, ofyn cwestiwn arall yn gyntaf.

A ydyw hybu'r nofel yn rhan o waith yr Eisteddfod Genedlaethol? Dyna'r cwestiwn y dylid ei ofyn ar y dechrau'n deg. Ac fe ddylid ei wynebu'n onest ac o ddifri bellach, gan nad oes fawr o dystiolaeth fod yr Eisteddfod fel sefydliad wedi'i wynebu erioed.

Ni ddylid beio'r Eisteddfod am hynny. Ymrysonau beirdd oedd eisteddfodau cynnar y ddeunawfed ganrif a dechrau'r bedwaredd ar bymtheg. Ac o gychwyn yr Eisteddfod Genedlaethol fel yr adwaenwn ni hi, Gorsedd y Beirdd fu'i phwerdy hi. Ac eithrio'r prif gystadlaethau corawl ac ambell gyngerdd, dim ond defodau'r Orsedd ar brynhawn Mawrth a phrynhawn Iau sy'n llenwi'r pafiliwn, ac ar ddydd Mawrth a dydd Iau – ac eithrio ar y Sadwrn mewn ambell ŵyl – y daw'r tyrfaoedd mwyaf i'r maes. Gellid dadlau y byddai'r tyrfaoedd lawn cymaint pe coronid pensaer a chadeirio cyfansoddwr opera, ond yr wyf i'n ddigon hen ffasiwn i gredu bod anrhydeddu bardd – un bardd, beth bynnag – yn ddyhead go ddwfn ym mherfedd y bod Cymreig.

1. Cyhoeddwyd gyntaf yn Gwynn ap Gwilym (gol.), *Eisteddfota* 2 (Christopher Davies, Abertawe, 1979).

Felly, pe gofynnid 'A ydyw'r Eisteddfod Genedlaethol wedi cyfrannu at dwf a datblygiad yr awdl?' yr unig ateb posibl fyddai 'Ydyw'. Oherwydd gweithgarwch eisteddfodol yw'r awdl. Ar gyfer eisteddfodau'n unig y sgrifennir awdlau. Ni wn i am unrhyw fardd yn ei iawn bwyll sy'n ymdrafferthu i lunio awdl ond er ennill cadair eisteddfodol. (Os oes ambell un yn gwneud yn ddistaw bach, maddeued imi.) Rhan, a rhan bwysig iawn, o waith yr Eisteddfod yw hybu'r awdl. Neu'n hytrach, ei noddi a'i hachlesu hi. Oni bai am yr Eisteddfod, fe fyddai wedi marw ers llawer dydd.

Nid difrïo'r awdl yr wyf, o gwbl oll, wrth ddweud hynyna. Fe gafwyd awdlau rhiniol yn ystod y ganrif hon, sy wedi rhoi gwefr ar ôl gwefr i mi ac i laweroedd, ac fe gawn rai eto, mae'n siŵr. Mae hi'n ffurf ddefnyddiol hyd yn oed; mae darnau o'n hawdlau gorau, yn gywyddau ac yn hir-a-thoddeidiau ac yn gyfresi o englynion, yn rhan o *repertoire* llawer côr cerdd dant a pharti cydadrodd.

Yn naturiol, felly, ac yn ddigon cyfiawn, mae'r awdl a'r bryddest (neu'r dilyniant o gerddi sy'n fath o bryddest, mae'n debyg) a'r ffurfiau cydnabyddedig eraill ar gerdd dafod, wedi bod yn rhan sefydlog o sylabws blynyddol yr Eisteddfod Genedlaethol ar hyd y ganrif hon. Mae eu noddi hwy yn rhan o bolisi eglur yr Eisteddfod. Mae bri mawr iawn arnynt, yn enwedig ar ymrysonau'r Gadair a'r Goron, a'r cystadlu arnynt o'r herwydd wedi bod yn gyson helaeth. Mae'r un peth yn wir am y stori fer a'r ysgrif – honno'n dal ei thir yn syndod o dda er i rai ohonom ei 'chnocio' braidd yn gas o dro i dro. Ac fe gynigiwyd Medal Ryddiaith bob blwyddyn ers mwy na chwarter canrif, er na ddatblygwyd polisi pendant ynglŷn â honno eto; ni chlymwyd mohoni wrth un ffurf benodol ar ryddiaith na rhoi rhyw fri arbennig arni.

Ond pan ddown i gymharu'r nofel yn yr Eisteddfod Genedlaethol – a'r ddrama o ran hynny – â'r ffurfiau llenyddol a enwyd, fe welwn mai anwadal iawn fu'i hynt a'i helynt hi. Yn ystod hanner cynta'r ganrif, yn ysbeidiol y byddai hi'n ymddangos ymysg testunau'r Brifwyl, ac yn gyfnewidiol ei ffurf fel y cameleon: ambell flwyddyn yn 'Nofel Fer', ambell flwyddyn yn 'Nofel heb fod dan hyn-a-hyn o eiriau' neu'n ddim ond 'Nofel'; ambell flwyddyn, byddai dwy neu dair o gystadlaethau nofel; flwyddyn arall, dim nofel o gwbl. Bu'n fwy sefydlog yn ystod y chwarter canrif diwethaf, er bod ei hyd a'r 'nifer ohoni', os caf ddweud peth mor chwithig, a'r amodau arni yn parhau i amrywio. Weithiau bu'n destun y Fedal Ryddiaith, weithiau'n gystadleuaeth ar wahân, weithiau'n hir ac weithiau'n fyr, weithiau'n 'Nofel Antur' neu'n 'Nofel Dditectif' neu'n 'Nofel Garu'. Ond o leiaf, fe fu cyfle i rai o'n nofelwyr bob blwyddyn.

Ond mae'r anwadalu blynyddol hwn yn dangos na fu erioed bolisi pendant ar gyfer y nofel yn y Brifwyl. (Fe welwyd dechrau polisi o'r fath yn Eisteddfod Caerdydd 1978, a gobeithio'n fawr y glynir wrtho.) Rhaid cydnabod, wrth gwrs, mai *genre* amorffus yw'r nofel, o'i chymharu â ffurfiau set a chymharol hawdd eu beirniadu fel yr awdl neu'r cywydd neu'r englyn, dyweder. Ond nid yw hynny'n cyfiawnhau peidio â gofyn am 'Nofel' yn gyson bob blwyddyn, yn un o brif gystadlaethau'r ŵyl, a gadael unrhyw anghytuno ynglŷn â'i natur a'i ffurf i'r cystadleuwyr a'r beirniaid. Hynny yw, os – a rhaid gofyn hyn eto – os yw hybu neu noddi'r nofel yn rhan o waith yr Eisteddfod.

Wel, ydyw, wrth gwrs, fyddai ateb y mwyafrif o eisteddfod-wyr llengar. Prif amcan yr Eisteddfod yw gwarchod iaith a diwylliant Cymru. Rhaid i iaith wrth lenyddiaeth, a changen bwysig o unrhyw lenyddiaeth gyfoes yw'r nofel. Felly, rhan o waith yr Eisteddfod Gymraeg yw noddi'r nofel Gymraeg.

Ond byddai rhai mwy gonest yn dadlau nad oes rhaid i'r nofel wrth nawdd eisteddfodol am fod ganddi noddwyr eraill: y Cyngor Llyfrau Cymraeg, Cyngor Celfyddydau Cymru a'r cyhoeddwyr. Mae hon yn ddadl ddigon teg. Fodd bynnag, yn ddiweddar iawn y cafodd y nofel Gymraeg nawdd o'r fath. Ym 1963 y dechreuodd y Cyngor Llyfrau rannu grantiau i awduron, a phrin y gallai neb ddadlau bod y rheini'n fras, er mor dderbyniol ydynt i nofelwyr na chaent byth freindal am eu llyfrau. Ym 1968 y dechreuodd Cyngor y Celfyddydau roi ysgoloriaethau i awduron i'w rhyddhau o'u swydd am dymor er mwyn rhoi eu holl amser i sgrifennu. Ac nid nofelwyr yn unig a noddwyd ganddo, ond beirdd hefyd, ac unrhyw un a fedrai gynhyrchu gwaith 'o safon lenyddol'. Am ein cyhoeddwyr wedyn, ni allai neb eu cyhuddo hwy o fod wedi noddi nofelwyr ar draul llenorion eraill. Bu'n rhaid i'r cyhoeddwyr eu hunain wrth 'nawdd' ariannol i allu cyhoeddi'r nifer helaethach o nofelau a gawsom yn ystod yr ugain mlynedd diwethaf, am mai busnes drud yw cysodi ac argraffu a rhwymo nofel o ryw drigain mil o eiriau o'i chymharu â chyfrol farddoniaeth yn cynnwys rhyw drigain o gerddi.

Gwir – yn wahanol i'r awdl a'r bryddest yn arbennig – fe allai'r nofel a'r ddrama ffynnu ar wahân i'r Eisteddfod, yn annibynnol arni. Fe allai'r ffurfiau hyn fod wedi byw heb nawdd eisteddfodol o gwbl. Byddai'r werin ddarllengar wedi disgwyl cael nofelau yn Gymraeg, a byddai'r disgwyl hwnnw wedi cymell rhai awduron i'w sgrifennu – er na fyddai sicrwydd cyhoeddi ond i ychydig 'enwau mawr'. Ond mae'n deg gofyn hyn: a ellid bod wedi meithrin mwy o nofelwyr medrus yn ystod y tri chwarter canrif diwethaf, ac a fyddai'n llyfrgelloedd ni heddiw'n llawnach o nofelau Cymraeg o safon uchel, petai'r nofel wedi bod yn gyson ac yn amlwg ac yn uwch ei bri ar raglen flynyddol yr unig goleg llenyddol a oedd gennym, hyd yn ddiweddar iawn, i'w meithrin hi?

*     *     *

Maes eang yw hanes y nofel yn yr Eisteddfod Genedlaethol: llawer rhy eang i'w chwilio'n drwyadl yn y pum mis a ganiatawyd at lunio'r bennod hon. Ac nid eang yn unig, ond dyrys, am ei fod yn cynnwys nofelau antur, nofelau caru, nofelau ditectif – a 'nofel seicolegol' unwaith o leiaf – ar gyfer plant o wahanol oedrannau a'r 'arddegau' yn ogystal ag oedolion, heblaw'r Nofel Hir neu'r Nofel Fer 'lenyddol' (gynffonnog neu ddigynffon) a fyddai'n sboncio i mewn ac allan o'r rhestri testunau blynyddol ac i fyny ac i lawr ar hyd-ddynt. Prun bynnag, ni ellid cynnwys ymdriniaeth gyflawn â'r holl faes mewn un bennod gymharol fer mewn cyfrol amrywiol. Felly, mi ddewisais fwrw golwg dros y rhan fwyaf ffrwythlon o'r maes, sef y deugain mlynedd o ddechrau'r Ail Ryfel Byd hyd heddiw.

Rhaid, felly, esgeuluso cystadlaethau troad y ganrif, a'u testunau – pan ofynnid am nofel neu 'ffug-chwedl' o unrhyw fath – wedi'u geirio gan bobl a chanddynt lai o syniad am yr hyn yw nofel na rhai pwyllgorau llên diweddar, hyd yn oed.

Rhaid hefyd esgeuluso un o'r cyfnodau pwysicaf, er nad y mwyaf toreithiog, sef y blynyddoedd rhwng y ddau ryfel byd. Dyma'r pryd yr oedd beirniadaeth lenyddol sylweddol yn tyfu yng Nghymru, ac ambell awdur yn ymafael o ddifri â chrefft y nofel. Yr oedd Tegla yn *Gŵr Pen y Bryn* a Saunders Lewis ym

*Monica* ill dau wedi dangos yn eu ffyrdd gwahanol fod nofel yn fwy na stori hir ddigynllun wedi'i chwyddo â 'myfyrdodau' neu 'feddyliau'. Hwn oedd cyfnod y cyfle mawr i'r nofel Gymraeg. Ac yn wir, yn y cyfnod hwn y cynhyrchodd cystadlaethau'r Eisteddfod Genedlaethol ychydig o'n nofelau pwysig.

Eisteddfod sy'n haeddu pennod iddi'i hun yw Eisteddfod Castell-nedd 1934, lle y gofynnwyd am 'Nofel am Dair Cenhedlaeth'.[2] Testun gwrthun ar un olwg. Petai gennym y pryd hwnnw hanner dwsin o nofelwyr Cymraeg amser llawn, a phwyllgor llên 1935 wedi caniatáu pum mlynedd at y gwaith, fe allem fod wedi cael nofel o'r un hyd – er nad o'r un ansawdd, mae'n siŵr – â *Rhyfel a Heddwch* Leo Tolstoi neu drioleg enfawr ei ŵyr Alecsei am y Rhyfel Byd Cyntaf a Chwyldro 1917, *Y Ffordd i Galfaria*. (Faint o nofelwyr Cymraeg, tybed, sy wedi clywed am y nofel fawr honno, heb sôn am ei darllen?)

Ond wrth eu ffrwythau y mae adnabod – a barnu – cystadlaethau eisteddfod, hyd yn oed. Mae'n amlwg i'r gystadleuaeth ryfedd hon symbylu Kate Roberts i sgrifennu *Traed Mewn Cyffion*, sy'n wyrth o gynllunio cryno ac yn ddehongliad o fro a'i brodorion na chafwyd ei gyfoethocach yn Gymraeg. Fe ddyfarnwyd y nofel ardderchog honno yn gyfartal â *Creigiau Milgwyn* Grace Wynne Griffith, ond nid dyna'r dyfarniad chwithig cyntaf, na'r olaf chwaith, a gafwyd yn y Genedlaethol. Yn ail i'r ddwy fe osodwyd *Ffynnonloyw* Moelona.[3] A chyhoeddwyd y tair. Os oedd y testun yn anaddawol, bu'r ymateb yn dda: un o gampweithiau ein llên a dwy nofel arall sy'n ddigon darllenadwy a difyr o hyd.

Cyn diwedd y 1930au yr oedd Elena Puw Morgan wedi'i gwobrwyo am ddwy nofel – *Y Wisg Sidan* y tro cyntaf, *Y Graith* yr eildro – dwy nofel sylweddol a swynodd rai o'n nofelwyr diweddar. Ac ym 1939 fe wobrwywyd John Gwilym Jones am ei nofel fer hynod addawol ond diolyniaeth, *Y Dewis*.[4]

Heb os, yr Eisteddfod biau'r clod am yr ychydig nofelau da yna. Ond oni allasai cynnyrch y cyfnod fod yn helaethach o dipyn? Rhwng y rhyfeloedd yr oedd llawer mwy yn darllen Cymraeg nag sy'n ei darllen heddiw. Nid oedd papurau dyddiol Saesneg wedi gorlifo'n broydd. Yr oedd y radio'n dal yn blentyn

---

2. Gweler Islwyn Ffowc Elis, 'Nofelau Castell-nedd', *Ysgrifau Beirniadol XVI* (1990).

3. Arall yw awgrym Dafydd Jenkins ar dudalen 70.

4. Cyhoeddodd John Gwilym Jones ail nofel, *Tri Diwrnod ac Angladd*, yn 1979.

a theledu heb ei eni. Nid oedd neb wedi breuddwydio am na Chyngor Llyfrau Cymraeg na Chyngor Celfyddydau. Nid oedd adrannau Cymraeg y Brifysgol yn ymostwng i drafod peth mor ddibwys â'r nofel, er bod ambell ddarlith i'w chlywed ar Daniel Owen, mi gredaf.

Yn y cyfnod gobeithiol ond diarweiniad hwn, petai'r Eisteddfod wedi gwneud y nofel yn faes llafur blynyddol pwysig, ochr yn ochr â phrif ffurfiau cerdd dafod, gan gynnig anrhydded urddasol am nofel arobryn, fe allai fod wedi codi to o nofelwyr medrus ac ymroddedig. Yr oedd y dalent ar gael, yn siŵr; y symbyliad oedd yn eisiau.

Wrth edrych ar Eisteddfodau'r Ail Ryfel Byd, fe welwn faint o barch oedd i'r nofel yn y Brifwyl. Yn Eisteddfod Hen Golwyn ym 1941 fe gynigiwyd pumpunt o wobr (a chadair, wrth gwrs) am awdl, a phumpunt a choron am bryddest, ond dwybunt am 'Nofel Fer': yr un faint ag am stori fer. Enillwyd y ddwybunt gan Gwilym R. Jones am nofel fach bur nodedig: *Y Purdan*. Nid er mwyn y wobr, yn sicr, yr ymdrafferthodd ef a'r chwe chystadleuydd arall i sgrifennu eu nofelau. Erbyn Eisteddfod Aberteifi y flwyddyn wedyn yr oedd y wobr wedi cynyddu 250 y cant – i seithbunt. Gwilym R. Jones a enillodd eto, yn erbyn pedwar cystadleuydd arall, â nofel ac iddi'r teitl *Ffrydiau'r Gwalch*. Rwy'n tybio mai hon oedd *Gweddw'r Dafarn* a gyhoeddwyd yng nghyfres Llyfrau Pawb.

Rhaid bod pwyllgor llên Bangor 1943 wedi penderfynu ei bod yn rhy hawdd ennill cymaint â seithbunt am beth mor llenyddol ddiwerth â nofel fer, bod gormod yn cystadlu, ac y dylid oeri tipyn ar asbri'r cystadleuwyr. Felly, dyma osod llyffethair: 'Nofel Fer (tua 30,000 o eiriau) ar ffurf cyfres o lythyrau'. Bu'r llyffethair yn effeithiol: dim ond dau a gystadlodd, ac ataliwyd y wobr. Ond diau fod rheswm arall am y llyffethair; mae'n eglur yng ngeiriad y gystadleuaeth yn Llandybïe y flwyddyn ddilynol: 'Nofel (tua 60,000 o eirirau) heb fod mewn cystadleuaeth o'r blaen'. Dyna ni. Prif amcan y llyffethair oedd rhwystro'r gweilch barus a oedd yn anfon hen nofelau hirion – nid i'r Genedlaethol, gan nad oedd cystadleuaeth Nofel Hir wedi bod yn honno ers rhai blynyddoedd – ond i gystadlaethau eraill ledled Cymru, ble bynnag yr oedd y rheini. Bu'r llyffethair yn effeithiol yn Llandybïe eto. Gadawyd yr holl hen nofelau anfuddugol mewn droriau; dau yn unig a sgrifennodd nofelau newydd at yr Eisteddfod; ataliwyd y

wobr eto, ac arbedwyd decpunt y tro hwn. Yn Eisteddfod
Rhosllannerchrugog, 1945, yr unig nofel y gofynnwyd amdani
oedd 'Nofel i blant o gyfnod y goets fawr'. O leiaf, fe gafwyd *Y
Dryslwyn* Elizabeth Watkin Jones yn y gystadleuaeth honno. Ond
mae'n amlwg nad oedd yn werth gofyn am nofel lenyddol ar
gyfer oedolion gan fod cyn lleied yn ymdrafferthu i gystadlu, ac
nad oedd neb yn medru ennill erbyn hyn. Ar y nofelwyr diog a
didalent yr oedd y bai, wrth gwrs. Ar bwy arall?

Hwyrach y dylai'r Brifwyl fod wedi golchi'i dwylo'n
Beilataidd oddi wrth y nofel yn y fan hon, a'i dileu oddi ar ei
rhestri testunau unwaith ac am byth. Naill ai hynny neu godi
statws y nofel yn ddramatig er mwyn ennyn hyder unwaith eto
yn y nofelwyr a oedd yn rhy ddigalon i gynnig, neu'n troi at
farddoni neu nyddu ysgrifau i geisio gwobr. Fel y gwyddom, ni
wnaed y naill beth na'r llall. Fe barhaodd y Brifwyl i droedio'r un
hen lwybr canol, gan barhau i gynnig gwobrau cymedrol am
nofel neu nofelau ond gan gadw'r nofel yn daclus yn ei lle.

Ond mae'n deg nodi hyn. Os dilewych oedd y nofel lenyddol
yn yr Eisteddfod ym mlynyddoedd yr Ail Ryfel Byd ac am
gyfnod go hir wedyn, nid felly'r nofel i blant. Yn ystod y deng
mlynedd rhwng 1943 a 1953 fe dderbyniwyd dros ddeugain o
nofelau i blant, heb gyfri'r rhai a gyflwynwyd fwy nag unwaith,
yn ôl y beirniadaethau. O fysg y rhain, yn nofelau buddugol ac
agos fuddugol, fe gyhoeddwyd *Y Gelyn Mewnol*, *Penyd y Cipwyr*,
*Y Dryslwyn*, *Ar Sodlau'r Smyglwyr*, *Bandit yr Andes* ac eraill, o
bosibl, na fedrais eu holrhain. Wrth feirniadu yn Llanrwst ym
1951, sut bynnag, fe gwynodd Elizabeth Watkin Jones mai gwan
oedd gobaith yr awduron medrusaf yn y gystadleuaeth am weld
cyhoeddi eu gweithiau. Meddai:

> Cofiaf i mi feirniadu pum nofel a anfonwyd y llynedd i Eisteddfod
> Caerffili. Gwobrwywyd un (*Bandit yr Andes*), ac yr oedd dwy nofel
> wych arall . . . ond ni welais arlliw ohonynt mewn print, na
> chlywed byth sôn amdanynt ar ôl hynny, a'n plant yn prysur
> dyfu'n Saeson cyn belled ag y mae darllen straeon tebyg yn y
> cwestiwn.

Fe gyhoeddwyd *Bandit yr Andes* gan R. Bryn Williams yn
ddiweddarach, wrth gwrs, ond mae pob lle i gredu bod cwyn
Elizabeth Watkin Jones yn gyfiawn, a bod nifer o nofelau digon

derbyniol i blant a sgrifennwyd yn y cyfnod hwn na welsant byth olau dydd. A'r gwobrau mor fychan (£15 ym 1950, £12 ym 1951, £15 ym 1952, er enghraifft), a'r gweisg yn amharod i gyhoeddi mwy na dogn bychan o'r cynnyrch, mae'n syndod bod cynifer yn cystadlu, a'r symbyliad mor wan. A'r un mor wan oedd y symbyliad i ymgeiswyr yn y prif gystadlaethau nofel.

Ym 1949, yn Nolgellau, fe roddodd D. J. Williams y wobr yn llawn (£25, sylwer) i nofel o'r enw *Herio'r Norman* gan Lewis Davies, y Cymer: yr orau o chwech. Ni welais erioed mohoni. Yr ail yn y gystadleuaeth oedd *Diwrnod Yw Ein Bywyd* gan Jane Ann Jones. Rhaid nad oedd unrhyw wasg wedi dangos diddordeb ynddi hithau; anfonodd yr awdur hi i gystadleuaeth *Y Cymro* beth amser yn ddiweddarach, am wobr dipyn teilyngach o ganpunt a sicrwydd cyhoeddi. Cyhoeddwyd hi ym 1954. Ni welais i chwaith mo nofel hir fuddugol Llanrwst 1951, gan 'D. C. Jones' (Dilys Cadwaladr, mi gredaf), yr orau o bump, na nofel fer fuddugol Aberystwyth 1952, yr orau o wyth, na nofel fuddugol Pwllheli 1955. Mae'n ddiau nad ar y gweisg yr oedd y bai ym mhob achos; fe all ambell awdur fod 'ar goll' neu'n amharod, am ryw reswm, i ganiatáu cyhoeddi'i waith. Ond rhaid nodi'r ffaith: go wan, yn y cyfnod hwn, oedd gobaith nofelydd buddugol neu agos fuddugol yn y Genedlaethol i gael cyhoeddi'i lyfr.

Fe ellir deall a maddau amharodrwydd y gweisg yn y cyfnod hwnnw i gyhoeddi nofelau hir (a byr, o ran hynny) gan awduron anhysbys. Busnes yw cyhoeddi wedi'r cwbl, ac eisoes yr oedd nifer darllenwyr a phrynwyr llyfrau Cymraeg yn lleihau'n alaethus. Nid oedd grantiau enwog ein cyfnod ni ar gael i liniaru colledion cyhoeddwyr. Yr oedd nofelau T. Rowland Hughes wedi gwerthu fel tân pan gyhoeddwyd hwy, ac yn parhau i werthu'n helaeth yn y 1950au. Ond yr oedd ef yn 'enw'. Bu'n gymharol hawdd i un nofelydd ifanc gamu i'r bwlch a adawyd wedi marw Rowland Hughes, heb ei lenwi o bell ffordd. Ac ni phetrusodd ei wasg gyhoeddi *Y Byw Sy'n Cysgu* Kate Roberts: nofel bwysica'r 1950au, heb os. Ond doedd cyhoeddwyr ddim ar drywydd nofelau hir gan awduron newydd, nac yn orawyddus, a dweud y lleiaf, i gyhoeddi nofelau buddugol prin yr Eisteddfod.

Rhaid bod yr ansicrwydd cyhoeddi hwn yn cyfrif i ryw raddau am gyflwr cwbl ddigalon y nofel eisteddfodol yng nghanol y 1950au. Wedi cyfnod anial y rhyfel a'r 1940au diweddar fe fu adfywiad bychan. Fe gystadlodd chwech ar y 'Nofel' ym 1949, pump ar y 'Nofel heb fod dan 40,000 o eiriau' ym 1951, ac wyth ar y 'Nofel Fer yn ymwneud â bywyd cefn gwlad' ym 1952. A bu gwobrwyo ym mhob un o'r cystadlaethau hynny. Ond ni chyhoeddwyd y nofelau arobryn. Bu dirywiad cyflym wedyn. Yn y Rhyl ym 1953, er enghraifft, tri yn unig a gystadlodd, a bu'n rhaid i John Gwilym Jones atal y wobr. Erbyn Eisteddfod Pwllheli 1955 yr oedd nifer y cystadleuwyr cyn lleied â dau, a'r flwyddyn ddilynol, yn Aberdâr, dim ond un a drafferthodd i gynnig, a hynny dan ddau o'n beirniaid blaenaf, Kate Roberts a John Gwilym Jones. 'Siomedig yw nifer y cystadleuwyr yn y gystadleuaeth hon ers rhai blynyddoedd,' meddai Kate Roberts yn y cyfwng tywyll hwnnw. Nid yw hynny'n syndod i mi.

Ond hyd y gwelais i, dim ond Elizabeth Watkin Jones a soniodd am ddiffyg cefnogaeth y wasg i nofelwyr eisteddfodol. Wrth feirniadu'r nofel i blant ym Mae Colwyn ym 1947 fe gyfeiriodd D. Tecwyn Lloyd at 'ein Gweisg diafrad Cymreig', ond sôn am brinder breindal i awduron yr oedd ef. Pan fyddai nifer y cystadleuwyr yn fychan a'r safon yn isel, yn rhywle arall y byddai'r bai fel arfer. Beio cyflwr y nofel Gymraeg yn gyffredinol a wnaeth Ll. Wyn Griffith ym Mangor ym 1943:

> Am y nofel, am faint a gwir werth ei cynhyrchiad [sic] yn y maes hwn, barned pawb drosto'i hun, yn onest. O'n cymharu â mawrion y byd, nid ydym ond yn nosbarth y plant, yn ymgeisio'n ddyfal i ddysgu'r grefft, a hynny yn ei ffurf fwyaf syml a dirodres.
>
> (*Cyfansoddiadau* Bangor, 1943, 147)

Yn annisgwyl, gormod o gystadlaethau nofel yn yr un Eisteddfod oedd y rhwystr, meddai Kate Roberts wrth feirniadu'r unig gystadleuydd ar y 'Nofel Fer oddeutu 25,000 o eiriau' yn Llanrwst ym 1951:

> Eleni, bydd yn amhosibl, mi dybiaf, i unrhyw gystadleuydd gystadlu ar fwy nag un o'r nofelau a roddir. A chymryd y gall cystadleuaeth y Fedal Ryddiaith fod yn nofel, cawn bum cystadleuaeth nofel yn y rhaglen – yn cynnwys nofel i blant. Mae hyn wedi cyfyngu ar nifer y cystadleuwyr.
>
> (*Cyfansoddiadau* Llanrwst, 1951, 169)

Ond eithriad oedd Eisteddfod Llanrwst: un o'r ychydig iawn o Eisteddfodau canol y ganrif a geisiodd roi lle amlycach i'r nofel a mwy o gyfle i nofelwyr. Diffyg clem y cystadleuwyr eu hunain yn y grefft a gafodd y bai gan Tegla ym Mae Colwyn (er iddo wobrwyo Olwen Llywelyn Walters):

> Gallesid meddwl y dylai cystadleuwyr ar y nofel yn yr Eisteddfod Genedlaethol wybod, o leiaf, sut i sgrifennu Cymraeg gweddol gywir, a pheth yw elfennau mwyaf syml nofel, megis mai stori yw, a bod pob stori yn undod neu nad yw'n stori ond storïau, a'i bod i ddatblygu wrth fynd ymlaen, neu nad oes bwrpas mewn mynd ymlaen, a bod pob digwyddiad i arwain i ddigwyddiad arall ac nid yn gawdel o ddigwyddiadau anghyswllt, a bod yr awdur hefyd, wedi darfod ei stori, i dewi.
>
> (*Cyfansoddiadau* Bae Colwyn, 1947, 156)

Diffyg parodrwydd y cystadleuwyr i ddysgu a'i cafodd hi gan John Gwilym Jones yn y Rhyl hefyd, ond ei fod yntau'n nodi, fel y gwnaethai Ll. Wyn Griffith ddeng mlynedd ynghynt, fod yna brinder patrymau yn Gymraeg i ddysgu oddi wrthynt:

> Yn anffodus, mae nofelau o unrhyw fath heb sôn am rai da yn dorcalonnus o brin yn Gymraeg. Siawns sâl felly sydd gan nofelydd o Gymro i golli ei ben a'i galon i un yn ysgrifennu yn Gymraeg. Mae ei symbyliad mewn ieithoedd eraill. 'Does dim prinder o'r rheiny: ond yr hyn sy'n syn ydyw nad yw'r rhai sy'n ymddiddori yn y grefft – ac mae'n deg credu fod dau o'r tri ymgeisydd yn y gystadleuaeth yma yn eu mysg – yn dangos iddynt ymateb o gwbl i na ffurf nac arddull gydnabyddedig neb y gwyddys amdano.
>
> (*Cyfansoddiadau* Y Rhyl, 1953, 119)

Anaml iawn y clywid beirniad yn awgrymu bod a wnelo safle isel a sigledig y nofel yn y Brifwyl rywbeth â phrinder cystadleuwyr a safon wael y cynhyrchion. Ond yn Nolgellau, dyna neges groyw D. J. Williams, Abergwaun:

> Tybed, yn ein cyfnod diweddar ni, a yw cryfder y traddodiad barddol yn gyfryw yng Nghymru ag i beri i'n prif awenyddion, o genhedlaeth i genhedlaeth, lynu'n dyn wrth ffasiwn yr awdl a'r bryddest academaidd, ac ymgadw rhag anturio i feysydd ehangach y nofel a'r ddrama . . .?
>
> (*Cyfansoddiadau* Dolgellau, 1949, 149)

Fe ellid ateb: 'Nac ydyw, ddim ym mhob achos.' Arall yw dawn y bardd ac arall yw dawn y nofelydd – a'r dramäydd hefyd. Ac eto, mae'n ddigon posibl y byddai llawer o feirdd eisteddfodol medrus ond cyffredin wedi dod yn nofelwyr mor fedrus petai'r Eisteddfod wedi rhoi cymaint o fri ar nofel ag ar awdl neu bryddest. Yng Nghymru, gwaetha'r modd, prin iawn fu'r beirdd a'r llenorion a ymroddodd yn llwyr i un cyfrwng dan orfod awen; gwobr, ac anrhydedd y wobr, fu'r symbyliad trechaf i waith y mwyafrif mawr.

Aeth D. J. Williams rhagddo i ddadlau: 'Gallai yr Eisteddfod Genedlaethol gynorthwyo drwy ystryied rhoi cadair a choron am nofel a drama deilwng o'r anrhydedd . . .' Yr oedd, meddai ef, wedi annog hynny ym mhwyllgor llên Abergwaun bymtheng mlynedd ynghynt; yn ofer, bid siŵr. Heddiw, ddeng mlynedd ar hugain yn ddiweddarach, mae dwy brif anrhydedd ein gŵyl genedlaethol yn yr un man yn union, yng ngafael ddiollwng y beirdd. Bu eraill yn llefain yn y diffeithwch fel D.J. Yn y 1950au digynnyrch, wedi cryn ddadlau yng Nghyngor yr Eisteddfod, fe drefnwyd i mi a dau 'lenor rhyddiaith' arall, fel y gelwid ni, gwrdd â chynrychiolaeth o'r maffia barddol ar y pryd i ymbil am ollwng un o'r ddwy brif anrhydedd i ryddiaith. Byddem yn ddiolchgar iawn am y Goron, pe gwelent yn dda; fyddem ni byth mor hy â meiddio gofyn am y Gadair. Ni fu erioed ŵr mwy hynaws na Cynan. Â'i lais mawr melys, a gwên ddi-syfl ar ei wyneb, fe chwalodd ein dadleuon taer ond digynllun fesul un ac un, ac fe adawsom y gwesty hwnnw yn Amwythig yn drallodus sicr na welem ni byth mo Goron y Genedlaethol ar ben na nofelydd na dramäydd ifanc addawol, er i'w gamp fod yn gyfwerth â deg o bryddestau cyfoes. Dyna'r pryd y bu rhai ohonom yn sôn am gefnu ar yr Eisteddfod a chychwyn gŵyl ryddiaith. Ond bu'n teyrngarwch i'r ŵyl genedlaethol yn drech na'n gwanc am gyfiawnder.

Yng nghanol y 1950au yr oedd y nofel eisteddfodol wedi syrthio 'i'r gwaelod isaf oll'. Dau gystadleuydd ar y 'Nofel' ym Mhwllheli ym 1955, un yn unig ar y 'Nofel Hir' yn Aberdâr ym 1956. Ond er na wyddem ni mo hynny ar y pryd, yr oeddem ar drothwy adfywiad arall: adfywiad sicrach a mwy hyderus y tro hwn, a barhaodd hyd heddiw. Fe gystadlodd saith ar y 'Nofel heb fod dros 40,000 o eiriau' yng Nglynebwy ym 1958, chwech ar y 'Nofel' yng Nghaernarfon ym 1959, wyth ar y 'Nofel' yng

Nghaerdydd ym 1960. Peth arall gobeithiol oedd ieuenctid rhai o'r buddugwyr. Tuag un ar hugain oedd oedran Catrin Lloyd Rowlands pan wobrwywyd ei nofel *Ar Chwâl* ym 1958. Nid oedd Eigra Lewis (fel yr oedd hi y pryd hwnnw) wedi cyrraedd ei hugeinfed pen-blwydd pan enillodd â *Brynhyfryd* ym 1959. A thua phedair ar hugain oedd Jane Edwards pan ddyfarnwyd ei nofel *Dechrau Gofidiau* yn orau o chwech yn Llanelli ym 1962.

Nid yr Eisteddfod ei hun a symbylodd yr adfywiad hwn. Ni chynigiwyd gwobrau helaeth. Fe gynigiwyd £50 am nofel ym 1958, mae'n wir, ond £40 oedd y wobr lawn a gafodd Griffith Parry am *Wedi Diwrnod o Hela* ym 1960 a Jane Edwards am *Dechrau Gofidiau* ym 1962: yr un faint ag a roddwyd yn Llanrwst ym 1951. Ni chodwyd statws y nofel ymysg cystadlaethau'r Brifwyl; ni roddwyd mwy o sylw i nofelwyr buddugol na mwy o gyhoeddusrwydd i'w gweithiau. Os cymerodd y wasg ddyddiol fwy o ddiddordeb yng nghystadlaethau'r nofel rhwng 1958 a 1962, camp anarferol tair awdures ifanc iawn a barodd hynny. Yr unig beth y gellid ei ddweud o blaid y Brifwyl yw bod ei pholisi erbyn hynny, os polisi hefyd, o osod prif gystadleuaeth nofel yn bur gyson yn dangos ychydig bach mwy o barch at y ffurf lenyddol hon.

Y tu allan i'r Eisteddfod y dechreuodd yr adfywiad, ac adlewyrchu'r bywyd newydd a wnaeth ei chystadlaethau hi. Yn ystod y 1950au fe ddaeth y nofel Gymraeg yn fwy ffasiynol, os dyna'r gair, nag yr oedd hi wedi bod erioed cyn hynny. Fe gododd to o nofelwyr ifainc ymroddedig megis Eigra Lewis Roberts, John Rowlands a Jane Edwards. Ymunodd to ychydig hŷn yn y mudiad nofelyddol: awduron megis Rhiannon Davies Jones, Bobi Jones, R. Gerallt Jones, Beti Hughes a W. J. Jones. A thaniwyd dawn nifer o sgrifenwyr ychydig yn hŷn eto, a oedd wedi bod yn gymharol fud cyn hynny: W. Leslie Richards, Selyf Roberts, Dyddgu Owen, Griffith Parry, Emyr Jones a Hydwedd Bowyer, ac enwi rhai yn unig. Yn y blynyddoedd hyn a'r blynyddoedd a'u dilynodd daeth mwy o awduron medrus i sgrifennu nofelau i blant, a T. Llew Jones yn bennaeth arnynt oll. Dyma gyfnod cyhoeddi nofelau ditectif gwir fedrus J. Ellis Williams. Ac yn yr un cyfnod, rhwng 1956 a 1967, y cyhoeddwyd *Y Byw Sy'n Cysgu, Te yn y Grug, Tywyll Heno* a *Tegwch y Bore* Kate Roberts yn goron ar y cyfan.

Pob clod iddynt, o ganol y 1950au ymlaen fe roddodd y cyhoeddwyr hwythau hwb i'r adfywiad. Yr oeddynt yn llawer parotach i gyhoeddi nofelau gan awduron newydd sbon ac yn gwylio cystadlaethau'r Genedlaethol ac eisteddfodau eraill am nofelau buddugol a nofelau agos fuddugol a gafodd ganmoliaeth arbennig. Cyhoeddwyd cynnyrch Eisteddfod Glynebwy, Caernarfon a Chaerdydd mewn byr amser, a bu'r cyhoeddi parod hwn yn symbyliad nid bychan, mae'n siŵr gen i, i nofelwyr newydd. Er nad oedd llawer o elw mewn cyhoeddi nofelau at ei gilydd, cyn bod grantiau ar gael at hynny, fe gafodd gwŷr y gweisg ryw foddhad newydd yn y gwaith. Ac er nad oedd llawer o elw mewn sgrifennu nofelau, fe deimlodd mwy o lenorion fod y cyfrwng yn rhoi bodlonrwydd a bod y llafurwaith, o'r diwedd, yn werth ymgymryd ag ef.

Ond fe roddodd yr Eisteddfod hithau, yn ei thro, hwb pellach i'r adfywiad a oedd eisoes ar gerdded. Er 1951 yr oedd hi wedi cynnig Medal Ryddiaith bob blwyddyn. Ac yn Eisteddfod Dyffryn Maelor 1961, ar ddegfed pen-blwydd y Fedal, fe'i cynigiwyd am 'Nofel'. Mae'n amlwg fod ein nofelwyr cystadleuol yn dirgel ddyheu am anrhydedd o'r fath, am gael cydnabod eu camp yn fwy cyhoeddus ar lwyfan agored y Brifwyl, a'u bod yn barod i ymateb i'r cyfle. Yn hyn o beth, fe welwyd eu bod yn debyg iawn i'r beirdd. Nid gwobr ariannol frasach oedd y tâl gorau am eu llafur, er i hwnnw fod yn llafur misoedd, ond beirniadaeth tri beirniad a 'theilwng glod' ar goedd gwlad. Er na fyddai'r Orsedd ar y llwyfan a bod y seremoni'n dipyn o draed moch ar y pryd, ac er y byddai mygydau dros y camerâu teledu ar brynhawn Mercher a'r pafiliwn yn dri-chwarter gwag, yr oedd y ddefod hon yn well na siglo llaw brysiog yn encil y Babell Lên. Yr oedd y wobr yn gyfartal â'r Goron a'r Gadair, yn ôl cyfansoddiad yr Eisteddfod. Nid oes neb hysbys yn llyncu hynny heddiw, wrth gwrs. Gwir bod y wobr ariannol a roddir gyda'r Fedal yr un faint i'r ddimai â gwobrau ariannol y Gadair a'r Goron. Ond mae replica fechan rad o'r Fedal Aur bron yn ddiwerth o'i chymharu â'r cadeiriau a'r coronau drudfawr a gynigir bob blwyddyn.

Ond nid yw nofelwyr, diolch am hynny, yn fodau rhy faterol eu bryd. Pan gynigiwyd medal iddynt, a barn tri beirniad ar eu gwaith, a chydnabyddiaeth gyhoeddus llwyfan y pafiliwn, buont yn ddiolchgar am hynny ac yn barod eu hymateb. Er bod prif gystadleuaeth 'Nofel' yng Nghaerdydd ym 1960, ac i honno ddenu wyth o gystadleuwyr, i gystadleuaeth y Fedal yr anfonodd Rhiannon Davies Jones ei nofel fer enwog bellach. Am 'gyfrol o ryddiaith wreiddiol o deilyngdod llenyddol' y gofynnwyd, ac nid oedd unrhyw amheuaeth am na 'gwreidd-ioldeb' na 'theilyngdod llenyddol' *Fy Hen Lyfr Cownt*. Fel y dywedwyd, yr oedd Eisteddfod Dyffryn Maelor 1961 eisoes yn cynnig y Fedal Ryddiaith am 'Nofel'. Bu'r ymateb yn dda. Derbyniwyd wyth o nofelau, ond siom i'r tri beirniad fu gorfod atal y Fedal a dyfarnu hanner y wobr yn unig i'r orau.

Gwefreiddiol o wahanol fu hi yn Abertawe ym 1964. Yno fe gafwyd un o'r cystadlaethau cyfoethocaf mewn unrhyw faes yn holl hanes yr Eisteddfod. Unwaith eto, fe gynigiwyd y Fedal Ryddiaith am 'Nofel', a'r tro hwn fe dderbyniwyd dwy ar bymtheg. Ac yr oedd y safon yn uchel. Y fuddugol oedd ail nofel hanes fer Rhiannon Davies Jones, *Lleian Llan Llŷr*, ond fe gyhoeddwyd pump, o leiaf, o'r nofelau anfuddugol hefyd.[5]

Ond wedi i nofelwyr gael blas ar ennill un o brif anrhydeddau'r Eisteddfod, neu o leiaf ar gystadlu amdani, bu llai o lewyrch ar brif gystadleuaeth nofel pan osodwyd un. Tri yn unig a gystadlodd ar y 'Nofel' yn y Barri ym 1968, a dyma'r beirniad, Selyf Roberts, yn lleisio cwyn nad oeddem wedi'i chlywed ers tro byd:

> Pan ystyriwn y cymorth a gynigir i awduron heddiw pan gyhoeddir eu llyfrau, a'r prinder mawr y sydd o nofelau ar gyfer y darllenwyr, y mae'n syndod i mi na fuasai llawer mwy o nofelwyr yn y gystadleuaeth hon. Nid yw'r wobr yn fawr, mi wn (£50), ond y mae'n help, ac y mae'r awdur yn cael cadw hawlfraint a'r enillydd (ac efallai rai eraill sy'n agos at y wobr) anrhydedd yr Eisteddfod a'r cyhoeddusrwydd sy'n dilyn.
>
> (*Cyfansoddiadau* Y Barri, 1968, 120)

Mae'n amlwg nad oedd nofelwyr cystadleuol yn llwyr gytuno â'r beirniad ynglŷn â maint yr 'anrhydedd' a'r 'cyhoeddus-rwydd'. Dau yn unig a gystadlodd ar y 'Nofel' yn Rhydaman ym 1970, ac ataliwyd y wobr. Yn yr Eisteddfod honno, testun y Fedal Ryddiaith oedd 'Gwaith creadigol ar ffurf dyddiadur neu lythyrau neu'r ddau'. Ataliwyd y Fedal hefyd, ond ymysg y deg 'gwaith creadigol' a dderbyniwyd yr oedd o leiaf ddwy nofel, *Y Dydd Olaf* a *Ha' Bach Mihangel*; mae'r ddwy wedi'u cyhoeddi

---

5. Mae'n siŵr mai'r enwocaf o'r 'nofelau anfuddugol' hyn a welodd olau dydd yn ddiweddarach yw *Ienctid yw 'Mhechod* (1965), trydedd nofel gyhoeddedig John Rowlands.

erbyn hyn. Am y ddwy ymgais a anfonwyd i gystadleuaeth y
'Nofel' bu'n rhaid i John Gwilym Jones ddweud:

> Unwaith eto, 'rwyf yn methu deall sut y mae dau sydd . . . yn
> medru sgrifennu'n rhwydd a chanddynt gefndir diddorol a
> deallusrwydd, mor amwys ynghylch beth yw nofel, a chymaint o
> nofelau da iddyn nhw i'w darllen ac astudio eu crefft a'u gofynion.
>
> (*Cyfansoddiadau* Rhydaman, 1970, 111)

'A chymaint o nofelau da . . .' Ni ddywedodd Dr Jones ai nofelau
Cymraeg oedd y rhain ai peidio; os felly, roedd y sefyllfa wedi
gwella'n ddirfawr er 1953 pan ddyfarnodd ef fod 'nofelau o
unrhyw fath heb sôn am rai da yn dorcalonnus o brin yn
Gymraeg'. Dim ond dau a gystadlodd ar y 'Nofel' yn Sir Benfro
ym 1972, er bod y wobr wedi'i chodi i ganpunt ac er nad oedd
testun y Fedal Ryddiaith yno yn gwahodd nofelau. Dau gystadl-
euydd eto ar y 'Nofel' yn Nyffryn Clwyd y flwyddyn ddilynol,
heb i'r Fedal ladrata nofelwyr yno chwaith. Bu pwyllgor llên Bro
Myrddin 1974 yn fwy ciwt: cynigiodd y Fedal Ryddiaith am
'gronicl o anturiaeth ysbrydol neu gymdeithasol ar ffurf llythyr-
au personol', testun a ddenodd naw o nofelau. Nid oedd yno brif
gystadleuaeth nofel ar wahân, dim ond cystadleuaeth 'Nofel
Garu' a 'Nofel Dditectif' a dwy gystadleuaeth Nofel i Blant. Ac
yn yr ŵyl honno, yn y pum cystadleuaeth, fe dderbyniwyd dwy
nofel ar hugain: cynhaeaf go dda mewn un Eisteddfod.

'Nofel Hanesyddol' oedd testun y Fedal ym Mro Dwyfor ym
1975 (derbyniwyd pump, ond ataliwyd y Fedal), a 'Nofel yn
ymwneud â bywyd y môr' yn Aberteifi ym 1976 (derbyniwyd
chwech, a bu gwobrwyo). Bu pwyllgorau llên y ddwy Eistedd-
fod yna'n ddigon hirben i beidio â gosod prif gystadleuaeth nofel
ar wahân. Ni fu pethau mor ffodus yn Wrecsam ym 1977. Yno,
testun y Fedal oedd 'Cyfrol o ryddiaith greadigol' – a allai fod yn
nofel, wrth gwrs. Ac o'r 19 'cyfrol' yr oedd pedair yn nofelau, ac
un o'r rheini a wobrwywyd. Ond gofynnwyd am 'Nofel: testun
agored' yn ogystal. Tri a gystadlodd, ac ni allai Marion Eames
wneud mwy na dyfarnu hanner y wobr i'r gorau.[6]

Fe ddylid sylwi bod cystadlu pur dda bob tro y cynigiwyd y
Fedal Ryddiaith am nofel neu am gyfrol a allai fod yn nofel. Trwy

---

6. *Bodio* gan Hefin Wyn yw'r nofel dan sylw; fe'i cyhoeddwyd yn 1979.

gystadlaethau'r Fedal er 1967 fe gafwyd *Mae Heddiw Wedi Bod* Emyr Roberts, *Grym y Lli* Emyr Jones, *Gwres o'r Gorllewin* Ifor Wyn Williams, *Eira Gwyn yn Salmon* Dafydd Ifans, *Nid Mudan mo'r Môr* Marged Pritchard, *Triptych* R. Gerallt Jones, ac *Y Ddaeargryn Fawr* Harri Williams. Ac yn ogystal â'r nofelau buddugol yna fe gyhoeddwyd nifer o rai anfuddugol na cheisiaf roi catalog ohonynt yma.

Cystadleuaeth Medal Ryddiaith Caerdydd 1978 oedd y fwyaf cynhyrchiol eto. Y testun oedd 'Cyfrol ar ffurf darn o hunangofiant'. Derbyniwyd 22 o gynhyrchion, a fu bron â llethu'r tri beirniad yn yr amser byr iawn a ganiatawyd i'w darllen. Dadleuodd John Gwilym Jones nad yw hunangofiant dychmygol yn nofel, am fod rhaid i hunangofiant fod yn 'wir'; dylai adrodd yr hyn a fu, neu yr hyn a fu'n 'debygol', nid yr hyn sy'n 'bosibl' fel y gwna nofel. Os felly, ni all nofel hanes, a seiliwyd ar ffeithiau gwybyddus ond a sgrifennwyd yn ddychmygus, fod yn nofel chwaith. Sut bynnag, fe gyhoeddwyd gwaith arobryn Medal Caerdydd, *Y Ddaeargryn Fawr*, ac mae'n rhydd i bawb ddadlau ai nofel ydyw ai peidio. Ac fe gyhoeddir rhai o'r gweithiau agos fuddugol hefyd, yn ddigon tebyg.[7]

Ond yng Nghaerdydd, fel yn Wrecsam y flwyddyn gynt, fe osodwyd prif gystadleuaeth 'Nofel' yn ogystal. Fel yn Wrecsam, fe allasai cynnyrch y gystadleuaeth hon fod yn fychan ac yn siomedig. Nid felly. Derbyniwyd cynifer â naw o nofelau helaeth, a gwobrwywyd yr orau'n llawn â chanmoliaeth uchel. Yr oedd un rheswm amlwg am y llwyddiant. Yr oedd y brif gystadleuaeth nofel, am y tro cyntaf erioed, wedi'i dyrchafu'n un o gystadlaethau arbennig yr Eisteddfod ac iddi deitl, sef 'Gwobr Goffa Daniel Owen', â gwobr o bum cant o bunnau, a dau feirniad yn hytrach nag un. At hynny, yr oedd y gystadleuaeth arbennig hon wedi cael cryn gyhoeddusrwydd ymlaen llaw, a bu hynny'n help, mae'n siŵr, i ennyn diddordeb nofelwyr.

Maddeuer gair personol yma. Pan awgrymais i, wrth agor Pabell Lên Eisteddfod Aberteifi 1976, mai da fyddai sefydlu cystadleuaeth fel hon, roeddwn i'n siŵr mai llefain yn y diffeithwch y byddwn i, ac na chymerid y sylw lleiaf o'r awgrym. Llawenydd mawr oedd clywed cyn pen deuddydd fod HTV Cymru'n croesawu'r awgrym yn frwd a'i fod yn barod i gynnig

---

7. Er enghraifft, un o'r nofelau a anfonwyd i gystadleuaeth y Fedal Ryddiaith yn 1978 oedd *Bob yn y Ddinas* (1978), Siôn Eirian.

£500 yn flynyddol yn Wobr Goffa Daniel Owen, am gyfnod o leiaf. Bu cryn ddwrdio am fod yr Eisteddfod yn derbyn gwobr mor 'fawr' am nofel, a hynny oddi wrth gwmni masnachol. Ni chlywais i unrhyw ddwrdio am mai HTV Cymru a roddodd Gadair yr Eisteddfod hefyd, ac mae'n siŵr fod honno'n werth llawer mwy na £500.

Yn ei feirniadaeth ar nofelau Caerdydd fe gyfiawnhaodd John Rowlands y wobr 'fawr' yn argoeddiadol iawn:

> O'r diwedd, trwy haelioni HTV, dyma gynnig gwobr anrhydeddus am nofel yn yr Eisteddfod Genedlaethol. Nid bod modd mesur gwerth celfyddyd fesul punt, ond mae llenorion yn feidrol fel pawb arall, ac mae hwb ariannol weithiau cystal â chanmoliaeth. Oes rhywun mor wirion â dweud y byddem wedi cael holl gynnyrch toreithiog cywyddwyr 'yr oes aur' hyd yn oed pe na bai'r uchelwyr yn rhoi dimai o gydnabyddiaeth iddynt? . . .
>
> Ac os oes rhywun yn gwarafun pum can punt o wobr am nofel, mi rof sialens iddo ar unwaith i fynd ati i lunio nofel er mwyn iddo gael sylweddoli nad ar chwarae bach y cyfansoddir hi. Nid ar chwarae bach y sgrifennir nofel serch neu nofel antur, heb sôn am nofel sy'n dweud rhywbeth o werth am fywyd. Dyna pam y mae'n rhaid i mi edmygu pob un o'r naw ymgeisydd a roes gynnig arni eleni.
>
> (*Cyfansoddiadau* Caerdydd, 1978, 89)

Nid rhoi 'lot o bres' ym mhoced un nofelydd oedd amcan penna'r wobr hon, wrth gwrs – gallai fod llawer llai o bres i ddau neu dri o nofelwyr pe rhennid hi – ond rhoi ychydig mwy o fri ar y nofel yn y Brifwyl a denu mwy o nofelau a rhai gwell. Yr oedd statws newydd y gystadleuaeth a maint y wobr hefyd yn rhybudd i gystadleuwyr y disgwylid rhywbeth rhagorach na nofel go lew y medrai beirniad calonfeddal roi canpunt i'w hawdur am 'yr ymdrech' a'r 'llafur'. Ac er llawenydd mawr i'r ddau feirniad, fe allwyd gwobrywo'n ddibetrus nofel a oedd yn deilwng iawn o Wobr Goffa Daniel Owen.[8]

Braidd yn anweddus oedd brys y Pwyllgor Llên neu'r Cyngor i godi gwobrau ariannol y Gadair a'r Goron a'r Fedal Ryddiaith o £100 i £250 yn yr un Eisteddfod. Cyfiawn oedd eu codi rywbryd wrth gwrs, ond gresyn fu gwneud hynny mewn ymateb mor

---

8. *Ac Yna Clywodd Sŵn y Môr* (1979), nofel gyntaf Alun Jones, a ddyfarnwyd yn fuddugol.

chwim i £500 y gystadleuaeth nofel newydd. Yr oedd yn peri i
amryw ohonom amau mai'r hen ofn oedd wrthi o hyd: ofn rhag
peryglu blaenoriaeth beirdd a barddoniaeth yn y Brifwyl; ofn
'heb achos ofni'n bod'. Fe welsom fod y Fedal Ryddiaith, hyd yn
oed, yn denu mwy o gynhyrchion na gwobr go dda a gyflwynir
o flaen cynulleidfa fechan yn y Babell Lên. Mi gytunwn i'n barod
iawn y dylai'r anrhydedd o ennill yn y Genedlaethol fod yn
ddigon o wobr ynddi'i hun. Ond tra bo rhagor rhwng anrhydedd
ac anrhydedd mewn gogoniant, y gogoniant pennaf fydd yn
denu'r cystadlu trymaf. Hyd yn oed pe cynyddid Gwobr Goffa
Daniel Owen i ddwy fil o bunnau a rhagor, ni all gystadlu ag
'anrhydedd' y ddau Brifardd: cadair neu goron sy'n debyg o fod
yn werth mwy na mil o bunnau + £250 + gweld eu cadeirio neu'u
coroni ar ddegau o filoedd o setiau teledu drwy'r wlad + eu
cyfweld hanner dwsin o weithiau ar radio a theledu ac yn y
wasg.

Nid wyf am un funud yn gwarafun y math hwn o anrhydedd
a sylw i Brifardd. Dweud yr wyf i nad oes rhaid i'r Orsedd na
beirdd cystadleuol Cymru ofni byth y bydd i'w nofelwyr ladrata
un iot nac un tipyn o'u gogoniant hwy, er codi statws y nofel ryw
gymaint fel y gwnaed yn awr.

Ac ystyried popeth, rhaid cydnabod – a hynny'n ddigon
diolchgar – fod yr Eisteddfod Genedlaethol wedi hybu rhywfaint
ar y nofel Gymraeg, yn enwedig yn ystod y chwarter canrif
diwethaf. Mae cynnyrch tra boddhaol y Fedal Ryddiaith yn unig
yn tystio i hynny. Gallwn ddyfalu a fyddai gennym fwy o
nofelau gwell petai'n Prifwyl ni wedi cydnabod â theilwng glod
a haelioni y ffurf lenyddol fwyaf llafurfawr, a'r fwyaf anodd ar
lawer cyfri, mewn unrhyw lenyddiaeth. Cefnogaeth glaear y
Brifwyl i'r nofel a barodd, yn bennaf, i'r Cyngor Llyfrau Cym-
raeg roi cymaint o egni ac arian at gynhyrchu mwy o nofelau.
Ond mae'n deg dweud na fyddai safon y nofel Gymraeg wedi
gwella cymaint, fel y gwnaeth yn gyffredinol yn ddiweddar, oni
bai am feirniadaethau yn y Brifwyl gan feirniaid o fri a roddodd
wythnosau'n ddirwgnach am dâl bychan o flwyddyn i flwyddyn
i gyfarwyddo a goleuo cystadleuwyr. Ac yma, fe fyddai'n rhaid i
mi roi clod arbennig i feirniadaethau diwylliedig symbylgar John
Gwilym Jones a beirniadaethau manwl dreiddgar Hugh Bevan
am yn agos i ddeugain mlynedd, er bod safon beirniadu nofelau
yn y Genedlaethol wedi bod yn gyson uchel at ei gilydd.

Os cedwir Gwobr Goffa Daniel Owen yn un o wobrau arbennig yr Eisteddfod am gyfnod yn awr, gyda dau feirniad, o ddewis – a 'dyddiwr' i dorri dadl petai angen – a chadw'r Fedal Ryddiaith at weithiau byrion iawn megis stori fer hir neu dair stori fer neu'r cyffelyb, sy'n ddigon hir at farnu ansawdd y rhyddiaith, fe all yr Eisteddfod Genedlaethol barhau i gyfrannu at wella ansawdd y nofel Gymraeg. Ni fyddai dim o'i le, chwaith, mewn hysbysu prif nofelydd yr ŵyl ymlaen llaw ei fod yn fuddugol a'i wahodd i fod yno, a'i arwain o'r Babell Lên i lwyfan y pafiliwn i dderbyn tipyn o gymeradwyaeth a chyhoeddusrwydd ar ei ddiwrnod mawr. Mae pwy bynnag sy'n cyfrannu cymaint â hynny at lenyddiaeth Gymraeg yn haeddu rhywfaint o groeso.

# 6

# *Hynt a Helynt y Nofel Gymraeg, 1975–1982*[1]

## STEVE EAVES

O ran syniadaeth a themâu sylfaenol, prif duedd ddeallol y nofel Gymraeg er dechrau'r 1960au yw'r ymdriniaeth â'r argyfwng gwacter ystyr, ac erbyn canol y 1970au roedd gennym eisoes yn Gymraeg gorff go sylweddol o nofelau'n seiliedig ar ymdriniaeth felly. Ei thri phrif ladmerydd oedd Jane Edwards, John Rowlands ac (i raddau llai amlwg) Eigra Lewis Roberts.

Ni fu'r tri hyn yn nofelwyr mor gynhyrchiol oddi ar ganol y 1970au, ond roedd y nofelau a gawsom ganddynt yn aeddfetach a chynilach eu crefft na'u gweithiau cynnar. Yn *Tician Tician* (1978), llwyddodd John Rowlands i uniaethu argyfwng dirywiad y Gymru Gymraeg â'r argyfwng ysbrydol cyfoes, a throi'r ddau'n burdan i'r prif gymeriad mwyaf sylweddol a grëwyd ganddo hyd yma. Effeithiau cymdeithasegol yr argyfwng fu'r brif agwedd dan sylw erioed yn nofelau mwy traddodiadol Eigra Lewis Roberts, a chymdogion mewn cymdeithas bentrefol Gymraeg yw'r edafedd yng ngwead cynhwysfawr a meistrolgar *Mis o Fehefin* (1980). Er i Jane Edwards hithau ychwanegu *Dros Fryniau Bro Afallon* (1976) at ei chyfres o nofelau am ferched dosbarth canol yn profi diflastod ac unigrwydd eu cyflwr diamcan, nid â'r argyfwng gwacter ystyr yr ymdriniodd yn ei nofel fwyaf craff a chynnil, *Miriam* (1977), ond â chlytwaith o hanes tyner am hogan ar ei phrifiant rhwng chwech a deunaw oed.

Ond er i'r awduron hyn fentro defnyddio mwy ar gyfryngau llenyddol eraill a ffrwyno rhywfaint ar eu cynnyrch nofelyddol, daeth digon o awduron newydd o'r to iau i'r golwg i sicrhau fod olyniaeth y math hwn o nofel yn ddi-dor hyd heddiw. I rai o'r

1. Cyhoeddwyd gyntaf yn *Llais Llyfrau* (Gwanwyn 1982).

newydd-ddyfodiaid hyn, y broblem o ddarganfod trefn ystyrlon yn nhryblith meddwol profiadau ieuenctid oedd y prif ysgogiad iddynt roi pin ar bapur. Ymdriniaeth felly a gafwyd yn *Y Gri Unig* (1976) gan Ennis Evans, *Cawod o Haul* (1977) gan Ioan Kidd, ac *Mae'r Sgwâr yn Wag* (1975) gan Michael Povey. Bydd cynhysgaeth lenyddol y 1980au'n gyfoethocach o dipyn os cawn groesawu ail nofel gan bob un o'r tri awdur hyn, gan mor ddisgybledig a chaboledig oedd eu sgrifennu hyd yn oed yn y nofelau cyntaf hyn, a hwŷthau ond yn eu hugeiniau cynnar. Nofel addawol arall oedd *Bodio* (1979) gan Hefin Wyn, ond roedd geiriogrwydd penrhydd yr awdur yn bla ar ei ddawn ddisgrifio amlwg. Yn nofel gyntaf John Emyr, *Terfysg Haf* (1979), y mae ymgais i gyfuno stori afaelgar â thrafodaeth ar werthoedd gwleidyddol a moesol cylch o bobl ifanc. Cyfuniad mentrus ond aflwyddiannus ydyw i'm tyb i, am i'r athronyddu fynd yn feichus yn ail hanner y nofel ar draul y gymeriadaeth. Serch hynny, roedd yr awydd i gyfuno diddanwch storïol â'r drafodaeth ar agweddau metaffisegol yn arwydd o ryw adwaith creadigol iachus ymhlith llenorion megis John Emyr, ac eraill o'r un genhedlaeth, yn erbyn nofelau diddigwydd a syrffedus yr argyfwng gwacter ystyr. Fel y sylwodd John Rowlands yn *Ysgrifau Beirniadol IX*:

> Y drwg yw fod yr argyfwng gwacter ystyr yn gallu bod yn esgus dros gynifer o bethau mewn llenyddiaeth ddiweddar – gellir cyfiawnhau diflastod ar y tir fod bywyd i lawer heddiw yn ddiflas, baster am mai bas yw bywyd y mwyafrif heddiw, diffyg cynllun am mai tryblith di-drefn sy'n ein hamgylchynu ar bob tu.

Daeth y don newydd o nofelwyr yn fwyfwy ymwybodol o'r fagl hon, ac ar y cyfan nofelau mwy lliwgar, cadarnach eu llinyn storïol yw'r nod bellach.

Nid newydd-ddyfodiaid yn unig a fentrodd i'r maes hwn chwaith. Ym 1977 cyhoeddwyd cyfrol rymusaf R. Gerallt Jones, *Triptych*, nofel sobreiddiol iawn am chwaraewr rygbi ifanc yn wynebu ei dranc buan trwy gancr. Yn yr un flwyddyn ymddangosodd nofel arbrofol, gyffesol Dafydd Rowlands, *Mae Theomemphus yn Hen*, a oedd yn deilwng o groeso cynhesach o lawer nag a gafodd gan y beirniaid. Ac ym 1979, wedi ysbaid o bron deugain mlynedd er cyhoeddi ei nofel gyntaf, *Y Dewis*, cyhoeddodd John Gwilym Jones ei ail nofel, *Tri Diwrnod ac Angladd*, nofel amheuthun ei saernïaeth a'i deialog, yn union fel a ddisgwyliem wrth gwrs o law John Gwilym Jones. Nac anghofiwn chwaith *Gallt y Gofal* (1979) gan Rhydwen Williams, a ddengys anffawd ar ôl anffawd yn ysglyfaethu'n ddidrugaredd ar fywyd unigolyn di-nod, diniwed.

Ond i mi, y nofel orau o blith yr holl rai a fu'n ymdrin rywfodd neu'i gilydd â'r ymdeimlad cyfoes o ddiffyg ystyr oedd *Bob yn y Ddinas* (1979) gan Siôn Eirian. Teimlwn rywsut fod methiant y prif gymeriad i godi uwchben amgylchiadau budr a thlodaidd ei fflat yn un o strydoedd cefn Caerdydd yn ddrych i'n methiant ni i gyd i godi uwchlaw ein cyflwr dynol.

Mae'n wir hefyd mai Siôn Eirian yw'r unig nofelydd Cymraeg i faeddu ei ddwylo trwy ymbalfalu yng ngwaelod budr ac anghynnes casgen y gymdeithas Gymraeg gyfoes. Ar y cyfan, rhyw ddiddanwch athronyddlyd neis-neis yw'r nofel Gymraeg o hyd, er gwaethaf ambell ymgais i fritho'r traethu â sioc fach, yma ac acw – trwy ddisgrifiadau o gyfathrach rywiol, cyfogi, mymryn o gabledd, dogn o ryfyg a rhegfeydd piws. Ac er gwaethaf yr ebychiadau o anghymeradwyaeth o gyfeiriad cadair Nain, derbyniwn fod rhaid wrth y rhain er mwyn 'realaeth' a gallwn ddadlau'n eangfrydig mai arwydd o onestrwydd blaengar y nofel gyfoes yw'r 'Da iawn, blydi ffycin da iawn' a gawn yn un o nofelau Jane Edwards. (Yn un peth, fe rydd inni gyfle i gicio'n slei bach yn erbyn tresi ein magwraeth gapelyddol o feddalwch y gadair freichiau!) Ond ystyrier am eiliad – onid yw'r 'realaeth' fondigrybwyll yma'n realaeth ddethol yn unig mewn gwirionedd, wedi ei theilwra yn ôl chwaeth dosbarth canol y mwyafrif o'n nofelwyr a'u darllenwyr? Sylwer: does neb yn rhechan mewn nofelau Cymraeg, na chrafu ei din; does gan neb draed drewllyd na *boiler suit*; a chyn *Bob yn y Ddinas* ni fu neb yn gorfod cynilo ceiniogau prin y dôl i brynu *Woodbines* ac ambell beint; neb yn eistedd mewn caffi sglodion i fwynhau 'platied harti yn morio mewn finegr a saim', a neb yn hiraethu am gwmnïaeth frawdgarol y gwaith dur. Ac eto, pethau felly, ac nid sigarennau Ffrengig, bwydydd estron, recordiau clasurol na dodrefn chwaethus, yw'r manion beunyddiol ym mywydau miloedd o Gymru Cymraeg o Fôn i Fynwy, o Bwllheli i Lanelli.

Ar un olwg, cydnabyddaf wrth gwrs mai peth anochel yw i'r math o nofelau a drafodir uchod – sef nofelau'r argyfwng gwacter ystyr – fod yn gyfyngedig i rigol y cefndir dosbarth canol, oherwydd dim ond y dosbarth canol sy'n ymwybodol o oblygiadau syniadol yr argyfwng ar y cyfan. I raddau helaeth, mae'r syniadaeth ddirfodol yn ei gylch yn ddieithr o hyd i Gymry cyffredin ein trefi a'n dinasoedd ac i werinwyr cefn gwlad.

Wrth reswm, cafwyd mwy o liw ac amrywiaeth storïol yn y nofelau hynny na chawsai'r argyfwng gymaint o flaenoriaeth lethol ynddynt. Ni fu'r cyfnod oddi ar 1975 yn amddifad o ambell fflach go ddisglair o wreiddioldeb chwaith. *I'r Gad* (1975) gan Meg Elis oedd un ohonynt: nofel y cydfrwydro a'r cydddyheu. Un arall oedd *Lleuwen* (1977) gan Aled Islwyn, ac oes fer lachar ei brif gymeriad yn fodd i ddangos inni mai cyfaddawdu a glastwreiddio angerdd yw'r pris a dalwn ni am gael byw yn weddol ddedwydd. Cawsom nofel newydd gan ein nofelydd mwyaf ymenyddol ac Ewropeaidd ei ddiwylliant: *Mabinogi Mwys* (1979) gan Pennar Davies. Am ddyfeisgarwch lliwgar heb ei ail, camp i neb fyddai curo nofel alegorïol Dafydd Ifans, *Ofn* (1980), a edrydd stori dau hogyn a hudir i wlad ffantasïol y mae ei thrigolion arallfydol yn byw dan gysgod ofn a thaeogrwydd. Wele foesoli deallus ynghylch hinsawdd feddyliol ac ysbrydol y Gymru sydd ohoni.

Clywsom lawer o sôn yn ystod y blynyddoedd diwethaf am yr angen am nofelau 'poblogaidd' – i'r fath raddau fel yr aeth y term 'poblogaidd' bron iawn yn hysb o'i wir ystyr erbyn hyn mewn trafodaethau llenyddol. Ai cyfeirio at ffigurau gwerthiant y byddwn wrth ddisgrifio llyfr fel un 'poblogaidd' ynteu at ysgafnder ei arddull? Ynteu at gyfuniad o'r ddeubeth hyn?

Yn rhifyn haf 1981 o *Llais Llyfrau*, cwynodd Alun Jones am y duedd i ddibrisio nofelau nad ydynt yn 'llenyddol' eu hamcanion:

> Mae pob cenedl ond y Cymry am 'wn i yn gwahaniaethu rhwng y nofel lenyddol a'r lleill. Yn anffodus, mae pob nofel Gymraeg nad yw'n honni bod yn llenyddol yn cael ei lluchio'n syth i ryw ddosbarth 'poblogaidd' neu 'sothach da' diystyr a disynnwyr.

Rhaid cytuno, wrth gwrs, mai cwbl annheg fyddai gosod nofelau 'poblogaidd' Alun Jones yntau yn yr un dosbarth â nofelau 'poblogaidd' Cyfres y Fodrwy. Nofelau sy'n boblogaidd ymhlith llengarwyr Cymraeg o bob math yw *Ac Yna Clywodd Sŵn y Môr* (1979) a *Pan Ddaw'r Machlud* (1981), a hwyrach iddynt lwyddo i ddenu hefyd rai darllenwyr nad ydynt yn 'llengarwyr' o gwbl fel y cyfryw. Ond at y darllenwyr olaf hyn yn unig yr anelid nofelau Cyfres y Fodrwy, ac nid oes a wnelont ddim oll â'r safonau a arddelir mewn beirniadaeth lenyddol. Unig faen prawf eu llwyddiant yw eu ffigurau gwerthiant, a'u prif amcan, yn y bôn, yw cenhadu dros y Gymraeg. (Dylid ychwanegu eu bod yn llwyddiant diamheuol: gwerthwyd 10,000 copi o bedair nofel gyntaf y gyfres o fewn tri mis wedi eu cyhoeddi.)

Ar y llaw arall, mae yna hen ddigon o rinweddau'r crefftwr yn nofelau Alun Jones i blesio'r craffaf o'r beirniaid: mae eu saernïaeth yn hynod feistrolgar a'u Cymraeg yn goeth, ac fel y sylwodd John Rowlands, fe lwydda'r awdur 'i awgrymu trwch seicolegol y cymeriadau heb wneud iddynt chwydu'u meddyliau'n baragraffau hirion ar bapur'. Nid yw'n rhyfedd fod llawer un wedi barnu mai dyma, o'r diwedd, olynydd teilwng i Islwyn Ffowc Elis.

Yn ogystal, mae dwy nofel Alun Jones yn pontio'r bwlch rhwng y nofelwyr 'llenyddol', chwedl yntau, a'r llu o nofelwyr llai uchelgeisiol ac ysgafnach eu cynnyrch; nofelwyr a barhaodd i'n diddanu â storïau sylweddol a darllenadwy iawn. Mae'n debyg mai J. R. Evans a'r ddiweddar Beti Hughes oedd y doniau mwyaf toreithiog o hyd yn y maes hwn yn ystod y cyfnod dan sylw, a braf oedd cael croesawu hefyd nofelau swmpus a chaboledig gan Selyf Roberts, Geraint Vaughan Jones a Lindsay Evans.

Ym maes y nofel hanes, ymddangosodd gweithiau newydd gan y ddwy feistres gydnabyddedig, Marion Eames a Rhiannon Davies Jones, a chafwyd nofel hydeiml o law Merfyn Jones am genhadon yn India ym mlynyddoedd canol y bedwaredd ganrif ar bymtheg. Ond rywsut ni chafwyd medi mor doreithiog ag a ddisgwylid ar ôl blaengnwd addawol y 1960au a dechrau'r 1970au. Yn wir, diddorol oedd cael dyrnaid o nofelau dychmygus a'u straeon wedi eu lleoli yn y maes amseryddol union gyferbyn – yn y dyfodol. Nofelau ias a chyffro oedd y rhain yn y fargen: *Da o Ddwy Ynys* (1979) gan Gwynn ap Gwilym, *Y Dydd Olaf* (1976) gan Owain Owain, *O Grafanc y Gyfraith* (1979) gan Emyr Hywel, a'r nofelig *Cafflogion* (1979) gan R. Gerallt Jones.

*    *    *

A dyna ichi gipolwg anghyflawn ar gynnyrch nofelwyr Cymraeg dros y saith mlynedd diwethaf. Do, fe welsom barhad o brif themâu syniadol y pymtheng mlynedd blaenorol, yn ogystal â rhagor o ehangu ar gwmpas y deunydd crai, a hyd yn oed ambell nofel arbrofol. Bu'n gyfnod calonogol hefyd o ran y doniau newydd a phwysig a ddaeth i'r amlwg – yn enwedig y rhai a ddangosodd rywfaint o ymrwymiad i'r grefft o nofela o ddifri, fel y gwnaeth Alun Jones yn ei ddwy nofel lwyddiannus, ac Aled Islwyn mewn tair nofel go wahanol i'w gilydd; fe enillodd ei drydedd nofel, *Sarah Arall*, Wobr Goffa Daniel Owen yn Eisteddfod Genedlaethol Dyffryn Lliw yn 1981, ac fe'i cyhoeddir yn ddiweddarach eleni. Ar y cyfan felly cawn ymfalchïo yn nhwf a datblygiad y nofel Gymraeg – yn enwedig ei chydnabyddiaeth gynyddol o werth stori dda.

Ond wedi dweud cymaint â hynna, rhaid cyfaddef nad yw'r nofel Gymraeg yn faes mor fywiog a chyffrous â barddoniaeth ddiweddar. Ac er cydnabod fod gagendor o wahaniaeth rhwng gofynion y ddau gyfrwng mynegiant, y gwir yw mai prin iawn yw'r nifer o nofelwyr a all ein cyffroi, ein procio a'n dwysbigo gymaint ag a wna'r beirdd Gerallt Lloyd Owen, Carmel Gahan, Menna Elfyn a llu o rai eraill.

Y drwg pennaf, wrth gwrs, yw nad oes gan y nofel yng Nghymru draddodiad hirfaith i feistri ceidwadol ei amddiffyn yn huawdl a helaethu arno, ac i arbrofwyr wyro oddi wrtho a'i stumio'n greadigol. O ganlyniad, does yna ddim cymaint o drin a thrafod a phegynu barn ynghylch y nofel. Anodd, er enghraifft, fyddai dychmygu ffrae gyhoeddus ynghylch rhinweddau rhyw nofel, neu ddull o nofela, ar ddalennau'r *Faner*, neu ar y radio, neu hyd yn oed yng nghyfarfodydd llenyddol y Brifwyl. Ond peth digon cyffredin yw ffraeo cyhoeddus ynglŷn â barddoniaeth. Wele ffrae'r cadeirio yn Eisteddfod Genedlaethol Aberteifi; y ffrae ynglŷn â gwobrwyo *Ianws* yng nghystadleuaeth y Goron ym mhrifwyl 1979; y ddadl a gododd yn sgil cau beirdd y wers rydd allan o'r casgliad *Cerddi '79*; sylwadau piwis Euros Bowen yn *Y Faner* ar ddehongliadau Alan Llwyd o'i gerddi, a sylwadau Alan Llwyd yntau ar *Lodes Fach Neis*, ac ymateb deifiol Meirion Pennar i'r adolygiad hwnnw. Gwelwn dro ar ôl tro mai ein hagweddau tuag at y traddodiad barddol byw sy'n rhoi min ar y dadleuon hyn i gyd.

Yn olaf, dyma air bach am y dynfa o du cyfryngau rhyddiaith

eraill. Gwelwn fod nifer cynyddol o'n llenorion yn rhoi o'u horiau llenydda prin i sgrifennu ar gyfer y radio a'r teledu, ac o gofio fod gwynfyd S4C ar fin gwawrio arnom, tybed ai colli mwyfwy o'i gafael ar ein rhyddieithwyr fydd hanes y nofel o hyn allan? Mae'n bosibl y bydd y meistri deialog a'r arbrofwyr yn llawer mwy cartrefol ym myd y cyfryngau torfol. Amser a ddengys.

# 7

# Chwarae â Chwedlau: Cip ar y Nofel Gymraeg Ôl-fodernaidd[1]

## JOHN ROWLANDS

Fe'i siarsiodd Rhys Lewis ei hun ar ddechrau'i hunangofiant i 'ddyweyd y gwir, yr holl wir, a dim ond y gwir',[2] a diolch byth am hynny, oherwydd dyna sylfaenu realaeth y nofel Gymraeg – rhywbeth yr oedd dwys angen amdano yn ein traddodiad llenyddol delfrydolaidd ni, ac o hynny ymlaen y maen prawf pwysicaf oll wrth drafod nofelau oedd a oedd y cymeriadau'n rhai cig-a-gwaed. Fe basiodd Kate Roberts y prawf efo Jane Gruffydd, Lora Ffennig a Bet Jones, ac Elena Puw Morgan efo Mali a Dori, ac Islwyn Ffowc Elis efo Harri Vaughan, Lleifior (er iddo 'fethu' efo Ceridwen Morgan). Dilyn yr un trywydd a wnâi'r rhan fwyaf o nofelwyr y 1960au a'r 1970au – nofelwyr y profiad cyfoes megis Jane Edwards ac Eigra Lewis Roberts (doedd ryfedd yn y byd i *Mis o Fehefin* droi'n opera sebon ac i *Blind Dêt* gael ei gwneud yn ffilm), a'r nofelwyr hanes megis Rhiannon Davies Jones a Marion Eames. Yn anffodus, ni chafodd gwythïen realaeth mo'i dihysbyddu o bell ffordd yn y Gymraeg chwaith, ac mae yna ddigonedd o bynciau ar ôl i gadw'n storïwyr traddodiadol yn brysur am flynyddoedd i ddod.

Ond mor bell yn ôl â 1948, yr oedd Hugh Bevan wedi haeru mewn ysgrif yn *Y Llenor* (gan barodïo Mallarmé) 'nad â

---

1. Cyhoeddwyd gyntaf yn *Y Traethodydd* (Ionawr 1996).
Traddodwyd y sylwadau hyn yn Ysgol Lenyddol Gregynog dan nawdd Cyngor Celfyddydau Cymru ac Adran Efrydiau Allanol, Prifysgol Cymru, Bangor, Gorffennaf 1995. Ar sail camddehongliad ohonynt, ysgrifennodd Angharad Tomos bwt beirniadol yn *Yr Herald* (22 Gorffennaf 1995). M. Wynn Thomas biau'r ymadrodd 'Chwarae â Chwedlau', *Barn* (Hydref 1992).
2. *Hunangofiant Rhys Lewis, Gweinidog Bethel* (Wrexham: Hughes a'i Fab, 1885), 13.

chymeriad yr ysgrifennir nofelau . . . eithr â geiriau'.[3] Cyfeirio yr
oedd ef yn bennaf at nofelau modern megis *Monica*, *Y Dewis* a
*Sgweier Hafila*, ac yn arbennig at weithiau Joyce a Virginia Woolf.
Ond wrth gwrs fe ellid dadlau nad yw'r nofel fodern yn troi cefn
ar realaeth, ond i'r gwrthwyneb yn ei dwysáu, a hynny yn
sgil damcaniaethau seicdreiddiol Freud, mewn ymdrech i
'adlewyrchu' cudd feddyliau'r galon, ac i dreiddio at 'hanfod' y
bersonoliaeth ddynol. Fel y dywedodd David Lodge wrth gael ei
holi yn *Taliesin*:

> Dydy'r nofel fodern (James, Conrad, Joyce, Woolf) ddim yn
> fetaffuglennol mewn gwirionedd. Mae'n chwarae triciau wrth
> gyfleu realiti, wrth gwrs, ac yn gwyrdroi iaith mewn amryw ffyrdd,
> ond anaml y bydd yn cyfeirio at ei phrosesau nofelyddol hi ei hun,
> neu'n dinoethi'r elfen ffuglennol, felly dyna un peth roedd yr ôl-
> foderniaid yn teimlo y gallen nhw'i wneud nad oedd eisoes wedi'i
> wneud gan y genhedlaeth yn union o'u blaen nhw.[4]

Hynny yw, torri drych realaeth – y drych yr oedd nofelwyr wedi
bod yn twyllo'u darllenwyr ag ef am ryw ddwy ganrif. Mae'n
wir fod rhai o'r nofelwyr cynharaf un wedi tynnu sylw at y ffaith
mai ffug oedd eu ffuglen – fel Laurence Sterne yn *Tristram
Shandy*, er enghraifft, a hyd yn oed T. Rowland Hughes efo'i
'ddarllenydd mwyn' yn *William Jones*, ond cymeriad mewn nofel
realaidd yw William Jones, serch hynny.

Eto, mae rhywun fel Mihangel Morgan yn dadlau mai twyll
yw realaeth beth bynnag. Mewn rhifyn arall o *Taliesin* fe ddywed
beth fel hyn (gw. tt.307–15):

> Y gwir amdani yw nad oes dim un llyfr erioed wedi gallu
> adlewyrchu 'realiti' yn ei grynswth. Buasai'n cymryd ugain
> tudalen i ddisgrifio'r weithred o agor drws, a hyd yn oed wedyn,
> nid y weithred o agor drws a geid eithr disgrifiad mewn geiriau o'r
> weithred, a fyddai hwnna ddim yn 'realiti'. Beth bynnag, beth yw
> 'realiti'? Mae'n fy nharo fi'n arwyddocaol nad oes gennym ni'n gair
> Cymraeg ein hunain am 'realiti', ac mae'n debyg taw bathiad eithaf
> diweddar, 1935, yw 'dirwedd'. Beth oedd yr hen Gymry yn ei
> wneud heb 'realiti'? Wel yn syml iawn doedd y cysyniad ddim yn

3. 'Darllen Nofelau', yn Brynley F. Roberts (gol.), *Beirniadaeth Lenyddol*
(Caernarfon: Gwasg Pantycelyn, 1982), 43.
4. Ioan Williams, 'Holi David Lodge', *Taliesin*, 82 (Haf 1993), 80.

bod, syniad estron yw e, a beth y mae absenoldeb y gair yn ein hiaith ni'n ei brofi yw fod modd byw heb y syniad.[5]

Dyna gwestiynu, felly, yr holl syniad o greu cymeriadau 'byw' mewn nofel, a bwrw amheuaeth ar yr holl fusnes yma o 'ddweud y gwir'.

Ac mewn gwirionedd roedd rhywun fel Caradog Prichard ar ddechrau'r 1960au wedi creu nofel a oedd yn chwilfriwio llawer o'n syniadau ni am stori fel llinell unionsyth yn ymestyn trwy amser o A i B, oherwydd nofel bolyffonig yw *Un Nos Ola Leuad* sy'n cymysgu'r presennol a'r gorffennol blith draphlith, ac yn creu disgordiau aflafar wrth gyfuno arddulliau arisel ac aruchel, gan ddadsefydlogi'r darllenydd. Yn wahanol iawn i gymeriadau T. Rowland Hughes ac Islwyn Ffowc Elis, does gan y prif gymeriad ddim enw, ac mae'r rhan fwyaf o gymeriadau'r nofel yn baglu dros y tudalennau mewn rhyw ddull dau-ddimensiwn fel ffigurau ar ffresgo canoloesol. Does dim ymdrech i durio at ymwybod nac isymwybod rhywun fel Jini Bach Pen Cae, er enghraifft, dim ond ei darlunio'n frysiog efo'i llygaid glas tanbaid.

Fe ellid dadlau, mae'n siŵr, nad gwrthod realaeth y mae Caradog Prichard, ond ei gwthio i'w phen draw rhesymegol. Byddai rhai'n cymryd safbwynt gwahanol a dweud mai camu oddi wrth yr epistemolegol at yr ontolegol y mae – hynny yw, oddi wrth ddisgwrs sy'n chwilio am *wybodaeth am fywyd* at ffuglen sy'n cyfleu *moddau o fodoli*. Dyna un ffordd o wahaniaethu rhwng moderniaeth ac ôl-foderniaeth. Mae moderniaeth yn ei hystyr letaf yn tarddu o gyfnod y Goleuad yn y ddeunawfed ganrif, gyda'r pwyslais ar reswm a rhesymoliaeth, ar ddyneiddiaeth a rhyddfrydiaeth. Fe'i crisielir yn nelfrydau'r Chwyldro Ffrengig ac yng ngoruchafiaeth gwyddoniaeth yn ystod y ddau can mlynedd diwethaf. Mae'n rhoi pwyslais ar ddyn fel unigolyn, fel goddrych sydd â gallu i drefnu'i fyd ei hun, ac i feistroli'r byd â'i reswm. Fe gymer yn ganiataol fod iaith yn erfyn cwbl effeithiol i fynegi realiti, bod modd cynrychioli'r byd trwy iaith, a bod gwyddoniaeth ar y naill law ac athroniaeth ar y llall yn systemau pur i ddeall y byd a'r bywyd hwn. Mae'r safbwynt epistemolegol hwn yn ymddangos yn foesol dda, yn

5. John Rowlands, 'Holi Mihangel Morgan', *Taliesin*, 83 (Gaeaf 1993), 14; gw. t.313.

arwain at ryddfreinio pobl, at ddemocratiaeth, at gyfundrefn addysg flaengar a goleuedig.

Ac eto fe ymosodwyd yn chwyrn yn ail hanner y ganrif hon ar yr holl feddylfryd hwn, gan ddadlau ei fod yn Ewro-ganolog, yn ddyn-ganolog, yn wyn-ganolog, yn hunanddigonol, ac yn gyfrifol am greu metanaratifau megis Hanes, Y Gwirionedd, ac yn y blaen, sy'n foddion i gyfreithloni syniadau trosgynnol gan roi iddynt statws gwrthrychol. Mae'r ymosodwyr (megis Jean-François Lyotard) yn gweld hyn oll fel totalitariaeth y Rheswm, gan rybuddio fod yr elfennau honedig ddyneiddiol, rhyddfrydig a blaengar yn gochl am agwedd meddwl ormesol yn y bôn.

Felly, un dehongliad o ôl-foderniaeth yw ei bod yn fudiad athronyddol gwrth-athronyddol sy'n ymwrthod â gwreiddiau moderniaeth yng Ngoleuedigaeth y ddeunawfed ganrif, yn ymwrthod â'r syniad fod iaith yn gallu cael gafael ar y Gwir trwy reswm, ac yn wir yn amau'r holl gysyniad o Wirionedd trosgynnol.

Fe geir y sylfaen theoretig i hyn oll yng ngwaith yr ôl-strwythurwyr Ffrengig, megis Barthes, Derrida a Foucault, er na fuasai pawb yn barod i gyplysu ôl-foderniaeth ag ôl-strwythuraeth chwaith. Jacques Derrida oedd arloeswr dadadeiladu, sef dull o feirniadu sy'n seiliedig ar y syniad fod iaith yn llithrigfa ddi-ben-draw nad yw byth yn datgelu ystyr bendant a diamwys. Twyll yw'r syniad fod iaith yn adlewyrchu realiti, neu'n rhoi mynediad inni at ryw wirionedd y tu hwnt iddi hi ei hun. Rhith yw'n hymwybyddiaeth ffug ni yn y Gorllewin fod ein parablu ni yn tarddu o'r galon neu o'r enaid ac yn cyfleu ein teimladau a'n hargyhoeddiadau i'r dim. System gaeedig yw iaith, wedi'i seilio ar wahaniaeth a gohiriad (*différance* neu wahiriad), felly fe fydd hi'n llithro o'n gafael yn barhaus hyd ddiwedd y byd heb ildio unrhyw ystyr gyflawn byth. Cadwyn ddiddiwedd o arwyddion yw iaith, yn chwarae mig â ni trwy'r amser, er bod traddodiad athronyddol y Gorllewin wedi ceisio cael gwastrodaeth arni, trwy greu hierarchiaethau grymus sy'n gosod blaenoriaeth i dermau canolog ar draul rhai ymylol: y gwryw ar draul y fenyw, natur ar draul diwylliant, y gair llafar ar draul y gair ysgrifenedig, er enghraifft. Mae'r dadadeiladwyr yn datgelu'r hierarchiaethau hyn mewn testunau ac yn eu gwyrdroi, gan ddangos yr *aporia*, neu'r gwrthddywediad mewnol, yr *impasse* sy'n tanseilio ystyr ddiamwys y gwaith. Wrth gwrs, fe gafodd y dadadeiladwyr fodd i fyw wrth droi gweithiau llenyddol â'u pennau i waered neu eu tynnu nhw tu chwith allan, gan anwybyddu bwriad awdur neu berthynas testunau â'r byd tu allan.

Mae hyn oll yn codi pob mathau o gwestiynau. Pa hawl freintiedig sydd gan ddadadeiladwyr i ddweud bod eu safbwynt hwy yn iawn? Rhaid iddyn hwythau, fel pawb arall, danseilio rhesymeg mewn dull rhesymegol, felly mae'u holl brosiect yn simsan yn ôl eu cyfaddefiad hwy'u hunain. Ac onid yw eu safbwynt yn nihilaidd yn y pen draw, ac yn negyddu unrhyw ymchwil am ragoriaeth neu degwch gwleidyddol? Nid yw'r atebion i'r cwestiynau yna mor syml ag yr ymddengys ar yr olwg gyntaf. Un peth sy'n amlwg yw fod ôl-strwythuraeth a dad-adeiladaeth wedi bywiogi cryn dipyn ar y tirlun beirniadol, gan roi lle i chwarae ar eiriau, creu geiriau mwys, ac ymwrthod i raddau â disgwrs uniongyrchol athronyddol ac ymddangosiadol wrthrychol. Fe gawsom ninnau rywfaint o flas y 'trais a therfysg tu chwith allan' hwn yn y Gymraeg yng ngwaith Simon Brooks a Mererid Puw Davies.

Er y buaswn i'n dweud fod yr agwedd sgeptig amheus yma tuag at iaith – a thrwy hynny, at realaeth – yn hydreiddio ôl-foderniaeth, mae 'na sawl agwedd arall ar y term hefyd, sy'n ei wneud yn rhywbeth cyfnewidiol ac amorffus iawn, ac yn sicr yn derm sy'n gwrthsefyll cael ei ddiffinio'n bendant ddiamwys. Cameleon o air ydyw, ond heb fod yn llai defnyddiol, serch hynny. Y cwestiwn yw ai datblygiad o'r modern yw ôl-foderniaeth, neu adladd y modern – moderniaeth yn bwrw'i brych, fel petai, neu a yw'n ymwrthodiad â'r modern? Neu hyd yn oed yn gymysgedd o'r cyfan? Roedd rhywun fel Jürgen Habermas yn gwrthod derbyn fod rhesymoliaeth yr Oleuedig-aeth yn ddrwg i gyd, oherwydd ni allai weld sut yr oedd gwleidyddiaeth flaengar, ochr chwith yn bosibl hebddi. Dadleuai ef fod moderniaeth yn 'brosiect anorffenedig'. Ond i Lyotard roedd raid diorseddu'r meddylfryd modernaidd a phopeth a'i nodweddai. Ef, yn anad neb, a aeth ati i ddehongli'r 'cyflwr ôl-fodern', a hynny yn ei gyfrol *La Condition postmoderne* (1979; cyfieithiad Saesneg 1984). Iddo ef, mae cymdeithas diwedd yr ugeinfed ganrif yn un sydd 'wedi'i chyfrifiaduro', gyda chynhyrchu gwybodaeth yn cael blaenoriaeth ar gynhyrchu nwyddau materol. Rhaid i'r syniad o wyddoniaeth fel metanaratif hollgynhwysol ildio'i le i'r hyn a alwodd Wittgenstein yn gemau iaith, a'r rheini'n niferus ac amrywiol, pob un â'i rheolau ei hun. Yn lle rhewi'n dalp o wirionedd absoliwt, rhaid i iaith fod yn chwareus trwy'r amser, a dylem anelu, nid at *gonsensws* ond at *dissensus*. Gemau nad oes neb yn eu hennill yw'r rhain, mewn ffordd, ac fe'u chwaraeir er mwyn y pleser pur o ddyfeisio. Fe all hyn ymddangos yn wrth-wleid-yddol a gwrth-flaengar, yn yr ystyr fod cysyniad fel cyfiawnder yn cael ei droi heibio, ond ar y llaw arall fe ellid dadlau mai ple sydd yma – nid dros gyfiawnder fel ffrwyth consensws, ond dros luosogedd o gyfiawnderau sy'n ffrwyth *dissensus*. Ac mae modd defnyddio'r ddadl i gael gwared â metanaratifau megis patriarchiaeth a chyfalafiaeth, er enghraifft.

Mae 'na dyndra parhaus rhwng y gwleidyddol a'r esthetig mewn ôl-foderniaeth. Wrth wrthod goruchafiaeth rheswm, fe roddwyd mwy o bwyslais ar yr esthetig, fe alwyd am 'wleidyddiaeth awydd' (*the politics of desire*) ac am ddychwelyd at y corff. Roedd Susan Sontag yn rhagflaenydd i'r math yma o safbwynt. Yn ei llyfr, *Against Interpretation and Other Essays* (1967), mynegodd yr awydd am i gelfyddyd fod yn bleserus yn hytrach nag yn adeiladol, ac mai mwynhau blasu llenyddiaeth a ddylem yn hytrach na thurio am ystyr a dehongliad trwy'r amser. Yn ei geiriau hi ei hun:

In place of a hermeneutics we need an erotics of art.[6]

Esgorodd hyn ar ddiddordeb ymysg rhai ym mhwyslais Nietzsche ar y Dionysaidd – yr elfen isymwybodol, reddfol, orgasmaidd, hunanddinistriol mewn dyn, o'i chyferbynnu â'r Apolonaidd – yr elfen dawel, ymwybodol, resymegol. Roedd safbwynt Sontag yn gallu arwain at rywbeth arall, eithaf gwahanol, hefyd, wrth gwrs, sef at eclectiaeth, ac at ddryllio'r ffiniau rhwng yr uchel-ael a'r poblogaidd, gan ddileu'r elitiaeth a oedd yn gysylltiedig â chelfyddyd fodern (Eliot a Saunders Lewis, er enghraifft).

Yn naturiol, mae'r syniad o werth ac o safonau gwrthrychol yn diflannu yn sgil safbwyntiau fel hyn, a dyma'r union beth sy'n ffyrnigo rhywun fel Bobi Jones, nad yw'n rhy hoff o'r modern

6. *Against Interpretation and Other Essays* (New York: Dell, 1967), 14.

heb sôn am yr ôl-fodern a'r ôl-strwythurol.[7] Ond nid yw Lyotard, chwaith, yn cymeradwyo popeth a wêl fel mynegiant o'r ôl-fodern. Os caf ddyfynnu'i eiriau yn y cyfieithiad Saesneg:

> . . . the degree zero of contemporary general culture: one listens to reggae, watches a western, eats McDonald's food for lunch and local cuisine for dinner, wears Paris perfume in Tokyo and 'retro' clothes in Hong Kong; knowledge is a matter for TV games. It is easy to find a public for eclectic works. By becoming kitsch, art panders to the confusion which reigns in the 'taste' of the patron. Artists, gallery owners, critics, and public wallow together in the 'anything goes', and the epoch is one of slackening.[8]

Dyma awgrym ein bod yn byw mewn *byd* ôl-fodernaidd, ac fe ddywedai rhai mai ffrwyth cyfalafiaeth hwyr yw'r byd hwnnw, gydag ôl-foderniaeth fel yr uwchstrwythur uwchben y sylfaen sosioeconomaidd sydd ohoni, a'r drefn economaidd wedi llwyddo i ddileu'r ffin rhwng yr economaidd a'r diwylliannol. Daw hyn â ni, efallai, at Jean Baudrillard. Fe wêl ef ein cymdeithas ni fel cymdeithas o ddefnyddwyr, gyda'r cyfryngau torfol – yn arbennig y teledu a'r cyfrifiadur – yn llywio'n bywydau. Ond nid ein *helpu* i gyfathrebu a wna'r cyfryngau hyn, ond ein rhwystro rhag cyfathrebu. Creu'r uwchreal (*hyperreal*) a wnânt, yn hytrach na'r real. Nid byw yn y byd go-iawn yr ydym bellach, ond mewn byd artiffisial, yn llawn o ddelweddau a dynwarediadau, byd o *simulacra* neu rithiau. Er enghraifft, ni all ymwelwyr ddim mynd i'r ogofâu cynhanesol yn Lascaux yn y Dordogne erbyn hyn, dim ond i'r copi ohonynt a luniwyd er mwyn cadw'r gwreiddiol rhag dirywio, ac yn ôl Baudrillard mae hynny wedi dileu dilysrwydd y gwreiddiol. Neu beth am Disneyland? I Baudrillard, mae Disneyland yn rhyw fath o dric i guddio'r ffaith fod America *gyfan* yn Disneyland. Onid arlyw-yddiaeth rith (*simulated presidency*) a gafwyd gyda Ronald Reagan, un o gyn-sêr Hollywood? Enghraifft arall a rydd

7. Ond nid gwrthwynebwr cibddall mo Bobi Jones, wrth gwrs. Fel y theorïwr a gyflwynodd fath o strwythuraeth unigryw i feirniadaeth Gymraeg cyn bod y ddysgeidiaeth honno wedi gweiddio yn Lloegr a'r Unol Daleithiau, fe ellid dweud ei fod mewn gwell sefyllfa i ymwrthod ag ôl-foderniaeth nag odid yr un beirniad Cymraeg arall.

8. *The Postmodern Condition: A Report on Knowledge* (Minneapolis: University of Minnesota Press, 1984), 334–5.

Baudrillard yw peilotiaid yr awyren Tupolev a gwympodd ym
maes awyr le Bourget yn eu gweld eu hunain yn marw *yn fyw* ar
eu camera nhw'u hunain! Yr enghraifft fwyaf eithafol i gyd oedd
Rhyfel y Gwlff. Yn ôl Baudrillard, ni ddigwyddodd y rhyfel
ddim – nid oedd ond dynwarediad uwchreal ar ein sgriniau
teledu, gyda'r sôn am *'smart bombs'* a *'collateral damage'* ar y
bwletinau newyddion, a John Simpson yn disgrifio Baghdad fel
coeden Nadolig. A yw hanes a gwleidyddiaeth wedi dod i ben,
felly, a dim byd ar ôl inni'i wneud ond actio'n rhan mewn rhyw
rithwir realiti wrth syrffio dros y rhwydwaith cyfrifiadurol i
*Cyberia*?

Os gall Baudrillard fabwysiadu agwedd aruchel (*sublime*) at
uwchrealaeth, mae sylwebyddion y chwith, fel Frederic Jameson
a Terry Eagleton a Christopher Norris yn besimistaidd eu
dadansoddiad, ac yn gwrthod ildio i'r holl gysyniadau a gymerir
yn ganiataol gan yr ôl-fodernwyr. Ond rhaid cyfaddef fod yna
garfan arall sy'n gweld ôl-foderniaeth fel disgwrs rhyddhaol
iawn, sy'n dryllio dulliau monolithig o feddwl gan groesawu
lluosgedd, a rhoi lle i'r Arall – sef yr hyn a ymylwyd ac
a ddibrisiwyd ac a ormeswyd gan y meddwl rhesymolaidd.
Fe aeth Foucault, er enghraifft, ati i archwilio natur pŵer a
chyfreithloniad, ac i ofyn sut y mae sefydliadau yn rheoli
gwybodaeth. Wrth wrthod Hanes (gyda phrif lythyren) fe
archwiliodd ef y pethau a guddiwyd o'r golwg, ac fe achubodd
gam y gwallgof, y troseddol a'r gwyrdroëdig, gan ddadlau mai
categorïau a 'grëwyd' gan Resymoliaeth yw'r rheini. Mae
Rhesymoliaeth yn rhywiaethol, yn hiliol ac yn imperialaidd yn ei
hanfod. Felly, o ddilyn safbwynt fel hwn, fe all ôl-foderniaeth
ryddhau agweddau mwy goddefgar, gan ddadadeiladu rhag-
farnau o bob math. Dyna pam y daeth rhai carfanau ffeminist-
aidd i sylweddoli nad oes raid i ôl-foderniaeth fod yn
anwleidyddol.

Mae'n rhaid cyfaddef fod gan lawer o Gymry amheuon dwys
ynglŷn ag ôl-foderniaeth, am eu bod yn tybio rywsut fod yr holl
syniadaeth yn tanseilio unrhyw feddylfryd rhyddfrydig ac
ymarferol wleidyddol, heb sôn am ddistrywio'r syniad traddod-
iadol o ddiwylliant. Mynegodd Greg Hill rai o'r dadleuon hynny
mewn erthygl yn *Planet*.[9] Gyda llenyddiaeth mewn iaith mor

9. 'Drowned Voices: Post-modernism and the Decline of the Idea of Culture',
*Planet*, 92 (April/May 1992), 61–70.

fregus â'r Gymraeg, onid yw dadadeiladu cysyniadau fel traddodiad a diwylliant yn berygl einioes iddi? A gellir gweld pam y mae Bobi Jones yn gweld disgwrs Derrida mor chwerthinllyd â damcaniaethau ehedog Timothy Lewis.[10] Aeth Robert Rhys gam ymhellach wrth gytuno ag ymosodiad yr athronydd adain dde, Roger Scruton, ar Derrida.[11] Mae'n amhosib i Gristnogion, mae'n debyg, ddygymod â dysgeidiaeth sy'n ymwrthod yn llwyr, nid yn unig â'r Duw trosgynnol, ond hefyd â'r cysyniad o ystyr derfynol. Ar wahân i hynny, mae'n anodd troi cefn ar y traddodiad llenyddol monolithig a adeiladodd Saunders Lewis ac eraill ar ein cyfer yn enw'r 'estheteg Gymreig'. Onid Saunders a roddodd ddur yn ein gwaed a pheri inni sefyll yn gyfysgwydd â chenhedloedd eraill Ewrop yn herwydd ein diwylliant aruchel? Pwy o blith hoelion wyth *Barddas* sy'n mynd i dderbyn cael torri'u crib gan fandaliaid ôl-fodernaidd?

Ond onid creu myth a wnaeth y traddodiadwyr er mwyn cyfreithloni Cymru trwy rym – grym yr iaith, y diwylliant a'r traddodiad dethol? Hynny yw, gwneud Cymru'n gysgod egwan o Loegr neu Ffrainc. Gwell o'r hanner fyddai dehongli'n diwylliant – fel y gwnaeth Hywel Teifi Edwards – mewn termau ôl-drefedigaethol. Yn lle ceisio cystadlu â Lloegr, beth am edrych arnom ein hunain fel yr Arall (neu'r arall), yr esgymun, y gwrthodedig – fel pobl liw a merched a hoywon? Onid yn y cyddestun aml-leisiol hwnnw y cawn fod yn ni'n hunain yn hytrach na bod yn gaeth i ryw gysyniad ffug o rym ein traddodiad? Nid ein dadadeiladu'n hunain allan o fod mo hynny, ond rhoi cyfle i'n llais (ein lleisiau) dilys lefaru'n groyw mewn byd sy'n cydnabod amlffurfiaeth yn hytrach nag unffurfiaeth. Fel y dywedodd Ortega y Gasset am Einstein:

> The theory of Einstein is a marvellous proof of the harmonious multiplicity of all possible points of view. If the idea is extended to morals and aesthetics, we shall come to experience history and life in a new way.[12]

10. 'Wrth Angor (12): Dadadeiladu neu Dimothïeg', *Barddas*, 162 (Hydref 1990), 17–21.
11. 'Dadadeiladaeth Ddieflig?', *Barn*, 365 (Mehefin 1993), 44.
12. *The Modern Theme*, cyf. (New York, 1961).

Mae arwyddion sicr o hynny i'w gweld yn y nofel Gymraeg
ddiweddar. Yn niffyg trafodaethau theoretig ôl-strwythurol ac
ymdriniaethau ag ôl-foderniaeth, byddai'n anodd honni'n
ddiamwys fod yna'r fath beth â nofel Gymraeg ôl-fodernaidd yn
bod.[13] Mae'n fwy amheus byth a oes gennym nofel Gymraeg
fodernaidd. Gan imi grybwyll *Un Nos Ola Leuad* eisoes, hwyrach
y byddai'n dda edrych ar honno fel rhyw fath o bont. Ond tybed
ai nofel hwyr-fodern yw hi ynteu nofel broto-ôl-fodernaidd?
Mae'r un math o ansicrwydd i'w gael mewn trafodaethau ar y
nofel y tu allan i Gymru. I Ihab Hassan y mae *Finnegans Wake*
Joyce yn ôl-fodernaidd, yn ogystal â nofelau Beckett. I Brian
McHale, mae rhai llenorion megis Nabokov, Beckett a Robbe-
Grillet yn croesi o'r modern i'r ôl-fodern.

Hwyrach mai allan o wrth-foderniaeth y 1950au a'r 1960au yn
yr Unol Daleithiau y tyfodd ôl-foderniaeth. Roedd pethau fel y
diwylliant hipi, gwrthryfela yn erbyn awdurdod, carcharorion
yn cadw reiat, yr alwad am ddileu sensoriaeth, rhyddid i
hoywon, *Zen, flower power*, y beirdd *Beat*, celfyddyd aleatoraidd
hap-a-damwain, yr *objet trouvé*, cerddoriaeth fyrfyfyr, ac yn y
blaen ac yn y blaen, yn gyfle i godi'r caead oddi ar yr *id* ac i adael
i ymlusgiaid o bob math ddianc allan. Roedd y cyfan braidd
yn anarchaidd, yn hedonistaidd, gwrth-ddeallusol a gwrth-
awdurdodol.

Ac fe gawsom ninnau yng Nghymru ein mân wrthryfeloedd
o'r 1960au ymlaen: Cymdeithas yr Iaith, *Tafod y Ddraig*, yr
adwaith yn erbyn barddoniaeth dywyll Euros Bowen a Bobi
Jones, barddoniaeth Gwyn Thomas gyda'i chyfeiriadaeth at
ffilmiau a chanu pop a'i harddull 'naïf', Gwasg y Lolfa a'r
cylchgrawn *Lol*, Pontshân, cerddi Geraint Jarman a Steve Eaves,
beirniadaeth ddelwddrylliol Dafydd Elis Thomas a'i honiad fod
Y Trwynau Coch yn haeddu llawn cymaint o sylw â'r beirdd

13. Eto dylid cydnabod i rai agweddau ar y pynciau hyn gael llais yn y
Gymraeg. Gellid crybwyll rhai o'r erthyglau yn *Sglefrio ar Eiriau* (Llandysul:
Gwasg Gomer, 1992); Jane Aaron, 'Gwahaniaeth a Lluosogedd: golwg ar rai o
theorïau'r ffeminyddion Ffrengig', *Efrydiau Athronyddol*, LV (1992); 'Prolog'
Simon Brooks ym mhob rhifyn o'r cylchgrawn *Tu Chwith*, 1993 ymlaen; erthyglau
Simon Brooks, Johan Schimanski, Jane Aaron, Mererid Puw Davies, Aled Griffiths
ac eraill yn nhair cyfrol cyntaf *Tu Chwith*; Simon Brooks, 'Ple'r Pla a
throednodiadau eraill', *Taliesin*, 85 (Gwanwyn 1994), 38–67; Mererid Puw Davies,
'Sillafedig yn Nail Sibil', *Taliesin*, 87 (Hydref 1994), 28–35; Johan Schimanski,
'Wythnos yng Nghymru Fydd – unwaith eto', *Taliesin*, 88 (Gaeaf 1994), 24–30.

swyddogol, Y Beirdd Answyddogol, 'Derec Tomos', Siôn Eirian yn ei farddoniaeth a'i nofel wrth-Ddaniel Owen, *Bob yn y Ddinas* (1979), nofel Kerouacaidd Hefin Wyn, *Bodio* (1979), y blodeu-gerddi *Y Trên Olaf Adref* a *Glas-nos*, Menna Elfyn a'i *écriture féminine*: mae'r rhestr yn ddi-ben-draw.

Eto, rhyw glwstwr cymysgryw sydd yna yn y fan yna, ac nid gweithiau gwirioneddol ôl-fodern. Rydym ychydig yn nes ati gyda phortread chwareus Dafydd Huws (dan gochl Goronwy Jones) o gofi o Sgubor Goch yn methu â dod i delerau â Chymry Caerdydd o bob lliw a llun yn *Dyddiadur Dyn Dwad* (1978). Mae'r arddull fwrlésg a'r carnifaleiddio (gair Bakhtin), yn ogystal â'r pendilio rhwng hunangofiant a ffuglen, yn ansefydlogi'r darllenydd, a gwyrdroi ei ddisgwyliadau. Fel y dywed Brian McHale:

> Where the traditional genres of official literature are stylistically homogeneous, carnivalized literature is heterogeneous and flagrantly 'indecorous', interweaving disparate styles and registers.[14]

Erbyn *Un Peth 'Di Priodi Peth Arall 'Di Byw* (1990), mae yna elfen fwy hunangyfeiriol, am fod Goronwy Jones wrthi'n sgwennu'r nofel *yn* y nofel ei hun, ac mae 'na wamalu metaffuglennol rhwng Goronwy Jones a Dafydd Huws ac mae'r defnydd o eiriau mwys a *doubles entendres* yn cyson danseilio hygrededd y stori. Gêm eiriau go-iawn sydd yma, gydag athrylith y sgwennu'n pefrio ar yr wyneb, yn hytrach na threiddio at ryw ddyfnder seicolegol honedig, ond er mor hwyliog ydi'r nofel, mae yna hefyd gryn dynnu blewyn o drwyn parchusrwydd a rhesymeg a llenyddoldeb traddodiadol. Nid *angst* 'anfoesol' *Bob yn y Ddinas* sydd yma bellach, ond darlun meddwol o afrealiti'r Gymru Gymraeg 'uwchreal', sydd – fel y sylwodd Simon Brooks – yn gam tuag at waith dinesig 'ôl-foesol' Mihangel Morgan.[15] Mae gwaith Dafydd Huws yn haeddu dadansoddiad llawer manylach, fel y mae nofelau Gareth Miles, *Treffin* (1979) a *Trefaelog* (1989), a nofelau Twm Miall, *Cyw Haul* (1988) a *Cyw Dôl* (1990).

14. *Postmodernist Fiction* (London and New York: Methuen, 1987); fy argraffiad i, Routledge (1993), 172.
15. 'Ple'r Pla a throednodiadau eraill', *Taliesin*, 85 (Gwanwyn 1994), 38–67.

Ond *Bingo!* (1985) Wiliam Owen Roberts yw'r nofel Gymraeg ôl-fodernaidd go-iawn gyntaf. Mae'r teitl ei hun yn awgrymiadol: gyda'i ebychnod mae'n cyhoeddi fod ffawd wedi canu'i chloch a'r cymeriadau wedi'u dal mewn rhwyd; yn ogystal â hynny, wrth gwrs, mae'n awgrym clir mai gêm yw'r nofel, a honno'n gêm o hap-a-damwain. Cafodd y ffug mewn ffuglen ei ddinoethi. Chwarae â chwedlau y mae pob llenor, ac felly roedd yr hen enw Cymraeg ar nofel, sef ffug-chwedl, yn berffaith iawn wedi'r cwbl. Fe dreulir rhyw bump ar hugain o dudalennau ar y dechrau yn taflu llwch i lygad y darllenydd. Disgrifir cymeriad yn deffro, yn codi a mynd i'r swyddfa, yna i dafarn, ac wedyn i dŷ lle mae'n llofruddio'r bobl sy'n byw yno, ac adroddir hyn oll yn y trydydd person. Yna'n sydyn, troir i'r person cyntaf: 'Ceisiais godi o'm sedd' (32). Symudir yn ôl i'r trydydd person, ac yna i'r person cyntaf eto: 'Teimlais fy nhrowsus yn un â chroen fy nghluniau' (32). Mewn ychydig mae'r 'person cyntaf' yma'n codi ac yn symud, a sylweddolwn mai ffilm oedd y pum tudalen ar hugain cyntaf, a bod y person cyntaf yma'n edrych arni mewn sinema. Rŵan mae'n gadael y sinema, ac fe ddilynwn ei hanes ef. Yn raddol down i wybod mai actor di-waith ydyw, a bod ei briodas ar chwâl a'i fywyd yn llanast. Mae'n dioddef o ryw baranoia hunllefus. Yn y diwedd, mae'n ei gael ei hun mewn ffilm, wedi'i ddal y tu mewn iddi – yr union ffilm y bu ef ei hun yn ei gwylio ar y dechrau.

Rhyw fath o *trompe-l'oeil* sydd yn *Bingo!*, a'r awdur yn camarwain y darllenydd, yn creu rhyw fath o rith, ond ar ôl cyfrinoli, yn datgyfrinoli, gan ddangos mai rhithwir realiti oedd y cyfan. Fe ddigwydd hyn *o fewn* y nofel hefyd, fel, er enghraifft, pan yw'r prif gymeriad yn cael pás yn y car gan ryw ddynes, a honno'n dechrau ei anwesu, ac yntau'n darganfod mai dyn yw hi! Mae'r amwysedd rhywiol fel pe'n adlewyrchu amwysedd realiti. Ac fel mae'n digwydd, mae cymysgu ffurfiau – cael ffilmiau-o-fewn-nofel (fel yn *Dirgel Ddyn*) a nofel-o-fewn-nofel (fel yn *Cysgodion* Manon Rhys – ond nid fflawntio'r dechneg a wna hi chwaith, ond ei chymryd o ddifri yn y dull modernaidd, fel y gwna Dafydd Rowlands gyda'i rannau llif-yr-ymwybod yn *Mae Theomemphus yn Hen*) yn dechneg ôl-fodernaidd iawn. Fe wneir rhywbeth tebyg i'r hyn sydd i'w gael yn *Bingo!* yn nofel Thomas Pynchon, *Gravity's Rainbow* (1973), lle cawn ar ddeall ar y tudalen olaf mai ffilm oedd y cyfan:

The screen is a dim page spread before us, white and silent. The film has broken . . .[16]

Ac fel cyd-ddigwyddiad, mae *Bingo!* yn dechrau'n ddigon tebyg i nofel Martin Amis, *London Fields* (1989), gyda chymeriad sy'n sicr ei fod yn mynd i ladd rhywun yn ystod y nofel, sy'n creu'r argraff mai'r nofel ei hun sy'n creu realiti. Ond datod realiti a wna nofel arall Martin Amis, *Time's Arrow* (1992), lle mae'r digwyddiadau'n mynd ar yn ôl, yn groes i drefn amser.

Nofel go wahanol yw *Y Pla* (1987). Mae tynghediaeth fingo-aidd y nofel gyntaf wedi'i gwyrdroi'n llwyr, gan ildio'i lle i Farcsiaeth oleuedig, sy'n gweld hanes fel proses sy'n symud grym o'r naill ddosbarth i'r llall. Dyna pam, mae'n debyg, y mae Wiliam Owen Roberts yn dweud yn ddiamwys:

Dydi hi ddim yn nofel ôl-fodernaidd lwyr, nag ydi, yn bendant ddim . . . Yr hyn sy'n ei gwneud yn hwyr-fodern . . . yw'r ffaith fod y nofel yn hunanymwybodol o ran ei thechnegau.[17]

Mi fuaswn yn anghytuno â'r ail osodiad, oherwydd nodwedd ôl-fodern, fel y gwelsom yn barod, yw'r elfen hunanatblygol mewn ffuglen. Ond y broblem gydag *Y Pla* ydi ei bod hi fel pe wedi'i sylfaenu ar ryw Farcsiaeth amrwd braidd, ac fel y sylwodd Simon Brooks, mae hi'n ochri gyda'r dull dilechdidol, cynyddgar o feddwl, yn hytrach na chyda *jouissance* Barthes a *différance* Derrida.[18] Ac eto fe gydnabu yntau fod 'na baradocs ynglŷn â'r *Pla*:

Ar y naill law mae'n nofel sydd yn ufudd i ryw *telos* chwyldroadol ond ar y llaw arall mae yna obsesiwn â rhai themâu ôl-Farcsaidd a Foucaultaidd – gwleidyddiaeth y corff, er enghraifft. Dwi'n siŵr y bydd pobl yn darllen *Y Pla* fel alegori am AIDS.[19]

Yn fy marn i, mae digon o elfennau yn *Y Pla* sy'n gwarantu'i gosod yn y gorlan ôl-fodernaidd. Yn un peth, mae'r syniad o

16. *Gravity's Rainbow* (New York: Viking, 1973), 760.
17. 'Trafodaeth a gaed yn sgîl rhai sylwadau a wnaethpwyd am waith Denis Diderot', *Tu Chwith*, 2 (Haf 1994), 63–4.
18. *Ibid.*, 64.
19. *Ibid.*, 65.

gymeriadau fel goddrychau wedi'u gwreiddio yn 'y natur ddynol' wedi'i droi heibio. Does yma ddim o ymgais yr awdur hollwybodol i durio i isymwybod a theimladau'r cymeriadau. Nid fel unigolion yn llywio'u bywydau'u hunain yn rhesymegol a hunanymwybodol y cyflwynir hwy, ond fel bodau sydd wedi'u ffurfio gan gymdeithas. Mae'u cyrff, os rhywbeth, yn amlycach na'u hego. Fel y dywed Robert de Tresh am y taeogion:

> Maen nhw fel anifeiliaid y maes, yn gaeth i'w natur, i'w ham-gylchfyd, i'w cloffni ac i'w clefydau ac i'r glaw a'r niwl . . . (190)

Dyna pam y rhoddir cymaint o bwyslais ar fudreddi sglyfaethus, ac ar ryw o amrywiol fathau, ac wrth gwrs peth diriaethol a chorfforol iawn yw'r pla du sy'n difa'r boblogaeth. Gwrthod myth y cymeriad crwn neu'r cymeriad dwfn a wneir, gan ddangos mai gwe ieithyddol sy'n gwneud pobl yr hyn ydynt, a honno'n we sy wedi'i sylfaenu ar gonfensiynau cymdeithasol, ac yn ffrwyth *rôle* economaidd yn y cyswllt hwn.

Does dim amheuaeth nad yw *Y Pla* yn nofel wyrdroadol iawn, ac yn sicr mae hi'n gwyrdroi'r metanaratif hanesyddol traddod-iadol. Fe adweithiodd Wiliam Owen Roberts yn ymwybodol iawn yn erbyn y doreth o nofelau hanes rhamantaidd a gynhyrchwyd yn Gymraeg o'r 1960au ymlaen. Fel y dywedodd yn *Golwg*:

> Dewisodd llawer iawn o nofelwyr Cymraeg y 30 mlynedd diwetha' ysgrifennu am y gorffennol . . . Nofelau naturiolaidd am arwr hanesyddol ydyn nhw fel rheol. Mae'r gymdeithas sy'n cael ei darlunio yn undod organig ac nid yw rhai problemau fel rôl merched neu gaethweision yn bwysig. Mae'r gymdeithas hon yn cael ei disgrifio yn nhroen meddwl yr arwr, a thynged unigolyddol yr arwr wedi ei chyplysu mewn modd sumbolaidd â thynged y 'genedl' – maen nhw'n un.
>
> Mae'r safbwynt yma yn un sy'n perthyn i'r cyfnod cyn y Chwyl-dro Diwydiannol ac yn un naïf . . . Mae'n cynnig gweledigaeth o ddyfodol llewyrchus i'r undod organig sy'n cael ei galw'n genedl, dim ond iddi ddychwelyd i orffennol delfrydol, euraidd. Mae proses hanes wedi ei diraddio a'i chyplysu, yn amlach na heb, â thymhorau natur sy'n golygu felly mai proses yn troi mewn cylchoedd yw realiti.[20]

20. 'Llên Ddoe yn Llên Heddiw: Dwy Olwg', *Golwg* (28 Medi 1989).

Mae'n siŵr y dywedai Wiliam Owen Roberts mai ffuglen yw hanes ei hun, ac yn sicr mae *nofelau* hanes yn ffuglennol. Y drwg yw fod rhai nofelwyr hanes yn credu eu bod yn 'dal naws' y gorffennol, a'u bod yn driw i awyrgylch ac *ethos* y cyfnod y maen nhw'n sgwennu amdano. Yn ddiweddar iawn, wrth drafod gwaith Rhiannon Davies Jones yn *Taliesin*, roedd Cyril Hughes yn pwysleisio'r pwynt hwn:

> Does dim byd gwaeth na nofel hanesyddol nad yw'n dal dŵr. Fe chwelir y rhith.[21]

Dyna'n union y mae Wiliam Owen Roberts yn ei wneud. Onid yw hynny'n amgenach na chymryd arno ei fod yn dal naws *Weltanschauung* yr Oesoedd Canol? Taflu llwch i'n llygaid ni a wna Rhiannon Davies Jones, gan beri inni ddarllen ei gwaith yn anfeirniadol, ond mae Wiliam Owen Roberts yn ein gorfodi i sefyll yn ôl a holi cwestiynau ynglŷn â'i ddehongliad o hanes. Stori bicarésg banoramig sydd ganddo, efo tipyn go lew o graciau ynddi. Mewn ffordd mae rhywfaint o debygrwydd rhwng ei ddull a *Verfremdungseffekt* Brecht, ac fel mae'n digwydd, aralleiriad o frawddeg olaf *Bywyd Galileo* Brecht sy'n cloi *Y Pla* hefyd.

Ac mae'r rhyngdestunoldeb – neu'r mewndestunoldeb, efallai – sydd yn *Y Pla* yn elfen ôl-fodern chwareus ac eironig. Jôc fawr yw gosod geiriau o ysgrif Bobi Jones, 'Gwrthryfel Ystrydebol', yng ngenau difyrrwr llys y Pab Clement VI: geiriau Calfinydd o ddiwedd yr ugeinfed ganrif yn cael eu llefaru yn llys pen yr Eglwys Gatholig yn yr Oesoedd Canol.[22] Mae hyd yn oed yn parodïo Rhiannon Davies Jones hefyd.[23] Ac wrth gwrs, mae'r stori am roi'r diafol yn uffern yn dod yn syth o'r *Decameron* gan Boccaccio.

Mae technegau fel parodïo, mewndestunoli, *collage, bricolage* yn cael eu hecsbloetio'n gyson mewn nofelau ôl-fodernaidd, gan eu bod yn foddion i dreisio'r confensiynau realaidd. Ac mewn nofelau hanes fe fflawntir anachronistiaeth i'r un pwrpas. Dyna a

21. 'Nofelydd Llywelyn', *Taliesin*, 87 (Hydref 1994), 95.

22. Bobi Jones, 'Gwrthryfel Ystrydebol', *Barddas*, 104–5 (Rhagfyr 1985/Ionawr 1986). Gw. *Y Pla*, 210–12.

23. 'Trafodaeth a gaed yn sgîl rhai sylwadau a wnaethpwyd am waith Denis Diderot', 74.

wnaed ar ddiwedd *Y Pla* trwy ddod â thanciau a hofrenyddion
Americanaidd, yn ogystal ag aelod o'r *CIA* i ganol Eifionydd yr
Oesoedd Canol. Fe feirniadwyd hynny oherwydd ei fod yn
ymdrech ry ymwybodol i danlinellu ergyd y stori, ac fe'i dilëwyd
o'r fersiynau Saesneg ac Almaeneg. Ac eto mae awdur fel Carlos
Fuentes yn treisio ffeithiau'r hanes traddodiadol yn ei nofel *Terra
nostra* (1975) trwy beri i Philip II o Sbaen briodi Elizabeth I o
Loegr, a pheri i'r Byd Newydd gael ei ddarganfod ganrif yn
ddiweddarach na'r dyddiad swyddogol, ac yn y blaen. Y gwir
yw fod *Y Pla* yn ffitio disgrifiad Brian McHale o'r nofel hanes ôl-
fodernaidd yn dda iawn:

> The postmodernist historical novel is revisionist in two senses.
> First, it revises the *content* of the historical record, reinterpreting the
> historical record, often demistifying or debunking the orthodox
> version of the past. Secondly, it revises, indeed transforms, the
> conventions and norms of historical fiction itself.[24]

Wrth atgyfodi hanes y rhai a ddifreiniwyd gan haneswyr
swyddogol – y taeogion, y gwahangleifion, y rhai amwys eu
rhywioldeb, y Mwslemiad Ibn al Khatib – mae *Y Pla* yn wynebu'r
Arall y bu'r ôl-fodernwyr mor bleidiol iddo, a hynny ar yr un
gwynt â bod yn destun Marcsaidd. A yw hynny'n wrth-
ddywediad sy'n gwestiwn arall. Barn Wiliam Owen Roberts ei
hun yw nad yw eclectiaeth yn rhywbeth drwg. Gan ei fod yn awr
wrthi'n sgwennu nofel am Gymry Llundain yn y ddeunawfed
ganrif, bydd yn ddiddorol gweld pa oleuni fydd ganddo i'w
daflu ar yr Oleuedigaeth.

Ond Robin Llywelyn, mae'n debyg, oedd y nofelydd Cymraeg
cyntaf i gael ei alw'n ôl-fodern, gan Johan Schimanski a Bethan
Mair Hughes ac eraill,[25] ac eto ef fyddai'r cyntaf i wrthod y
disgrifiad, ac mae 'na wrthddywediadau a pharadocsau lu yn ei
waith, fel sydd ym mhob llenyddiaeth gwerth ei halen. Byddai'n
well gan rai ei osod yng nghwmni cyfarwyddiaid yr Oesoedd
Canol neu Ellis Wynne nag ymysg yr ôl-foderniaid, ac fe
wyddom yn iawn fod ei ddwy nofel yn ymdrin yn eglur iawn â

24. *Postmodernist Fiction*, 90.
25. Johan Schimanski, *'Seren Wen ar Gefndir Gwyn*[:] *Genre* a Chenedl', *Tu
Chwith*, 1 (Ebrill/Mai 1993) 39–42; Bethan Mair Hughes, 'Nid gêm Nintendo yw
hyn, ond bywyd', *ibid.*, 43–6.

chadw i'r oesoedd a ddêl y glendid a fu, ac mae'r tinc Saunders-
aidd hwnnw'n fwy modern nag ôl-fodern. Rhaid dweud wedyn
mai ef sydd â'r Cymraeg mwyaf graenus o'r holl awduron hyn,
ac mai ef sydd â'r arddull ddisgleiriaf.

Ond dydi'r holl bethau hyn ddim yn ei anghymwyso ef
chwaith. Yn wir, mae gwthio trosiadau i'w pen draw eithaf, a
sgwennu gyda'r fath afiaith nes ei fod o'n brifo bron, yn
nodweddiadol o awduron megis Gabriel Garcia Márquez. Nid
brifo y mae rhai o ddisgrifiadau Robin Llywelyn yn gymaint â
gwefreiddio gyda'u swrrealaeth ehedog. Dyma Gregor yn
clywed hen ŵr yn darllen o gyfrol yn *O'r Harbwr Gwag i'r Cefnfor
Gwyn*:

> ... yn clywed y geiriau'n llifo fel ffrwd o'i enau ac yn eu gweld yn
> codi fel glöynnod byw oddi ar y tudalennau ac yn dringo hyd
> fariau'r haul machlud drwy'r ffenest a'r llestri ar y dresal yn cochi
> a'r cysgodion yn dyfnhau a'r geiriau'n dal i godi ac yn hedfan i'r
> haul yn ddu fel brain yn erbyn yr haul coch. Fel y suddai'r haul i
> frigau'r coed agorai llygaid cochion marwor yr aelwyd a'r tân yn
> suo'n dawel a llais yr henwr wedi tewi a Gregor yn synhwyro
> presenoldeb newydd. (62)

Llenyddiaeth fel orgasm yw'r trosiad yn y fan yna. Cymharwch
ef â'r ymson hwn o un o nofelau Gabriel Garcia Márquez, lle mae
putain ifanc yn peri i serch rhywiol ymddangos fel canibaliaeth:

> ... he used bread to soak up my first adolescent sauce, he would
> put things there before eating them, he gave them to me to eat, he
> put asparagus stalks into me to eat them marinated with the brine
> of my inner humours, delicious, he told me, you taste like a port, he
> dreamed about eating my kidneys boiled in their own ammonia
> stew, with the salt of your armpits, he dreamed, with your warm
> urine, he sliced me up from head to toe, he seasoned me with rock
> salt, hot pepper and laurel leaves and left me to boil on a hot fire in
> the incandescent fleeting mellow sunsets of our love with no
> future, he ate me from head to toe with the drive and generosity of
> an old man which I have never found again in so many hasty and
> greedy men who tried to make love to me without managing to for
> the rest of my life without him.[26]

26. *The Autumn of the Patriarch*, cyf. Gregory Rabassa (New York: Avon, 1977),
106–7. (Arg. gwreiddiol: 1975.)

Mae arddull Robin Llywelyn yn haeddu dadansoddiad ynddi'i
hun. Mae arddull fel petai wedi cael ei blaendirio ganddo, gan ei
bod yn berwi gan drosiadau, a hynny, wrth gwrs, yn peri ei bod
yn feddw fawr, ac yn nes at realaeth hudol na realaeth go iawn.
Nid defnyddio geiriau i adlewyrchu y mae ef, ond i greu ac
awgrymu, mewn rhyw fydoedd hylifol nad oes modd eu hoelio
ar fap na'u sodro mewn amser. Eto'n eironig, mae enwau
cymeriadau fel Llygad Bwyd a Dail Coed yn enwau go-iawn,
wedi'u codi o'r *Caernarvon Court Rolls* yn y bedwaredd ganrif ar
ddeg.

Ffantasi wedi'i gosod yn y dyfodol yw *Seren Wen ar Gefndir
Gwyn*, ac yn ôl Brian McHale:

> Postmodern fiction has close affinities with the genre of the
> fantastic, much as it has affinities with the science-fiction genre.[27]

Wrth gwrs, dydi *Seren Wen ar Gefndir Gwyn* ddim yn nofel
wyddonias yn yr ystyr arferol, oherwydd er ei bod hi wedi'i
gosod yn y dyfodol, mae hi'n rhoi'r teimlad weithiau ei bod
wedi'i gosod yn y gorffennol, ond y gwir ydi ei bod yn ddiamser.
Mi dderbyniwn i y disgrifiad ohoni fel ffantasi, oherwydd mae
hi'n cyflwyno panorama o ddigwyddiadau a chymeriadau sy'n
amlwg yn wneuthuredig. Beth bynnag, mae cyflwyno'r stori
trwy gyfrwng sgrîn gyfrifiadurol yn gwneud i'r darllenydd
deimlo mai syrffio ar ryw uwchdraffordd seibernetig y mae, ac
mai profiad *hyper*-realaidd sydd yma.[28] Daw hynny'n arbennig o
amlwg yn y cyrch awyr y mae Gwern Esgus a Pererin Byd yn ei
wneud yn erbyn Gwlad Alltud, sy'n amlwg yn barodi ar Ryfel y
Gwlff, ac yn ei ddangos fel gêm gyfrifiadurol oer ac annynol:

> 'Torri cysylltiad llais,' meddai'r cysylltwr, 'cachwch ar eu pennau
> nhw, hogia,' ac oeddan ni ar ein pennau ein hunain hefo'r sgrins
> awyr a'r rheini'n dangos lle'r oeddan ni yn nhrefn y fflyd . . .
> 'Fyddan nhw'n marw heb wybod pwy lladdodd nhw a ninna
> wedi'u lladd nhw heb wybod pwy laddon ni.' . . .
> Gwylio'r taflegrau ar y sgrin daro wedyn a dwy weiran gaws yn
> dŵad ac yn croesi yng nghanol y sgrin uwchben rhyw adeiladau

27. *Postmodernist Fiction*, 74.
28. Datblygwyd y ddadl mai nofel *hyper*-realaidd ydyw gan Simon Brooks yn
'Ple'r Pla a throednodiadau eraill'.

neu ryw ffatri neu rwbath a'r rheini'n agosáu bob eiliad nes
llenwi'r sgrin . . .
'Taflegryn dau. Cadarnhau'r targed,' meddai'r sgrin daro a
finnau'n cadarnhau ac yn gweld yn y sgrin ddynion fel morgrug
duon yn sgrialu o'r cytiau ar y gwrthglawdd a'r eiliad nesa y
clawdd yn agor a thon enfawr o ddŵr a choed a cherrig yn sbydu
pob dim o'i blaen a'r morgrug yn mynd hefo hi a'r sgrin wedyn yn
cau hefo'r negas 'Cyflawnwyd'. (102–3)

Nodwedd arall ar nofelau Robin Llywelyn ydi niwlogrwydd y
gwledydd a'r dinasoedd y mae'r cymeriadau'n ymlwybro
trwyddynt. Mae Haf Heb Haul, Tiroedd Gwyllt, Gaea Mawr,
Dinas Durlas a Tir Bach yn ymdoddi i'w gilydd yn *Seren Wen ar
Gefndir Gwyn*, fel y mae'r ddinas estron, y Gogledd Dir a'r
Gwynfyd yn *O'r Harbwr Gwag i'r Cefnfor Gwyn*. Mae'n wir ei bod
yn haws trosi Y Winllan Bridd, Y Winllan Fawr, Hirynys a Baratîr
yn y nofel gyntaf yn llefydd go-iawn, a bod Efrog Newydd yn
cael ei henwi'n glir yn yr ail nofel. Ond efallai nad creu iwtopia
na dystopia a wneir yn y nofelau hyn, ond yn hytrach *heterotopia*
– sef gair Derrida am luosogrwydd o wahanol bosibiliadau sy'n
styrbio ac anhrefnu'r meddwl. Ceir hynny yn *Invisible Cities*
(1972) Italo Calvino, lle mae yna nifer o ddinasoedd yn ymdoddi
i'w gilydd heb ffiniau allanol clir o gwbl, gan greu byd neu
fydoedd dyrys a phroblematig.
Ond eto mae llai o ddryswch yn nofelau Robin Llywelyn nag a
honnir gan rai. Er iddo ddefnyddio technegau sy'n anniddigo'r
darllenydd traddodiadol, a manteisio ar ddyfeisgarwch dych-
mygus y nofelydd ôl-fodern, mae wedi rhoi gwahoddiad amlwg
i bobl ddarllen ei nofelau fel rhyw fath o alegorïau cenedlaethol.
Mae'r ddelwedd o Calonnog fel mab darogan, a Tir Bach fel
ymgorfforiad o *Small is Beautiful* Shumacher, a Gwlad Alltud
gyda chastell Kafkaidd Entwürdigung fel adlewyrchiad swrreal-
aidd o *regime* dotalitaraidd y wladwriaeth fawr ormesol, yn ein
perswadio i weld *Seren Wen ar Gefndir Gwyn* fel ple dros
ddiwylliant lleiafrifol yn erbyn y bwli mawr drws nesaf. Caiff
hynny ei gadarnhau gan yr adleisiau o lofruddiaeth Llywelyn ein
Llyw Olaf, ac o gerdd Waldo, 'Daw dydd y bydd mawr y rhai
bychain'. Ond wedyn, pa un a feddyliodd yr awdur am hynny
neu beidio, mae'r 'neges' honedig hon, yr hiraeth anesgor,
rhamantaidd o anobeithiol, am y Gymry Fydd, yn cael ei sarnu'n

llwyr, oherwydd nid yw'r cyfan yn ddim ond 'rhyw sothach henffasiwn am y rhyfal' i Zählappell (148), a 'nofio'n ei hunfan' (128) a wna baner y seren wen ar gefndir gwyn ar gastell Entwürdigung wedi'r cwbl. Mi ddywedodd Robin Llywelyn ei hun nad oedd unrhyw swyddogaeth bendant i Zählappell yn y nofel, ond ei fod fel bag Leo's – yn handi i gario'r negesau adref, ond y gellid ei daflu wedyn. Ond allwn ni ddim taflu'r cymeriad yma chwaith, sy'n gallu awgrymu fod *regime* y seren wen yr un mor orthrymus â'r un o'i blaen. Beth bynnag, fe awgrymodd Simon Brooks fod y seren wen ar gefndir gwyn yn arwyddo, nid daioni, ond yn hytrach dallineb.[29]

Os rhywbeth, mae *O'r Harbwr Gwag i'r Cefnfor Gwyn* yn crefu'n daerach am ddarlleniad cenedlaethol. Mae'r holl adleisiau o lanhau ethnig yn Nwyrain Ewrop, a'r daith i'r Gogledd Dir a'r Gwynfyd, yn creu darlun o ddiwylliant lleiafrifol dan warchae. Rhoddir y pwyslais yn ddiamwys ar hen ffordd o fyw sy'n wynebu tranc, a bron nad oes yna dinc adferaidd yn yr holl sôn am draddodiad llafar, sy'n ein hatgoffa am gyfarwyddiaid yr Oesoedd Canol. Â hyn yn bendant yn groes i feirniadaeth Derrida ar y ffaith fod y llafar wedi'i freinio ar draul yr ysgrifenedig yn niwylliant y Gorllewin. 'Gorau cofnod, cofnod cof,' meddai'r Du Traheus. Darlun cignoeth o drahauster materol Saeson cribddeiliog a geir yn yr olygfa yn y *Bydol Arms*. Er hyn, mae serch Gregor at Iwerydd yn drech nag unrhyw beth arall, a dyna am wn i pam y mae'r nofel yn gorffen gydag aduniad y ddau yn Efrog Newydd – mae hynny'n cael ei gyflwyno fel rhywbeth anhraethol bwysicach yn y pen draw nag unrhyw frwydr wleidyddol. Ac onid yw'r adlais o Waldo wrth sôn am y ffôn yn canu 'lle nad oes glust a glyw' yn awgrymu rhyw fath o ildiad i'r ffaith mai 'hen bethau anghofiedig' yw'r chwedlau a'r traddodiadau y buwyd yn pryderu cymaint ynglŷn â hwy yn y Gogledd Dir? Os felly, erthylu a wna'r neges wleidyddol yma eto. Yn sicr, mae Robin Llywelyn yn rhy styfnig o unigolyddol i wisgo bathodyn yr ôl-fodernydd yn llabed ei gôt.

Mae Mihangel Morgan yn wahanol iawn. Fel llenor hoyw mae'n hoff iawn o *kitsch* a *camp*, ac mae'n ecsbloetio holl *repertoire* y llenor ôl-fodernaidd, heb boeni gormod am arddull gaboledig

<hr>

29. 'Ple'r Pla a throednodiadau eraill', 41. Dylid nodi mai Johan Schimanski a gynigiodd y dehongliad hwn gyntaf, '*Seren Wen ar Gefndir Gwyn*[:] *Genre* a Chenedl'.

yn yr ystyr draddodiadol. Mae'n parodïo'n ddidrugaredd (e.e. *Stryd y Glep* Kate Roberts yn 'Stryd Amos',[30] a Miriam Llywelyn, Caradog Prichard, John Gwilym Jones, Gwyn Thomas ac eraill yn 'Meri a Mwy (ar Sado-Masocistiaeth) nag Ambell Chwip Din'[31]) ac yn tynnu stumiau ar y traddodiadol a'r cydymffurfiol. Felly llenor yr ymylon rhacsiog ydyw mewn gwirionedd, yn tynnu yma i lawr, ond heb godi draw.

Drylliwr delwau yw Mihangel Morgan, fandal o lenor sy'n gwneud popeth y mae'r metanaratif cenedlaethol a llenyddol yn ei wahardd. Ef yw'r un sy'n tynnu llun mwstásh ar y Mona Lisa (a'r Mona Lisa yn yr achos yma yw Ann Griffiths), ac yn sgriblo sloganau rheglyd ar y cerrig beddau yn y fynwent. Mae'n llenor ôl-grefyddol ac ôl-foesol dialgar sy'n troi emyn Pantycelyn, 'Marchog, Iesu, yn llwyddiannus', yn gyfle i Peter Tatchell farchogaeth yn ei *chiffon* pinc mewn rhyw orymdaith *Gay Pride* anferth.[32] Fel epigraff ar ddechrau'r gyfrol *Beth Yw Rhif Ffôn Duw?*[33] gosododd y geiriau hyn o eiddo Koestler:

God seems to have left the receiver off the hook and time is running out.

Y mae wedi ymateb i her Saunders Lewis yn ei 'Lythyr ynghylch Catholigiaeth'[34] lle yr haerwyd mai 'Colled i lenyddiaeth yw colli pechod', ond wrth gwrs fe wyrdrôdd ystyr Saunders Lewis yn llwyr trwy chwarae ar ystyr y gair pechod a llunio'i gyfrol *Saith Pechod Marwol*[35] mewn modd sy'n ôl-foesol. Mae'n dyfynnu John Gwilym Jones ar ddechrau'r gyfrol: 'heb bechodau fyddai yna ddim llenyddiaeth', ond daw'n gwbl amlwg nad yw ef yn arddel pechod yn ei ystyr grefyddol.

Mae 'na ryw fath o ddychan ar y traddodiad Anghydffurfiol Cymraeg yn y nofel *Dirgel Ddyn*, oherwydd rhan o sioc y nofel yw defnyddio enw'r emynyddes Ann Griffiths ar epil sy'n fwystfil Thatcheraidd. Wrth gwrs, fe honnir bod brawd yr emynyddes hanesyddol yn llofrudd, ac felly mae'r portread ôl-

30. *Tu Chwith*, 2 (Haf 1994), 29–35.
31. *Tu Chwith*, 3 (1995), 36–45.
32. 'Emyn o Foliant ac Edmygedd i Peter Tatchell', *Barn*, 388 (Mai 1995), 9.
33. (Caernarfon, 1991).
34. *Y Llenor*, 1927.
35. (Talybont, 1993).

fodern ohoni yn fflawntio'r ffaith honno, ac fel y dywedodd
M. Wynn Thomas, mae 'cyffes' Ann Griffiths y nofel 'yn ddychan
ar gyffes y seiadau Methodistaidd'.[36]

Os yw Mihangel Morgan yn ôl-foesol mae hefyd yn ôl-rywiol.
Hynny yw, mae rhyw wedi peidio â bod yn rhyw duchan
trosgynnol, corfforol-ysbrydol fel yn D. H. Lawrence, ac wedi
troi'n rhywbeth chwerthinllyd a phathetig, fel yn yr olygfa lle
mae Ann Griffiths yn 'treisio' Mr Cadwaladr. Mae rhywioldeb
pitw'r olygfa yna yn ddychan ar rywioldeb chwyddedig a
daeargrynfaol y cyfnod modern. Lle'r oedd rhywun fel Siôn
Eirian, yn *Bob yn y Ddinas*, yn ceisio garwhau plu'r parchusion
efo'i ddisgrifiad o

> Fforest drionglog yn tyfu'n dalog o'r twndra. Ac yn ei chanol, hollt
> yn y ddaear. Tywyll, cyfrin. Yn y rhwyll hon y cuddia rhyfeddodau
> mwyaf cyntefig ein cread . . .[37]

mae Mihangel Morgan yn gweld y cyfan fel deunydd golygfa
fwrlésg hollol.

Llenor y ddinas amhersonol yw Mihangel Morgan hefyd, fel
Siôn Eirian a Dafydd Huws, ac fel hwythau mae'n llenor yr
ymylon esgymun. Pobl sy ym min sbwriel cymdeithas yw ei
gymeriadau ar y cyfan, a hynny mewn cyfnod o lywodraeth
geidwadol, ddi-hid, sy'n gadael i drueiniaid ddihoeni, gan
ddisgwyl iddyn nhw'u hymgeleddu'u hunain.

Yn ben ar y cwbl, mae *Dirgel Ddyn* yn chwarae mig â'r darllen-
ydd gan beri iddo gwestiynu holl *raison d'être* y stori. Gan fod y
storïau y mae Ann Griffiths yn eu hadrodd amdani'i hun yn
newid yn ystod y nofel, mae rhywun yn mynd i ofyn pa un sy'n
wir. Wrth gwrs, y pwynt yw nad oes dim un yn wir. A defnyddio
term Derrida, maen nhw i gyd *sous rature* (h.y. wedi'u croesi allan,
ac eto'n dal i fod yn y golwg). Dydi Ann Griffiths ddim yn bod. Hi
sy'n mynegi'n gyfrwys safbwynt y nofel at realiti wrth ddweud:

> 'Dwi'n licio llenorion twyllodrus na ellwch chi ddim dibynnu
> arnyn nhw . . . twyll yw llenyddiaeth, on'd-e-fe?'(50)

---

36. Adolygiad yn *Golwg* (9 Rhagfyr 1993); gw. tt.305–7.
37. *Bob yn y Ddinas* (Llandysul: Gwasg Gomer, 1979), 103.

Ac meddai Mr Cadwaladr ar y diwedd:

> '. . . byddaf yn dechrau teimlo mai y fi a'i dyfeisiodd hi o'm pen a'm pastwn fy hun.' (149)

Dweud yr amlwg, mewn ffordd, a thanlinellu mai cymeriad dyfeisiedig yw Mr Cadwaladr ei hun beth bynnag. Ffug yw ffuglen, ac efallai mai ffuglen yw bywyd hefyd.

Wrth gwrs, llenor sy'n ymhyfrydu mewn llenyddiaeth fel rhywbeth artiffisial, gwneuthuredig yw Mihangel Morgan. Dyma fel y mae Mr Cadwaladr yn mynegi'i orhoffedd ef o ffilmiau:

> O! roedd hi'n ffilm arbennig, gwbl lwyddiannus. Un o'm hoff ffilmiau. Ffilm am ffilmiau ac am garwr ffilmiau neu, yn hytrach, ffilm am storïwr a charwr storïau, ac am hud storïau. (22)

Ac mae'n ddiddordol cymaint o adrodd storïau ffilmiau y tu mewn i'r nofel sydd yna, fel petai'r testun yn datgelu dol babwshca o fewn dol arall o hyd. Mae hynny'n gwneud i rywun feddwl am nofel Italo Calvino, *If on a winter's night a traveller*, lle ceir deg nofel yn nythu yn y brif un, a phob un yn adleisio rhywbeth yn honno. Wrth gwrs, dydi *Dirgel Ddyn* ddim yn mynd mor bell â hynny, nac mor fentrus wrth dynnu sylw at ei dyfeisioldeb ei hun, oherwydd fel hyn y mae nofel Calvino yn agor:

> You are about to begin reading Italo Calvino's novel, *If on a winter's night a traveller*. Relax. Concentrate. Dispel every other thought. Let the world around you fade.[38]

Rhaid cofio i Mihangel Morgan gyhoeddi tair cyfrol o storïau, ac er nad dyma'r lle i'w trafod nhw, diddorol yw sylwi fod yna ddefnydd reit fentrus o *mise-en-abyme* yn un ohonyn nhw, sef y stori 'Y Chwilen' yn *Saith Pechod Marwol*:

> Cododd Vic o'i ddesg a gadael y swyddfa. Roedd e wedi cael hen ddigon. Ofnai'i fod yn colli'i bwyll, ei fod yn mynd yn wallgof i

---

38. *If on a winter's night a traveller*, cyf. William Weaver (London: Minerva, 1992), 3. (Fersiwn Eidaleg gwreiddiol, 1979.)

ddechrau, ond yn fwy na hynny cawsai'r teimlad rhyfedd ei fod yn byped, neu'n gymeriad mewn stori yn hytrach, ac mai lleisiau cymeriadau eraill yn y stori honno oedd lleisiau'r ysgrifenyddesau y bu'n gwrando arnynt, fel petai rhyw lenor ar ryw lefel arall yn ysgrifennu'r cyfan ar ei fympwy. (64)

Ac ymhen ychydig mae'r teimlad hwn yn 'cael ei wireddu', wrth i Vic fynd i gaffi a rhannu bwrdd gyda rhywun sy'n sgrifennu mewn nodlyfr:

Roedd y lle bach yn brysur a bu'n rhaid iddo rannu bord gyda dyn byr, tenau â barf gwta, drionglog, ei wallt yn teneuo, sbectol gron ar ei drwyn . . . Roedd y dyn yn yfed cwpaned o de llysieuol ac yn ysgrifennu mewn nodlyfr ar y ford . . .
Ar ôl rhyw chwarter awr . . . cododd y dieithryn i fynd at y cownter i archebu te llysieuol arall. Achubodd Vic ar y cyfle i edrych ar y llyfr a adawsai'r dyn yn agored ar y ford . . . (65–6)

Wrth gwrs, Mihangel Morgan ei hun yw'r dyn â'r farf, a'r hyn y mae Vic yn ei ddarllen yn ei nodlyfr yw hanes yr union bethau a ddarllenasom yn gynharach.[39] Ceir rhywbeth digon tebyg (er nad cweit mor glyfar) gan Muriel Spark yn The Comforters (1957), lle mae'r arwres yn clywed lleisiau a sŵn teipiadur:

'But the typewriter and the voices – it is as if a writer on another plane of existence was writing a story about us.' As soon as she had said these words, Caroline knew that she had hit on the truth.[40]

Does dim amheuaeth gen i nad Mihangel Morgan yw'r mwyaf ôl-fodernaidd o'r holl lenorion hyn. Dydi hynny ddim yn golygu mai ef yw'r gorau, wrth gwrs, ond ef sy'n ymwrthod gliriaf â holl gysur y byd rhesymol, goleuedig, dyneiddiol, ef sy'n tanseilio'r ffydd mewn realiti cadarn a sefydlog, ef sy'n chwarae fwyaf

39. Simon Brooks a sylwodd ar hyn gyntaf, yn ei erthygl 'Wythfed Bennod Saith Pechod Marwol', Tu Chwith, 2 (Haf 1994), 81–8.
40. The Comforters (London: Macmillan, arg. 1974), 66.

anturus efo technegau adroddiadol. Fe ofynnodd Christopher Norris, 'Beth sy o'i le ar ôl-foderniaeth?'[41] Beth bynnag sydd o'i le arni fel athroniaeth, go brin fod llawer o'i le ar ei chynnyrch llenyddol dyfeisgar.

41. *What's Wrong With Postmodernism*[:] *Critical Theory and the Ends of Philosophy* (Hemel Hempstead: Harvester Wheatsheaf, 1990). Yn Gymraeg, codwyd amheuon gan Jerry Hunter a Richard Wyn Jones yn eu herthygl 'O'r Chwith: Pa mor feirniadol yw beirniadaeth ôl-fodern?' yn *Taliesin*, 92 (Gaeaf 1995), 9–32.

# ADRAN 2

*Testunau*

# 1

# *Gŵr Pen y Bryn*

## E. TEGLA DAVIES

Cyhoeddwyd gyntaf gan Hughes a'i Fab, Wrecsam, yn 1923; ail arg., 1926; arg. newydd, Caerdydd, 1994.

Yr un fath â nofelau Daniel Owen o'i flaen, fel nofel gyfres yr ymddangosodd *Gŵr Pen y Bryn* gyntaf a hynny rhwng 1915 a 1916 ar ddudalennau'r *Eurgrawn* dan y ffugenw 'Mr T. S. Jones UDA'. Fe'i cyhoeddwyd yn gyfrol ar wahân yn 1923 gyda rhagair gan Ifor Williams. Er iddi werthu'n ddigon da, fe dybir, i sicrhau ail argraffiad ymhen tair blynedd, fe'i beirniadwyd yn llym gan y Saunders Lewis ifanc yn *An Introduction to Contemporary Welsh Literature* (Wrecsam, 1926). Yn ôl pob golwg, methodd y nofel a'i hawdur â datgysylltu eu hunain oddi wrth y feirniadaeth gynnar hon, ac nid tan y 1950au, pan ymddangosodd argraffiad pellach o'r nofel, yr aed ati i achub eu cam. Ar ôl i Aneirin Talfan Davies olygu *Gwŷr Llên* yn 1948 heb ynddo bennod ar Tegla, ysgogwyd Islwyn Ffowc Elis, ei amddiffynnwr pennaf, i fynd ati i olygu cyfrol deyrnged i un na 'roed iddo hyd yn hyn ond clod llenor eilradd yn ein llên'; gweler *Edward Tegla Davies: Llenor a Phroffwyd* (Lerpwl, 1956) a hefyd sylwadau'r un beirniad yn *Dirgelwch Tegla* (Llandysul, 1977). Cyhoeddwyd hefyd gofiant gan Huw Ethall, *Tegla* (Abertawe, 1980). Yn y cyfamser, cynyddodd y diddordeb beirniadol yn y nofel: gweler trafodaeth Gilbert Ruddock yn 'Adran Ysgolion' *Barn*, 47–9 (Medi–Tachwedd 1966); rhifyn dathlu canmlwyddiant geni Tegla o'r *Eurgrawn*, 172 (Haf 1980); Dafydd Jenkins, 'Tegla', yn *Taliesin*, 42 (Gorffennaf 1981); astudiaeth Pennar Davies o Tegla yn y gyfres *Writers of Wales* (Caerdydd, 1983); a sylwadau Bobi Jones yn *Llenyddiaeth Gymraeg 1902–1936* (Llandybïe, 1987). At hynny, ceir trafodaeth ddiddorol ar y nofel gan Dafydd Densil Morgan yn 'Cyffes a Hunanymholiad – Gwreiddiau'r Nofel Seicolegol Gymraeg' (*Taliesin*, 39, Rhagfyr 1979). Paratôdd John Rowlands ragymadrodd newydd sbon ar gyfer argraffiad newydd 1994 o'r nofel, ac mae ganddo sylwadau eraill arni yn 'Tegla y Nofelydd' (*Taliesin*, 76, Mawrth 1992). Gweler adolygiad Simon Brooks ar argraffiad newydd 1994 yn *Barn*, 380 (Medi 1994).

Cyfieithwyd *Gŵr Pen y Bryn* i'r Saesneg gan Nina Watkins: *The Master of Pen y Bryn* (1975).

## D. TECWYN LLOYD, 'Y Nofelydd'[1]

Isdeitlau *Gŵr Pen y Bryn*[2] ydyw 'Deffroad Enaid Cyffredin. Stori o Gyfnod y Rhyfel Degwm'. Ar yr wyneb-ddalen, felly, cyhoedda'r awdur fod rhyw ddigwydd i fod yng nghwrs y stori, a hwnnw'n ddigwydd o fewn cyfnod arbennig.

Treulir penodau cyntaf y stori i gyflwyno'r cymeriadau. John Williams, Pen y Bryn, ffermwr canol oed a ddilynodd ei dad yn fferm Pen y Bryn ar ôl troi'n fethiant mewn amryw alwedigaethau eraill yn ystod ei lencyndod moethus, yw'r cymeriad cyntaf. Yr oedd ar fedr mynd i'r weinidogaeth pan fu'n rhaid iddo briodi. Troes yn ffermwr canolig yn byw gan mwyaf ar lafur a hwsmonaeth ei dad. Ar ddechrau'r nofel, y mae'n weddol gysurus ei fyd ac wedi cyrraedd yr oed pân yw dyn bychan yn dechrau dyheu am sylw a chydnabyddiaeth gyhoeddus o ryw fath. Cred mai un ffordd i leddfu ei anniddigrwydd ydyw ymddeol, ond y mae ei anniddigrywdd yn ddyfnach nag y gwŷr, fel y gwelir yn y bennod sydd yn ei ddisgrifio yn achub yr oen rhag y brain ac yn cwrdd â Mali Ffransis, yr athrawes a fu'n rhy hael ei ffafrau pan oedd John Williams a hithau'n gyfoedion ieuainc. Yn y cyflwr hwn, try at Dafydd Huws y saer am gyngor. Pryf copyn ydyw Dafydd Huws, ac fe wêl ar unwaith gyfle i'w nai ddyfod yn feistr Pen y Bryn.

Ond ar draws y cwbl, daw'r Rhyfel Degwm. Nid rhyfel ydoedd yn ystyr lythrennol y gair, efallai, ond collodd llawer o'r gwrthddegymwyr eu stoc a'u ffermydd oherwydd eu safiad, a daethant yn arwyr cyhoeddus. Gwelodd John Williams ei gyfle i ennill y poblogrwydd a ddeisyfai, a phenderfynodd beidio â

1. Cyhoeddwyd yr ymdriniaeth hon yn llawn yn Islwyn Ffowc Elis (gol.), *Edward Tegla Davies: Llenor a Phroffwyd* (Lerpwl, 1956).
2. Yn 1923 y cyhoeddwyd *Gŵr Pen y Bryn* gyntaf fel cyfrol ar ôl iddi ymddangos fel nofel gylchgronol yn ystod y Rhyfel Byd Cyntaf; yn yr erthygl hon cyfeirir at 1926 fel blwyddyn cyhoeddi'r nofel, ond blwyddyn yr ail argraffiad yw honno mewn gwirionedd.

thalu'r degwm, er mawr orfoledd i'w weinidog, y Parchedig T. Cefnllech Roberts, ac er gofid i Dafydd Huws sy'n gweld Gŵr Pen y Bryn yn anghofio'i fwriad i ymddeol. Eto, y mae Dafydd Huws yn disgwyl ei gyfle.

Gan mai John Williams yw un o ffermwyr mwyaf y fro, ef a gyfrifir o'r herwydd y mwyaf ymhlith arwyr y cylch. Yn y man, daw'r helynt i Ben y Bryn; sêl ddegwm, ymlid ar arwerthwyr, gwneud areithiau ymfflamychus, a John Williams, yn ôl ei dyb ei hun, yn cyrraedd pinacl ei boblogrwydd gorfoleddus ychydig yn ddiweddarach gyda chyngerdd cystadleuol mawreddog ac yntau'n llywydd iddo.

Ac yna, disgyn taranfollt. Tir yr esgob oedd Pen y Bryn, ac un bore dyna John Williams yn cael rhybudd i ymadael. Ni freuddwydiasai y gallai peth felly ddigwydd iddo, ac fe'i trewir yn ddiymadferth gan ofn a syfrdandod. Ei wraig a ddengys y llwybr ymwared iddo, ac yn ddiarwybod i bawb, â i lys yr esgob i erfyn maddeuant am ei rysedd. Maddeuir iddo, ac unwaith eto y mae'n ddiogel a phawb yn meddwl ei fod yn arwr na bu ei debyg.

Pawb ond Dafydd Huws. Cafodd ef wybod, a bellach y mae'r gwybedyn yn ei grafangau. Yn araf, dechreua wasgu ar ei brae: bygwth cyhoeddi'r gyfrinach am Rofar, y ci lladd defaid y methodd John Williams â'i ddifa; a bygwth dadlennu llyfrdra'r arwr a fu'n begio'i bardwn i'r esgob onid yw'n cytuno i ymddeol o Ben y Bryn.

Rhwng yr ymosod arno oddi allan ac araf ddeffroad ei gydwybod ei hun, fe syrth John Williams yn araf i gors anobaith ac am y tro cyntaf yn ei oes fe'i gorfyddir i'w wynebu ei hunan a chydnabod ei ddiddymdra'i hun. Ac eto, fe ŵyr nad yw'n hollol golledig ac nad yw wedi caledu'n llwyr rhag gweld gogoniant diniweidrwydd a thynerwch ac unplygrwydd. Cofiai fel y bu Mathew Tomos y Pant farw, yn dlawd a distadl heb wybod ystyr y gair arwriaeth, ac eto bu'r tyddynnwr hwnnw farw'n dang-nefeddus fel un yn gweld byd arall hyfrytach yn ymagor o'i flaen. Buasai'r cyfrinydd yn galw cyflwr John Williams yr adeg yma yn nos yr enaid.

Y diwedd yw fod John Williams yn penderfynu cyffesu ei holl lyfrdra ac anonestrwydd o'i wirfodd, nid er mwyn ei ddarnio'i hun a chael pleser negyddol o hunanddilorni ond oherwydd gweld bod rhywbeth mewn bywyd sy'n anfeidrol uwch na dim a adnabu o'r blaen. A chyn cyrraedd hwnnw rhaid ymddihatru o bopeth arall gwaelach, basach. Fel y dywedodd yn y seiat pan gyffesodd ei wendidau:

> . . . hen afon wedi cydied llawer wrth y ddaear ydw i, – daear syniade pobol amdana i, daear meddianne, daear hunanoldeb, a thelere da â mi fy hun, dyna beth a dyfai yn y ddaear honno . . . Ond mae'r afon yn dechre llacio'i gafael ar y ddaear . . . (204)

Wedi'r gyffes hon daeth John Williams yr arwr heb wybod ei fod yn un am y tro cyntaf yn ei fywyd. Enillodd frwydr yr ymddihatru, a bu fyw gweddill ei oes mewn tangnefedd.

Hyn, yn fyr iawn, ydyw rhediad y brif stori yn y nofel, ac o gwmpas y stori hon y mae pob digwyddiad arall yn troi, ac nid oes cymaint ag un digwyddiad yn y nofel nad yw'n troi o gwmpas stori John Williams. Ni bu'r nofel Gymraeg erioed wedi ei gwau mor gwbl ddiwastraff. Dyna stori Rofar y ci lladd defaid a gafodd faddeuant: cysgod yw hwnnw o Ŵr Pen y Bryn; dyna'r stori am Huw a Huwcyn: John Williams yw hwnnw hefyd yn drysu yng ngolau lleuad rhwng ei wag freuddwydion ei hun. Drachefn, dyna'r man lle daw Mali Fransis i'r stori a damsang ar flodyn llygad y dydd ar fin y ffordd yn y gwyll: rhan o fywyd a chroesdynnu ysbryd John Williams yw hithau. Gellid enwi sawl digwyddiad arall tebyg; y maent i gyd wedi eu gwau i batrwm y brif stori.

Ambell waith y caniatâ'r awdur i'w hiwmor sych, brathog, ddyfod â golygfa i'r stori er ei mwyn ei hun, megis. Golygfa felly yw'r pwyllgor a fu'n paratoi cyngerdd Bethania a'r cyngerdd ei hun. Yn sicr ni bu dim doniolach na'r disgrifiad o'r ddrama ryfedd ar hanes y mab afradlon a actiwyd yn y cyngerdd hwnnw, er, hwyrach y synna'r awdur glywed, imi weld drama felly (ond ei bod yn hwy) ar lwyfan heb fod gan milltir o'i hen ardal lai na rhyw dair blynedd yn ôl! Golygfa arall eithaf doniol yw honno lle mae Jimmy a'i nain yn edrych trwy erchyllterau'r Beibl darluniadol tra oedd gweddill y teulu yn y capel. Ar un wedd, y mae rhywbeth comig yn y Parchedig T. Cefnllech Roberts, ac eto y mae'n ofnadwy o drist yn y modd y mae Don Quixote yn gomig ac yn drist, ond bod Cefnllech Roberts yn dristach. Canys bu Don Quixote yn ffyddlon i'w freuddwyd ar hyd ei oes, ond bu bron i Cefnllech Roberts wadu popeth yn niwedd y stori; yn wir, nid yw dyn byth yn rhy siŵr beth sy'n digwydd i'r gweinidog yn y diwedd. Y mae'n wir iddo ddychwelyd at John Williams ar ôl iddo gerdded allan gyda'r werin a'r miloedd a dweud wrtho 'mae 'ngweledigaethe i'n atgyfodi y naill ar ôl y llall . . .'; ond rywsut, nid yw dyn yn rhy siŵr. Y mae tröedigaeth un fel Cefnllech Roberts yn fwy anodd nag un fel John Williams, canys cyrraedd am y tro cyntaf a wnaeth ef i fan lle buasai Cefnllech Roberts o'r blaen.

Fodd bynnag, gellid cyfeirio at sawl rhagoriaeth yn y stori, megis sicrwydd gafael yr awdur ar ei gefndir, cefndir sydd yn hanfod o ddwy ardal Llandegla a Llanrhaeadr-ym-Mochnant. Llandegla oedd ardal ei febyd ac yno, fel y dywaid yn *Gyda'r Blynyddoedd*, y gwelodd helynt y degwm ac y clywodd gyfarthiad 'myglyd' ci lladd defaid yn y bore bach. Ac os creffir yn ofalus, fe welir mai trwy lygad plentyn y disgrifir y golygfeydd hyn yn y nofel; plant Mathew Tomos ar ben grisiau ysgubor y *Crown* sy'n gweld helynt y degwm – y plant a Huw Pant yr Afon, y diniweityn. Llygaid gŵr sy'n disgrifio John Williams yn ei fferm a Dafydd Huws a Cefnllech Roberts a'r 'gŵr' yma a'r gŵr' acw, a Llanrhaeadr yw'r cefndir i'r rhannau hynny o'r stori. Ni all neb ond y sawl a ŵyr am y ddwy ardal hyn werthfawrogi'n llawn fanyled yw'r disgrifio a cheined yw'r cydosod.

Crybwyllais Huw Pant yr Afon. Diniweityn rhyfedd yw Huw, ac fel pob un tebyg iddo y mae ei grafter od ar ysbeidiau'n frawychus. Dylai rhywun sgrifennu astudiaeth o'r modd y mae Tegla Davies yn defnyddio diniweitiaid yn ei storïau, canys ymddangosant yn aml ganddo. Edlych diniwed o Ŵr Pen y Bryn ei hun ydyw Huw, canys fe gofir mai un o'r pethau od yn Huw oedd ei dyb ei fod yn ddau berson – Huw a Huwcyn. Ond deuoliaeth gwbl ddiddrwg ydyw un Huw; yn wir, nid deuoliaeth gywir mohoni, canys *yr un pethau* y mae Huw a Huwcyn yn eu gwneud; dau berson yn ceisio rhagori ar ei gilydd yn yr un campau ydynt. Fel y dywedodd Dafydd Huws, 'un ydi o, a dim llawn un, ac yn meddwl ei fod o'n ddau . . .'

Pwy yw'r diniweitiaid hyn ac o ble y deuant? Rywsut fe deimla dyn fod cysylltiad agos iawn rhwng saint a diniweitiaid Tegla Davies, ond bod diniweitiaid yn fwy o ddirgelwch iddo na'r saint. Ceir yr un ysfa gan Dostoiefsci yn ei nofelau yntau; ac yn y bôn, yr un yw diddordeb y Cymro a'r Rwsiad, sef brudio a syllu a meddwl ar ddiniweidrwydd y diriaid hyn, a synio nid yn

unig beth yw ei hyd a'i led, ond paham ei fod o gwbl. Ni allodd
yr un awdur Cymraeg arall, hyd y gwn i, drafod y diniweitiaid
fel Tegla Davies; methodd hyd yn oed Daniel Owen, canys er bod
Seth ganddo ef, fe andwyodd y cyfan trwy ddefnyddio hanes
marw Seth fel stori bregeth ddagreullyd.

*       *       *

Pan ymddangosodd *Gŵr Pen y Bryn* yn 1926, derbyniad tra
siomedig a gafodd. Bychan o sylw a gafodd yn y cylchgronau a
oedd yn fyw y pryd hynny, ac yn arbennig *Y Llenor*, cylchgrawn
y buasai Tegla Davies yn gyfrannwr pur gyson iddo. Wrth
edrych yn ôl, hwyrach na ellid disgwyl dim amgenach. Petai
wedi ymddangos yn 1910, dyweder, efallai (ac efallai a olygaf) y
buasid wedi ei chroesawu fel nofel ddiwygiad. Ond erbyn 1926,
yr oedd crefydd yng Nghymru, ar ôl ei methiant truenus i roi
unrhyw arweiniad Cristnogol yn ystod y Rhyfel Byd Cyntaf,
wedi fferru'n gyfundrefn o fandariniaid cysáct mewn pethau
bychain ond di-ddweud mewn pethau mawr. Yr oedd *Gŵr Pen y
Bryn*, y mae'n wir, yn sôn am Mali Ffransis ac am briodas
gynamserol John Williams ei hun, ond yr oedd hefyd yn sôn am
bechod llawer mwy na hynny, sef y celwydd yn yr enaid a mygu
pob cydwybod, a dyna yn 1926 yr union bethau na fynnai'r
mandariniaid cysáct eu cydnabod. Disgrifia'r nofel hefyd wewyr
enaid yn ceisio – ac yn gorfod – deffro, yr union beth eto na
wyddai'r mandariniaid ddim amdano. Nid ffafriol oedd yr
hinsawdd grefyddol felly, yn 1926, i dderbyn un o'r cyfraniadau
crefyddol pwysicaf a wnaethpwyd er dyddiau Pantycelyn.

Ar y llaw arall, yn ystod yr un cyfnod, yr oedd corff o adwaith
i'r hyn a gynrychiolid gan arweinwyr byd ac eglwys yng
Nghymru yn ystod y rhyfel yn dechrau codi. Priod genadwri'r
corff hwn oedd dadchwyddo'r ymhonni a fu yn enw gwlad a
Christ, ac wrth gwrs, yr oedd gwaith felly'n gwbl angenrheidiol.
Mewn beirniadaeth fe'i cynrychiolid yn bennaf gan Saunders
Lewis (*Yr Artist yn Philistia*) a W. J. Gruffydd ('Nodiadau'r Gol-
ygydd'). Mynegir cyweirnod y gwrthryfelwyr hyn yn narnau
deifiol yr Athro Gruffydd; '1914–1918: Yr Ieuainc wrth yr Hen',
'Y Pharisead' a'u tebyg. Ond heblaw'r llenorion a'r beirniaid hyn
yr oedd gwerin gyfan o bobl a ddaeth allan o'r rhyfel yn 1918 yn
dechrau ymysgwyd hefyd, a llawer ohonynt yn cofio Diwygiad

1904 yn dda. I'r werin hon yr oedd yr hyn a ddigwyddasai'n syml ddigon, sef bod y brwdfrydedd crefyddol a godwyd gan y diwygiad yn y blynyddoedd cyn y rhyfel wedi ei wyrdroi i bwrpasau'r llywodraeth. Yr oedd yr hwyl a'r huodledd hyfryd a geid ar y Suliau ac yn y sasiynau wedi arwain yr hogiau i'r ffosydd yn y pen draw, nid i'r nefoedd. Hwyrach mai symbol amlycaf y peth oedd John Williams, Brynsiencyn yn ei gaci yn defnyddio'i huodledd i gasglu bechgyn i'r fyddin. Yn 1926, felly, yr oedd y capeli eisoes yn dechrau gwacáu, nid am fod y werin yn fwy gwacsaw ond am fod y cysegrfannau yn wag a'u proffwydi wedi plygu gyda'r llifeiriant. Derbynnid rhwymau'r eglwys ac awdurdod ei Llyfr cyhyd ag yr oedd y rheini'n gariadus ac iach. Ar ôl 1918, nid oedd y naill yn gariadus na'r llall yn effeithiol.

Ac felly, pan gyhoeddwyd nofel a oedd yn delio â phwnc canolog unrhyw grefydd gwerth yr enw, sef tröedigaeth neu ailenedigaeth dyn, nid oedd fawr neb yn 1926 eisiau colli amser i bendroni yn ei gylch. Onid siarad gwyntog ar ei orau a rhagrith ar ei waethaf oedd pob sôn am y pwnc? Onid pynciau fel hyn oedd hoff druthiau'r Phariseaid i gyd o bob gradd a lliw a rheng? Onid oedd gynnau'r Somme a chorsydd Passchendaele wedi chwalu myth aileni hyd ddiwedd byd? Peth difyr i hen bobl ydoedd, hwyrach, ond nid oedd rhyfeloedd yr ugeinfed ganrif yn caniatáu i neb fynd yn hen iawn. Oni allai'r ieuainc wenu ar yr hynafgwyr:

> Wrth gofio nad awn byth fel chwi,
> Wrth gofio nad awn byth yn hen.

Ond yn y wlad, am fod y wlad yr hyn ydyw, ni bu ysgogi rhwng cymaint eithafion, a phetai beirniadaeth lenyddol cyfnod *Y Llenor*, dyweder, yn hanfod o wladwyr, efallai y cawsid mwy o gymesuredd. Ys gwir mai o'r wlad yr hanoedd llawer o ysgrifenwyr *Y Llenor*, ond mewn dinasoedd ac yng nghanol byd academaidd y treulient eu dyddiau. Gallent hiraethu am y wlad a'i bywyd, ond nid yr un peth ac nid yr un effaith sydd gan hynny â byw'n feunyddiol yn y wlad. Y gwahaniaeth mawr rhwng bywyd deallol Cymru yn 1926 rhagor 1826, dyweder, yw mai'r dinasoedd yw canolfannau trafod a beirniadaeth yn 1926 – Caerdydd, Bangor, Aberystwyth, Lerpwl. Ganrif yn ôl, yn y wlad, ymhlith ffermwyr a siopwyr a mân grefftwyr, yr oedd y trafod a'r dehongli.

A dyma eto reswm arall dros oerfelgarwch y derbyniad i *Gŵr Pen y Bryn*. Nofel heb arni arlliw dinas ydyw, a dyn gwlad a'i sgrifennodd, dyn yn adnabod ffermwyr a gweithwyr y tir. Nid awgrymu'r wyf, sylwer, *na wyddai* Tegla Davies am yr holl dueddiadau a barnau a fynegid yng Nghymru yn 1926; fe wyddai'n dda iawn am yr adwaith yn erbyn crefydd, ac ni bu'n ôl o fynegi peth o'r adwaith hwnnw o'r pulpud. Ond os gwn i rywbeth am feddwl gwladwr, fy nyfaliad i yw nad oedd yr holl feirniadu ac ymgyndynnu hyn yn ei gythruddo na'i roi mewn panig, mewn gwirionedd, o gwbl. Gallai gytuno'n eithaf tawel â'r holl feirniadu i gyd, ac ar yr un pryd ddweud, ond i'r ailenedigaeth y daw hi wedyn canys y mae trahauster tywysogion y byd drwg a'r eglwys yn mynd heibio ac yn darfod! Neu fel y dywedodd T. Gwynn Jones:

> Diwedd a ddaeth i'r duwiau, a diwedd i'r duwiau ddaw eto,
> Duw, er hynny, un diwedd byth yn ei hanes ni bydd.

Diddorol yw cofio, gyda llaw, fod Tegla Davies yn gyfaill i T. Gwynn Jones ac yn edmygydd mawr ohono.

Yn 1926 ac am flynyddoedd lawer wedyn cyhuddiad un garfan yng Nghymru oedd bod *Gŵr Pen y Bryn* yn ymylu ar fod yn ddibarch o grefydd a phobl syweddol o'r fath; cyhuddiad y garfan arall oedd fod yr awdur wedi llurgunio'r nofel trwy wneud pregeth ohoni. Yn wyneb yr hyn a ddywedwyd uchod, hyderaf y gellir prisio'r ddwy farn hyn bellach yn eu cefndir priodol; cynnyrch eu cyfnod oeddynt. Erbyn 1950, daeth y cyfnod hwnnw i ben. Erbyn hyn cafwyd argraffiad newydd o'r nofel, a chafodd ei dramateiddio ddwywaith ar y radio.

*          *          *

Efallai mai gwendid *Gŵr Pen y Bryn* yw ei bod yn hoelio gormod o sylw ar un cymeriad ac yn dilyn ei rawd ef ar draul colli golwg ar hanes a datblygiad y gweddill. Yr wyf yn gwbl fodlon i John Williams ddeffro i fyd ysbrydol nas gwelodd erioed o'r blaen. Ond, fel yr awgrymais eisoes, beth am T. Cefnllech Roberts a hefyd, o'i flaen ef, Dafydd Huws y saer? Y rheswm paham y maddeuodd Dafydd Huws i John Williams oedd digwydd iddo weld Annie, merch Pen y Bryn, yn canu i'w chariad. Hynny'n peri iddo gofio am ei mam yn yr un oed â hi, ac yntau yn ei charu. Ond yr oedd Annie'n wahanol, yn ddyfnach, glanach merch. Buasai gwasgu ar ei thad yn dinistrio Annie, ac yn dinistrio unig obaith Dafydd Huws am achubiaeth i ysbryd amgenach na'r un a roes natur iddo. Nid 'enaid cyffredin' mo Dafydd Huws, ond enaid cymhleth yn gymysg o falchder a hirymaros amyneddgar. Ond carasem weld mwy ohono gyda phobl eraill cyn gryfed ag ef ei hun. Sut ddyn a ddywedai Samuel Jones, Tŷ Glas, oedd Dafydd Huws? A sut ddyn a ddywedai Dafydd Huws oedd Cefnllech Roberts? Y mae'n drueni na buasai Tegla Davies wedi sgrifennu ail nofel ar ôl *Gŵr Pen y Bryn* gyda Dafydd Huws yn gymeriad canolog iddi. Fe sgrifennodd nofel fer sydd yn rhoi amrywiad ar gymeriad Cefnllech Roberts, canys dyna yw William Cicero Williams yn *Gyda'r Glannau*. Ond byr yw'r nofel hon, a chredaf na allai fod yn amgen, canys y mae cymeriad y gweinidog ffaeledig wedi ei ddihysbyddu mewn gwirionedd yn *Gŵr Pen y Bryn*. Erbyn i Cefnllech Roberts ddirywio'n Cicero y mae wedi colli'r cydbwysedd sy'n hanfodol i wneud cymeriad yn ddiddorol. Canys yn Cicero, nid oes ond un ochr ar hyd y ffordd, sef rhagrith a mwy o ragrith. Petai grymusterau edifeirwch a dyhead am uniondeb cyn gryfed i'r gwrthwyneb, gallesid nofel fawr arall o *Gyda'r Glannau*. Fel ag y mae, mae'r gweinidog ynddi yn ormod o ddigriflun i fod yn gredadwy – yn yr un modd ag y mae Wil Brydydd y Coed gan Brutus, neu Morgan Bible gan Caradoc Evans yn rhy unplyg ragrithiol i fod yn bortread cofiadwy.

Ond i ddychwelyd at *Gŵr Pen y Bryn*. Pwnc tröedigaeth neu aileni yw ei thema fawr, ac wrth gwrs, ni ellid gwell pwnc i nofel. Nid paham, ond sut. Nid oes lle yma i drafod y modd yr ymdriniwyd â'r mater hwn mewn llenyddiaeth Gymraeg o amser Williams Pantycelyn hyd yn awr, hyd yn oed pe medrwn. Ond oddi wrth a ddarllenais, gallwn feddwl mai fel rhyw ddigwyddiad sydyn, rhyw gataclysm personol na wyddys pryd y daw, y synnid am dröedigaeth. Un peth yn ddiamau sy'n cyfrif am y syniad hwn yw'r darlun a geir o dröedigaeth Paul yn Actau'r Apostolion. Yno, digwyddiad sydyn a dirybudd ydyw, digwyddiad sy'n taro dyn fel mellten gan ei ddallu a'i barlysu dros dro. Yn Gymraeg, fe grynhodd Ehedydd Iâl yr un disgrifiad yn ei emyn 'Er nad yw 'nghnawd ond gwellt'. Yn y diwygiadau crefyddol drachefn, ceir yr un patrwm; rhywbeth yn digwydd fel cawod o law taranau ydoedd tröedigaeth: y mae'r patrwm yn rhy hysbys i alw am fanylu arno yma. Synnir hefyd, fel math o atodiad i'r patrwm, mai po fwyaf pechadurus fu'r dychweledig, mwyaf dramatig yw ei dröedigaeth. Ceir trafodaeth wych ar yr holl agweddau 'diwygiadol' i dröedigaeth grefyddol gan Ronald Knox yn ei *Enthusiasm*.

Ond yr un pryd, er mor boblogaidd yw'r darlun hwn, rhaid i rai ohonom amau'n ddwys a ydyw'n ddigonol ac a ydyw'n ddigon llydan i gynnwys pob datblygiad ysbrydol posibl. Mewn cyfeiriadau eraill, mewn llenyddiaeth a beirniadaeth lenyddol, mewn celfyddyd a cherddoriaeth, ceir yr un syniadau'n digwydd ar gyfnodau arbennig. Dyna'r cyfnod rhamantaidd, er enghraifft, pryd y gwnaethpwyd 'ysbrydiaeth' neu yr 'awen' yn brif ysgogydd i bob beirniadaeth: hyd y gwelaf i, pan yw'r bardd rhamantaidd yn sôn am ei 'weledigaeth' a'r crefyddwr efengylaidd yn sôn am 'dröedigaeth' yn y modd a nodwyd uchod, y maent yn siarad yr un iaith. A phriodol, mi gredaf, fyddai galw darlun Ehedydd Iâl o dröedigaeth yn ddarlun rhamantaidd. Onid yw iaith y pennill hwn yn llawn o'r delweddau a luniwyd gan y mudiad rhamantaidd?

> Gan ffoi, ymdrechais ffoi
> Yn sŵn taranau ffroch,
> A'r mellt yn chwyrn gyffroi
> O'm hôl fel byddin goch . . .[3]

Ceir paragraffau tebyg gan Schiller, a brithir gwaith Golyddan gan yr un delweddau; y mae cerddoriaeth grefyddol Verdi a Berlioz yn llawn o'r un awyrgylch.

Ond i ddychwelyd. Dyma ddiben yr hyn a ddywedwyd: 'enaid cyffredin' yw John Williams, a'r hyn a geisiodd Tegla Davies ei wneud ydyw dychmygu a dehongli ffordd y gall enaid *felly* ddeffro i fywyd newydd. Y mae'n iawn, hwyrach, meddwl am dröedigaeth yn digwydd fel fflach mellten i feddyliau ac eneidiau dethol. Ond beth am John Williams, dyn nad yw'n darllen nemor

---

3. Gweler D. Tecwyn Lloyd, 'Emyn Ehedydd Iâl', yn *Llên Cyni a Rhyfel a Thrafodion Eraill* (Llandysul, 1987).

ddim, yn gwybod nemor ddim am y 'sêr' na'r planedau, dyn sydd yn meddwl ac yn ymboeni am y mân deitlau o ynad heddwch a chynghorydd sir, *etc.* Dyn, mewn gair, nad oes ganddo ddim byd gwirioneddol i syrthio'n ôl arno. A ellir credu y gall un felly sythweled ei ffordd i'r dirgelion uchaf mewn un fflach, megis?

Heblaw hyn, nid dyn ifanc mo John Williams. Enaid cyffredin canol oed ydyw. Gwyddom i gyd fod a wnelo cynyrfiadau diwygiadol gryn lawer ag oed y sawl a gynhyrfir; braint yr adolesent a'r ieuanc ydyw medru ymgynhyrfu'n ddwys ynghylch pechod a drygioni ac angau, a chan yr ieuanc y mae'r dyhead am lanhau'r ddaear. Hyn, mae'n ddiamau, yw'r rheswm paham na welir odid fyth neb ieuanc yn cael ei ethol i safle allweddol mewn na byd nac eglwys. Dyn wedi caledu a styfnigo, felly, y disgwyliem i Ŵr Pen y Bryn fod. Ac am hynny, sut y gall dyn o'r fath feddu digon o fywiogrwydd calon i amgyffred tröedigaeth?

Dehongliad Tegla Davies o'r ateb i'r ddau gwestiwn hyn, os deallaf ef yn iawn, yw mai proses raddol yw ailenedigaeth. Nid ar un amrantiad y gwêl John Williams ei ffordd allan o'r drysni, ac nid gyda hwyl a chanu a gorfoleddu, a'r holl aparatws efengylaidd arferol y mae'n cyhoeddi ei ryddhad. Y mae ei ailenedigaeth yn dechrau gyda chychwyn y nofel pan gofia amdano'i hun yn blentyn yn cerdded adref rhwng y coed i Ben y Bryn. Y cwestiwn cyntaf yn y sgwrs gyntaf yn y stori ydyw hwnnw gan Dafydd Huws: 'Ydech chi'n cymyd duddordeb yn y sêr, John Williams?' Ac mewn ystyr, ystyr Islwynaidd, hwn yw'r cwestiwn sy'n ymlid Gŵr Pen y Bryn drwy'r nofel i gyd.

Atgoffeir ni am nofelydd arall gan y geiriau 'enaid cyffredin' sydd yn yr is-deitl. Disgrifio gweinidog 'cyffredin' hefyd ydoedd bwriad Daniel Owen yn *Rhys Lewis*. Fel y dadleuodd Saunders Lewis yn ei lyfryn ar Daniel Owen, ni lwyddodd Rhys Lewis i gadw at ei fwriad o sgrifennu hunangofiant a dweud y gwir amdano'i hunan. Ac eto, ni wn i ddim a yw dweud hynny'n gwbl ddiogel chwaith. Canys rhaid cofio un peth: fe ddewisodd Daniel Owen weinidog fel enghraifft o ddyn cyffredin, a bu'r dewis hwn, yn ei ddyddiau ef, yn anfantais fawr iddo am na chaniatâi ein cyndeidiau feddwl y gallai gweinidog fod yn ddim amgen na dyn da. Bod yn ddyn da oedd ei waith. Gwyddai Daniel Owen yn amgenach na hyn, wrth gwrs; fe wyddai y gallai personoliaeth gweinidog fod yr un mor rhanedig ag un y dyn anghlerigol. Eithr fe ddaeth dros yr anhawster hwn trwy greu dau gymeriad: Rhys

Lewis a Wil Bryan. Canys nid yw Wil Bryan mewn gwirionedd yn
ddim amgen na Rhys Lewis fel y gallasai Rhys Lewis fod petai
heb fod yn weinidog. Gyda Tegla Davies, fodd bynnag, nid oedd
angen hollti cymeriad yn ddau berson gwahanol yn y modd hwn.
Sgrifennai ar ôl y Rhyfel Byd Cyntaf, ac fe ddangosodd y rhyfel
hwnnw yn boenus o glir fel y gellid cael mwy nag un natur tu
mewn i'r un person. Un o effeithiau'r rhyfel ar y nofel a'r stori fer
ydoedd eu mewnoli, eithr nid dyma'r lle i drafod hanes y broses
hon; cyfeiriais ati o'r blaen mewn man arall.[4] Ond *Gŵr Pen y Bryn*
yw'r enghraifft gyntaf o'r nofel fewnol newydd yn Gymraeg:
hyhi, os mynnir, ydyw rhagflaenydd *Y Goeden Eirin* gan John
Gwilym Jones. Erbyn heddiw, aeth nofelau rhai o'r ysgol hon mor
gwbl fewnol nes bod yn annealladwy ac yn gwbl ddiflas yn
amlach na pheidio. Ond wrth gwrs, nid ar Tegla Davies y mae'r
bai am yr eithafion hynny!

*          *          *

Y mae'n drueni na buasai gennym fwyfwy o nofelau Tegla
Davies. Canys ar wahân i'r ffaith mai arno fel nofelydd y
trefnwyd imi sgrifennu yn y gyfrol hon, rhaid imi ddatgan fy
nghred mai yn ei storïau a'i ddwy nofel y mae ei gyfraniad
arhosol. Yn ystod y blynydoedd diwethaf, troes yn feirniad
cymdeithasol llym; ond i'm meddwl i, y mae degwm o'r hud a'r
lledrith sydd yn *Tir y Dyneddon*, y bennod ar Rofar, neu stori *Rhys
Llwyd y Lleuad*, yn werth y cyfan a mwy na'r cyfan o'r erthyglau.
Trwy greu swyn newydd ac nid trwy felltithio hen ddiffygion y
mae datrys y cwbl o'r pethau a'i poena – ac a boena lawer
ohonom – yn yr erthyglau. Creu swyn, yn wir, yw'r gwaith
mwyaf anodd yn y byd; peth cymharol hawdd ydyw beirniadu,
ac y mae perygl i bobl fynd i fwynhau beirniadaeth lem ohonynt
eu hunain a'u diffygion yn union fel y byddai cynulleidfaoedd
ers llawer dydd yn mwynhau disgrifiadau erchyll o beiriau
uffern. Gall gormod beirniadaeth ladd ynni creadigol trwy greu
rhyw fath o fasocistiaeth gymdeithasol a chenedlaethol. Prun
bynnag, clywais ddweud mai'r derbyniad oeraidd a di-weld gan
rai o arweinwyr meddyliol ei wlad yn 1926 a barodd i'r storïwr
ddigalonni a pheidio â sgrifennu rhagor o nofelau. Y mae hyn yn

4. Gweler *Erthyglau Beirniadol* (Y Clwb Llyfrau Cymreig, 1946).

un o ddiffygion parod gwlad heb iddi draddodiad maith o feirniadaeth lenyddol.

Ar ôl *Gŵr Pen y Bryn*, cawsom nifer o nofelau eraill. Ond nid yw llawer ohonynt onid disgrifiadau da a medrus ddigon o gefndir a chymeriadau hollol ddidyfu. Wrth hynny golygaf fod y prif gymeriadau ynddynt yn yr un man yn union ar eu diwedd ag yr oeddynt ar eu dechrau, nid oes dim datblygu mewn llawer ohonynt, ac oherwydd hynny anaml y denir dyn i'w darllen am yr eildro.

Hyn yw rhagoriaeth *Gŵr Pen y Bryn*. Nid yr un yw ei chymeriadau ar y diwedd rhagor ar y dechrau. Credaf i un beirniad ddoethinebu trwy ddweud fod yr awdur wedi troi i bregethu trwy gyfrwng y nofel. Yr unig ateb i hynny, os gwir y farn, yw pam lai? Ar y feirniadaeth hon, os yw *Gŵr Pen y Bryn* yn bregeth, yna y mae *Monica*, dyweder, yn bolemig yn erbyn chwantau'r cnawd y dylai pob cymdeithas ddirwestol ei mabwysiadu fel gwobr arholiad trwy Gymru benbaladr. Hyd 1926 – hyd heddiw, efallai – y mae pob nofel Gymraeg sy'n ceisio treiddio i mewn i labyrinth dyrys yr enaid a thragwyddoldeb a materion sylfaenol bod, yn rhwym o sawru o bregeth a byd y bregeth *gan mai dyna'r unig gyfrwng a ddatblygodd Cymru i ymdrin â'r pethau hyn*. Offer crefyddol a ddatblygodd y Cymro, neu offer diwinyddol; hwn, er gwell er gwaeth, yw ei gyfrwng i drafod dirgelion a dyfnderau personoliaeth, a hyd yma nid oes gennym offer arall, sydd wedi datblygu digon, wrth law. Gwan a thenau yw ein seicoleg; cymysgryw ydyw hynny o ganfod athronyddol sydd gennym; peth ar chwâl yw ein bywyd cymdeithasol; peth llenyddol, sef mater o lyfrau a llawysgrifau, yw ein traddodiad llenyddol maith hyd yn hyn. Pery mytholeg yr Iddewon yn fwy byw inni na mytholeg y Pedair Cainc. Ofer felly, hyd yma, yw disgwyl am weld nofel sy'n defnyddio'r cyfryngau a nodwyd uchod fel llathen eneidiau a phersonoliaeth. Rai blynyddoedd yn ôl fe gynigiwyd gwobr am destun gwych yn yr Eisteddfod Genedlaethol, a'r testun oedd nofel seicolegol yn delio ag Efnisien. Un ymgeisydd, a hwnnw'n hollol ddiamcan, a fentrodd i'r maes. Pe gofynasid am nofel debyg yn delio ag Abraham, dyweder, odid na cheid mwy a gwell cynnyrch.

Un o'r profion pwysicaf ar waith nofelydd, onid y pwysicaf i gyd, ydyw penderfynu a yw ei gymeriadau'n llwyddo i dynnu'r darllenydd i mewn i'w byd heb iddo deimlo unrhyw gam gwag.

A ydyw gwerin Cwm Peilliad a Llangeunant yn ddigon credad-
wy inni fedru ei derbyn fel petai'n rhan o'r byd a adwaenwn; a
yw'n werin gyfrifol? A yw ei siarad a'i symud yn bwrpasol? Ac
mewn nofel sy'n amseru ei ddigwyddiadau o fewn rhyw gyfnod
neilltuol, a ydyw'n gyson, o ran meddwl a gweithred, â'r cyfnod
hwnnw?

Yn ddiweddar deuthum ar draws ffordd hynod ddefnyddiol i
fedru ateb y cwestiynau hyn am *Gŵr Pen y Bryn*. Cefais achos i
ddarllen nifer helaeth o nofelau Saesneg yn delio â bywyd
Cymru; eu darllen yn bur ofalus a dosbarthu'r hyn a gynhwysir
ynddynt.[5] Yn eu plith, yr oedd llawer yn cymryd cefndir a
chymeriadau gwledig megis nofelau Caradoc Evans, Margiad
Evans, Hilda Vaughan, Allen Raine, ac eraill. Hyd y gellid barnu,
Cymraeg oedd iaith feunyddiol y cymeriadau a drafodid, ac fel
nofelau 'Cymreig' yr ymhonnid hwy ar y farchnad gyhoeddus.
Ond yn fy myw, ni allwn gamu i'w byd heb deimlo fy mod
yn camu i wagle heb na sail na pharwydydd iddo. Y mae
tyddynwyr Caradoc Evans yn gwbl anhygoel; ond mwy na
hynny, maent yn artistig anghyfrifol canys dolïau mympwy'r
awdur ydynt. Yn y math hwn o sgrifennu nid yw Cymru a
Chymreigrwydd namyn prop theatryddol, addurn i ddenu sylw
at ddeunydd na sylwid arno o gwbl oni bai am hynny. Gellir
dweud yn union yr un peth am nofelau Gwyn Thomas, serch mai
cefndir diwydiannol a ddewisodd ef; dynwarediad ydynt o
straeon Damon Runyon (ymhlith eraill) ond mai 'Cymry' o'r
cymoedd gweithfaol yw'r cymeriadau yn hytrach na thyffiaid
Harlem a'r Bronx. *Shooting a line* yw'r term Americanaidd am y
dull hwn o bortreadu bywyd mewn stori. Nid unrhyw fath o
fywyd Cymreig ydyw.

Ac wrth gwrs, ni ellir cyfleu'r bywyd Cymreig mewn unrhyw
iaith byth ond Cymraeg; o leiaf ni welais neb eto a lwyddodd i
wneud hynny. Ar ôl darllen y nofelau Saesneg a nodwyd, fe
welir wedyn sut y llwyddodd Tegla Davies a sut y methodd y
lleill â chreu a chyflwyno cymdeithas fyw yn eu nofelau hwy. A
phe bawn heb ddweud dim mwy na hyn, sef fy mod yn *adnabod*
ac yn cyd-fyw â chymeriadau *Gŵr Pen y Bryn*, byddwn wedi ateb
yr isfeirniaid yn weddol lwyr.

5. Gweler D. Tecwyn Lloyd, 'Parodi ar Gymru', yn *Llên Cyni a Rhyfel a Thrafodion
Eraill*.

# 2

# *Monica*

## SAUNDERS LEWIS

Cyhoeddwyd gyntaf gan Wasg Aberystwyth yn 1930; arg. newydd, Llandysul, 1989.

Gan Iorwerth Peate yn *Y Tyst* (12 Chwefror 1931) a Tegla Davies yn *Yr Eurgrawn Wesleaidd* (Ebrill 1931) y cafwyd yr adolygiadau mwyaf hallt ar *Monica* adeg ei chyhoeddi gyntaf. Petrus ond cadarnhaol oedd J. Hubert Morgan yn *Y Llenor* (Gwanwyn 1931), ac achubodd W. J. Gruffydd ei cham yng ngholofn olygyddol yr un rhifyn. Gan Thomas Parry yn *Yr Efrydydd* (Mawrth 1931) y cafwyd yr ymateb mwyaf eangfrydig a deallus o ddigon ar y pryd. Ni fu fawr o sôn beirniadol amdani wedyn: cyfeiriodd J. Gwyn Griffiths yn edmygus ati yn ei bennod ar Saunders Lewis yn *Gwŷr Llên* (gol. Aneirin Talfan Davies, Llundain, 1948) ac felly hefyd Kate Roberts yn ei phennod ar ryddiaith Saunders Lewis yn *Saunders Lewis: Ei Feddwl a'i Waith* (gol. Pennar Davies, Dinbych, 1950). Ond nid tan y 1970au y denodd hi sylw beirniadol gwirioneddol a hynny gan John Rowlands ('Nofelau Saunders Lewis', *Ysgrifau Beirniadol V*, 1970; ailargraffwyd yn *Ysgrifau ar y Nofel*, Caerdydd, 1992), R. Gerallt Jones ('Y Traddodiad ar Drai', *Ansawdd y Seiliau*, Llandysul, 1972), Islwyn Ffowc Elis ('Dwy Nofel', *Saunders Lewis*, gol. D. Tecwyn Lloyd a Gwilym Rees Hughes, Abertawe, 1975), a Bruce Griffiths (*Saunders Lewis*, Caerdydd, 1979). Ers hynny, cyhoeddwyd ysgrif Bobi Jones ('Monica mewn Cyffion', *Llenyddiaeth Gymraeg 1902–1936*, Llandybïe, 1987) a Delyth George ('Monica', *Y Traethodydd*, Gorffennaf 1986), yn ogystal â sylwadau Kate Roberts a Saunders Lewis ei hun ar y nofel (*Annwyl Kate, Annwyl Saunders*, gol. Dafydd Ifans, Aberystwyth, 1992). Cafwyd teyrnged o fath gwahanol gan Wiliam Owen Roberts: stori fer yw 'Y Crash' sy'n trafod cymeriadau *Monica* o bersbectif gwahanol (*Hunangofiant (1973–1987) Cyfrol I – Y Blynyddoedd Glas*, Caernarfon, 1990).

Cyfieithwyd *Monica* i'r Saesneg gan Meic Stephens yn 1997.

## DELYTH BEASLEY, 'Thérèse a Monica'[1]

Yn ei 'Lythyr Ynghylch Catholigaeth' yn *Y Llenor* yn 1927, fe ddyweddodd Saunders Lewis:

> Cyfaddefaf fod arnaf ddyled drom i'r bardd a'r dramaydd Cristnogol, Paul Claudel, i'r nofelydd François Mauriac, i'r beirniad llenyddol a fu farw mor ifanc a sydyn, Jacques Rivière . . . O mynnwch chi wybod am ffynonellau llawer o'm meddwl i, erfyniaf arnoch ddarllen yr awduron hyn.

Bûm innau wrthi'n ddiweddar yn astudio *Thérèse Desqueyroux*, un o nofelau enwocaf Mauriac, a ddyfarnwyd yn un o nofelau gorau hanner cyntaf yr ugeinfed ganrif gan banel o feirniaid yn Ffrainc. Yr hyn a'm trawodd oedd tebygrwydd y nofel hon i *Monica*, un o ddwy nofel Saunders Lewis, a nofel sydd hefyd yn ôl Islwyn Ffowc Elis 'yn ddiogel ymysg deg ucha' nofelau Cymraeg'.

Yr oedd Mauriac yn un o gylch o ysgrifenwyr Catholig dylanwadol yn ei gyfnod ef yn Ffrainc, ac onid yw Saunders Lewis wedi ceisio'i efelychu a chynhyrchu nofel Gatholig yn Gymraeg. O edrych ar y dyddiadau, gwelwn i Mauriac gyhoeddi *Thérèse Desqueyroux* yn 1927, i *Monica* ymddangos yn 1930, ac i Saunders Lewis droi at yr Eglwys Gatholig yn yr un flwyddyn. Yr oedd Saunders Lewis, fodd bynnag, yn cydymdeimlo â'r Eglwys Gatholig cyn hynny, fel y dengys y llythyr i'r *Llenor* a gyhoeddwyd yn yr un flwyddyn ag yr ymddangosodd *Thérèse Desqueyroux*. Y mae tystiolaeth y dyddiadau felly yn caniatáu dylanwad uniongyrchol y naill ar y llall, a dylanwad yr ysgol o lenorion Catholig ar Saunders Lewis fel llenor ifanc yn y ffydd Babyddol. Nid efelychiad mo *Monica* serch hynny, ac wrth i ni edrych ar ddylanwadau o gyfeiriad Ffrainc, nac anghofiwn ei lle yn y traddodiad Cymreig a chyfraniad gwreiddiol yr awdur fel llenor creadigol.

Yr hyn sy'n nodweddu gwaith Mauriac ac eraill o'r llenorion Catholig yw eu hymdriniaeth â phechod, ac yn ei nofel *Thérèse Desqueyroux* mae Mauriac yn darlunio pechod ym mywyd gwraig ifanc a roddodd wenwyn i'w gŵr dros gyfnod o amser ac

---

1. Cyhoeddwyd 'Thérèse a Monica' gyntaf yn *Esgyrn*, 2 (Haf 1977).

na allodd esbonio'n iawn ei gweithred ei hun. Ymdriniaeth â phechod yw *Monica* Saunders Lewis hefyd, lle mae gwraig ifanc yn dwyn cariad ei chwaer oddi arni a'i briodi, ac yna'n byw mewn gloddest o gnawdolrwydd tan iddi feichiogi, pan ymollynga i fudreddi ac esgeulustod o'i chorff. Pan gyhoeddwyd y nofel hon yng Nghymru, cafwyd adwaith pietistaidd cryf, a llawer o gondemnio ar ei hymdriniaeth o ryw a chwant y cnawd. Mae tuedd heddiw i briodoli'r adwaith hwnnw i gulni Cymru Gymraeg y 1920au a'r 1930au, ond nac anghofiwn i waith Mauriac beri adwaith tebyg mewn rhai cylchoedd yn Ffrainc, ac mai'r feirniadaeth yno oedd ei fod yn sôn llawer mwy am bechod nac am rinwedd, ac yn ei ddarlunio fel rhywbeth llawer rhy ddeniadol. Cywirach efallai oedd fod dangos pechod ynghyd ag ymchwil onest i ddarganfod ei wreiddiau a dangos ei ganlyniadau, yn taro'n rhy agos i'r byw yn y ddau ddiwylliant.

Nid mewnforiad Ffrengig Catholig yn unig yw'r ymdriniaeth hon â phechod fodd bynnag. Fe gydnabu Saunders Lewis ei hun ei ddyled i Williams Pantycelyn a'r ymwybyddiaeth Fethodistaidd o bechod, gan gyfeirio at Bantycelyn fel 'unig gychwynnydd y dull hwn o sgrifennu'. Yr oedd eisoes yn y llythyr i'r *Llenor* y cyfeiriwyd ato uchod wedi sôn am ei astudiaeth o fywyd a gwaith Pantycelyn ac wedi dweud:

Bu'r ddisgyblaeth honno'n werthfawr imi ac yn agoriad llygad ar broblemau fy mywyd a'm hoes fy hun.

Cyfeiriodd hefyd at bwysigrwydd pechod mewn llenyddiaeth:

Arbenigrwydd Cristnogaeth erioed fu rhoi bri neilltuol ar bechod; codi pechod i'r fath ogoniant a phwysigrwydd fel yr oedd yn rhaid i Grist fod yn neb llai na Duw, a hwnnw'n marw fel dyn er mwyn diorseddu pechod. Ac i'r meddwl Cristnogol, pechod yw priodoledd arbennig dyn, y peth mwyaf dynol mewn bod, ac felly'n anhepgor i farddoniaeth a llên.

Hwyrach ei fod eisoes wrth ysgrifennu'r geiriau hyn yn llunio'r nofel a oedd i ailorseddu pechod mewn llenyddiaeth Gymraeg. Yn sicr yr oedd yn ymwybodol o'r diffyg pan ddywedodd mai 'gwan iawn a disylwedd yw'r syniad am "bechod" yng Nghymru heddiw'.

Dywedir bod Mauriac yn ei gyfnod cynnar wedi bod dan ddylanwad Jansenaidd cryf. Yr oedd yr adain hon o'r Eglwys Gatholig yn pwysleisio llygredigaeth y natur ddynol, pechod y byd, ac anallu llwyr dyn i'w achub ei hun, ynghyd â natur wyrthiol gras. Gwelir nad yw hyn mor wahanol i athrawiaeth Galfinaidd y tadau Methodistaidd yng Nghymru a oedd yn mynnu nad oedd y dyn naturiol yn dymuno nac yn alluog i'w achub ei hun. Y mae pwyslais François Mauriac a Saunders Lewis ar bechod i'w weld felly yn tarddu o ddwy ffynhonnell debyg iawn i'w gilydd. Wrth gwrs, y mae cefndir llenyddol a diwinyddiaeth y ddau yn deillio yn y pen draw o'r un traddodiad Ewropeaidd a Christnogol ehangach, ac felly ni allwn wahanu'i amrywiol elfennau bob tro, hyd yn oed petai gwerth i hynny.

Mwy diddorol efallai yw sylwi mor debyg y gwêl y ddau lenor hyn ddatblygiad pechod, hyn oherwydd natur sylfaenol dyn ym mhob oes ac ym mhob man yn hytrach na thraddodiad cyffredin neu ddylanwad y naill ar y llall. Gwelwn yn gyntaf ddylanwad eu cefndir ar fywyd Thérèse a Monica. Daw Thérèse o deulu dosbarth canol cydymffurfiol gwladaidd yn Ffrainc, a Monica hithau o deulu gorgysgodol dinas fawr Caerdydd ac yna daw'n rhan o swbwrbia ddiwreiddiau ger Abertawe; dau gefndir digon annhebyg ar y olwg gyntaf ond sy'n cael eu condemnio gan Mauriac a Saunders Lewis am yr un rheswm, sef na allent gynnig cariad ac ymgeledd i'r rhai sydd mewn angen. Y mae hyd yn oed eu gwŷr yn methu yma am nad yw eu priodasau wedi'u seilio ar gariad, ac am nad ydynt ychwaith yn gallu deall eu gwragedd. Dywedir am Bernard, gŵr Thérèse, ei fod yn 'ddyn nad oedd erioed, hyd yn oed unwaith yn ei fywyd, wedi'i roi ei hun yn lle rhywun arall; na allai ddirnad dim am yr ymdrech i fynd y tu allan iddo'i hun, a'i weld fel yr oedd eraill yn ei weld'. Dywedir hefyd am ŵr Monica a oedd wedi'i ddrysu gan ymddygiad ei wraig: 'Er mor deimladwy ydoedd, ni fedrai Bob Maciwan ddeall angerdd.' Mae rhagrith, hunanoldeb a gwendidau unigolion eraill a chymdeithas, felly, yn creu tir ffrwythlon ar gyfer eu pechod.

Er mai gwenwyno'i gŵr yn y naill achos, a hudo cariad ei chwaer yn y llall, a gyfrifir yn bechodau i Thérèse a Monica, roedd gwreiddyn y drwg i'w ganfod yn ôl ymhell cyn iddo ddwyn ffrwyth yn eu gweithredoedd. Doedd Thérèse erioed wedi ystyried neb ond hi'i hun, fel y dangosai'i thriniaeth anystyriol o'i Modryb Clara, a cham bach ar ôl hynny oedd diystyru Bernard ddigon i gael gwared ohono: 'doedd dim un trobwynt sydyn: roedd hi wedi disgyn ar hyd llethr raddol, yn araf i ddechrau, ac yna'n gyflymach'. Roedd Monica hithau wedi cerdded strydoedd Caerdydd yn chwennych bechgyn ac yn puteinio yn ei meddwl ymhell cyn iddi gwrdd â Bob Maciwan:

Dyna sy'n greulon yn ein tynged ni, mai'r hyn sy'n ymffurfio ynom yn y cyfnod mwyaf anystyriol yn ein hoes, pan nad oes gan ein rheswm na'n barn lywodraeth o gwbl ar ein gwaed, hynny a'n rheola ni hyd at ein ffun olaf.

Roedd gweithredoedd Thérèse a Monica hefyd yn effeithio ar y plant heb eu geni yn eu croth; mae pechod yn rhywbeth sy'n dilyn o genhedlaeth i genhedlaeth, a'r plant yn aml yn medi ffrwyth gweithredoedd eu rhieni. Ofnai Thérèse y gallai'r plentyn yn ei chroth etifeddu'i nwydau hi a thyfu'n debyg iddi: 'pa nwydau na allai dreiddio i'r cnawd a oedd eto heb ei ffurfio yng nghraidd ei bod'. Nid oedd Monica ychwaith am weld ei phlentyn yn cael ei eni, ac roedd ei hymddygiad hi wrth wrthod ymgeleddu'i chorff yn uniongyrchol yn peryglu bywyd y baban yn ei chroth.

Er y gellid dweud felly fod amgylchiadau y tu hwnt i'w rheolaeth yn gwthio Thérèse a Monica i bechu, eto i gyd daeth adeg yn hanes y ddwy pan ddeallasant beth oeddynt yn ei wneud ac y gallent beri drwg i eraill. Daeth iddynt hefyd y cyfle i edifarhau am yr hyn a wnaethant ac i gywiro o leiaf ran o'r drwg, ond ni chymerwyd mo'r cyfle. Yn hanes Thérèse, ar ôl iddi dorri'r berthynas rhwng Anne, hanner-chwaer ei gŵr, a'i chariad, deallodd y grym oedd ganddi i niweidio eraill ac i greu drygioni, ac yn hanes Monica, ar ôl iddi geisio unwaith ddiddyfnu'i gŵr o'i serch tuag ati, a gweld fod mwy nag un ffordd o'i gadw'n gaeth iddi, gwnaeth y gyffes hon iddo:

Mi ddechreuais fynd yn ddiofal am fy nghorff ac am fy nillad a'r gwely er mwyn dy yrru di oddi wrthyf. Cyn hir iawn gwelais fod hynny'n dy boeni di ac yn dy ddwyn di'n ôl ataf mewn dull newydd, a chyn imi hanner sylweddoli'r peth yr oeddwn yn cael blas ar dy erlid di a'th frifo di a'th gadw di mewn pryder amdanaf. Yn union yr un blas, wyddost ti, â phan oeddwn i'n cysgu gyda thi.

Eto i gyd, er ei bod yn gweld beth oedd hi'n ei wneud i'w gŵr, roedd gafael pechod yn rhy dynn ynddi iddi fedru ysgwyd yn rhydd mwy nag y gallai Thérèse.

Peth arall sy'n cysylltu'r ddwy wraig hyn yw fod y ddwy ohonynt am gyfnod wedi ceisio dianc i fyd o ffantasi i osgoi wynebu canlyniadau pechod yn eu bywydau. Ar ôl i Thérèse gael ei chaethiwo i'w hystafell yn Argelouse ar orchymyn ei gŵr, gwrthododd godi o'i gwely, ac yn ystod diflastod ei dyddiau hir bu'n gweu ffantasïau am sefyllfaoedd lle roedd hi'n cael ei charu, ei hedmygu a'i gwerthfawrogi. Roedd Monica hithau yn gwrthod codi o'i gwely ar ôl dadrithiad ei chael ei hun yn feichiog, ac i bob pwrpas wedi peidio â byw, a chyn hynny cyn iddi briodi buasai'n breuddwydio ac yn dychmygu straeon amdani'i hun yn ddihangfa o'i hamgylchiadau beunyddiol. Gwelai'r ddwy ohonynt farwolaeth yn y pen draw fel y ddihangfa eithaf rhag y rhwyd oedd yn cau o'u cylch: dihangfa rhag y gymdeithas a'r nwydau a barodd iddynt bechu, a hefyd rhag canlyniadau'u pechod. Ond eto roedd yr ofn nad marwolaeth yw diwedd y cyfan yn peri i'r ddwy ohonynt oedi. Fel hyn y myfyriai Thérèse:

> Beth yw marwolaeth? Wyddom ni ddim beth yw marwolaeth. Doedd Thérèse ddim yn sicr o ddiddymdra. Doedd Thérèse ddim yn hollol siŵr fod yna neb.

Buasai Monica yn gwbl hunanfeddiannol wrth ddisgwyl ei marwolaeth ei hun ymhen deufis wrth esgor, ond o ddeall y gallai'r diwedd fod dipyn yn nes na hynny sylweddolodd hithau mai dim ond pellter ac afrealiti'r peth a roesai iddi dawelwch meddwl:

> Cyfnod amhendant estynnol oedd deufis . . . Nid oedd ei fuandra ond mymryn yn fwy amgyffredadwy, mymryn yn fwy ofnadwy, i feddwl normal, cyffredin na phetai'n ddeng mlynedd. Ni ddychrynai neb yn fawr o glywed nad oedd iddo ond deng mlynedd arall o einioes.

Yn *Thérèse Desqueyroux*, fe sonnir am Dduw a phethau crefydd yn agored: dyfalu a yw Ef yn bod, a wnaiff dosturio wrth bechadur, a chondemnio'r grefydd arwynebol farw o gwmpas

Thérèse. Ym *Monica* does dim sôn am na chapel na chrefydd ac eithrio *memento etiam Domine* y fynwent, a hwnnw yn arfer oedd wedi darfod amdano. Eto i gyd, mae distawrwydd llethol y fynwent yn gallu awgrymu digon am gymdeithas a gwraig sydd nid yn unig wedi gwrthod Duw, ond nad yw byth yn meddwl amdano ychwaith, nac yn cael pangfeydd cydwybod. Ni fyddwn yn synnu petai Saunders Lewis wedi disgwyl i grefyddwyr parchus Cymru adweithio fel y gwnaethant i *Monica*, a bod eu hadwaith hwy yn rhan o sylwadaeth y nofel ar Gymru a'i chrefydd.

Ni ellir mynd â'r gymhariaeth rhwng Thérèse a Monica i eithafion wrth gwrs. Y mae *Thérèse Desqueyroux* yn nofel dipyn hwy na *Monica*, gyda chefndir ac isgymeriadau llawnach. Yr oedd Mauriac ar binacl ei allu a'i aeddfedrwydd fel nofelydd pan ysgrifennnodd hi, tra oedd *Monica* ond yn nofel gyntaf i Saunders Lewis, llenor sy'n llawer mwy cyfarwydd â chyfrwng y ddrama. Gwneir defnydd delweddol helaeth o fyd natur yn *Thérèse Desqueyroux*, lle mae craster yr haul, tân yn y fforest a'r stormydd garw yn adlewyrchu angerdd nwydau Thérèse. Cyfyngir Monica i fyd cul tŷ a stryd a mynwent, ond efallai fod hyn eto yn adlewyrchu'i chyflwr mewnol hi a'r gymdeithas o'i hamgylch. Ond y prif wahaniaeth yw fod Thérèse bob amser yn byw mewn gwewyr oherwydd ei chaethiwed i'r drygioni o'i mewn ac yn ei holi a'i dadansoddi'i hunan yn barhaus. Gofynnir hefyd gwestiynau am gyfiawnder Duw, ei dosturi tuag at greaduriaid o'r fath, eu hewyllys rydd a'i ymyrraeth Ef yn eu bywyd. Does dim o'r ymchwil agored hon gan Monica sy'n llithro ar ei phen i'r pwll heb iddi sylweddoli beth sy'n digwydd, o leiaf tan iddi ddod yn feichiog. Dyw hi ddim fel petai'n ymwybodol o ddimensiwn arall i'w hanes, a theimlir ei bod hi'n fwy colledig a diymgeledd na hyd yn oed Thérèse sydd o leiaf yn dirnad ychydig o natur y frwydr.

Cyhoeddwyd y ddwy nofel yma pan oedd llenyddiaeth rymus wrth-Gristnogol yn dod fwyfwy i'r amlwg yn Ewrop. Gwelai llenorion Catholig Ffrainc swyddogaeth arbennig iddynt eu hunain yn gwrthweithio'r dylanwadau hyn, fel y dywedodd Paul Claudel mewn llythyr at Jacques Rivière:

Rwy'n credu'n gydwybodol fod lle yn eich aros wrth ochr Patmore, a Péguy a Chesterton, a minnau hefyd os caf ddweud hynny,

ymhlith y llenorion a ddylai lunio o'r newydd y dychymyg a'r
teimlad catholig, sydd bellach ers pedair canrif wedi crino
oherwydd buddugoliaeth llên gwbl leyg y mae ei llygredd difesur
yn amlwg i bawb ohonom.

Fe fu Mauriac fyw'n ddigon hir i weld diwedd y cylch hwn o
lenorion, a llenyddiaeth am oferedd ac abswrditi bywyd, diffyg
ystyr ac ati yn dod fwyfwy i'r amlwg. Yng Nghymru galarai
Saunders Lewis am nad oedd nemor neb yn ysgrifennu'n wrth-
Gristnogol, ond yn hytrach yn fursennaidd delynegol, gan
'lurgunio Crist' yn hytrach na'i wadu'n onest. Ei uchelgais ef
oedd gweld llenorion Cymru'n gorseddu pechod fel testun
canolog i'w gwaith – boed hynny fel Cristnogion neu lenorion
gwrth-Gristnogol. Gan gydnabod felly y gwahaniaeth hwn yn eu
pwrpas, gallwn ddweud i Saunders Lewis gael mwy o
ddylanwad ar ddatblygiad llenyddiaeth ei wlad nag a wnaeth
Mauriac; oherwydd y mae nofelwyr Cymru'n ddyledus i
Saunders Lewis oherwydd iddo ddangos iddynt faes toreithiog i
ysgrifennu amdano. Nac anghofiwn, serch hynny, fod i Mauriac
a llenorion Catholig eraill yn Ffrainc ran o'r diolch am
ffrwythloni meddwl Saunders Lewis.

# 3

## *Traed Mewn Cyffion*

### KATE ROBERTS

Cyhoeddwyd gyntaf gan Wasg Aberystwyth yn 1936; 7fed arg., Llandysul, 1994.

Fel pedair o'r nofelau eraill dan sylw, testun arobryn yn yr Eisteddfod Genedlaethol oedd *Traed Mewn Cyffion*. A hithau'n un o nofelau enwocaf y ganrif, does dim prinder deunydd beirniadol amdani hi na'i hawdures. Mae Islwyn Ffowc Elis yn trafod y dyfarniad rhyfedd yn 1934 a olygodd fod rhamant Grace Wynne Griffiths, *Creigiau Milgwyn* (1935), wedi rhannu'r wobr gydag epig Kate Roberts ('Nofelau Castell-nedd', *Ysgrifau Beirniadol XVI*, 1990). Mae gan yr awdures ei hun sylwadau perthnasol i'r math o nofel a sgrifennwyd ganddi yn 'Y Nofel Gymraeg' (*Erthyglau ac Ysgrifau Llenyddol Kate Roberts*, gol. Dafydd Jenkins, Abertawe, 1978) a chafwyd trafodaeth egnïol rhyngddi hi a Saunders Lewis ar gownt y testun (*Annwyl Kate, Annwyl Saunders*, gol. Dafydd Ifans, Aberystwyth, 1992). Gweler hefyd ymdriniaethau'r canlynol â'r nofel: Derec Llwyd Morgan (*Kate Roberts*, Caerdydd, 1974, a'r bennod yn *Kate Roberts: Ei Meddwl a'i Gwaith*, gol. Rhydwen Williams, Llandybïe, 1983); John Emyr (*Enaid Clwyfus*, Dinbych, 1976); Bobi Jones ('Monica mewn Cyffion', *Llenyddiaeth Gymraeg 1902–1936*, Llandybïe, 1987); John Rowlands ('Kate Roberts', *Ysgrifau ar y Nofel*, Caerdydd, 1992); a Gerwyn Wiliams (*Tir Neb*, Caerdydd, 1996).

Yn 1992 darlledwyd fersiwn teledu John Ogwen o'r nofel, addasiad a oedd yn driw iawn i'r testun gwreiddiol: gweler adolygiad Gerwyn Wiliams (*Barn*, Hydref 1992). Cyfieithwyd hi i'r Saesneg gan John Idris Jones: *Feet in Chains* (1977).

## EMYR HUMPHREYS, 'Traed Mewn Cyffion'[1]

Ar un wedd, epig yw *Traed Mewn Cyffion*, a pherthyn i'r nofel
amryw o nodweddion clasurol yr epig. Cenir (a chanu sydd
yma) am gymdeithas fechan, glòs mewn ardal fynyddig; a
gwraidd y canu yw hanes y llwyth. Nid hanes yn yr ystyr
wyddonol academaidd na hyd yn oed hanes bywgraffyddol, ond
yn hytrach hanes fel y'i hadroddir gan yr Henfeirdd neu hyd yn
oed gan Homer ei hun: molawd i ddathlu bodolaeth y llwyth fel
pob gwir epig o'r *Iliad* hyd at *Rhyfel a Heddwch* Tolstoi.
    Sylwch ar siarad nain Geini yn y drydedd bennod:

> O Lŷn y dois inna i ddechra, 'wchi. Ond 'does gin i fawr o go' am
> fyw yno. Pedair oed o'n i'n dwad hyd y fan yma, ond ar ôl imi
> ddwad yn ferch ifanc mi fuom yno unwaith ryw ben-tymor pan
> oeddwn i wedi drysu efo lle. 'Roeddwn i'n gweini mewn ffarm go
> fawr i lawr yng ngwaelod y plwy yma, ac mi 'roedd y gwaith yn
> rhy drwm. Mi rois y gora i fy lle cyn cael un arall, a 'doedd yna
> ddim lle imi gysgu gartra, wedyn mi es at Nain i Lŷn. Mi gerddis
> yno bob cam.

Y gorffennol sydd yn siarad am yr amser cyntefig cyn codi'r
gymdeithas ddiwydiannol newydd rhwng y mynydd a'r môr.
Mae'r hen wreigan yn siarad fel Nestor gynt yn sôn am yr hen
amser a'r hen ddioddefiadau cyn dyfod o'r arwyr i Ithaca.

> A 'doedd yno ddim tŷ gwerth i chi alw'n dŷ yr adeg honno . . . Dim
> ond rhyw bedair wal a tho gwellt oedd tŷ yr adeg honno, tân
> mawn ar lawr, a dau wely wenscot a'u cefnau at i gilydd a'u
> talcenni at lawr y gegin. Pan fyddai corff yn y tŷ 'roedd yn rhaid i
> chi gysgu yn yr un fan â'r arch. Diar, mae pethau wedi newid. Mae
> gin bawb ddwy siamber braf rŵan.

Greddf sicr yr artist sydd yn gosod y bennod hon yn drydedd yn
y gyfres o bump ar hugain; y deyrnged daladwy i'r cyndadau
cyn symud ymlaen at enedigaeth plentyn cyntaf yr arwres.

---

1. Cyhoeddwyd gyntaf yn Bobi Jones (gol.), *Kate Roberts: Cyfrol Deyrnged*
(Gwasg Gee, Dinbych, 1969).

Arwres yr epig, wrth gwrs, yw Jane Gruffydd, gwraig Ifan, mab y Fawnog, ac ar ddechrau'r ail bennod cawn gyfranc Jane a'i mam-yng-nghyfraith:

'Oedd tad Ifan yn gapelwr selog felly?'
'Oedd, yn eno bobol. Y fo oedd un o'r rhai ddechreuodd gadw swn am fildio capel i fyny yma. Mi fasa'n rhyfedd iawn ganddo fo feddwl y basa neb o'i deulu o yn pasio'r Capel i fynd i'r Eglwys.'
'Ond 'dydi o'n beth da na fedar y marw ddim meddwl o gwbl!'
Cymerodd Sioned Gruffydd arni ddychryn gan y fath gabledd.
'Ro'n i'n clywed bod gynnoch chi lot yma yn y te ddoe . . .'
'Mi 'roedd Doli Rhyd Garreg yma, on'd toedd hi?'
'Oedd; dyna i chi un ddoth heb i gwâdd.'
'Ia; mae'n debyg i bod hi'n teimlo'n ddigon hŷ ar Ifan.'
'Doedd ar Ifan ddim o eisio'i gweld hi.'
'Fasa raid iddo fo ddim bod felly. Hogan nobl iawn ydi Doli.'
Teimlai Jane holl ddicter ei natur yn codi i'r wyneb.
'Do, mi fuo'n nobl iawn wrthoch chi, i chi fedru cadw Ifan cŷd.'

Nid yw sefyllfa Jane mor annhebyg â hynny i sefyllfa arwr fel Achil – yn amharod i ymladd ac eto yn ei arfogi ei hun ar gyfer y frwydr. Mae awyrgylch y nofel yn nes fyth at hanes Llywarch Hen. Ymladd yw hanes ei bywyd mewn rhyfel enbyd yn erbyn tlodi, yn erbyn ffawd, yn erbyn amgylchiadau gormesol. Fel yr oedd gŵyr arfog Homer yn byw i ryfela, felly y mae merched *Traed Mewn Cyffion* yn byw i'r ymdrech ddyddiol o gadw tŷ, cynnal cartref a magu teulu. Gwraig o dras yw Jane Gruffydd a gellir meddwl amdani yn frenhines yn llywyddu wrth fwrdd crwn ei thyddyn fel yr oedd Arthur gynt yn arwain 'teulu' y Ford Gron. Moesoldeb syml yr epig sydd yma: yr hyn sydd yn dod gyntaf bob amser yw anrhydedd y teulu a'r rhinweddau sylfaenol sydd yn perthyn i anrhydedd: gonestrwydd, geirwiredd, fyddlondeb, elusengarwch, teyrngarwch, cymdogaeth dda.

Nodwedd arall sydd yn perthyn i'r epig chwedlonol yw'r syniad bod nam yn y llinach frenhinol o'r cychwyn, e.e. Efnisien hanner-brawd Bendigeidfran, neu Fedrawd nai Arthur. Yn yr epig hon chwaraeir y rhan dywyll gan y fam-yng-nghyfraith, Sioned Gruffydd, y Fawnog. Nid yw hyn yn annisgwyl mewn stori a merch yn arwres iddi. Cymeriad hunanol yw mam Ifan – ac yn draddodiadol eto fe ddaw'r nam i'r golwg yn y

genhedlaeth ifanc, sef mewn Sioned arall, Sioned merch Jane ac
Ifan. O'r teulu bach cryno, hon yw'r gyntaf i dorri'n rhydd, i gael
ei hudo gan ffair wagedd peryglus ffasiynol y dref – yn gwbl
wahanol i'w brodyr, marchogion dewr y Ford Gron, sydd yn aros
yn ffyddlon i'w llw. Y mae Wiliam yn ymdrechu i sefydlu undeb
ymysg y gweithwyr ac yn ymladd i achub cam y gwan. Wedyn y
mae Owen a Twm yn llawn o 'Uchel Amcanion'. Dilynant 'Greal
Sanctaidd' yr oes honno, addysg ag 'A' fawr, drwy gorsydd a
choedwigoedd tywyll cyfundrefn addysg estron, haearnaidd ac
anghynnes. Dywed Ann Ifans, cymydog hoffus a 'chymeriad'
Cacamwraidd: 'Da y gŵyr Duw i bwy i roi B.A.' Bu agos i Owen
dagu gan chwerthin wrth wrando arni, ond y mae elfen wirebol
yn y dywediad, adlais proffwydol bron sydd yn dadlennu rhyw-
beth o arwyddocâd addysg i'r gymdeithas gyntefig hon yn null
traddodiadol yr epig. Â'r sgwrs ddadlennol hon yn ei blaen:

> 'Mi fasa'n dda gin i petaswn i'n medru dallt y dyn yna oedd yn
> rhannu'r gwobrwyon,' meddai Jane Gruffydd, 'on'd oedd o i'w
> weld yn ddyn clên? Oedd o'n siarad yn dda, Owen?'
> 'Oedd.'
> 'On'd ydi o'n biti na fasa rhywun yn dallt tipyn o Saesneg, Ann
> Ifans?'
> ''Dwn i ddim 'wir; mae rhywun yn dallt llawn digon yn yr hen
> fyd yma eisys. Wybod ar y ddaear faint o boen mae dyn yn i arbed
> wrth beidio â gwybod Saesneg.'

Y mae Owen a'i fam yn chwerthin eto ond er hynny mae yma
arlliw o ddyheu am yr ardd Eden uniaith, y baradwys goll, lle na
ddaeth y Saesneg ar gyfyl y fan, na sŵn twyllodrus, nwydus,
distrywiol y byd newydd Eingl-Sacsonaidd mecanyddol. Cym-
harer hyn ag agwedd Arthur Sieffre o Fynwy at yr Oes Aur cyn
dyfod o'r Saeson i boeni gwareiddiad.

Afraid yw dyrnu gormod ar y gymhariaeth, canys y mae yma
hefyd ymchwiliad gwrthrychol i'r natur ddynol, ac ymchwiliad
yr artist am ystyr trwy ffurf. Elfen gref yng nghymeriad Jane yw
hunan-barch arwrol. Mae hyn yn ymylu ar falchder rhonc ond yn
aros yn rhinwedd am fod ynddi gymaint o gariad at ei theulu fel
nad yw'n tyfu'n ddrygedd. Ond balchder hunanol penysgafn
gwag yw maen tramgwydd y ferch; a'i chosb yw priodi y dili-do
hurt Bertie. Y mae'r awdur a'r darllenydd yn gwbl barod i
dderbyn dyfarniad y gymdeithas arwrol ar y creadur hwn. Saif

Bertie fel symbol cyfleus o holl wendidau a phechodau y
gwastadeddau moethus: ansadrwydd y dyn na ellir fyth
ddibynnu arno am fod celwydd yn llechu yn ei enaid.

Wrth agor y nofel hon y mae pob darllenydd yn meddiannu
darn tragwyddol o'r byd llwm hudolus hwnnw a oedd yn bod ar
lechweddi Arfon mewn oes sydd erbyn hyn mor bell i ffwrdd â'r
Rhufeiniaid. Nid oes i'r wlad honno bellach anadl einioes namyn
arddull arbennig yr awdur. Fel sydd yn hysbys iawn, y mae gan
yr awdures hon y gallu rhyfedd i ail-greu bywyd mewn geiriau,
y gallu i fwynhau drwy sylwi ar fanylion, i ddal darn o ddŵr o
afon bywyd a'i droi yn em ddisglair. Ystyriwch y tudalen cyntaf
yn disgrifio cyfarfod pregethu yn yr awyr agored. Trwy ddarllen
ac ailddarllen y bennod hon cawn weledigaeth ar Gymru ein
hynafiaid mewn golau chwedlonol o glir. Efallai nad oedd yr
awdur yn amcanu at fwy na darlun byw o adwaith gwraig ifanc
i staes tynn mewn cyfarfod pregethu yn yr awyr agored ar
ddiwrnod poeth o haf, ond saif y darlun bellach yn gofgolofn i
gymdeithas goll. Gan fod y gymdeithas hon yn troi o gwmpas y
deml, anodd yw peidio â chyfeirio at ffynhonnell arall epig.
Chwilia gwŷr a gwragedd amlwg y gymdeithas hon, fel Elias
gynt neu Amos, am ysbrydiaeth o'r mynyddoedd. 'Tyd am dro i
ben y mynydd,' meddai Twm rywdro yn y Ffridd Felen, ar ôl
cyfansoddi cywydd, 'inni gael lle i ysgwyd ein traed.' Owen
sydd yn cofio am Twm ei frawd ac yn cofio'r daith: 'Y gorn-
chwiglen yn gweiddi. Llewyrch lleuad mewn pyllau mawnog.
Lampau'r dref fel clwstwr o dlysau ar fin yr afon. Goleuadau
Caergybi'n mynd a dyfod ar y gorwel, a chopa'r Wyddfa'n
bincyn clir dan olau'r lleuad.'

Nid wyf yn ceisio honni mai'r un yw dyn a'i dynged ym
Mhalesteina, yng Ngwlad Groeg ac yn Eryri ar gyfnodau an-
nhebyg iawn mewn hanes; ac nid yr un cyfrwng yw'r nofel
Gymraeg a mesurau canu Groeg neu Hebraeg. Ond y mae digon
o debygrwydd i hawlio gwerth arhosol a gwir fawredd i'r stori
hon.

Ni fynnwn chwaith wrth geisio cysylltu'r nofel hon â
thraddodiadau'r gorffennol esgeuluso modernrwydd y gwaith.
Mae meistrolaeth yr awdur ar y stori fer yn ddigon hysbys; a
chynilder diwastraff ei mynegiant. Beth sydd yn nodweddiadol
fodern yn y nofel hon am gyfnod sydd bellach mor bell yn y
gorffennol yw dull yr awdur o drafod amser. Nid yw'n ddigon i

sôn am gynllun y nofel fel cyfres o storïau byrion am yr un teulu ar wahanol adegau yn eu hanes; storïau sydd yn osgoi yr uchelfannau dramatig traddodiadol gan chwilio'n hytrach am yr argyfyngau di-nod sydd yn dadlennu gwirionedd am gymeriad yn null Tsiecof a'i ddilynwyr. Y mae llawer iawn mwy yn y cynllun na hyn yn unig.

Ar wahân i ffurf allanol, y saernïaeth weladwy a chynllun a phatrwm, perthyn i nofel dda fydr, rhyw rythm mewnol sydd yn fynegiant ffurfiol i ystyr y cwbl. Fe dâl i ddarllenydd craff gadw ei lygaid a'i glust yn fywiog effro i'r arwyddion hyn, canys yma cenfydd agwedd ymwybodol ac isymwybodol yr awdur at ei oes. Ffurf y *mimesis* yw esboniad dyfnaf celfyddyd ar fywyd; yn yr ystyr yma, y ffurf yw'r feirniadaeth derfynol sydd gan yr artist ar ei destun.

Agwedd wyddonol sydd gan yr awdures hon at ei defnydd crai; ymddengys mai cofnodi cywir y labordy yw hanfod yr arddull. Yn hyn o beth y mae Kate Roberts yn hollol fodern. Mor nodedig o wahanol, er enghraifft, i T. Rowland Hughes, nofelydd ysgafn sydd yn trafod, yn ôl pob ymdangosiad allanol, gymdeithas debyg i gymdeithas *Traed Mewn Cyffion*. Ysgrifenna ef fel un o ddisgynyddion W. W. Jacobs, yn trafod ei bobl gydag arddull ogleisiol nawddogol. I ddewis enghraifft ar hap allan o ail bennod *William Jones*:

> Rhoes y ferch a weinyddai arni blatiad o gacenni hefyd ar y bwrdd, ond penderfynodd Leusa Jones wrthsefyll y demtasiwn. Ond yr oedd y cacenni yn rhai neis, rhai neis iawn. Dim ond un fach go feddal, meddai wrth ei hun, *sponge* fach. A chan fod y nofel hon yn wir bob gair, y mae'n rhaid imi groniclo i'r wraig ddidannedd a digywilydd hon glirio'r platiad i gyd.

'A chan fod y nofel hon yn wir bob gair . . .': dilyn ei gymeriadau gyda chellwair a dychan. Arddull hunanymwybodol yw hon sydd yn perthyn yn gyfan gwbl i nofelau Seisnig canol y bedwaredd ganrif ar byntheg, ac o ganlyniad y mae'r nofelau yn bychanu'r gymdeithas a ddisgrifiant.

Nid wyf yn honni bod Kate Roberts yn awdur syfrdanol o arbrofol. (At ei gilydd, ychydig iawn iawn o arbrofi yn y celfyddydau a fu yng Nghymru yn yr ugeinfed ganrif; yn hollol wahanol yn hyn o beth i wledydd y gorllewin yn gyffredinol.

Nid yn unig am ei bod hi'n wlad fach yn dibynnu am ei bodolaeth ar ffyddlondeb i draddodiad, ond hefyd yn fy marn i, am fod y berthynas rhwng yr artist a'i gynulleidfa'n dal yn agos a pherthnasol, ac, yn wir, yn llethol ar brydiau. Beth bynnag, mae'n ddigon hysbys erbyn hyn nad yw arbrofi er mwyn arbrofi yn rhinwedd yn y byd.) Ni cheir yn ei gwaith fawr o arwyddion o arbrofi cawraidd James Joyce. Efallai nad oedd angen hyn ym maes dewisedig ei llafur. Ond tystiolaethai'i gwaith i gyd gymaint yr oedd hi'n ymwybodol o gyffroadau a daeargrynfeydd ei hoes mewn celfyddyd a bywyd. Credaf fod yr ymwybyddiaeth hon yn hanfodol i greu nofel debyg i *Traed Mewn Cyffion*, a bod yr ymwybyddiaeth ar yr adeg honno yn rhyfeddol o brin. Ar wahân i Saunders Lewis, mae'n anodd iawn darganfod neb o'r cyfnod yn ysgrifennu'n feirniadol neu'n greadigol yn Gymraeg a oedd yn dechrau sylweddoli mewn gwirionedd beth oedd yn digwydd i wareiddiad y gorllewin.

Hawdd yw bod yn ddoeth wrth edrych yn ôl, ond anodd bellach yw peidio â disgrifio'r cyfnod rhwng 1904 a 1936 yn hanes Cymru fel Oes y Ffyliaid, nid yn gymaint oherwydd y llygod Ffrengig yn sleifio i swyddi yn Llundain yn sgil Lloyd George na chwaith oherwydd y bobl bwysig iawn ym mhob llan a thref a chyngor a henaduriaeth a oedd wedi gwirioni ar eu henwogrwydd a'u pwysigrwydd hwy eu hunain, ond yn bennaf oll oherwydd dallineb y llenorion a'u ddiffyg gallu i dreiddio i mewn i natur sefyllfa argyfyngus y gymdeithas. (Onid diffyg gweledigaeth y Seithenynnau hyn sydd yn bennaf cyfrifol am gyflwr Cymreictod heddiw?)

Arwydd o fawredd Kate Roberts yw'r ddealltwriaeth reddfol o hyn oll sydd i'w chlywed yn ei gwaith i gyd. Hyn sydd yn cyfri, er enghraifft, am ei phenderfyniad i gloddio'i defnydd crai o chwarel sydd wedi ei chau ers 1914. Mae ei harfau'n gyfoes, ei dulliau'n wyddonol, ei dealltwriaeth a'i hymwybod yn fodern; ond ei charreg bron bob tro yw'r rhannau anhepgorol hynny o'r gorffennol sydd yn dal i fyw yn ei mynwes a'i meddwl. Mae'n trafod hon gyda chywirdeb tyner a chaled y cerflunydd yn trafod ei hoff elfen.

Gellid disgwyl i arddull wyddonol foel arwain i fath o adroddiad 'dogfennol' o fywyd ardal y chwareli yn hytrach nag i arwrgerdd i fam Gymraeg. Nid yw hyn yn digwydd am fod yna alcemi hen iawn yn ogystal â gwyddoniaeth a deall y tu ôl i'r

llaw sydd yn ysgrifennu. Ysgrifenna Kate Roberts mewn
darluniau a'r rheini bob amser mor fyw a theimladwy fel y daw
byd cyfan i fod o flaen ein llygaid:

> Eisteddai Jane ar stol, a'i phen yn gorffwys yn anwesol ar
> ddenewyn y fuwch, yn edrych i gyfeiriad y môr. Yr oedd pob man
> yn ddistaw ac yr oedd bodlonrwydd yn ei llygaid hithau wrth
> edrych i lawr dros y gwastadedd tawel . . .

Glas y môr a heddwch a hapusrwydd gwraig ifanc yn weladwy
yn lliw ei llygaid.

> Wrth edrych drwy'r ffenestr, yr hyn a wnâi Owen yn aml, gwelai
> domen y chwarel, a edrychai'n lasgoch yn ei hymyl. Disgleiriai'r
> haul arni. Trawai ei olau ar un plyg a gwasgarai'r pelydrau i bob
> cyfeiriad, megis y gwnâi golau'r lamp yn y capel yn y gaeaf. Llithid
> ef i edrych ar y goleuni . . .

Hawdd iawn amlhau'r enghreifftiau lle mae llygaid craff yr
awdur fel camera celfydd yn dewis y manylion sydd yn cyfleu
y cwbl a'i chlust yr un modd fel meicroffon yn cofnodi sŵn
a sgwrs. (O na byddai'n cyfarwyddwyr ffilm a theledu yn
astudio'r awdures hon i ddysgu peth o hanfodion eu crefft.)

Anodd inni heddiw yw sylweddoli'n llawn drawiad ffrwydrol
y Rhyfel Byd Cyntaf ar gymdeithas ein tadau. Yn sydyn, ar
draws heddwch diderfyn y prynhawn hir Fictoraidd, aeth y
bydysawd yn wallgof. Fel peiriant direol a heb yrrwr, heb
gyfeiriad a heb ystyr, fe ddaeth cerbyd y rhyfel ar draws y
ffurfafen i draflyncu'r gwŷr ieuainc a drysu bodolaeth am byth.
Nid oedd modd dal y cerbyd yn ôl na dianc rhagddo. Ac yn
waeth na dim, fe wyddai pawb cyn y diwedd, hyd yn oed Lloyd
George a'r Caiser, nad oedd neb o blant dynion yn medru rheoli'r
peiriant. Y mae Pandora wedi agor y blwch technegol ac yr ydym
yn dal i ddyheu am ymwared.

Daeth gweithiau llenyddol mawr allan o'r rhyfel, un o'r
mwyaf gan Gymro, *In Parenthesis* David Jones, sef ymgais bardd
i gyfannu ei brofiad fel milwr a'i swydd fel bardd. Cododd y
pedair blynedd o ryfel fur o fynyddoedd cwbl anhygyrch rhwng
dwy ganrif. Sut y medrai merch amgyffred beth oedd wedi
digwydd? Gwylio mud ac aros gartref oedd swydd mam,

gwraig, merch; tra anfonid tadau, meibion, brodyr o'u gafael i safn y Moloch. Agorwyd teml fawr i'r Duw rhyfel yn Ffrainc a gwagiwyd y seti yn y capel i fwydo trachwant yr eilun newydd.

Daw'r sôn cyntaf am y rhyfel yn y nofel yn yr unfed bennod ar hugain. Mae Wiliam gartref yn y Ffridd Felen. Yn arwyddocaol ddigon, newydd fod ar daith i Lŷn i edrych am yr hen bobl y mae Jane a'i gŵr a'i mab a'i merch-yng-nghyfraith a'i hŵyr. Dyna'r diwrnod olaf iddi weld ei rhieni'n fyw. Yr oedd ei thad a'i mam wedi eu claddu cyn pen ẏ flwyddyn. Yn groes i'w harfer ac arddull y llyfr hyd yn hyn, rhydd yr awdur grynhoad o effaith cychwyn y rhyfel ar y gymdeithas. 'Ni chredodd neb yn y Foel Arian . . . y cyffyrddai'r Rhyfel byth â hwy . . .'

Y mae llawer iawn mwy o grynhoi hefyd o hyn ymlaen hyd ddiwedd y nofel. Ymdrinnir mwy â'r byd o safbwynt Owen. Daw ef megis i ganol y llwyfan a'i fam yn symud i'r cysgod. Ar un wedd y mae hyn yn angenrheidiol. Mae'r darllenydd bellach wedi tyfu gydag Owen, wedi derbyn ei addysg a'i agwedd at y byd. Y mae gan y mab well amgyffred o beth sydd yn mynd ymlaen na'i fam; a phan welwn drwy ei lygaid ef y naill ergyd ar ôl y llall yn bwrw ei fam, teimlwn drosti a gwelwn yn well fesur ei hing a'i phryder a'i loes.

Er cystal yw cymaint o'r penodau olaf – llythyr Twm, Jane yn taro'r swyddog pensiwn ar ei ben – nid yw'r diwedd i'w gymharu â chorff y nofel. Mae'r cywair wedi newid a'r awdur wedi colli'r feistrolaeth gytbwys ar y cynnwys a oedd mor nodweddiadol o'r penodau cynnar. Y mae bywyd amser rhyfel fel petai'n rhy anodd i'w drafod, yn rhy boenus i'w osod allan ar ffurf celfyddyd. Yr oedd sylfeini'r gymdeithas wedi ymddatod. Sut roedd modd adlewyrchu hynny'n wrthrychol wyddonol?

Wrth wrando ar fiwsig y symffoni y mae dyn yn ymwybodol o'r naill gorff o offerynnau ar ôl y llall o dro i dro, ond yr hyn sydd yn rheoli y datganiad yw Amser. Cynllunnir y nofel fel symffoni, allan o dalp o amser. Nid yw'n hollol amherthnasol i hawlio mai Amser yw prif gymeriad y nofel. Rhan o bwrpas yr arddull wrthrychol a'r bensaernïaeth gywrain yw rhoddi cyfle i'r darllenydd glywed amser yn anadlu, yn symud o gwmpas ymysg dynion fel y duwiau yn yr hen chwedlau. Ymchwil yw'r nofel i natur amser, y weithred o fesur, gweithred sylfaenol gwyddoniaeth, wedi ei dyrchafu i dir uwch celfyddyd. 'Yr oedd cyfnewidiadau mawr a sydyn yn y byd, ond yn y Ffridd Felen safasai amser . . .'

Ysywaeth, yr unig leoedd lle mae Amser yn sefyll yw'r amgueddfa neu'r fynwent. Erbyn y bennod olaf namyn un y mae amser wedi ei ddiorseddu. Rhyfel sydd yn teyrnasu, yn bwyta pobl ac yn difetha trefn, ac nid yw adeiladwaith y llyfr yn ddigon cryf i wrthsefyll y newid. Erys y penodau olaf fel rhai o gerfluniau diweddar Michelangelo, amlinelliad heb ddianc allan o'r garreg nadd.

# 4

# William Jones

## T. ROWLAND HUGHES

Cyhoeddwyd gyntaf gan Wasg Aberystwyth yn 1944; arg. newydd, Llandysul, 1994.

Bu'r beirniaid yn bur ranedig, nid yn unig gyda golwg ar *William Jones*, ond yn achos nofelau T. Rowland Hughes yn gyffredinol. Ceir sylwadau pleidiol gan Hugh Bevan ('Nofelau T. Rowland Hughes', *Beirniadaeth Lenyddol*, gol. Brynley F. Roberts, Caernarfon, 1982), T. Emrys Parry ('T. Rowland Hughes', *Ysgrifau Beirniadol I*, 1965), Gwyn Thomas ('William Jones', *Barn*, Mawrth–Mehefin 1967), ac Edward Rees (*Cofiant T. Rowland Hughes*, Llandysul, 1968). Bobi Jones fu'n fwyaf beirniadol o T. Rowland Hughes y nofelydd ('Pum Pwdin Nadolig', *Llenyddiaeth Gymraeg 1936–1972*, Llandybïe, 1975), ac mae gan John Rowlands yntau farn bendant ar y mater (*T. Rowland Hughes*, Caerdydd, 1975; 'T. Rowland Hughes', *Ysgrifau ar y Nofel*, Caerdydd, 1992; a'i ragymadrodd i'r argraffiad diweddaraf o'r nofel yn 1994). Dadlennol hefyd yw'r hyn sy gan John Gwilym Jones i'w ddweud am T. Rowland Hughes ('Beth yw Nofel?', *Swyddogaeth Beirniadaeth*, Dinbych, 1977).

Er gwaetha'r anghytundeb hwn, does dim dwywaith am boblogrwydd bytholwyrdd *William Jones*; arwydd o hynny yw'r ffaith fod addasiad teledu Gwenlyn Parry ohoni wedi ei ddarlledu mor ddiweddar ag 1993 ac addasiad Valmai Jones a Gruffudd Jones ar gyfer Cwmni Theatr Gwynedd wedi ei lwyfannu yn 1995. Cyfieithwyd hi i'r Saesneg gan Richard Ruck yn 1953.

## SAUNDERS LEWIS, adolygiad ar *William Jones*[1]

Yr oedd *O Law i Law* yn nofel ar ddull Ffrengig. Yr oedd ganddi ffrâm gywrain. Yr oedd y cynllun yn rheoli'r stori. Darlun o

---

1. Cyhoeddwyd gyntaf yn *Y Faner* (7 Chwefror 1945).

gymdeithas oedd hi, a'r cyfansoddiad yn gryf ac yn dal yr holl fanylion ynghyd mewn unoliaeth a threfn. Y dull Seisnig sydd yma, y dull Seisnig clasurol cyn dyddiau Joyce a Virginia Woolf. Trefn amser yw'r drefn, symud o ddigwyddiad i ddigwyddiad a'r digwyddiadau achlysurol yn cael rhyddid i ymlenwi a chymryd y gofod a fedrant: nid darlun cynlluniedig, ond panorama, cyfres o ddarluniau.

Nid oes amheuaeth am ddawn y nofelydd. Fy nheimlad i yw bod Mr Hughes yn llwyrach nofelydd na neb a sgrifennodd yn Gymraeg wedi Daniel Owen. Ef yw etifedd Daniel Owen. Cymerth arno dasg gyffelyb – portreadu'r gymdeithas Gymreig oll. Wedi rhoi inni ddarlun o fywyd chwarelwyr y gogledd yn ei nofel gyntaf, wele'n awr ddau ddarlun, un rhan yn darlunio gwedd anhapus ar fyd chwarelwr, a'r ail yn darlunio bywyd Cymreig glowyr y Rhondda yng nghyfnod yr adfyd cyn yr Ail Ryfel Byd. Bydd gan *William Jones* werth parhaol fel dogfen i haneswyr cymdeithasol. Mae'r cyferbyniad rhwng bywyd a safonau cymdeithasol y chwarelwr ar un llaw a bywyd ac amrywiaeth cymoedd segur y glo ar y llaw arall yn llawn gwersi ac yn rhyfeddol graff. Gwych yw'r disgrifiadau o'r cymeriadau, y chwarelwyr a'r glowyr, y gwragedd a'r plant. Campus odiaeth yw'r ymddiddan cyntaf yn y deheudir, y chwarelwr yn y trên yn cyfarfod â gwŷr y Rhondda, a'u milgwn a'u gwleidyddiaeth. Mae'r digrifwch yn gywir, yn naturiol a chyfoethog. Ni raid dweud bod *William Jones* yn ddifyr o'i dechrau i'w diwedd. Mae'r hanner cyntaf, y naw pennod, yn orchestol, a'r cyfoeth yn ddiorchest, hynny yw, yn codi'n rhwydd a naturiol o'r deunydd a heb ei dynnu er ei waethaf.

Rhaid imi sôn am wendidau'r nofel. Caiff Mr Rowland Hughes ei hunan gyfaddef un ohonynt:

Na, paid â dychryn, ddarllenydd hynaws, oherwydd ni fwriadaf sôn fawr ddim eto am afiechyd Crad. Dywedaf hyn rhag ofn dy fod yn estyn am dy gadach poced ar ddechrau pennod drist ofnadwy. Ond hyderaf y bydd ei angen arnat, er hynny – i sychu dagrau chwerthin, nid i wylo.

Fe welwch fod Mr Hughes, wrth gyfarch y 'darllenydd hynaws', yn fwriadol yn mynd yn ôl at Daniel Owen ac yn ymddolennu yn y traddodiad Cymreig a gychwynnwyd ganddo. Purion peth.

Gwyddom oll hefyd am y dewrder moesol mawr sydd y tu ôl i waith Mr Hughes; ni soniaf ond hynny amdano. Ond y mae mynnu cadw'r 'wylo' allan o'r nofel yn gwneud cam â'r darlun o fywyd cymoedd y di-waith. Y mae'r arwriaeth a bwysleisir gan Mr Hughes yn wir mawr am ddioddefwyr y deau yn y blynyddoedd blin. Nid dyna'r cwbl o'r gwir. Bu eu caredigrwydd i'w gilydd yn ddiarhebol, yn ddigymar. Nid hanes dewrder a chariad a duwioldeb yn gorchfygu pob adfyd yw llawn hanes blynyddoedd y diffyg gwaith. Na, bu drygau moesol, bu colledion moesol anadferadwy, bu dirywiad ar bob llaw, ac ar fywyd teuluol Cymraeg yn ogystal ag ar y teuluoedd digapel. Y mae Mr Hughes yn achub pob un o'i gymeriadau, y ferch Eleri a Shinc y Comiwnydd. Ond y gwir am y dirwasgiad yn neheudir Cymru yw ei fod – hyd y meiddia *dyn* farnu – wedi dwyn damnedigaeth i ddegau o feibion a merched ac wedi creu chwerwder uffern a dibristod am bob dim da yn eneidiau llawer. Nid oes digon o bechod, nid oes digon o 'wylo' yn narluniad Mr Hughes o fywyd Shoni. Diau bod darluniad goreuraid y nofelydd yn debyg o sicrhau poblogrwydd presennol i'w lyfr. Ond y mae'r meddalwch hwn yn wendid artistig. Fe'i gwelir ar ei waethaf yn stori dychweliad Eleri i'w chartref.

Pwynt arall, llai pwysig. Y mae William Jones dros ei hanner cant yn mynd i'r de. Yn y bumed bennod ceir math o ddadansoddiad o'i ddoniau fel plentyn a dangosir y modd y tarfwyd hwynt cyn iddo adael ysgol. Rhyfedd y dull y blodeuant oll yn sydyn yn ysgol y dirwasgiad ym Mryn Glo. Try'r gŵr dinod yn gantor ac adroddwr ac actor a darlledydd a beirniad llenyddol, ac yn ewythr o athrylith i blant ei chwaer. Nid hwyrach fod y ddyfais yn angenrheidiol er mwyn clymu ynghyd holl amrywiaeth diddordebau'r cymoedd diwydiannol; dangos yr egni amlochrog hwn yng nghanol trueni'r dirwasgiad yw rhan fawr o fwriad y nofel, a dangos newyddwch syn y bywyd i'r chwarelwr canol oed o'r gogledd. Ond yn wir y mae William Jones ei hunan braidd yn anhygoel, ewythr hud a lledrith y tylwyth teg yw'r gŵr canol oed sobr o Arfon yn y de. Nid wyf yn sicr na fwriadasai'r awdur ar y cychwyn i William Jones fod yn gymeriad digrif, yn gyff clêr i eironi'r awdur ei hun. Ond collodd y nofelydd ei galon i'w greadur ei hunan; rhoes ef yn galennig i deulu ei chwaer Meri, a diflannodd yr eironi a daeth ysmaldod, sy'n llai peniog ac yn llai deallus, i gymryd ei le. Ond dyna

ddigon o feirniadu. Y mae Cymru gyfan wedi colli ei chalon i
William Jones hefyd, ac yn wir i chwi mi dybiaf yr hoffai
creawdwr Don Quixote ef yn fawr hefyd – er na byddai lawn
mor dyner ohono â Mr Hughes.

# 5

## *Ffenestri Tua'r Gwyll*

### ISLWYN FFOWC ELIS

Cyhoeddwyd gyntaf gan Wasg Aberystwyth yn 1955; arg. newydd, Llandysul, 1997.

Am syniad o ymateb negyddol yr adolygwyr iddi adeg ei chyhoeddi, gweler Dafydd Jenkins (*Lleufer*, Haf 1956, a'i sylwadau ar y nofel wrth adolygu *Yn Ôl i Leifior* yn *Y Faner*, 14 Mawrth 1957), Elis Gwyn (*Y Faner*, 15 Chwefror 1956), a Jac L. Williams (*Y Genhinen*, Haf 1956). Yn Saesneg y cafwyd un o'r ymdriniaethau cynnar mwyaf cydymdeimladol â hi a hynny gan J. P. Brown ('Islwyn Ffowc Elis', *Anglo-Welsh Review*, 9, 24). Gweler hefyd Bobi Jones ('Ffarwel i Leifior', *Llenyddiaeth Gymraeg 1936–1972*, Llandybïe, 1975), W. J. Jones ('Islwyn Ffowc Elis', *Dyrnaid o Awduron Cyfoes*, gol. D. Ben Rees, Pontypridd a Lerpwl, 1975), Delyth George (*Islwyn Ffowc Elis*, Caernarfon, 1990), a John Rowlands ('Islwyn Ffowc Elis', *Ysgrifau ar y Nofel*, Caerdydd, 1992), yn ogystal ag adolygiad Gerwyn Wiliams ar yr argraffiad diweddaraf o'r nofel (*Taliesin*, 99, Hydref 1997).

### ISLWYN FFOWC ELIS, 'Fy Nofel Aflwyddiannus'[1]

Y mae priffordd y nofel Gymraeg yn frith gan gyrff nofelwyr a laddwyd gan adolygwyr angharedig. Mae hynny'n drueni ac yn golled i genedl mor fechan â'n cenedl ni. Mae'n wir fod adolygiadau pur giaidd wedi'u sgrifennu ar ambell nofel Gymraeg, ond ni ddylai nofelydd sy'n sicr o'i genhadaeth adael i unrhyw adolygiad ei wthio i ebargofiant yr ysgrifbin sych. Yn hytrach dylai ddarllen pob adolygiad â phen oer a chalon ysgafn,

---

1. Cyhoeddwyd gyntaf yn *Lleufer*, xiii (1957).

a dysgu oddi wrtho, ac yna'i anghofio. Y mae ef yn werthfawrocach i'w genedl nag yw'r adolygydd. Fe ellir dysgu adolygu. Rhaid geni nofelydd.

Fodd bynnag, yr wyf am gymryd y cyfle hwn i ddatgan fy nghred fod adolygu yng Nghymru wedi gwella'n ddirfawr er yr Ail Ryfel Byd. Y mae ymdrechu mwy cyson yn awr i edrych ar lyfr yn gyfanwaith ac i'w brisio fel darn o gelfyddyd. Y mae'n bwysicach bellach mynd i berfedd llyfr, a cheisio darganfod pam y mae'n llwyddiant neu'n fethiant, na chyfrif pa nifer o wallau argraff ac idiomau Seisnig sydd ynddo. Pwysicach na hynny, hyd yn oed, yw fod adolygwyr yn dysgu canmol a chondemnio'n wrthrychol heb ystyried crefydd neu wleidyddiaeth neu gymeriad yr awdur yn gysgod ar ei waith nac yn esgus dros ei ddiffygion. Mae'n dda gennyf ddweud fod fy meirniaid llymaf i hyd yma yn wŷr o'r un gwersyll gwleidyddol â mi fy hun. Darfu, gobeithio, am y dydd pan gondemnid gwaith llenor am ei fod yn elyn gwleidyddol neu'i ganmol am ei fod yn perthyn i'r un enwad.

Ond peidiwch â chredu llenor sy'n dweud nad yw adolygiad anffafriol byth yn ei frifo. Y mae awdur sy'n darllen adolygiad yn darnio'i lyfr diweddaraf yn debyg (i raddau llai, wrth reswm) i dad yn gwylio lladd ei blentyn o flaen ei lygaid. Teimla ar y funud fod blwyddyn neu ddwy o lafur cariad a magu gofalus wedi mynd yn ofer, a themtir ef ar y pryd i ddweud nad yw byth am sgrifennu llyfr eto. Ond fe ddylai gofio dau beth. Un ydyw y gall cwsmer fod yn iawn, mewn siop lyfrau fel mewn siop groser. A genau'r cwsmer yw'r adolygydd. Y llall ydyw y dylai ef, wedi darllen pob adolygiad ar ei lyfr a'u pwyso oll ynghyd, gael rhyw syniad eglurach am ei ragoriaethau a'i ddiffygion ef ei hun fel llenor, a sgrifennu'i lyfr nesaf yn well yn hytrach na rhoi'r gorau i sgrifennu'n gyfan gwbl.

Mae'n debyg fod fy ail nofel i, *Ffenestri Tua'r Gwyll*, wedi'i hadolygu mor anffafriol ag unrhyw nofel Gymraeg a gyhoeddwyd. Ond yr wyf am barhau i sgrifennu nofelau tra caffwyf fyw a thra pery'r ysfa. Yr wyf yn ddigon bodlon i feirniaid yfory fy ngosod ar waelod y pedwerydd dosbarth, a bwrw y byddant yn sôn am fy enw o gwbl. Ond tra pery argyfwng presennol y nofel Gymraeg a thra pery nofelwyr Cymraeg mor brin, yr wyf yn sicr mai fy nyletswydd i yw parhau i sgrifennu nofelau. Gwyn fyd na allwn berswadio fy nghyd-nofelwyr llai hunanhyderus i edrych ar eu dyletswydd yn yr un goleuni.

Rai misoedd yn ôl, gwahoddodd golygydd hynaws *Lleufer* fi i sgrifennu ysgrif i'w gylchgrawn byw, i 'egluro' tipyn ar *Ffenestri Tua'r Gwyll*. Rhwng bodd ac anfodd, addewais wneud hynny. Aeth misoedd heibio, a minnau'n methu gwybod beth y dylwn ei ddweud. Ond dyma roi cynnig, beth bynnag, ar 'adolygu' fy nofel fy hun, heb fwriadu dylanwadu ar farn neb arall amdani.

Ysgrifennais hi wedi cwrs caled o astudio nofelau a chrefft y nofel. Ysgrifennais *Cysgod y Cryman* fel pry copyn yn dirwyn ei we o'i fol, heb amcanu dim ond dweud stori yn y ffordd orau a wyddwn i. Ond rhwng honno a sgrifennu *Ffenestri*, mi dreuliais flwyddyn neu well yn darllen rhai o nofelau mawr y byd – ag un llygad ar eu crefft – ac yn darllen llyfrau Percy Lubbock a Robert Liddell a Somerset Maugham ac eraill ar grefft y nofelydd. Yr oedd hedyn y nofel newydd eisoes wedi egino ynof. Canlyniad y cwrs caled a osodais arnaf fy hun oedd fod gennyf bellach fympwyon go bendant ynglŷn â'r ffordd orau i ffarmio'r eginyn.

Gwyddwn cyn dechrau sgrifennu y byddwn yn sgrifennu nofel na fyddai'n boblogaidd. Gwyddwn y byddai'r cefndir yn ddiarth a'r deunydd yn newydd i fwyafrif fy narllenwyr. Gwyddwn hefyd y byddai'r trafod helaeth ar faterion celfyddyd ynddi yn ddiflas i'r rhai sy'n caru cael stori mewn nofel a dim ond stori. Y mae gennyf o leiaf y boddhad o fod wedi cyflawni'r hyn a ragwelais.

Dywedodd Dafydd Jenkins yn ei adolygiad treiddgar arni yn *Lleufer* nad yw'r nofel yn bodloni. Credaf y gallaf ddweud wrtho paham. Yn y lle cyntaf, nid oes yr un o brif gymeriadau'r nofel y gall y darllenydd ei uniaethu'i hun ag ef (neu â hi). Y mae nofel yn bodloni pan yw'r darllenydd yn medru'i weld ei hun yn ei phrif gymeriad, neu o leiaf yn medru cydymdeimlo â'r prif gymeriad a dymuno'i lwyddiant yn erbyn pob rhwystr neu ynteu'n medru byw'n gysurus tra byddo'n darllen yn y gymdeithas a ddarlunnir. Y mae hynny'n amhosibl yn *Ffenestri Tua'r Gwyll*.

Ceridwen Morgan yw'r prif gymeriad, ac ni all y darllenydd ei uniaethu'i hun â hi na chydymdeimlo â hi, am ei bod yn gymeriad atgas. John Gwilym Jones a welodd hyn gliriaf pan ddywedodd: 'Hulpan ydoedd i mi drwy'r adeg.' Hulpan yn wir, a gwaeth: dynes ddrwg, ddiedifar. Ac nid cais am gyd-ymdeimlad y darllenydd oedd ei gyrru i'r ysbyty meddwl ar y

diwedd, ond dilyn ei hannormalrwydd amlwg – fel y tybiwn i –
i'w derfyn anochel. Ni ellir cydymdeimlo chwaith â'r un o'r prif
gymeriadau eraill. Nid oes fawredd yn yr un ohonynt, ar wahân,
efallai, i'r gweinidog; a mawredd adfeiliedig sydd iddo yntau. Y
mae'r prif gymeriadau i gyd yn ddiffygiol, nid yn unig mewn
mawredd, ond mewn hoffuster a desantrwydd cyffredin.

Yn awr, gallaswn fod wedi gwneud y nofel yn fwy boddhaol
i'w darllenwyr drwy adrodd stori'r Geridwen annormal o
safbwynt cymeriad arall, cymeriad mwy dengar, neu o safbwynt
yr 'awdur hollwybodol' drwyddi draw. Ond gwneuthum beth
na sylwodd yr un o'r adolygwyr arno. Adroddais y stori
drwyddi o safbwynt Ceridwen ei hun, ar wahân i ryw ddau
baragraff o feddyliau Martha yn y bennod gyntaf, a'r bennod lle
y trafodir Ceridwen gan Martha a Tomos, gan Catrin a Miranda
a Mair, a chan Idris a Cecil a Handel Evans, a'r darn byr ar y
diwedd wedi i Ceridwen fynd i'r ysbyty. Ar wahân i'r darnau
hyn – cais i weld Ceridwen oddi allan yn ogystal ag oddi mewn,
er mwyn ceisio'i gwneud yn gymeriad 'crwn' – drwy'i llygaid
hi y gwelir y cymeriadau eraill a holl ddigwydd y stori, a'i
meddyliau hi a fynegir ar bob tudalen. Er enghraifft, pan
ddarllenir brawddeg fel hon: 'Yr oedd yr awyrgylch yn foethus
ac yn drwm gan ramant,' meddwl rhamantaidd Ceridwen sy'n
siarad, nid meddwl (rhamantaidd eto, fe ddichon) yr awdur. Fy
mai i, mi wn, oedd methu gwneud hyn yn eglur.

Ond pam, os mynegi meddwl Ceridwen yn unig oedd fy
amcan, na fuaswn wedi sgrifennu'r nofel yn y person cyntaf, yn
ei geiriau hi yn ogystal ag yn ei meddyliau hi? Am na allwn wrth
wneud hynny fynegi barn onest y cymeriadau eraill amdani yn y
mannau a nodais. Ac am nad yw adrodd stori yn y person cyntaf
yn rhoi rhyddid i awdur chwilmanta'n ddilyffethair yn is-
ymwybod ei brif gymeriad yn ogystal â mynegi'i ymwybod. Er
enghraifft, petai'r stori wedi'i hadrodd yn y person cyntaf, yng
ngeiriau Ceridwen ei hun, ni allasai hi fynegi ei meddwl toredig
yn y penodau olaf, llai fyth ei ddisgrifio.

Dyna ddigon eisoes, felly, i ddamnio'r nofel o safbwynt
mwyafrif ei darllenwyr: fy mod nid yn unig wedi gwneud ei
phrif gymeriad yn atgas, ond fy mod ar ben hynny wedi dewis
adrodd y stori o safbwynt y cymeriad atgas hwnnw a thrwy
gyfrwng ei meddwl atgas hi. Ond y mae rheswm cryfach eto
pam nad yw'r nofel yn bodloni.

Nofel ydyw am rwystredigaeth. Ond nid digon gennyf oedd darlunio rhwystredigaeth; yr oedd yn rhaid imi hefyd geisio'i chyfleu, trosglwyddo'r ymdeimlad o rwystredigaeth i'r darllenydd a'i wneud yntau'n anfodlon gyfrannog ym mhrofiad diflas y cymeriadau. (Gwn fod hynny'n heresi os diddanu yw amcan llenyddiaeth.) Mae pob un o'r prif gymeriadau'n rhwystredig: Ceridwen, am na chaiff na gollyngdod o'i niwrosis na chariad Alfan; Idris Jenkins, am na chaiff mo Ceridwen na bodlonrywdd cyfan ym Mair; Cecil, am na all gadw'r bywyd anghyfrifol ddiofal y mae'n credu fod ganddo ddwyfol hawl iddo; Bob Pritchard, am na all gadw addoliad Ceridwen a theyrngarwch difeiriadaeth ei genedl; Alfan, am ei fod mewn gwaith anghydnaws â'i natur ac am iddo orfod ildio Nesta – dros dro; Sirian, am ei fod wedi methu fel gweinidog gydag enaid y gwyddai fod yn rhaid iddo'i helpu.

Nid oes neb yn y nofel hon yn cael bodlonrwydd. Nofel am anfodlonrwydd ydyw, ac am hynny ni all fodloni. Paham y sgrifennais hi? Efallai mai am fy mod ar y pryd yn rhwystredig fy hunan ac yn credu nad oedd dim mewn bywyd ar y ddaear lawr ond rhwystredigaeth. Ac y mae'r ffaith amrwd fy mod wedi llwyddo i drosglwyddo fy rhwystredigaeth fy hun drwy rwystredigaeth fy nghymeriadau i feddyliau fy narllenwyr yn brawf fy mod wedi cyflawni'n ffantastig yr hyn a fwriedais.

Ac yn awr am y cwestiwn olaf, sy wedi bod uchaf ym meddwl llawer. Beth am yr alegori sydd yn y nofel? Ie, yr awdur biau'r bai am y *blurb* sydd ar y siaced lwch, ac yr wyf erbyn hyn yn edifar amdano. Brysiaf i bwysleisio nad oes alegori yn y nofel. Dywedais yn y *blurb* fod Ceridwen Morgan *ar ryw olwg* yn ddarlun o Gymru heddiw, a phwysleisiaf mai ar ryw olwg yn unig. Y mae, fel Cymru, yn byw'n rhwystredig yng ngefynnau masnacholiaeth ddigydymdeimlad, yn talu gwrogaeth hawdd i gelfyddyd a chelfyddwyr heb eu cymryd o ddifri, yn newid ei beirdd – fel pob gwlad – o genhedlaeth i genhedlaeth, ac yn gwrthod y cymorth – digon diweledigaeth, efallai – y mae crefydd gyfundrefnol yn ei gynnig iddi yn ei hargyfwng. Mewn gair, y mae argyfwng Cymru heddiw wedi'i gronni a'i grisialu i fesur yn argyfwng personol Ceridwen, ac y mae'r ddwy fel ei gilydd yn niwrotig ac yn ddinerth yn eu hargyfwng. Cyfatebiaeth yn unig sydd yma, nid alegori. A chyfatebiaeth rannol at hynny.

Gallaf gydymdeimlo â safbwynt y rhai sy'n dweud nad oes gymdeithas yng Nghymru fel y gymdeithas a ddarlunnir yn y nofel, a bod ei chefndir yn ddiarth ac yn anghymreig. Nid oes gennyf ateb i hynny ond ateb yr athronydd i'r rhai a ddywaid na ellir dychmygu eliffant pinc. Ei ateb yw y gwyddom beth yw pinc ac y gwyddom beth yw eliffant, ac nad oes eisiau ond dod â lliw pinc a ffurf eliffant at ei gilydd yn y meddwl, a dyna'r rhyfeddod gennym. Gwir na welais i eto yng Nghymru gymdeithas fel cymdeithas artistig Caerwenlli; ond y mae'r unigolion yn bod, ac ni wneuthum i ddim ond dod â hwy at ei gilydd. Ac am wn i nad oes gan nofelydd hawl i hynny o ddychymyg o leiaf.

Erys imi ddweud fy mod yn cytuno â llawer o feirniadaeth fy adolygwyr. Ac yr wyf wedi diolch llawer, yn yr awr argyfyngus hon ar ein llenyddiaeth, fod fy ngwaith i ac eraill wedi disgyn i ddwylo adolygwyr sydd wedi ymgydnabod â safonau llenyddol amgenach nag eiddo'r *Band of Hope* a'r eisteddfod leol, ac sy'n ymdrechu o ddifri, mi gredaf, i greu adolygiaeth fuddiol yng Nghymru. Yn y pethau rwy'n dal i anghytuno â hwy, y mae'r anghytundeb yn ddibwys, ac mae'n ddigon posibl mai hwy sy'n iawn. Os llwyddais yn y sylwadau hyn i egluro i rai o'm darllenwyr paham na fu iddynt hoffi'r nofel, byddaf wedi gwneud a fwriedais. Ac os llwyddais i ddangos nad anwybod-aeth lwyr o dechneg nofel a barodd fod *Ffenestri Tua'r Gwyll* yr hyn ydyw, byddaf yn eithaf bodlon.

# 6

## Un Nos Ola Leuad

### CARADOG PRICHARD

Cyhoeddwyd gyntaf gan Wasg Gee, Dinbych, yn 1961; arg. newydd, Caernarfon, 1988.

Bu'r ymateb i'r nofel hon yn gadarnhaol o'r cychwyn cyntaf a heidiodd beirniaid ati fel gwenyn at bot jam fyth oddi ar hynny. Am adolygiadau cynnar arni, gweler Tom Parry-Jones (*Lleufer*, Gwanwyn 1962), Pennar Davies (*Taliesin*, 1962), Harri Gwynn (*Y Cymro*, 4 Ionawr 1962), a Roy Lewis (*Y Faner*, 26 Ebrill 1962). Aeth amryw feirniaid i'r afael â phob math o agweddau ar y nofel, yn eu plith Dafydd Glyn Jones ('Caradog Prichard', *Dyrnaid o Awduron Cyfoes*, gol. D. Ben Rees, Pontypridd a Lerpwl, 1975; 'Rhai Storïau am Blentyndod', *Ysgrifau Beirniadol IX*, Dinbych, 1976), Bobi Jones ('Eiddo y Cyfryw Rai', *Llenyddiaeth Gymraeg 1936–1972*, Llandybïe, 1975), Ioan Williams ('Campwaith o Blith Nofelau: *Un Nos Ola Leuad*', *Y Nofel*, Llandysul, 1984), John Rowlands ('Agweddau ar y Nofel Gymraeg Gyfoes', *Ysgrifau ar y Nofel*, Caerdydd, 1992; 'Y Fam a'r Mab – Rhagarweiniad i *Un Nos Ola Leuad*', *Ysgrifau Beirniadol XIX*, 1993), Menna Baines ('Un Nos Ola Leuad', *Barn*, Ionawr–Mehefin 1992; 'Byd â'i Ben i Lawr', *Golwg*, 8 Mai 1991; 'Ffaith a Dychymyg yng Ngwaith Caradog Prichard': traethawd M.Phil., Prifysgol Cymru, Bangor, 1992), Emyr Llywelyn ('Brenhines y Llyn Du', *Golwg*, 31 Hydref 1991 a 7 Tachwedd 1991; 'Datrys Dirgelwch *Un Nos Ola Leuad*', *Y Faner Newydd*, Awst 1996; 'Nofel y Dyn Niwrotig', *Y Faner Newydd*, Gaeaf 1996; 'Em – y Doppelganger', *Y Faner Newydd*, Gwanwyn 1997), Simon Brooks ('La Morte de Bethesda', *Tu Chwith*, Ebrill/Mai 1993), a Kate Crockett ('Plymio i'r Dwfn: Rhywioldeb Rhwystredig *Un Nos Ola Leuad*', *Taliesin*, Gaeaf 1996).

Yn 1991 addaswyd y nofel yn ffilm gan Gwenlyn Parry a'i chyfarwyddo gan Endaf Emlyn; gweler Menna Baines ('Trio Ffilmio'r Lleuad', *Golwg*, 25 Ionawr 1990; 'Yng Ngolau Lleuad . . . ac yn Nwndwr Dŵr', *Barn*, Tachwedd 1991) ac Eigra Lewis Roberts ('Ar Ddyfroedd Hunllef', *Golwg*, 10 Hydref 1991). Llwyfannwyd *Full Moon*, addasiad o'r nofel i'r Saesneg, gan Gwmni Theatr Clwyd am y tro cyntaf yn 1993: gweler Helena Kaut-Howson, John Owen a Lloyd Trott ('Nofel ar y Llwyfan: Dau Safbwynt', *Taliesin*, Gwanwyn 1995). Cyhoeddwyd dau gyfieithiad o'r nofel i'r Saesneg: *Full Moon* (1973), gan Menna Gallie, a'r un gorau, *One Moonlit Night* (1995), gan Philip Mitchell; ailymddangosodd y cyfieithiad olaf fel testun cyfochrog yng nghyfres Penguin *Twentieth Century Classics* yn 1999, y tro cyntaf i nofel Gymraeg ymddangos yn y gyfres.

## HARRI PRITCHARD JONES, 'Un Nos Ola Leuad'[1]

Cefndir *Un Nos Ola Leuad*, yn ôl ei hawdur, oedd y Streic Fawr a Diwygiad 1904–5, dau beth a gorddodd ddyfroedd croyw a du, ac mae'r cyffro arall hwnnw, y Rhyfel Mawr, yno yn y cefndir hefyd. Mi gofiwch i R. Tudur Jones ddweud fod Ymneilltuaeth – yn wir, crefydd – Cymru wedi chwythu'i phlwc i raddau helaeth a mynd yn emosiynol fel mai dim ond crefydd plant bach oedd gennym ni pan ddaeth chwalfa fawr y Rhyfel Byd Cyntaf. Nofel am bobl a chymdeithas ar chwâl ydi nofel Caradog Prichard, nofel am wallgofrwydd ac am alar gorffwyll.

Nofel gan alltud ydi hi hefyd; nofel gan ddyn oedd wedi crwydro ymhell, o ran milltiroedd a blynyddoedd, o fyd ei nofel; dyn a yrrwyd ymhell gan ei ofidiau a'i anniddigrwydd, dyn a gefnodd ar y fro lle cafodd gymaint o ddioddefaint a lle y profodd beth o'r culni hwnnw oedd yn rhemp yn yr ynysoedd hyn ar y pryd. Ond awdur ydi o y mae crefydd yn rhyfeddol o bwysig yn ei waith. Yn hyn i gyd mae'n ddigon tebyg i'r alltud arall hwnnw, James Joyce, a gofiai, yntau, bob manylyn am ei filltir sgwâr ac a'i hailgreodd mewn rhyddiaith ryfeddol. Ond, yn wahanol i Joyce, mae crefydd yng ngwaith Caradog Prichard nid yn unig yn rhan annatod o wead y gymdeithas ond yn rhywbeth rhyfeddol o wir a byw.

Mae'n werth aros efo'r gymhariaeth â Joyce am funud neu ddwy. Un o'r pethau gwychaf am Joyce fel awdur ydi ei ddawn i wneud i eiriau atseinio ym mhob un o'r synhwyrau, yn ogystal â chyffroi'r meddwl. Mae Caradog Prichard yr un fath, yn ein hysgogi ni i feddwl am syniadau a chysyniadau diwinyddol ac

1. Cyhoeddwyd gyntaf yn *Taliesin*, 63 (Gorffennaf 1988).

athronyddol, os nad gwleidyddol, ond hefyd yn chwarae ar ein synhwyrau. Mae'n gwneud inni glywed arogleuon a blasau a synau, teimlo cyffyrddiad ar law neu ar foch, a gweld yn llachar ac yn hynod o gofiadwy. Ac mae'n cofio am y synhwyrau eraill hefyd – am yr erotig a'r ysbrydol.

Fel Joyce eto, mae'n amrywio'i arddull, o'r naratif lled ffurfiol i sgwrs dafodieithol liwgar, o ddeialog i litwrgi, o iaith plentyn i iaith henoed, o'r real i'r gwneud, o'r ymenyddol i'r telynegol, o'r diniwed i'r anfad, o'r lleddf i'r gorfoleddus, o iaith mân chwedleuon masweddus i iaith y salmydd.

Mae Caradog Prichard yn trafod byd digon tebyg ar aml i wedd, yn enwedig o ran cefndir a digwyddiadau allanol, i fyd chwarelyddol Kate Roberts. Ond mae ei ffordd o drin pethau'n wahanol. Mae o wedi canolbwyntio mwy ar y profiad mewnol, personol o wynebu adfyd. Er mor ddiflas a chaled a diobaith ydi bywyd ei gymeriadau y rhan fwyaf o'r amser, mae'n llwyddo i wneud y peth yn llenyddiaeth ddifyr, heb lithro naill ai i sentimentaleiddiwch nac, ar y llaw arall, i forbidrwydd. Mae o, fel Islwyn Williams yng Nghwm Tawe, yn medru gwenu yn nannedd y ddrycin a gweld nad o'r tu allan y mae'n holl ofidiau'n tarddu; fod hollt yn y garreg y naddwyd ni ohoni i ddechrau, a bod pwerau a chyneddfau du'n llechu yn nyfnderoedd ein bod ni oll. A bod a wnelo'r rhain dipyn â'n digofaint ni.

Cymharwch lun a phortread T. Rowland Hughes o'r chwalfa yr oedd o'n ei gweld yn digwydd yn yr un gymdeithas. Mae o, fel llawer o awduron Rwsia, ac Iwerddon i raddau, yn y bedwaredd ganrif ar bymtheg, yn personoli hanes y frwydr rhwng gwerin bobl a gormeswr o feistr tir. Yng Nghymru ac yn Iwerddon roedd y rheini'n anhyfiaith, yn aliwn ac yn Anglicanaidd. Cymdeithas ei hun ydi un o'r prif gymeriadau mewn nofel fel un T. Rowland Hughes, a'r frwydr epig am gyfiawnder ydi prif ddeunydd a phrif ddigwyddiad y nofel. Mae hyn yn unol ag un o brif ddraddodiadau'r nofel Gymraeg, ers tad yr holl beth, Daniel Owen, sef y syniad am nofel fel cronicl.

Mae *Un Nos Ola Leuad* yn croniclo, wrth gwrs; mae'n sôn am bob math o agweddau ar fywyd y gymdeithas y mae hi'n rhyw fath o ddrych iddi. Ond yn wahanol i'r rhan fwyaf o'n croniclau cymdeithasol, ac i Daniel Owen ei hun, does yna ddim byd yn y gymdeithas sy'n esgymun yng ngolwg Caradog Prichard. Yng ngwaith Daniel Owen mae dau beth yn tabŵ – sef Rhyw, sydd erbyn hyn wedi mynd yn rhemp yn ein llên, a byd y slymiau, y methodd Capten Trefor â mynd â'r gweinidog newydd iddyn nhw.

Dydi Rhyw na byd pobl dlawd y slymiau, nac unrhyw fath o bobl yr ymylon, chwedl Idwal Jones, ddim yn esgymun o waith Caradog Prichard. Yn wir, fel Joyce eto, mae o'n llwyddo i wneud llenyddiaeth fawr o fân drasiedïau-pob-dydd pobl gyffredin. Mae'n wir fod ei ddarlun o gymdeithas ar adegau efallai yn ymddangos fel goradwaith i lenyddiaeth Gymraeg flaenorol, yn ei gweddustra ynghylch rhyw a'i syniad am iaith lenyddol. Mae o fel petai'n mynnu cefnu ar y confensiynau a'r teipiau derbyniol – fel rhoi enwau gweddus Cymraeg i dai a phobl. 'Snowdon View' a 'Blw Bel' a 'Ffranc Bee Hive' gawn ni yn *Un Nos Ola Leuad*. Mi hoffwn restru'r cymariaethau rhwng *Chwalfa* T. Rowland Hughes a nofel Caradog Prichard fel hyn:

| *Chwalfa* | *Un Nos Ola Leuad* |
|---|---|
| tristwch sy'n ymylu ar y morbid; | dagrau pethau wedi eu cymysgu â chwerthin; |
| sefydlogrwydd a pharhad yn wyneb grym sydd am chwalu hynny; | gwallgofrwydd ynghyd â thraddodiad; |
| parchusrwydd a chysêt; | amharchusrwydd pobl yr ymylon; |
| y Beibl; | y Llyfr Gweddi a'r Sallwyr; |
| 'Y Saint', wedi eu hachub; | Eglwyswyr, h.y. pechaduriaid – ond â phenyd ac ati; |
| teipiau megis Dic Bugail, Price Humphries, a'r blydi Sais. | *pastiche* o gymeriadau: gwrthdeipiau. |

◄——— Angau o'r chwarel a'r rhyfel ac yn sgil diciáu ———►

| *Chwalfa* | *Un Nos Ola Leuad* |
|---|---|
| | ynghyd â thrais mewnol yn y gymdeithas oherwydd 'brad' ac ati; |
| dim Rhyw; | Rhyw afradlon ac od, gan gynnwys fflachio, hel genod bach, a thueddfryd at losgach; |
| dim diod gadarn; | meddwdod; |
| cronicl, a'r gwrthrychol; | y goddrychol, a chronicl; |
| cymdeithaseg; | seicoleg a diwinyddiaeth; |

← ———————— Hiwmor ————————— →

| | |
|---|---|
| gwrthdaro epig, ar ddu a gwyn (llwybr ymwared *v.* llwybr i ddifancoll); | cybôl; swrrealaeth a byd Theatr yr Abswrd; |
| iaith seiat; | tafodiaith, ynghyd â litwrgi; |
| syniadau; | symbolau (e.e. Brenhines yr Wyddfa); |
| pwyll a rheswm a gweddustra; | sagrafennaeth a rhialtwch a greddfau; |
| trais gwleidyddol a chymdeithasol; | trais rhywiol a phersonol; |
| darlun lled ramantus, wedi ei ddelfrydu fymryn, ar ddu a gwyn. | darlun mwy cyflawn – mymryn yn ystumiedig o safbwynt gorliwio a Rhyw, ond yn fwy cyflawn o ran dangos pob gorthrymder ar bobl. |

Ond beth ydi'r stori yn *Un Nos Ola Leuad*? Yn y diwedd, er i'r nofel roi inni dipyn o hanes un gymdeithas go arbennig, hanes pobl a theuluoedd ydi hi'n bennaf, ac yn fwyaf arbennig hanes mam a'i hogyn. Hogyn bach hydeiml, byw, effro ei synhwyrau a'i ddychymyg, fel y mae rhai sy'n gignoeth yn aml. Ac mae digon o resymau pam y mae hwn yn gignoeth – digon i'w yrru o, fel ei fam, o'i gof. Yn wir, y mae'r gymdeithas gyfan yn cael ei gyrru rywfaint o'i chof, nid yn unig oherwydd marwolaeth a galar, ond hefyd oherwydd fod yna eisoes afiechyd ysbrydol sydd wedi creu gwall yn y cof, wedi creu hollt rhwng cnawd ac ysbryd – hyd yn oed i Eglwyswr. Mae hyd yn oed y rhieni, fel yr atgoffir ni reit ar ddiwedd y nofel, yn gwarafun y Cymun o Waed Crist, os nad y Corff, i bechaduriaid ym myd Rhyw.

Hogyn bach sydd gennym ni yma wedi colli'i dad, fel a ddigwyddodd i gymaint o hogiau bach eraill wrth gwrs oherwydd damweiniau yn y chwarel, afiechyd neu'r rhyfel. Ond mae yna awgrym yn yr achos hwn fod y farwolaeth dan gwmwl. Pa ryfedd i'r bachgen bach glosio at ei fam, a theimlo drosti yn ei galar, ac o ran y gŵr annheilwng a'i gadawodd hi'n dlawd? Nid yn unig yn dlawd, ond yn fythol alarus, yn mynnu bod yn ffyddlon hyd at wallgofrwydd. Mam wrol ond anodd, yn 'crio'n ddistaw bach am rywbeth o hyd'. Dim ond yn y gwely y câi o gysur o fod yn agos ati'n gorfforol. Does dim rhyfedd i'r hogyn newynu a sychedu, fel y brefa'r hydd am yr afonydd dyfroedd, am gael ei fagu a'i anwesu. Mae o'n cael cysgod o'r peth gan Gres drws nesaf, o gyffwrdd mynwes Ceri ddeunaw oed, ac o feddwl am y Fam Frenhines yn ei bythol dymp a'i chorff hael, mamol a chariadol. Does ganddo fo ddim model i batrymu'i hun arno o beth ydi tad, a pherthynas tad a mam, a'i brofiad o serch rhwng oedolion ydi sgwlyn yn mynd â Jini Bach Pen Cae allan i bechu'n slei a gwaradwyddus.

Er bod y byd ysbrydol, yn sicr, yn ddiriaethol bresennol iddo, fel i'w fam, o ran bodolaeth angylion a nefoedd ac uffern, a dioddefaint Crist a'i Ddyrchafael, dydi'r rheini ddim wedi eu cymathu â'r profiadau sy'n llechu dan y croen, yn y Llyn Du. Y teimladau peryglus hynny fyddai ei serch cnawdol, fel y dechreuai dyfu i fyny, ynghyd â'i awydd am gysur corfforol, a'r llid a lechai ynddo oherwydd y ffawd greulon a wnaeth weddw o'i fam a'i wneud yntau'n hogyn tlawd, 'amddifad' i bob pwrpas.

Mae gan Frank O'Connor stori am 'My Oedipus Complex' lle mae hogyn yn sôn am ei ddicter at ei dad pan ddaeth hwnnw'n ôl o'r rhyfel, fel dieithryn, i'r gwely lle bu'r hogyn a'i fam ar eu pennau'u hunain ers tro. Mae'n bosibl teimlo dicter fel 'na hyd yn oed am dad a fu farw cyn erioed ei weld.

Dyna fi wedi sôn am y cymhleth Oedipws. Dydi o ddim yn

beth mor anghyffredin â hynny yn y nofel Gymraeg. Mae o'n sicr yn bresennol yn *Rhys Lewis*. Ac nid rhywbeth ych-a-fi ydi'r hyn rwy'n sôn amdano, dim ond am y broblem o dyfu i fyny ac yn y man lynu wrth ferch arall heblaw'ch mam. Dyna sail datblygiad tueddfryd at wyrdroadau rhywiol mewn *rhai*, yn enwedig pan fo cronfa o lid yn y person eisoes. Ac os ydi'r person yn un cydwybodol, teimladol, mae euogrwydd, ie, a goreuogrwydd afiach, yn medru'i ysu, ei sigo wrth iddo gael ei hollti rhwng teyrngarwch cnawd ac ysbryd i'w fam a'i ysfa i gael perthynas â rhywun arall o'i oed ei hun. Mae ambell un yn troi at ei ryw ei hun, ambell un at buteinio fel a ddigwyddodd yn *Portrait of the Artist as a Young Man*, ac ambell un at drais rhywiol.

Mae'n rhaid cofio maint y golled a fu i'r hogyn yn *Un Nos Ola Leuad* pan aeth ei fam i'r seilam. Roedd yn waeth, llawer gwaeth, na phetai hi wedi marw, ac yntau eisoes wedi colli'i dad. Ydych chi'n cofio agoriad gwefreiddiol *Tywyll Heno*? Yno mae Kate Roberts, fel Goya, yn mynd â ni i mewn i'r seilam, i stafell wen. Y gwyn yn wyn clinigol, di-liw. Mae'r waliau'n wyn, dillad y gwelyau'n wyn, gwallt yr hen wragedd yn wyn, a'u cnawd na welodd haul na chael maeth digonol ers tro. Ac eto, fel mewn llun o briodas gan Donald McIntyre, mae yna un darn bach o liw, un smotyn gloyw o aur, sef modrwy ar fys ar law sy'n cydio yn ymyl cynfas a dynnir yn glòs at wddw gan wreigan yn y gwely. Y darn o liw, y fodrwy sy'n dangos i'r hen wreigan ryw dro fod yn briod, yn caru a chadw aelwyd, ac efallai yn magu teulu; arwydd o'i dynoliaeth. Ond pan ddychwelodd yr hogyn bach yno o'r seilam yn nofel Caradog Prichard roedd yn cario nid yn unig becyn bach yn cynnwys dillad ei fam ond hefyd ei fodrwy – ei dwy fodrwy.

Dyna'r creadur ysig, unig, euog, hydeiml a gafodd ei 'demtio' yn ddigon naturiol gan asbri rhywiol diniwed, difeddwl Jini Bach Pen Cae â'i llygaid glas a'i chorff nwydus. Digwyddodd y trais, y brad, ac mi ddioddefodd y llanc, os ydw i'n deall y nofel yn iawn, mewn ysbyty i droseddwyr gorffwyll. Ac mi ddaeth yn ôl, wedi ei gyfnod o benyd dan y wladwriaeth, i'w gynefin, i ail-fyw ei ieuenctid ac i wneud Iawn. Iawn fel yr Iawn y clywodd o gymaint o sôn amdano gan ei fam, yn yr eglwys, yn yr emynau a'r salmau. Mae'r awdur wedi plannu'r syniad yn gynyddol yn ei waith, yn yr emynau a genir ac y sonnir amdanyn nhw wrth fynd heibio, megis.

Mi gerddodd y pechadur druan i mewn i'r Llyn Du, o ble
y tarddai'r greddfau a'r isleisiau hynny a'i harweiniodd ar
gyfeiliorn oddi wrth y fam, a boddi'i hun er mwyn gwneud Iawn
iddi hi – nid i Jini – ac ailymuno â'r fam ac â'r cyfriniol yr
ymglywodd â'u lleisiau yn natur. Fel y Drindod Sanctaidd gyda
Mair Forwyn, mewn rhyw ffordd, roedd yr hogyn bach yma am
i'w fam fod yn fam ac yn briodasferch iddo, druan.

Dyna hanfod y stori, fel y gwela i hi. Ond yr hyn sydd fwyaf
cofiadwy, wrth gwrs, ydi'r ddawn dweud sy'n gweu'r stori'n
nofel banoramig fawr, yn cwmpasu cymaint o brofiad dynion a
merched ym mhob oes ac ym mhob lle.

# 7

## *Mae Theomemphus yn Hen*

### DAFYDD ROWLANDS

Cyhoeddwyd gyntaf gan wasg Christopher Davies, Abertawe, yn 1977.

Geilw'r awdur y testun hwn yn 'Nofel/Cerdd', ac fel y mae teitl y gyfrol a enillodd iddo'r Fedal Ryddiaith yn 1972 yn ei awgrymu, *Ysgrifau yr Hanner Bardd*, bu ganddo ddiddordeb creadigol erioed yn y tir ffiniol rhwng barddoniaeth a rhyddiaith. Fe'i hadolygwyd gan Marged Dafydd yn *Y Faner* (14 Ebrill 1978), Herbert D. Hughes yn *Y Genhinen*, 28/2, 3 (1978), a chan Meirion Abercadwgan yn *Barn*, 183 (Ebrill 1978) lle y dywedwyd amdani:

> Disgrifir y gwaith hwn gan yr awdur fel nofel/cerdd. Mae'r darnau cerddol weithiau'n garlamus. Mae'r awdur yn ei ddisgrifio ei hunan fel 'hanner bardd'. Nid 'hanner storïwr' mohono. Prin yw'r gweithiau rhyddiaith yn y Gymraeg sy'n llifo. Nid oes gan lenorion Cymru'r ddawn i ddweud stori ... Credaf fod Dafydd Rowlands yn well nofelydd na bardd ... Gwiried yr addewid sydd yma am ragor o wirionedd gan obeithio'n fawr nad awdur yr un nofel fydd e, fel Caradog Pritchard [*sic*], oblegid mae na wir hefyd sydd yn 'gelwydd oll'. Hon yw'r nofel bwysicaf yn y Gymraeg ers *Un Nos Ola Leuad* a *Meibion Darogan*.

## IOAN WILLIAMS, 'Nofel/Cerdd: *Mae Theomemphus yn Hen*'[1]

Gwelir yn *O Law i Law* sut y mae profiad yr unigolyn yn gallu'i strwythuro ei hun o'r tu mewn. Yn hanes John Davies y mae'r cof yn cymryd lle dychymyg y nofelydd. Yn lle hanes, plot, cynllun dychmygol a fyddai'n rhoi ffurf i brofiad, mae gennym gyfres o

---

1. Cyhoeddwyd gyntaf yn *Y Nofel* (Gwasg Gomer, Llandysul, 1984).

gynigion ar ran y cof i drefnu digwyddiadau bywyd y cymeriad canolog. Mae'n bosib datblygu'r dechneg hon, fel y gwnaeth James Joyce yn *Portrait of the Artist as a Young Man*, un o nofelau pwysicaf y ganrif hon. Yng ngwaith Joyce mae'r cof yn dod o dan reolaeth y dychymyg; felly mae bywyd yr unigolyn, fel y mae'r cof yn ei gyflwyno, yn datgelu cynllun dychmygol sydd yn rhoi ffurf i'r holl lyfr. Nid yw hyn wedi digwydd yn *O Law i Law* ond fe'i gwelir yng ngwaith prifardd arall, Dafydd Rowlands, *Mae Theomemphus yn Hen* (1977).

Gelwir *Mae Theomemphus yn Hen* yn 'Nofel/Cerdd', sef nofel wedi'i threfnu yn ôl gofynion rhyw gynllun dychmygol yn hytrach na threfn amser y digwyddiadau a adroddir ynddi. Mae'r digwyddiadau a adroddir yn uniongyrchol yn y nofel yn perthyn i gyfnod byr rhwng prynhawn ac amser gwely ryw ddydd Llun, 13 Awst. Dyma'r adroddwr yn rhoi hanes y diwrnod yn ei ddyddiadur ar dudalen olaf ond un y llyfr:

Deffro'n hwyr, codi'n hwyrach. Treulio'r bore cyfan yn gwneud dim byd ond ateb llythyron. Dim o anhraethol bwys. Yn y prynhawn, mynd i gasglu lluniau Iwerddon o siop Gwilym Lewis. Lluniau da iawn. Ysgrifennu llythyr at Michael Rawlins ym Melleray, ac amgau'r llun o fedd ei dad yn rhodd i'w fam. Hanner awr o griced ar y lawnt. Ceisio cael Siôn i fatio'n llawdde. Ambosibl!

Ar ôl te, postio'r llythyr i Iwerddon, ynghyd â'r llythyron eraill. Mynd â'r bechgyn am dro i'r allt. Dringo'r coed!

Ar ôl swper, a'r bois yn cysgu'n dawel yn eu gwelyau, gwylied ffilm deledu gyda Gwen.

Noson wyntog, a Gwladys Rhys druan yn hongian o gwmpas y pinwydd yng nghefn y tŷ. Fe aiff 'nôl cyn bo hir i orwedd yn nyffryn angof.

Mae'r llyfr yn dechrau gydag ymweliad yr arwr/bardd/ adroddwr, John Rawlins, â siop y ffotograffydd i gasglu'r lluniau a dynnwyd ar ymweliad ag Iwerddon. Mae'r digwyddiad hwn yn gwneud ffrâm i'r llyfr mewn ffordd. Mae'r bennod gyntaf a'r bennod olaf yn rhoi dau fersiwn gwahanol o'r sgwrs rhwng y siopwr a'r adroddwr, y naill yn gymysg â meddyliau John a'r llall yn fwy uniongyrchol.

Deunydd y nofel yw atgofion John am ei brofiadau yn ystod gwyliau yn Iwerddon yng nghwmni rhyw Geraint Lloyd, hen lanc o hen drafaeliwr sydd yn cydweithio ag ef yn adran Gymraeg y coleg hyfforddi athrawon. Nid yn uniongyrchol y rhoddir y profiadau hyn o'n blaenau ond yn gymysg â meddyliau, argraffiadau ac atgofion sydd yn codi ym mhen John wrth iddo eu hadrodd. Mae techneg a phlethwaith y llyfr yn tanlinellu gwirionedd geiriau John ynglŷn â natur amser a bywyd dynol: 'Ddoe, heddiw, yfory. 'Does dim ond cyfresi o ddiweddebau.' Felly ni ddylid disgwyl na phlot na chynllun o ddigwyddiadau allanol. Yr unig drefn a ddaw yw trefn y dychymyg, trefn fewnol.

Mae'r drefn hon yn dibynnu ar y ffaith fod John ei hun yng nghanol popeth a'i fod yn darllen, yn dehongli pob profiad a ddaw i'w ran yng ngoleuni ei ddyhead i wneud iawn i'w dad ar ôl ei farwolaeth am ei anghyfiawnder ato pan oedd yn fyw. Mae teitl y nofel yn tynnu sylw at y ffaith fod Dafydd Rowlands yn ceisio ailysgrifennu cerdd William Williams, Theomemphus, i raddau. Mae bywyd arwr y nofel wedi'i suro gan syniadau a moesau Calfinaidd sy'n rhan annatod o syniadaeth yr Hen Gorff. Mae ei dad o dras Gwyddelig a thu allan i afael yr Eglwys Fethodistaidd tra mae ei fam a'i fam-gu yn ffyddlon iddi. Rywbryd yn ystod bachgendod John mae priodas ei rieni'n chwalu, ar ôl cyfnod hir pan âi ei dad i weithio yn Lloegr. Mae'r ysgariad terfynol yn digwydd wedi i'r tad gael ei ddarganfod yn noethlymun yng ngwely merch arall pan ddylai fod gartref. O ganlyniad i hyn megir John i osgoi ei dad, fel y dysgwyd iddo gynt osgoi ei dad-cu o Wyddel gan ei fam a'i fam-gu barchus, foesol, chwerw.

Yn fachgen bach, carai John ei dad yn angerddol ac mae ei atgofion cynnar i gyd yn llawn o'i gynhesrwydd a'i garedigrwydd. Mae colli ei dad yn sioc ofnadwy iddo, sioc sydd yn troi yn atgasedd – teimlad o ddicter a chasineb mor ffyrnig nes achosi iddo losgi'r papurau newydd lle cyhoeddwyd caneuon ei dad a rhwygo a difetha unrhyw weddillion o'i weithiau a ddaw i'w law. Pan ddywed ei wraig wrtho fod corff ei dad wedi'i ddargafod ryw fore ar ôl iddo dagu yn ei gyfog ei hun, ni theimla ddim. Ond wedyn, yn ŵr ac yn dad ei hun, mae atgofion am y cynhesrwydd a'r cariad cynnar yn ymwthio i'r wyneb yn ei feddwl ac yn ei orfodi i'w gydnabod.

Pwrpas y gwyliau yn Iwerddon i John yw chwilio am dystiolaeth ynglŷn â gwreiddiau teulu ei dad. Mewn pentref

bach o'r enw Cappoquin mae'n dod o hyd i dystiolaeth bendant
ynglŷn â genedigaeth ei dad-cu, Maurice Rawlins, ym mis Awst
1884. Yna mewn bwthyn bach ym Melleray, yn agos i
Cappoquin, mae'n cwrdd â hen wraig sydd yn gwneud argraff
ddofn arno ac yn gosod ei draed ar y ffordd tuag at ryddhad rhag
cywilydd.

Tanlinellir pwysigrwydd yr hen wraig hon trwy roi darlun
ohoni yng ngeiriau agoriadol y nofel:

> Roedd ganddi ddwylo uffernol o fawr, fel dwylo llabwst o ddyn
> caib a rhaw, dwylo trwchus, trymion. A'r ffedog honno, fel ffedog
> mam-gu Primrose Row yn llun y teulu 'slawer dydd, carthen drom
> o ffedog lydan, ddu, a'r hen wraig fel petai hi wedi camu allan o un
> o ddramâu Synge, dramâu celyd y mawn a'r môr a litanïau'r
> pedwar gwynt, dramâu'r pridd ar droed y golomen wen. Roedd yr
> olygfa'n taro i'r dim – y bwthyn un-llawr bychan, a nenfwd isel yr
> ystafell yn gwasgu'r tywyllwch fel nos i'r corneli. Roedd bord hir
> ar ganol y llawr, a'r pren wedi ei sgwrio'n wyn fel y carlwm, bord
> addas i gyrff hallt y meibion petai ganddi feibion yn forwyr. Fe'i
> gwelswn ar lwyfan, yn drist wrth draed y llanc mawr, a
> llafargwynfan y gwragedd yn codi o hiraeth y dŵr. Maurya
> ydoedd, yn hen ar ynysoedd Aran, gwraig rychlyd mewn ffedog
> ddu.

Awgrymir yn y darlun hwn sail ei phwysigrwydd ym meddwl
John – sef y ffaith ei bod hi'n galaru am ei gŵr mewn ffordd
naturiol a gweddus ac felly yn gymorth iddo alaru ar ôl ei dad.
Yn ei chegin ym Melleray, fel mae hi'n adrodd hanes marwolaeth
ei gŵr, mae meddwl John yn mynd yn ôl i ryw noson arbennig
yn nyddiau cynnar ei briodas pan roddodd Gwen, ei wraig,
y newyddion iddo am farwolaeth ei dad. Wrth astudio rhediad
ei feddyliau, rydym ni'n gweld fod John yn dioddef o
gymhlethdod seicolegol. Felly mae cofio'r amgylchiadau pan
ddysgodd am farwolaeth ei dad yn ei orfodi i gofio hefyd am
bleserau cyfathrach rywiol â Gwen:

> Heno, fe gaem orwedd yn nathliad cynnes y cnawd, ac yn
> nhawelwch y glaw a'r gwynt fe ddeuai'r hen hen wefrau yn
> syfrdanol o newydd, yn ias o gyffro byw i agoriad y corff.
> Estynnodd Gwen am y pecyn sigarèts ar silff fechan o'i blaen.
> *Wyt ti am i fi danio sigarèt i ti?*
> *Os gwnei di.*

Rhoddodd y sigarèt yn fy llaw, a thanio un arall iddi ei hun.
*Gwranda . . . mae genn'i rywbeth i 'weud . . .*
*Beth sy'n bod?*
*Dwy'i ddim yn siŵr taw fi ddylai 'weud wrthot ti . . . ond mae'n rhaid*
*i rywun ddweud . . .*
*Beth sydd wedi digwydd?*
*Mae dy dad wedi marw.*
Pum gair, dim ond pump, a distawrwydd.

Y broblem sylfaenol yw ei fod, fel plentyn, wedi damnio blys
rhywiol ei dad fel achos yr ysgariad rhyngddynt:

> Fe'th welwn di ambell waith ar strydoedd y pentref, yn ddyn
> unig dideulu wedi yfed diferyn yn ormod. Ond fe groeswn yr
> hewl. Cofia groesi'r hewl meddai mam-gu. Paid ti â chymryd sylw
> o beth mae dy fam-gu'n dweud. Cydia'n sownd yn 'y ngwallt i.
> Paid â gollwng dy afael . . .
> Ond fe dynnaist ti fy nwylo'n rhydd, eu tynnu'n rhydd a'u rhoi
> yn gwlwm ar biler y glwyd. Ac aethost ymhell at fenyw dy flys.
> Dyw dyn sy'n gwthio'i gig caled i gorff menyw ddiarth ddim yn
> caru ei wraig a'i blentyn. A heno, rwyt ti'n farw, ac ni allaf wylo
> gyda'r glaw sy'n golchi'r nos uwch dy goffin.

Dal yn farw y mae tad John hyd y foment pan gwrdda ei fab â'r
hen wraig ym Melleray, sydd yn dangos iddo, fel Maurya, arwres
drama Synge, *Riders to the Sea*, sut i gladdu'r gŵr a byw ar ei ôl.

O Melleray, rhyw ddeng milltir ar hugain o Waterford, fe â
John a'i gymar i Ddulyn, a chael gwahoddiad i barti gan gyfaill i
Lloyd. Yna, ar ôl treulio noswaith yng nghwmpeini merch o'r
enw Maria, â John i'w gwely a phrofi yn ei breichiau nad oes
cysylltiad rhwng godineb a diffyg cariad at ei blant:

> Merch esmwyth yn cysgu mewn ystafell dawel. Ac mae'r môr
> ymhell, y tu draw i orffennol afreal y machlud. Y môr, ac ewyn y
> tonnau. Beth oedd diwedd y llinell honno? Roedd hi'n gwybod y
> gerdd.
>
> *. . . white birds on the foam of the sea.*
>
> Gwylanod y môr. Yr wylan wen ar ganllaw y bad. Daeth ataf o
> bell i wenu, gwên yr wylan ar ysgwydd yr hwren. Y tad a'r mab yn

y gwely hwn. Dos ymaith wylan, allan o'm gwallt. Wrth gwrs 'mod i'n caru Gwen. Does a wnelo hynny ddim byd â'r peth. Guto? Siôn? Nid yr un yw serch y morddwydydd a'r dyfnder o ystyr sy'n clymu dyn wrth ei blentyn. Does a wnelo'r bechgyn ddim â'r carthenni hyn, y ffolineb hwn, yr haul a fu farw yn ewyn y môr. Ac mae'r wylan yn gwenu, yn gwenu o hyd.

Effaith y profiad hwn yw datod y cwlwm seicolegol sydd wedi drysu teimladau John er yr adeg pan ddaeth yn ŵr priod ac yn dad ei hun. O Ddulyn mae'n mynd adref at ei wraig a'i blant ac yna'n ymweld â hen wraig, cyfnither i'w dad, nad oedd yn ymwybodol o'i bodolaeth o'r blaen, er ei bod hi'n byw nid nepell o'i gartref. Mae'n dysgu rhagor am hanes ei deulu oddi wrthi hi ac yn cael dealltwriaeth newydd ynglŷn â'r ffordd y mae personoliaeth yn tyfu o amgylch atgofion a phrofiadau cynnar.

Erbyn diwedd *Mae Theomemphus yn Hen* mae John wedi llwyddo i gael gwared â gweddillion chwerwder ei fachgendod ac yn gallu cyfathrebu'n uniongyrchol â'i dad:

> Glywi di hynny, glywi di yn nyffryn angof? Ym mrigau du y pîn, a rhwng y sêr, a glywi di? Rwyf am roi fy llaw ar enw dy gnawd. Y dwylo agored hyn, lle bu'r cerrig yn nythu mor hir. Edrych ar y dwylo digarreg hyn, a chred nad oes ynof bellach ddiferyn o'r gwenwyn a fu'n duo fy ngwaed gyhyd. Yn dy wely tragwyddol o fflam glân, lle trig y gwylanod y tu draw i'r haul, gorffwys yn y cof am lwybrau yr adar yng nghoed y mynydd, prynhawniau y rhedyn a'r grug ar y bryn uwchben y cwm. Ac yn y gorffwys bythol, llefara dy faddeuant i'r mab a losgodd dy gân, a rwygodd y geiriau am atgof dy lwybrau cynnar dy hun yn y cwm chwerthin, a luchiodd y callestr miniog i wyneb ei dad. Bydd yno, yfory, yn llyfr y llosgiadau o dan fy llaw. A rho i mi wres dy gerdd, fel y rhoddaist i mi gynhesrwydd dy gnawd . . .

Mae geiriau olaf y nofel yn cynnwys dau addewid – i weld enw ei dad yn llyfr y llosgiadau a llunio cerdd iddo. Felly, i John, mae'r ddwy weithred hyn yn gyfryngau iddo dderbyn a dathlu y berthynas hollbwysig a darganfod tawelwch meddwl.

Sylwa'r darllenydd ar y cyfeiriad yn y darn uchod at y gwylanod a drig 'tu draw i'r haul'. Un o'r adar hyn a hedodd i mewn i feddyliau'r adroddwr hyd yn oed tra oedd ym mreichiau Maria – aderyn enigmatig sydd rywsut yn gwibio o'r presennol

i'r gorffennol, hwnt ac yma, ac yn cysylltu agweddau gwahanol
ar ei brofiad. Symbol yw'r wylan, erbyn diwedd y nofel, o'r
dychymyg ei hun, neu ba elfen bynnag ym meddyliau dyn
sydd yn symbylu meddwl a'i reoli, yn gwibio trwy'r môr
o argraffiadau, synhwyrau a syniadau sydd yn cynnwys
ei ymwybyddiaeth. Nid oes i amser – nac i fywyd ei hun –
drefn ond yr un a roddir gan yr elfen hon. Hon a symbylodd
waith Williams Pantycelyn, cynnig arwrol ar wneud adeilad-
waith trefnus o lif-argraffiadau bywyd dyn. Hon, efallai, yw'r
egwyddor tu ôl i bopeth, yn arllwys dŵr o ysbryd dyn, yn ei
alluogi i wau nofel fel petai o'i fol ei hun.

# 8

## Tician Tician

### JOHN ROWLANDS

Cyhoeddwyd gyntaf gan Wasg Gomer, Llandysul, yn 1977.

Uniaethir enw John Rowlands fel nofelydd gyda'i drydedd nofel, y *succès de scandale*, *Ienctid yw 'Mhechod* (1965); ar sail honno yr 'enillodd enw iddo'i hun am ei ddisgrifiadau o olygfeydd yn ymwneud â rhyw', chwedl y *Cydymaith*. Ond er mor gymysg fu'r ymateb beirniadol i'w waith creadigol, fe gynhyrchodd amgenach nofelau nag un 1965, nofelau syniadol prin o'u bath yn Gymraeg. Er ei fod o'r un to, felly, â Jane Edwards ac Eigra Lewis Roberts, sef y ddwy y cyplysir eu henwau ag ef amlaf, y mae naws athronyddol ei nofelau ynghyd â'u cyfeiriadau parhaus at ffurfiau celfyddydol eraill yn atgoffa dyn o nofel fel *Meibion Darogan* (1968) Pennar Davies, awdur yr ymatebodd John Rowlands yn ddeallus ac yn gydymdeimladol i'w waith yn ôl tystiolaeth un o benodau *Ysgrifau ar y Nofel* (Caerdydd, 1992). *Tician Tician* yw'r aeddfetaf o nofelau'r awdur ac fe'i hadolygwyd gan amryw: Jane Edwards (*Barn*, 195, Ebrill 1979); Siôn Eirian (*Curiad*, 3, Gwanwyn 1979); Glyn Evans (*Pais*, Gorffennaf 1979); W. J. Jones (*Y Genhinen*, 29/2, 1979); Gareth Miles (*Y Faner*, 23 Chwefror 1979); Eigra Lewis Roberts (*Llais Llyfrau*, Gwanwyn 1979). Gweler hefyd y cyfweliad gyda'r awdur ar achlysur cyhoeddi *Tician Tician* yn *Llais Llyfrau* (Haf 1979).

### STEVE EAVES, 'Nofel y Ddau Argyfwng'[1]

Yn ei ysgrif ar 'Agweddau ar y Nofel Gymraeg Gyfoes' yn *Ysgrifau Berniadol IX*,[2] dywedodd John Rowlands:

---

1. Cyhoeddwyd gyntaf yn *Taliesin*, 38 (Gorffennaf 1979).
2. Ailgyhoeddwyd yr erthygl yn *Ysgrifau ar y Nofel* (Caerdydd, 1992).

Yr hyn y carwn i ei weld fuasai cnwd o nofelau'n mynd i'r afael â
dyfnder yr uffern gyfoes, gan gyfleu berw a thrybini'r oes yr ydym
yn byw ynddi yn lle chwarae ag arwynebedd pethau.

Beth, tybed, a olygir ganddo wrth gyfeirio yma at 'ddyfnder yr
uffern gyfoes'? Wel, sôn y mae, wrth gwrs, am holl gymhlethdod-
au'r gymdeithas fodern, a chyflwr diangor, digyfeiriad a digrefydd
y rhan fwyaf o'i hunigolion – yn arbennig yr ifainc. Gwreiddyn y
drwg ysbrydol yw'r hen fwgan hwnnw y bu J. R. Jones yn ymaflyd
codwm ag o, yr 'argyfwng gwacter ystyr', a'r 'uffern gyfoes' yw'r
uffern *fewnol*, cyflwr dirfodol dyn yr ugeinfed ganrif.

Ond peidied neb â meddwl bod Dr Rowlands yn gofyn am
beth wmbredd o nofelau dudew eu gweledigaeth a diobaith eu
naws. Na, mae'n siŵr gen i nad yw'n awyddus i weld darllen-
wyr nofelau'n digalonni'n llwyr ac yn neidio oddi ar ben y to
mewn cyflwr o anobaith. Gofyn y mae o – yn ei nofelau, ei
feirniadaeth a'i golofn fisol yn *Barn* – am i'n llenorion *wynebu'r*
sefyllfa sydd ohoni yn onest ac yn ddi-flewyn-ar-dafod. A phwy
a ŵyr nad hyn yw'r cam cyntaf tuag at y goleuni? Gofyn y mae
o, mewn gwirionedd, am inni drafod 'yr uffern gyfoes', ei
rhyddid meddwol a'i thywyllwch brawychus, yng ngolau dydd
y nofel. 'Agorwch y drysau a'r ffenestri' yw byrdwn ei neges,
'mae'n bryd inni gael awyr iach yma'.

*Tician Tician* yw'r seithfed o nofelau John Rowlands, ac fel y
chwe nofel flaenorol o'i eiddo y mae hon yn ymdrin â sefyllfa
gwbl gyfoes. Y mae'r stori'n dilyn hynt a helynt darlithydd ifanc
wrth iddo gychwyn ar ei yrfa yn un o adrannau Cymraeg y
Brifysgol, ac y mae hyd y nofel yn rhychwantu'r cyfnod rhwng ei
benodi i'w swydd yn yr haf a noson y parti Nadolig ar ddiwedd
ei dymor cyntaf. Cyfnod o blwyfo sydd dan sylw felly, yn llawn
profiadau newydd a chymeriadau lliwgar. Mae yma Saeson
nawddoglyd o ddarlithwyr; Cymry dosbarth canol punt-y-gyn-
ffon; myfyrwyr gwladgarol a hy; awdur comics Cymraeg ac
efengylwr mwyn. Yn fras, detholiad teg a realistig o ddynoliaeth
ein colegau, a'r cyfan wedi'i wau'n dynn ar gynfas ehangach y
Gymru sydd ohoni. Wrth reswm felly, y mae cysgod argyfwng yr
iaith yn ymestyn y tu ôl i'r cyfan.

Ar sawl ystyr, mae gan y prif gymeriad, Harri Edwards,
ddigon o ragflaenwyr yn nofelau eraill John Rowlands. Yr hyn
sy'n ei nodweddu fwyaf yw ei unigrwydd dirfodol, ei

ymdeimlad o arwahanrwydd ac ymddieithrwch oddi wrth bobl
eraill. Mae'n dra ymwybodol hefyd o natur ynysig pob
personoliaeth arall o'i gwmpas:

> Doedd o ddim yn eu drwglicio nhw chwaith fel unigolion, ond
> doedd pobl ddim yn gallu bod yn nhw'n hunain mewn grŵp. Dim
> ond gwlychu blaenau traed 'roedd rhywun o hyd efo pobl eraill,
> heb byth blymio i'r dwfn . . . (97)

Ymhellach, does ganddo ddim ffydd nac yn Nuw na'i gyd-ddyn
drwy'r rhan fwyaf o'r nofel, ac y mae'n amddifad o bob
uchelgais ac amcan mewn bywyd. Does dim angen craffter mawr
i sylweddoli bod Ifan yn *Llawer Is Na'r Angylion*, Ann yn *Bydded
Tywyllwch*, Václav yn *Arch ym Mhrâg*, a nifer o brif gymeriadau
cynharach yr awdur hwn yn ysglyfaeth i'r un math ar glefyd
ysbrydol. Ac eto y mae Harri'n wahanol.

Yn un peth, teimlwn rywsut ei fod braidd yn fwy awyddus
na'r rheini i gael ei 'achub' – 'ond nid gan Grist a Duw a rhyw lol
grefyddlyd felly' (53). Gyda chymorth Anna, y fyfyrwraig
hyderus, rhyw ddysgu taro bargen ag o ei hun a wna erbyn
diwedd y llyfr, a hynny trwy ddweud 'Ie' wrth fywyd yn lle
derbyn gwacter nacaol yr oes. Felly nid tröedigaeth ysgytwol ac
ystrydebol o orfoleddus sydd yma, 'ond rhyw fodlonrwydd
tawelach, dyfnach' (221). Nid pen y daith a gyrhaeddir erbyn
diwedd y stori, ond pen y ffordd.

Yn ail, mae cymeriad Harri wedi'i gyfleu'n gywreiniach na
llawer o brif gymeriadau eraill yr awdur. Mae'n greadigaeth fwy
sylweddol a chredadwy rywsut, er mai anodd fyddai nodi *pam*
yn union. (Ac wrth gwrs, fe *ddylai* fod yn anodd hefyd, os yw'r
nofelydd am argyhoeddi'r darllenydd o sylwedd ei gymeriadau
yn hytrach na'i ddyfeisgarwch ei hun.) Digon am y tro yw
crybwyll fod yma ryw wrthrychedd cyffredinol yn naws y creu,
a thipyn o gamp yw hyn pan gofiwn fod darnau go helaeth o'r
llyfr yn ymdrin â meddyliau Harri, ac yntau'n gymeriad mor
fewnblyg a myfiol hyd yn oed.

Un o ddyfeisiau mwyaf effeithiol yr awdur o gyflwyno
rhywfaint o bellter gwrthrychol yn y darnau mewnblyg o'r stori
yw arfer meddyliol Harri o hunanymddiddan yn yr ail berson
unigol. Dyma fo ar y trên i Gaerdydd, er enghraifft, yn pendroni
ynghylch ei arwahanrwydd:

'Roedd gan bobl eraill feddyginiaethau rhwydd a sydyn. Pam na wnei di ildio, Harri, a derbyn eu cynghorion nhw? Dyma dy gyfle di – rŵan, yn fan hyn, ar drên ym mwynder Maldwyn, anghofia dy styfnigrwydd, diosg dy ragfarnau, ac agor dy galon i dderbyn tywalltiad o'r Ysbryd Glân. (57)

Hwyrach y gellid bod wedi manteisio ar y dechneg hon i raddau helaethach gan mor effeithiol ydyw, ond nis ceir cyn amled yn ail hanner y nofel. Bid a fo am hynny, trwy amrywio'r dull o adrodd a symud yn rhwydd o'r trydydd person i'r person cyntaf, a thydïo hefyd yn yr ail berson, rhoir golwg ar Harri o dri safbwynt, fel petai, ac ni chaiff y broblem o undonedd myfïol gyfle i godi ei phen. Brysiaf i ychwanegu mai dim ond trwy grafu pen a darllen gofalus y canfyddir olion y dyfeisgarwch a grybwyllir uchod. Yn rhinwedd hyn rhaid llongyfarch yr awdur ar ei absenoldeb.

Nodwedd arall sy'n haeddu ei chrybwyll yw cenedlaetholdeb y nofel. Teg yw dweud na flagurodd gwladgarwch greddfol John Rowlands yn ei nofelau hyd nes y cyhoeddwyd *Arch ym Mhrâg*, lle cafwyd cydblethu argyfwng dirfodol yr unigolyn ag argyfwng ehangach y grŵp, y genedl. Tybed ai profiad yr awdur o deithio i Siecoslofacia, Rwsia a gwledydd pell eraill a'i hysbrydolodd i lunio cefndir ehangach i'w ddwy nofel ddiwethaf, sef *Arch ym Mhrâg* a *Tician Tician*? Siawns na fyddai'n cytuno ag Alun, o *Arch Ym Mhrâg*, 'fod gweld mwy ar y byd yn gneud rhywun yn fwy o genedlaetholwr'.

Sut bynnag, gwelodd yn dda ymdrin ag argyfwng y Gymru gyfoes yn ei nofel newydd, ac efallai y bydd yn ennill mwy o ddarllenwyr nag arfer oherwydd hyn, yn arbennig ymhlith yr ifainc. Dyna ichi wahaniaeth arall rhwng y nofel hon a'r chwe nofel flaenorol: mae'n haws darllen hon a'i mwynhau fel stori dwt ac ystyrlon am ddeffro Cymreictod mewn darlithydd ifanc o Gymro yn unig; stori am ddarganfod pwysigrwydd gwreiddiau. Am y rheswm hwn, mi dybiaf mai dyma nofel fwyaf tebygol yr awdur o fynd yn 'nofel boblogaidd' (ar wahân, efallai, i'w *succès de scandale* yng nghanol y 1960au, *Ienctid yw 'Mhechod*).

Ac eto y mae haenau dyfnach i ymateb John Rowlands i argyfwng y genedl. Dônt i'r wyneb rŵan ac yn y man yn ei feirniadaeth lenyddol a'i golofn fisol yn ogystal ag yn ei ddwy nofel ddiwethaf, ac yn eu hanfod y maent yn ymwneud ag ymateb dyn i ddau argyfwng annelwig a chymhleth. Ond rhag imi eich colli yn y tywyllwch, dyfynnaf bwt o *Arch ym Mhrâg* a gadael i'r awdur eich goleuo â'i eiriau ei hun:

> A chaniatáu bod yr iaith yn sicr o farw (ond dydw i ddim yn caniatáu hynny o gwbl), mae bod yn ysol ymwybodol o broses ei hangau hi yn brofiad sydd o werth ynddo'i hun . . . 'Rydan ni'n artistiaid o fath, yn profi blas arteithiol bywyd, ac yn holi'r cwestiyna sylfaenol ynghylch ein bodolaeth. Ac ar ôl y profiad chwerw o fyw trwy angau'r iaith – oni fydd gynnon ni ryw olwg wahanol ar fywyd i'w throsglwyddo'n gynhysgaeth i'r dyfodol?

Mae argyfwng yr iaith a'r genedl, felly, yn garreg hogi a all roi min ar synhwyrau a greddfau'r Cymro a'i wneud yn ysol ymwybodol, nid yn unig o'r bygythiad amlwg a chyson i'w gymdeithas, ond hefyd o'r bygythiad i'w statws metaffisegol ei hunan, fel un a berthyn i'r gymdeithas honno. Hwyrach mai dyma'r dull mwyaf cyfleus o ddisgrifio cyflwr Harri ar ddiwedd *Tician Tician*.

Gellid dadlau, mi wn, mai trwch blewyn yn unig sydd rhwng y cyflwr effro a ddisgrifiais uchod a chyflwr un a dry ei Gymreictod yn 'grefydd' newydd. Fel y sylwa Wmffra mewn sgwrs â Harri:

> Mae Cymreictod wedi mynd yn grefydd, ac os nad wyt ti'n cytuno â'r uniongrededd sy'n mynd ar hyn o bryd, 'rwyt ti allan ar dy ben. (104)

Ac eto y mae'r gwahaniaeth rhwng y grefydd newydd hon ac agwedd Harri yn un pwysig. Nid ffynhonnell cysur na swcwr na chadernid ysbrydol yw ei Gymreictod iddo fo, ond dull o sadio ei hun a dod wyneb yn wyneb â'i hunaniaeth.

> Dyna ydy gwlatgarwch i mi: cydnabod mai dyma ydw i, ac unwaith rydw i'n nabod fy hun, mi alla i ddeud 'ia' yn bendant wrth fywyd wedyn, gafael ynddo fo, a chreu cymdeithas efo delfrydau go-iawn yn y gornal fach arbennig yma o'r byd. (219)

Wrth ystyried datblygiad Harri yn y cyd-destun hwn, fe welwn nad dau argyfwng sydd dan sylw gan John Rowlands o gwbl, ond dwy agwedd ar yr un broblem – sef problem yr unigolyn o greu ystyr i'w fodolaeth, a hynny mewn gwareiddiad a aeth yn hesb o ystyr. Camp fwyaf y nofel, o ran ei syniadaeth, yw gallu'r awdur i ganfod yn y frwydr dros Gymru a'i hiaith y frwydr ehangach yma dros *ystyr*. Dyma osod trafodaeth y llenorion Ewropeaidd ar ddirfodaeth mewn cyd-destun hollol Gymreig.

Bu'r awdur yn gall i lunio cefndir colegol i'w seithfed nofel. Dyma'r byd y mae o'n ymdroi ynddo'n feunyddiol ac y mae'n adnabod nodweddion ei gymdeithas fel cledr ei law. Ac eto, onid cymdeithas ffug ac afreal yw hon yn y bôn, byd bach breiniol o drigolion cyfnewidiol? I ba raddau, felly, y bydd y darllenydd o Gymro cyffredin yn medru adnabod ei Gymru ef rhwng y cloriau hyn? Mae'n siŵr y bydd darllenwyr dinesig yn fwy cyfarwydd na Chymry cefn gwlad â'r agweddau meddwl a adlewyrchir yma. Hwyrach bod y math o syniadaeth sydd dan sylw – er nad yw'n newydd – braidd yn estron o hyd i bentrefwyr digoleg y Gymru wledig, Gymraeg. Mi wn nad yw hon yn feirniadaeth deg iawn, oherwydd nid beirniadaeth *lenyddol* mohoni. Ymhellach, mae'r awdur wedi Cymreigio'i drafodaeth ar yr 'argyfwng gwacter ystyr' yn llwyr, gan ei gwneud yn gwbl berthnasol i'r sawl sy'n debygol o ddarllen llith o'r math hwn. Yr unig reswm sydd gen i am godi'r cwestiwn o gwbl yw am ei bod yn ymddangos i mi fod y gallu i ymdeimlo rhywfaint â'r argyfyngau a bortreadir yma yn hanfodol i ddeall yn drwyadl haenau dyfnaf y nofel. Pwynt hollol ddadleuol yw hyd a lled y fath ymdeimlad y tu allan i'n colegau a'n dinasoedd.

Yn ffodus, mae cymeriadaeth fachog yr awdur yn achub ei gam i raddau. Ar wahân i Harri, brasluniau yn unig yw'r rhan fwyaf o'r cymeriadau, ond y maent yn frasluniau lliwgar a gwirioneddol ddiddorol serch hynny. Mae Guto, er enghraifft, y tafarngi gwladgarol, a'r Athro Daniel Roberts, pennaeth hynaws yr Adran Gymraeg, yn hynod o fyw. Gellid disgrifio rhyw hanner dwsin o gymeriadau eraill yn yr un modd. Felly hyd yn oed os nad oes gennych fawr o ddiddordeb yn syniadaeth y nofel, cewch yma ddigon o ddeunydd i foddio'r hen ysfa sydd ynom oll i hel clecs a phorthi ein chwilfrydedd ynghylch creaduriaid od ein prifysgol. Na fychaner hyn chwaith. Dull arall ydyw o ddweud fod y nofel yn diddanu, a'r gymeriadaeth, ddywedwn i, sy'n bennaf cyfrifol am ennyn ein diddordeb. Efallai bod ar y mwyaf o sgwrsio athronyddol ei naws gan Anna, ac fe all hyn fynd yn feichus braidd ar ôl y darlleniad cyntaf. Ond o leiaf mae'r nodwedd hon yn gyson â'r portread cyffredinol a gawn ohoni – *mae* hi'n tueddu i athronyddu, ac *mae* hi'n ymwthgar.

At ei gilydd, mae cymeriadaeth *Tician Tician* yn ganmoladwy iawn. Dichon bod creu un cymeriad sylweddol iawn a llond oriel o gameos bach cywrain yn gweddu'n well i ddawn John Rowlands na cheisio llunio triawd neu bedwarawd o brif gymeriadau a llenwi'r bylchau â chymeriadau di-liw, di-sut, fel y gwnaed yn *Arch ym Mhrâg*.

Yn sicr, mae'r nofel newydd hon yn garreg filltir bwysig yn natblygiad John Rowlands. Dyma waith aeddfed nofelydd a ddysgodd erbyn hyn y grefft o ddiddanu a thrafod pethau o ddifrif ar yr un pryd.

# 9

## *Pan Ddaw'r Machlud*

### ALUN JONES

Cyhoeddwyd gyntaf gan Wasg Gomer, Llandysul, yn 1981; 3ydd arg., 1986.

Derbyniodd *Ac Yna Clywodd Sŵn y Môr*, nofel gyntaf Alun Jones a enillodd iddo Wobr Goffa Daniel Owen yn 1978, groeso digymysg pan gyhoeddwyd hi yn 1979; arwydd o'i phoblogrwydd oedd ei bod mewn wythfed argraffiad erbyn 1996. Ar drothwy cyhoeddi ei ail nofel, cyfwelwyd yr awdur yn *Llais Llyfrau* (Haf 1981) a gwnaed hynny drachefn yn *Barn*, 323/4 (Rhagfyr/Ionawr 1989/90). Adolygwyd *Pan Ddaw'r Machlud* gan Robyn Léwis (*Welsh Books and Writers / Llên a Llyfrau Cymru / Bücher und Schriftsteller von Wales*, Hydref 1981) a Selyf Roberts (*Y Faner*, 2 Hydref 1981), a pharatowyd pennod ar yr awdur gan Menna Baines yn *Pum Awdur Cyfoes* (Caerdydd, 1997).

### ALUN JONES, 'Alun Jones yn ei Weithdy'[1]

> Cododd Heilyn, ac aeth at y ffenest . . . Ni ddatgelai'r adlewyrchiad annelwig ohono'i hun a welai yn rhythu arno o'r gwydr ddim o'r gwewyr a godai'n gynhyrfus o ddirgelion pydew ei isymwybod i'w bigo a'i watwar am drueni ac oferedd ei gyflwr, ac yn wir, cyflwr dynoliaeth heddiw ac erioed, yfory ac am byth . . .

Ych-a-fi. Am rwts. Yn enwedig ar ddechrau'r bennod gyntaf. Mae hyd yn oed meddyg twca'n ysgwyd llaw â'r claf cyn mynd i'w berfedd os caiff cyfle. Pe gwelwn rywbeth fel yna'n cael ei gyhoeddi ar ôl fy enw, chodwn i ddim o 'ngwely am flwyddyn, o gywilydd. Felly, rhodder hen bensel goch Cynan drwy'r uchod cyn ei sgrifennu. A rhodder cynnig arall arni.

---

1. Cyhoeddwyd gyntaf yn *Llais Llyfrau* (Gwanwyn, 1980).

Cododd Heilyn, ac aeth at y ffenest . . . Crafodd fwy ar y sil, a
darganfu bedwaredd haen o baent, paent gwyrdd golau o dan y
llwyd, glas ac oren. Rhwbiodd y paent oddi ar ei ewinedd, ei
rowlio, a'i daflu'n belen i'r gornel. Efallai y byddai rhyw lygoden
yn falch ohono. Edrychodd allan. Odano, daliai'r wylan i bigo yma
a thraw ar hyd y pafin, gan anwybyddu pawb a âi heibio.

Dyna welliant. Mae hwnna'n nes ati, ddywedwn i. Mae rhywun
sy'n taflu lwmp o hen baent ar gyfer llygoden yn dweud mwy, ac
yn fwy diddorol o beth myrdd, na chwilotwr perfeddion. Nid i
mi'r cyfrolau dadansoddi a'r chwilio cymhellion a'r cwestiynau
diddiwedd. Nid oes gan y Llenor Newydd fawr o le i chwerthin
am ben y Bardd Newydd.

Mae pob cenedl ond y Cymru am wn i yn gwahaniaethu
rhwng y nofel lenyddol a'r lleill. Yn anffodus, mae pob nofel
Gymraeg nad yw'n honni bod yn llenyddol yn cael ei lluchio'n
syth i ryw ddosbarth 'poblogaidd' neu 'sothach da' diystyr a
disynnwyr. Nid oes angen ymhelaethu ar yr awgrym sy'n llechu
yma wrth gwrs. A phe byddai gwerthiant y nofel lenyddol
Saesneg yn llinyn mesur, byddai argraffiad o hanner cant o
gopïau o'r nofel Gymraeg yn hen ddigon. Pum mil o gopïau
oedd argraffiad cyntaf y nofel a enillodd Wobr Booker y llynedd,
ac ni fyddai galw wedi bod am ail argraffiad pe na bai wedi
ennill. Pum mil ar gyfer trigain miliwn. Sylwer, chwedl golygydd
*Y Faner* pan fydd hi'n newid ei thudalen.

Mae'r nofel hon bron â bod yn berffaith, meddai adolygydd
yn y *Sunday Telegraph* am nofel ddiweddaraf Mary McCarthy,
*Cannibals and Missionaries*. Mi brynais innau hi, a darllen traean
o'r tri chant a hanner o dudalennau ar un eisteddiad. Ac yno'r
ydw i byth. A dyna'r condemniad mwyaf, wrth gwrs. Os mai
tudalennau hirion a pharagraff a hanner o ddadansoddi manwl i
bob un yw perffeithrwydd, ymhell y bo. Sôn am ddiflastod. A'r
peth gwaethaf ynglŷn â hi oedd, er bod ganddi stori gref – roedd
yna herwgipio awyren – rywsut nid oedd hynny o bwys. Dwy
dudalen ar bymtheg a gymerodd i ddisgrifio un cymeriad, gan
bentyrru gwirioneddau rif y gwlith yr un ffordd, a'r cymeriad
hwnnw yr un mor anniddorol a di-fyw ar y diwedd ag a oedd
cyn i ni glywed sôn amdano o gwbl. Mae yna wers. Rhowch stori
i mi, bob gafael. Beth arall sy'n mynd i sicrhau nad yw un llyfr
neu waith yn ddim ond aralleiriad syrffedus o lyfrau eraill? Bron

yr unig beth a welais i hyd yma mewn nofelau distori, heblaw am chwarae â geiriau a chreu ymadroddion neis, yw'r argyfwng gwacter ystyr 'newydd' diflas a diddiwedd yma, ac os bu angen claddu rhywbeth erioed, mae angen claddu hwnnw. Os medrwch chi gladdu gwacter. Nid rhefru yn erbyn llenyddiaeth ydw i; nid llenyddiaeth yw rhaffu gwironeddau. Siawns nad oes raid i bob nofelydd ragori ym mhob cymal o bob brawddeg ar Plato, Elias, Iesu, Freud a mwy ar un trawiad. Siawns nad oes raid i bob nofelydd grochlefain 'Philotimia rwy'n dy garu' (ffordd neis o frolio fy ngwybodaeth eang o Roeg – 'anfarwoldeb rwy'n dy chwennych' mae o'n ei feddwl. Siawns nad oes raid i bob nofelydd geisio bod yn Fardd. Wps, sorri.)

Byddaf yn ei gweld yn braf ar bobl sy'n cael digon o wyliau – lawer tro y bydd gen i amser i sgrifennu fydd gen i ddim amynedd, a welaf fi ddim pwrpas fy nisgyblu fy hun i sgrifennu hyn a hyn bob hyn a hyn, oherwydd byddaf yn gorfod lluchio popeth a fydd wedi ei sgrifennu pan nad oedd yr amynedd yna. Bydd hyd yn oed yr hen blant acw'n ei alw'n rybish, a fedr yr un ohonyn nhw ddarllen eto. Plant yw'r pethau gorau a ddyfeisiodd y Bod Mawr i roi sgŵd i rywun yn ôl i'r ddaear pan fo'n meddwl ei fod wedi cyrraedd rhyw uchelfannau creadigol. Plant sy'n gwneud i rywun ailfeddwl.

Ailfeddwl yw un o'r gorchwylion hanfodol anhyfryd hynny y mae'n rhaid i rywun fynd ato pan fo sefyllfa fach daclus wedi ei chynllunio heb ymgynghori â'r cymeriadau. Bydd y darn yn ffitio'n ddifyr i sgerbwd y cyfanwaith (geiriau neis) a ffwrdd â ni i ddechrau sgrifennu. Ac, wrth gwrs, fe fydd y cymeriadau'n strancio. Ni fyddant yn ffitio. Ac ni lwyddodd unrhyw sgrifennwr erioed i fforsio rhywbeth i argyhoeddi. Syndod yw gweld cynifer o nofelau pur dda (yn Gymraeg a Saesneg) sy'n cael eu difetha'n ulw mewn chwinciad am fod ynddynt gyn lleied ag un sefyllfa (neu weithiau ddeialog) sy'n anghredadwy. Bydd rhai yn eu gadael felly, heb gywilydd, heb ddarganfod efallai. Bydd eraill yn gwneud peth gwaeth o'r hanner, ceisio'u cyfiawnhau gan droi eu nofel yn esboniad. Mi wn i'n burion y gwaith mwyaf sy'n fy wynebu i wrth sgrifennu; nid y llafur o lenwi tudalennau ond y gwaith mowldio sydd yna rhwng cymeriadau a stori i'w gwneud yn undod crwn, cyfan, aeddfed, credadwy, argyhoeddadwy. Hwnnw yw'r gwaith; fe syrth y gwirioneddau mawr yn daclus i'w lle wedyn. A theimlad arbennig o braf yw gweld y peth wedi gweithio, neu pan ddaw syniad yn sydyn ac annisgwyl a fydd yn sicrhau bod pethau'n mynd i weithio. Ambell dro, fe ddaw'n fwyaf syml, ar ôl hir bendroni, ar ôl cerdded milltiroedd i geisio datrys rhywbeth, a meddwl am bopeth ond hynny. Peth gwirion yw mynd am dro i chwilio am stori neu ddarn o stori, neu i geisio goresgyn rhyw rwystr; mae yna ormod o ryfeddodau o gwmpas i roi'r meddwl ar y byd-gwneud yn y nofel. A pha'r un bynnag, pan fyddaf i'n meddwl am rywbeth sydd ar y gweill, meddwl am yr hyn yr ydw i wedi ei sgrifennu'n barod y byddaf fi bob gafael, meddwl am y defaid sydd eisoes yn y gorlan. Wrth sgrifennu un peth y daw'r syniadau am bethau eraill bob tro.

Mae'n fyd rhyfedd, yn fyd braf, yn fyd annifyr, y byd lle mae Heilyn, Carl, Marian, Sean, Marc, a Jim yn byw ynddo. Ond y peth gorau yw ei fod yn fyd o dan reolaeth, beth bynnag a ddaw. Hyd yma nid oes neb ond fi'n ei adnabod. Ymhen blwyddyn gobeithio y bydd darllenwyr nofelau Cymraeg yn dod iddo. I mi mae hynny'n wefr. Ar ddiwedd yr ail bennod yr ydw i, rhyw bymtheg neu ddeunaw mil o eiriau, a'r cyfan eisiau ei ailysgrifennu o leiaf unwaith. Ond mae'r pum gŵr a'r eneth yn ddigon byw, i mi beth bynnag, ac nid yw'n brofiad dymunol bob amser dod o'u byd hwy a'i gymhlethdod, a dod yn ôl i'r byd go-iawn lle mae pawb yn wyn wyn dda dda, fel Mrs Thatcher a'r Arlywydd Carter, neu'n ddu ddu ddrwg ddrwg, fel Mr Brezhnev a'r Ayotallah. Rhyfedd y'n gwnaed.

ROBERT RHYS, adolygiad ar *Pan Ddaw'r Machlud*[2]

Ddwy flynedd yn ôl wrth gyfeirio at safon gyffredin cyfrolau buddugol y Fedal Ryddiaith mewn adolygiad yn *Barn*, dywedais beth fel hyn:

> Pan ddaw yna nofelydd newydd fel Alun Jones i'r golwg, gŵr sy'n medru llunio stori afaelgar mewn iaith rymus, fe'n syfrdenir fod yna rywun yn ein plith sy'n medru gwneud y pethau syml a hanfodol hyn yn dda ac yn ddiddrafferth. Fe'i cyferchir wedyn fel

2. Cyhoeddwyd gyntaf yn *Llais Llyfrau* (Hydref 1981).

gwaredwr y nofel Gymraeg, a rhoddir pwysau anghymesur ar ei ysgwyddau.

Ni ddigwyddodd dim yn y cyfamser i beri i mi newid fy meddwl. Arwydd o dlodi enbyd ysgrifennu creadigol yn y Gymraeg yw bod modd ystyried crefftwr gloyw ac ymroddedig yn 'eithriad'. Ac wrth sôn am grefft yng nghyd-destun y math o nofel a gynhyrchwyd hyd yn hyn gan Alun Jones, nid sôn yr ydym wrth reswm am allu i amrywio hyd brawddegau, i baragraffu'n ddechau, i lenwi sgwrs â naratif ac idiomau bachog ond am ddawn i lunio byd cyflawn fydd yn argyhoeddi'r darllenydd o'r frawddeg gyntaf tan yr olaf. Un rheswm dros lwyddiant Alun Jones yw iddo sylweddoli hyn. Meddai yn rhifyn Gwanwyn 1980 o *Llais Llyfrau*:

> Syndod yw gweld cynifer o nofelau pur dda . . . sy'n cael eu difetha'n ulw mewn chwinciad am fod ynddynt gyn lleied ag un sefyllfa (neu weithiau ddeialog) sy'n anghredadwy . . . Mi wn i'n burion y gwaith mwyaf sy'n fy wynebu i wrth sgrifennu; nid y llafur o lenwi tudalennau ond y gwaith mowldio sydd yna rhwng cymeriadau a stori i'w gwneud yn undod crwn, cyfan, aeddfed, credadwy, argyhoeddadwy. Hwnnw yw'r gwaith; fe syrth y gwirioneddau mawr yn daclus i'w lle wedyn.

Rhoddir pwyslais, sylwer, ar greu gwaith 'credadwy, argyhoeddadwy'. Problem sy'n wynebu yr awdur nofelau cyffrous yw bod y ffin rhwng y nofel realistig a newyddiaduraeth estynedig (yn enwedig y Newyddiaduraeth Newydd) bellach wedi diflannu. Prin bod angen nofelau 'creadigol' am fyd gwleidyddol llygredig yr Unol Daleithiau neu Ryfel Vietnam pan fo *All the President's Men* a *Dispatches* ar gael. Bu'r manylder graffig sy'n nodweddu'r Newyddiaduraeth Newydd yn ddylanwad diamheuol ar nofelau diweddar ac ofnaf iddo fod yn un andwyol ar adegau am i'r nofelydd ymddwyn fel newyddiadurwr eilradd yn hytrach na glynu wrth ei weledigaeth a chreu byd dychmygol credadwy. Aethpwyd i gredu mai'r unig ffordd i sicrhau hygrededd mewn nofel oedd enwi pobl go iawn (yn enwedig y gwleidyddion) a'u lleoli mewn strydoedd a threfi go iawn – ychwaneger wedyn gyfeiriadau mynych at hoffter yr arwr o *Woodbines* neu *Andrex* (byth sigaréts neu bapur lle chwech) a dyna stamp dilysrwydd wedi'i argraffu'n berffaith. O gychwyn ar y trywydd hwn o gwbl rhaid ei ddilyn i'r pen, ac mae hynny'n hawlio disgyblaeth anarferol. Ond ofer ymboeni â manion gan ddiystyru perthynas manylion â'i gilydd o fewn fframwaith y stori. Diolch i'w reddf lenyddol nad oes gan Alun Jones obsesiwn ynglŷn â 'realaeth' ym maes ieithwedd chwaith. Fe'n harbedir felly rhag dioddef talpiau helaeth o Saesneg a rhegfeydd diddiwedd. (Hwyrach y byddai gofyn wynebu rhai problemau yn y cyswllt hwn pe trosid y llyfr i'r cyfryngau gweledol.)

Nofel am chwech o derfysgwyr rhyngwladol yw *Pan Ddaw'r Machlud*. Wrth iddynt ffoi rhag yr heddlu cyrhaeddant bentref glan môr yng Nghymru; maent yn cyrchu'r tŷ agosaf ac yn defnyddio'r trigolion, nain, mam a dau blentyn, fel gwystlon. Wrth i rwyd y wladwriaeth gau amdanynt dinoethir eu perthynas â'i gilydd a'u hagwedd tuag at y mudiad a'r gwystlon – dilynwn eu helynt hyd at y chwalfa derfynol. Nid yw ail nofel Alun Jones mor ddibynnol am ei llwyddiant ar ei phlot â'r gyntaf; ni cheir yn *Pan Ddaw'r Machlud* y dyfeisgarwch disglair a welwyd yn *Ac Yna Clywodd Sŵn y Môr*. Mae yna ôl cynllunio ac ymchwilio gofalus a bwriadol, oes, ond nid yw'r stori ynddi'i hun yn drawiadol-wreiddiol. Rhydd hyn gyfle a gofod i'r awdur ganolbwyntio ar ddadfeiliad y mudiad ac i raddau llai ar ymateb pobl tu allan i'r tŷ, yn geraint, plismyn a phentrefwyr. Mae 'na elfennau stoc yng ngwneuthuriad amryw o'r cymeriadau: Carl yr Almaenwr oeraidd, effeithiol; Sean a Marc y Gwyddelod egr ond cywir eu calonnau; Marian y ferch galed, chwerw a Heilyn y Cymro dadrithiedig sy'n edifarhau cyn ei ddiwedd. Hwyrach bod rhai o'r cymeriadau yn rhai newydd i fyd y nofel Gymraeg ond o fewn cyd-destun y nofel antur gyfoes maent yn deipiau digon cyfarwydd. Ond er bod modd anelu cetyn beirniadaeth yn y fan hon cofier mai rhan o gamp Alun Jones yn *Pan Ddaw'r Machlud* yw'r modd yr ystumir y masgiau arwynebol dan bwysau argyfwng. Gorffennodd yr awdur ei lith yn *Llais Llyfrau*, Gwanwyn 1980, gyda'r geiriau hyn:

> . . . mae'r pum gŵr a'r eneth yn ddigon byw, i mi beth bynnag, ac nid yw'n brofiad dymunol bob amser dod o'u byd hwy a'i gymhlethdod, a dod yn ôl i'r byd go-iawn lle mae pawb yn wyn wyn dda dda, fel Mrs Thatcher a'r Arlywydd Carter, neu'n ddu ddu ddrwg ddrwg, fel Mr Brezhnev a'r Ayotallah. Rhyfedd y'n gwnaed.

Nid ar chwarae bach y mae cymhlethu ymateb y darllenydd i sefyllfa lle mae pum terfysgwr yn dal gwragedd a phlant yn wystlon. Methiant fuasai unrhyw ymdrech i roi areithiau gwleidyddol yng ngenau'r chwech, fel y cydnabu Alun Jones mewn sgwrs â John Rowlands yn *Llais Llyfrau* (Haf 1981):

Buan iawn y diflannodd y gwirionedd mawr am ein hanghyfiawnderau cymdeithasol. Maent yn swnio mor naïf wrth eu hailddarllen.

Dewisach gan yr awdur ddulliau llai amrwd. Mae'r adrannau lle cofnodir erlid Jim a lle disgrifir cefndir Sean a Marc yn rhai cofiadwy yn y cyswllt hwn, ond yr enghraifft a'm trawodd i yn anad yr un arall oedd honno ar dudalen 103 lle mynegir ymateb Robin, tad y plant, i holi'r heddlu:

Buont yn ei holi am dros ddwy awr, holi parhaus, manwl, am bopeth yn y tŷ. Erbyn iddynt orffen, o'r diwedd, yr oedd yn hollol ddiymadferth. Y cwbl oedd ei dŷ ef iddynt oedd cerrig a gwydrau a choed, heb affliw o arwyddocâd byw i ddim ynddo. Yr oeddent yn union fel y byddai penseiri hunandybus yn trafod cartrefi pobl fel unedau trigo; bron na fyddent wedi galw Rhian a'r plant yn unedau bywyd. Yr oedd y cyfan mor amhersonol, mor ddideimlad, ac mor effeithlon. Cynyddasai ei ofn ef gyda phob cwestiwn, ac ni chymerai neb sylw o hynny; nid oedd arnynt eisiau gwybod. Byddai ei deimladau ef yn tarfu ar y cynllun, yn gwrthod ffitio i'r patrwm.

Mae ei fyfyrdodau'n ein gwahodd i ddechrau cyfiawnhau ymosodiadau terfysgwyr ar wareiddiad cwbl faterol ac amhersonol. (Pwysleisir serch hynny mai absenoldeb unrhyw wrthbwynt adeiladol yw gwir wendid y mudiad – dyna achos dadrithiad Heilyn a'r Gwyddelod.) Mae 'na amwysedd yn ein hymateb i'r golygfeydd terfynol; saethu Heilyn, cyflwr ei dad, ymddygiad y Dirprwy a'r aelod seneddol. Ni ddeuai hyn i'n tarfu wrth orffen *Ac Yna Clywodd Sŵn y Môr*. Mae ail nofel Alun Jones yn llawer llai cysurus a difyr na'r gyntaf ac o'r herwydd gall fod yn llai 'poblogaidd'. A phwy a wad na chlywir ambell lais yn galw arno i ddychwelyd i'r byd cysurus, yn ôl i Hirfaen? Gorchwyl diddiolch i nofelydd a gafodd glod ar ddechrau'i yrfa yw cyflwyno ail nofel i sylw'r cyhoedd. Fe'i beirniedir yn ddi-ffael naill ai am iddo ailysgrifennu ei nofel gyntaf neu am iddo beidio â gwneud hynny. Afraid galw tystion.

Amcan y sylwadau brysiog hyn yw ceisio cadarnhau safle Alun Jones fel saernïwr ffuglen nad oes iddo ond un cymar o Gymro (Aled Islwyn). Bu'n rhaid anwybyddu rhai o rinweddau amlycaf ei ysgrifennu, pethau yr ydym eisoes yn eu cymryd yn ganiataol yn ei waith. Digon yw dweud fod yma grefftwr. Edrychwn ymlaen at ei drydedd nofel, ac at ei ddegfed hefyd.

# 10

## Sarah Arall

---

### ALED ISLWYN

Cyhoeddwyd gyntaf gan Wasg y Dref Wen, Caerdydd, yn 1982; ail arg., 1996.

Hon oedd nofel arobryn Gwobr Goffa Daniel Owen yn 1980 ac roedd y beirniaid yn hael eu clod iddi: gweler sylwadau John Gwilym Jones, Jane Edwards a John Rowlands (*Cyfansoddiadau a Beirniadaethau Eisteddfod Genedlaethol Frenhinol Cymru Dyffryn Lliw 1980*). Am adolygiadau arni, gweler Selyf Roberts (*Taliesin*, Rhagfyr 1982) a Rhydwen Williams (*Barn*, 239/40, Rhagfyr/Ionawr 1982/3). Un o'r ymdriniaethau mwyaf anarferol ohoni yw un Menna Elfyn ('Trwy Lygaid Ffeministaidd', *Sglefrio ar Eiriau*, gol. John Rowlands, Llandysul, 1992) a pharatôdd Sioned Elin draethawd MA ar waith Aled Islwyn ('Nofelau Aled Islwyn', Prifysgol Cymru, Bangor, 1992). Gweler hefyd sylwadau John Rowlands ('Nofelau Deng Mlynedd: 1979–1988', *Ysgrifau ar y Nofel*, Caerdydd, 1992), Menna Baines (*Pum Awdur Cyfoes*, Caerdydd, 1997), a'r portread o'r awdur (*Llais Llyfrau*, Gaeaf 1980).

### DAFYDD JOHNSTON, 'Sarah Arall'[1]

Mae *Sarah Arall* yn nofel gymhleth a chyfoethog. Mae'n gymhleth am ei bod yn ymdrin â chyflwr meddwl merch gymhleth iawn, cymeriad anghyson, llawn gwrthdaro. Er mwyn mynd â'r darllenydd i mewn i feddwl Sara mae Aled Islwyn yn defnyddio dulliau barddonol, delweddaeth awgrymus sydd fel petai'n codi o'i hisymwybod hi, a dyna sy'n gwneud hon yn nofel gyfoethog iawn. Fy mwriad yn hyn o lith yw egluro prif

---

1. Cyhoeddwyd gyntaf yn *Barn*, 297 (Hydref 1987).

ddelweddau'r nofel a dangos pa olwg a roddir ganddynt ar gyflwr meddwl Sara.

Mae Sara wedi bod yn sâl yn yr ysbyty yng Nghaerdydd, ac y mae wedi dod i aros yn hen gartref ei thad yn y wlad i wella. Ni wyddom beth yn union oedd yn bod arni, ond mae'n amlwg mai salwch meddyliol ydoedd. Dau beth sylfaenol sy'n ei phoeni hi, sef bwyd a rhyw, ac y mae cysylltiad agos rhwng y ddau hyn. Mae bwyd a rhyw'n cael eu cyplysu'n aml iawn yn y nofel; er enghraifft, dywed Wendy am Sarah Jacob, 'Fe glywes i ddamcaniaeth mai un o weision y fferm oedd yn ei roi fe iddi. A dwi ddim jest yn meddwl y bwyd' (44). Sylwer ar ymateb Sara yn y darn hwnnw. Roedd hi'n bwyta llusi duon bach yn awchus, ond ar ôl clywed Wendy yn sôn am ryw mae'n colli'i harchwaeth yn sydyn. Wendy sy'n cynrychioli rhywioldeb i Sara, am ei bod yn byw gyda Geraint, a'i bod wedi bod yn feichiog gan Royston, a chael erthyliad. Mae Wendy yn cyplysu bwyd a rhyw eto wrth ddweud yn gellweirus, 'Mae gen i bastai yn y ffwrn' (46), gan chwarae ar yr ymadrodd slang am fod yn feichiog. Er mai jôc yw hynny gan Wendy, mae'n codi thema bwysig ac yn awgrymu beth yn union yw'r cysylltiad rhwng bwyd a rhyw ym meddwl Sara. Y syniad o lenwi yw'r elfen gyffredin rhwng y ddau beth: bwyd yn llenwi'r bola, a'r groth yn cael ei llenwi trwy gyfathrach rywiol a beichiogi. I Sara mae purdeb yn gyfystyr â bod yn wag. Gallwn weld hyn mewn paragraff pwysig ar dudalen 89, lle mae Sara yn meddwl am garu â Geraint: 'Châi neb ei chymryd. Roedd hi am fod yn wag. Heb i neb byth gyrraedd ei chrombil.' Ac eto ar y tudalen canlynol cawn fod rhyw a bwyd ynghlwm wrth ei gilydd yn ei meddwl: 'Roedd hi'n bwriadu bod yn arbennig. A chadw ei hun yn wag, wag. A byw yn fodlon. Heb gynhaliaeth. Fel Sarah.' Mae 'arbennig' yn air allweddol yn y nofel, yn mynegi'r gwacter gwyryfol y mae Sara yn ei chwennych. Ar ôl i Royston gael cyfathrach â hi, mae Sara'n meddwl ei fod ef 'wedi ei llenwi hi. Ei llenwi tan ei bod hi'n llawn. A'r gormodedd yn diferu ohoni' (123).

Y ddelwedd ganolog yn y nofel sy'n cyfuno bwyd a rhyw yw'r ddaear. Syniad hen iawn yw'r gyfatebiaeth rhwng y ddaear a merch, ac y mae'n cael ei ddatblygu mewn ffordd arbennig yma trwy gyfrwng meddyliau Sara. Mae sail y gyfatebiaeth yn ddigon eglur: 'Ond roedd dynion o genhedlaeth i genhedlaeth yn mynnu dod â'u dwylo i drin y tir a chodi bwyd. I drin y cnawd a chodi plant' (54). Gellir gweld yno mai dwy agwedd ar yr un broses sylfaenol yw cynhyrchu bwyd a phlant ym meddwl Sara, ac mai trais ar ran dynion yw'r ddau beth. Gan fod hau'r had yn y ddaear yn ddelwedd sy'n gysylltiedig â rhyw, mae llun yr heuwr yn stafell wely Sara yn dod yn symbol o'r carwr treisgar. Fe'i defnyddir am Geraint yn y darn hwn: 'Fel yr heuwr. Yn archwilio'r maes. A'i gweld hi'n noethlymun ar wastad ei chefn. Fel y bu hi, a'r ddaear ei hun oddi tani, ar aelwyd Copabach' (90). Celfydd iawn yw'r modd y mae manylion gwrthrychol fel y llawr pridd ym mwthyn Geraint yn cymryd eu lle yn nelweddaeth bersonol Sara, gan gryfhau'r cysylltiad rhwng y ferch a'r maes. A daw'r un symbol i feddwl Sara yng nghyswllt Royston ar adeg dyngedfennol pan yw hi newydd wrthod mynd adref gyda'i rhieni, a hithau fel y ddaear, 'cyn i'r heuwr ddod' (111).

O gofio am y cysylltiad agos rhwng trin y tir, bwyd a rhyw ym meddwl y ferch, gallwn ddeall ei hymateb rhyfedd i'r ffermwr: 'Roedd hwn â'i ddwylo yn y pridd yn feunyddiol, synhwyrodd Sara. Yn troi'r tir a'i ffrwythloni. Yn sydyn roedd y ferch yn ei dyblau. Fel petai hi am chwydu' (35).

Pen draw'r broses o dyfu bwyd yw cynaeafu'r cnwd, ac y mae i hyn hefyd ei arwyddocâd arbennig i Sara. Mae'r cynhaeaf gwair yn digwydd yn yr ardal tua diwedd y nofel, ac y mae'r ymadrodd 'lladd gwair' yn bwysig iawn. (Unwaith eto, gwelwn fod rhywbeth sy'n codi'n naturiol fel rhan o'r stori yn troi'n ddelwedd ym meddwl Sara. Mae'r cysylltiad rhwng y lefelau gwrthrychol a goddrychol yn bwysig iawn er mwyn sicrhau undod y nofel gymhleth hon.) Fe'i defnyddir i ddisgrifio'r ffordd mae Royston yn hyrddio wrth gael cyfathrach â Sara: 'Fel pladur yn lladd gwair ym more'r byd' (120). 'Torri i lawr' yw ystyr *lladd* yn yr ymadrodd 'lladd gwair', ond wrth gwrs mae yma chwarae ar yr ystyr gyffredin, *to kill*, oherwydd yr elfen dreisgar mewn cyfathrach. Gellir gweld pwysigrwydd y gwair fel symbol ym mrawddegau olaf y nofel: 'Yn y caeau o'i hamgylch gorweddai llafur ifanc. Wedi ei ladd. Heb neb i'w weld.'

Y forwyn sydd wedi'i lladd wrth i Royston gymryd gwyryfdod Sara, a dyma un ystyr i deitl y nofel: 'Un Sara wedi darfod. Un arall yn fyw. Y ferch wedi marw. Y fenyw yn fyw' (121). Gan fod Royston wedi lladd rhan ohoni hi a difetha ei harbenigrwydd, mae Sara'n dial trwy ei ladd yntau. Yr hyn sy'n gyfrifol am ei gweithred wallgof yw cymysgu rhwng y lefelau goddrychol a gwrthrychol, rhwng lladd ffigurol (y forwyn ynddi hi) a lladd go iawn (Royston). Ond yng ngoleuni'r ddelweddaeth o fyd natur gallwn ni ddeall ei hatgasedd a'i hawydd i ddial. Mae hi nawr yn rhan o gylch diddiwedd y ddaear: 'Yn gaeth i fympwy'r cnydau. A chwitchwatrwydd y tymhorau. Yn gaeth i chwantau'r cnawd. I'r carchar bas oedd yn dynn o gylch ei hystlysau' (125). Mae'n sylweddoli ei bod hi fel pob menyw arall bellach: 'Roedd hi hanner ffordd at fod yn Wendy arall. Ac roedd hynny'n hanner ffordd at fod yn Mam' (121). Os mai Wendy sy'n cynrychioli rhywioldeb menywod i Sara, ei mam yw'r un sy'n cynrychioli lle'r fenyw yn y cylch atgas o garu, geni, bwydo, tyfu, caru. Hyn sy'n esbonio casineb Sara tuag at ei mam. Cofier, er mai gwaith dynion yw hau a chynaeafu yng ngolwg Sara, ei mam hi sy'n cymell bwyd arni o hyd.

Agwedd bwysig arall ar ddelweddaeth y ddaear yw'r bedd, sy'n dod i'r amlwg yn enwedig ym mhennod 4, lle mae Sara'n chwilio am fedd Sarah Jacob. Mae arwyddocâd y bedd yn ddeublyg, a rhaid deall sut y mae'n newid er mwyn amgyffred yr hyn sy'n digwydd i Sara ar ddiwedd y nofel. Yn y lle cyntaf mae Sara'n gweld y bedd fel dihangfa, 'lle nad oedd dwylo dynion yn crafangu amdani' (52). Dyma'r duedd i ymwrthod â bywyd a chwennych diddymdra sydd mor gryf yn Sara. Er mai yn y ddaear y mae'r bedd, nid yw'n rhan o'r broses o hau a thyfu. Mae Sara'n dychmygu'r meirw 'wedi diflannu o dan y tyfiant' (52). Ceir cyferbyniad rhwng y 'glesni gwancus' sy'n tyfu yn y fynwent a diddymdra'r bedd. Felly mae Sara'n siomedig nad oes bedd gan Sarah Jacob yn y fynwent. Ond erbyn diwedd y nofel mae arwyddocâd y bedd wedi newid yn llwyr. Wrth i Sara redeg i ffwrdd o dan y coed mae'n meddwl: 'Allai neb ei chyrraedd yno. Fel Sarah Jacob, roedd hi'n ddi-fedd. Ei chorff i'w weld. Ei chorff ar ôl. Caent wylio a charcharu hwnnw fel y mynnent. Darfyddai hwnnw hefyd yn ei dro' (126). Mae Sara bellach yn ddi-fedd am fod rhaniad llwyr wedi digwydd rhwng ei chorff a'i hysbryd. Fe fu hi'n tueddu at ymwrthod â'i chorff trwy gydol y nofel, felly penllanw anochel yw iddi ei ddiarddel yn y diwedd. Mae'r bedd nawr yn rhywbeth corfforol, daearol, nad oes a wnelo'r Sara ysbrydol ddim ag ef. Mae Sara wedi bod yn ymdeimlo ag ysbryd Sarah Jacob ers iddi ddod i'r ardal – 'ei henaid yn dal i nythu rhwng y coed a'r cloddiau' (18) – a nawr mae hi hefyd yn ysbryd rhydd. Felly mae hi'n llwyddo i gadw'r arbenigrwydd a gollodd hi yn y gwely gyda Royston: 'Dihangodd ei harbenigrwydd rhwng y rhedyn a'r coed.' Gwallgofrwydd yw hyn wrth gwrs, ac ni wn i ba raddau y mae'n cyfateb i unrhyw gyflwr sy'n adnabyddus i'r seiciatryddion, ond mi wn fod y diweddglo'n gwbl gyson â holl ddelweddaeth y nofel.

Bellach gallwn ganfod ystyr arall i'r teitl. Mae'r Sara gorfforol wedi'i gadael yn nwylo'r meddygon, 'ond roedd y Sara arall yno yn y glesni. Yn diflannu i'r difancoll lle nad oedd ysbryd yn euog. Na chorff yn byw ar gardod y ddaear a'i chynhaeaf' (127). Felly y mae arwyddocâd triphlyg yn y teitl: yn gyntaf, y cysylltiad rhwng Sara a Sarah Jacob; yn ail, y cysylltiad rhwng Sara'r wyryf a'r fenyw; ac yn drydydd, cyferbyniad arall, sydd fel petai'n datrys yr un blaenorol, rhwng y Sara gorfforol a'r ysbrydol. Ond er mai buddugoliaeth i'r Sara ysbrydol yw'r diweddglo mewn ffordd, fe gollwyd y ferch ifanc gyflawn, ac felly mae'n briodol mai gwair wedi'i ladd yw delwedd derfynol y nofel.

Hyd yn hyn yr wyf wedi canolbwyntio ar salwch Sara, ar y syniadau a'r digwyddiadau sy'n arwain at y trychineb terfynol. Ond rhaid cofio ei bod hi ar adegau yn fwy 'normal' ac iach yn ei hagwedd at ei chorff. Mae'n bwyta'n awchus weithiau ('Fel petai dwy ohoni . . . Un yn bwyta tra bo'r llall ddim', 102), ac y mae'n cael ei denu'n rhywiol at ddynion, fel y gwelwn yn y darn lle mae'n caru â Geraint ym mhennod 6. Y cyferbyniad rhwng tynerwch Geraint a mochyndra Royston sy'n hollbwysig (dwy agwedd sy'n cael eu mynegi yn y pennill am y gwas ar ddechrau pennod 3). Wrth orwedd yn y gwely gyda Royston mae Sara'n meddwl am Geraint: 'Yr un a gollodd. Roedd hwn oedd ganddi nawr yn fawr a thrwm. A hithau wedi colli cyfle ar y tynerwch am byth' (120). Mae rhywun yn teimlo pe bai hi wedi colli ei gwyryfdod gyda Geraint yn hytrach na Royston y gallasai popeth fod yn iawn. Ac oherwydd hynny mae'r nofel yn ehangach ei pherthnasedd nag y buasai pe bai'n sôn am salwch meddyliol yn unig. Ar un olwg mae Sara'n cynrychioli unrhyw ferch sydd ar drothwy aeddfedrwydd, o ran y tyndra rhyngddi a'i rhieni, ei chwithdod ynglŷn â'i chorff (mae synhwyrau corfforol yn cael lle amlwg iawn yn y nofel, e.e. bronnau Sara'n 'gwasgu'n annifyr yn erbyn ei dillad', 12), ac yn enwedig o ran ei dryswch ynghylch rhyw. Rwy'n meddwl bod yr awdur yn llwyddo'n rhyfeddol ym mhennod 6 i gyfleu cyffro ansicr merch ifanc yn caru am y tro cyntaf.

Gellid dadlau felly mai ar y dyn, sef Royston, y mae'r bai am y trychineb oherwydd ei ddull bwystfilaidd o garu, ond dim ond hanner y stori fyddai hynny. Mae'r nofel hefyd yn dangos fod agwedd oddefol y ferch yn rhannol gyfrifol. Mae Sara fel pe bai'n gwybod beth sy'n mynd i ddigwydd o'r funud y daw Royston trwy'r drws (os nad cyn hynny), ond mae'n gwbl analluog i'w osgoi. Mae delwedd y ddaear yn berthnasol yma, fel y gwelir yn y darn y cyfeiriwyd ato eisoes lle sonnir am Royston fel yr heuwr. Yr awgrym yw fod y ferch yn goddef ei threisiwr fel y mae'r ddaear yn goddef yr heuwr.

Mae'r pwynt olaf hwnnw'n awgrymu gwirionedd cyffredinol am y nofel hon, sef mai'r ffordd symlaf a sicraf o fynd i'r afael â'i hystyr yw trwy gyfrwng ei delweddau. Er fy mod i wedi trafod y prif ddelweddau, mae delweddaeth y nofel yn bell o fod wedi'i disbyddu. Dylid rhoi sylw gofalus i bob cyfeiriad at natur a'i thyfiant, boed yn oddrychol ym meddwl Sara neu'n wrthrychol yn y wlad o'i hamgylch. Ac ni thâl inni fod yn rhy haearnaidd yn ein dehongliad. Fe welsom eisoes fod tyfiant planhigion a chnydau yn ffiaidd gan Sara, ac eto ar y diwedd mae hi'n rhedeg i ffwrdd 'i gysgod gwyrdd y coed. Yn gyfrin a charedig. Fel gwythïen las.' Mae fel petai ei hysbryd yn ymuniaethu â natur wrth ymryddhau o'i chorff. Nid yw hynny'n annisgwyl o gofio ei hagwedd ddeublyg at y wlad o'i hamgylch o'r cychwyn. Fe'i gwelwn yn y bennod gyntaf yn cwyno ei bod hi'n gorfod treulio'r haf yno, a hefyd yn cael ei chyfareddu gan yr haul yn disgleirio trwy ddail y coed (11, 17). Nid oes modd cyffredinoli ynglŷn ag arwyddocâd natur, a dyna un o gryfderau mawr y nofel hon yn fy marn i, gan fod gennym syrffed o lenyddiaeth Gymraeg sy'n canmol daioni natur a'r bywyd gwledig. Wrth anfon Sara i dreulio'r haf yn ei hen gartref roedd ei thad yn ffyddiog 'bod popeth yn dod i'w le mewn natur' (10). Erbyn diwedd y nofel mae'r ystrydeb honno'n ymddangos yn eironig iawn.

BRANWEN JARVIS, adolygiad ar *Sarah Arall*[2]

Nofel seicolegol yw hon. Ei phwnc yw niwrosis merch ifanc, niwrosis a welir yn dyfnhau ac yn ymledu nes iddo feddiannu'r

2. Cyhoeddwyd gyntaf yn *Llais Llyfrau* (Gwanwyn 1983).

bersonoliaeth gyfan, ac esgor ar orffwylledd. Gwelir Sara yn colli gafael arni hi ei hun, ac yn ceisio dihangfa. Mae'r ddihangfa i ddechrau yn faterol, allanol; gadael ei theulu i fyw mewn bwthyn digysur gyda dau hipi. Ond try'r ddihangfa yn y man yn ddihangfa fewnol, a Sara'n byw yn llwyr ym myd ei meddwl a'i dychymyg afiach hi ei hun. Mae ei diwedd yn anorfod drasig.

Perthyn *Sarah Arall* i'r un dosbarth â rhai o weithiau Kate Roberts, yn arbennig *Tywyll Heno*, sef nofelau byrion sy'n canolbwyntio bron yn llwyr ar ddilyn, o'r tu mewn, un bersonoliaeth yn chwalu. Gweithiau ydynt y perthyn iddynt yr un unoliaeth mewn thema a datblygiad. Eithr ni ellir dilyn y gymhariaeth fawr pellach na hynny, oherwydd y mae gwahaniaeth pwysig rhwng y nofel hon a gweithiau Kate Roberts. Daw Ffebi yn *Stryd y Glep*, fel Bet yn *Tywyll Heno*, trwy 'fwlch cul yr hunan' yn y diwedd. Yr ydym yn eu gadael yn fodau nad ydynt, mae'n wir, yn holliach, ond yn fodau serch hynny sy'n barod i geisio ailgydio mewn bywyd. Nid dyna hanes Sara. Dinistrir hi yn llwyr gan ei hafiechyd.

Mae dull y ddau awdur o drin eu thema hefyd yn dra gwahanol. Sgrifennu naturiolaidd a gawn gan Kate Roberts. Awdur yw hi sy'n sgrifennu â'i thraed ar y ddaear. Nid felly Aled Islwyn. Y mae paragraffau mynych yn *Sarah Arall* sy'n debycach i gerddi prôs nag i ddim arall. Wrth i ddychymyg Sara grwydro, dilynir ehediadau ei meddwl gan yr awdur, a chawn ddarnau sy'n llawn delweddau a'r math o feddwl sy'n cysylltu syniadau yn wibiog ac ar hap yn hytrach nag yn un llinyn rhesymegol. Efallai bod yma rywfaint o ôl y dull 'llifeiriant ymwybod'. Ond brysiaf i ychwanegu nad yw'r darnau byrion hyn yn feichus o gwbl. Yn wir, ceir ynddynt ddarnau o sgrifennu sy'n eithriadol o afaelgar.

Un o obsesiynau Sara'r nofel yw'r Sarah Jacob, y ferch o Bencader a lwgodd i farwolaeth yn 1869, a hynny dan wyliadwriaeth nyrsys a ddaeth o Lundain i geisio profi a oedd hi, mewn gwirionedd, yn derbyn ymborth o ryw fath neu a oedd hi, fel y dywedid, yn byw heb gynhaliaeth. Carcharwyd ei rhieni yn ddiweddarach am ddynladdiad. Y mae awdur y nofel hon yn un o deulu Sarah Jacob; yr oedd hi'n chwaer i'w hen dad-cu. Plethodd hanes y Sarah gyntaf yn fedrus i hanes Sara'r ail, yn rhannol drwy'r ddyfais seml o anfon Sara o'i chartref yng Nghaerdydd i ardal Pencader i wella ar ôl pwl yn ysbyty'r meddwl. Y mae tŷ haf ei rhieni, a fu'n gartref i'w thad, yn ymyl Llethr-neuadd, cartref Sarah Jacob, ac yno, daw Sara i wybod yr hanes amdani. Ond y mae'r cysylltiad rhwng y ddwy yn ddyfnach na'r cyd-daro daearyddol. Un ddamcaniaeth ddiweddar ynghylch Sarah Jacob yw ei bod hi'n dioddef gan y clefyd hwnnw a adwaenir erbyn heddiw fel *anorexia nervosa*. Er na sonnir am y clefyd hwnnw yn uniongyrchol yn y nofel, y mae nifer o'i nodweddion i'w gweld yn glir ym mhersonoliaeth Sara'r ail. Nid hynny'n unig a geir yn y portread ohoni, ond dyma fan cychwyn y dinistr ar ei phersonoliaeth. Mae Sara'n gwrthod bwyd, ydi, ond yn unol ag un o batrymau ei hafiechyd, niwrosis rhywiol sy'n peri iddi wneud hynny yn y bôn. Mae arni ofn y corff crwn, aeddfed, ffrwythlon: 'Roedd hi'n bwriadu bod yn arbennig. A chadw ei hun yn wag, wag. A byw yn fodlon. Heb gynhaliaeth. Fel Sarah.' Mae'r geiriau 'gwag' a 'llawn' yn allwedd i ddeall ei chyflwr. Gweir defnydd cyson ohonynt gan yr awdur i gyfleu ystyr rywiol yn ogystal ag ystyr borthiannol. Mae gwacter corff Sara yn ddeublyg ei arwyddocâd.

Ceir ymestyniad pellach ar y syniad wrth i ddiffrwythder bwriadol Sara ragfynegi marwolaeth: 'Rhoes hithau ei llaw ar ei bol gwag. Gan esgus ei bod hi mewn arch. A'r canfasau yn amdo amdani.' Mae'r elfen o ddeisyfu angau a geir ym mhersonoliaeth Sara yn ei meddiannu fwyfwy wrth i'w gorffwylledd gynyddu. Mae hi'n hiraethu am ddifodiant corfforol llwyr, y math o ddifodiant a ddaeth i ran Sarah Jacob, y methodd hi â dod o hyd i'w bedd yn y fynwent: 'Yno, heb garreg i ddynodi'r fan, roedd hi'n rhydd rhag dwylo dynion.'

Mae'r darlun o Sara felly yn un cymhleth a chordeddog. Dewisodd Aled Islwyn ymaflyd mewn pwnc dyrys, a llwyddodd yn ddiamheuol, nid i'n diddanu na'n cysuro, ond i'n hysgwyd. Fel y sylwais mewn adolygiad ar ei ail nofel, *Ceri* (1979), cymhellion unigolion yw ei ddiddordeb mawr. Y bersonoliaeth ddynol yw maes ei fyfyrdod, ac yma, yn *Sarah Arall*, dewisodd fynd i'r afael â phersonoliaeth sy'n batholegol o annormal. Y mae ei lwyddiant i wneud hynny'n argyhoeddiadol yn brawf o'r deallusrwydd eithriadol sy'n goleuo'r tair nofel a gawsom ganddo hyd yn hyn.

# 11

# Y Gaeaf Sydd Unig

## MARION EAMES

Cyhoeddwyd gyntaf gan Wasg Gomer, Llandysul, yn 1982; 3ydd arg., 1996.

Marion Eames, ynghyd â Rhiannon Davies Jones a R. Cyril Hughes, yw'r blaenaf o'n nofelwyr hanesyddol, ac fe wnaeth ei marc gyda'i dwy nofel gyntaf, *Y Stafell Ddirgel* (1969) ac *Y Rhandir Mwyn* (1972). Cyhoeddwyd *Y Gaeaf Sydd Unig* 700 mlynedd union oddi ar farwolaeth Llywelyn ap Gruffudd, ffaith sy'n awgrymu'r math o gymhelliad gwleidyddol sy'n gyrru'r awdures. Adeg cyhoeddi ei hail nofel, fe gyhoeddwyd cyfweliad yn *Barn* (122, Nadolig 1972), ac ymddangosodd sgwrs yn *Llais Llyfrau* (Haf 1982) pan gyhoeddwyd *Y Gaeaf Sydd Unig*; cynhwyswyd ysgrif radio ganddi yn *Dylanwadau* (gol. Eleri Hopcyn, Llandysul, 1995). Ymddangosodd fersiwn cryno o'r ysgrif a atgynhyrchir fan hyn yn *Golwg* (28 Medi 1989), sef ffrwyth ymryson rhwng Marion Eames a Wiliam Owen Roberts ynglŷn â'r nofel hanes.

## MARION EAMES, 'Pam Nofel Hanesyddol?'[1]

Dyma'r cyngor a roddwyd gan Syr Robert Walpole i'w fab: 'Cei ddarllen unrhyw beth ond hanes, oblegid mae'n rheidrwydd ar i hanes fod yn gelwyddog.'

Ys gwn i beth fyddai sylw Syr Robert ar y nofelydd hanesyddol sy'n 'gelwydd i gyd'? Meidrolion yw haneswyr a nofelwyr fel ei gilydd, a rhagfarn, rhagdybiaeth, ymlyniad ac argyhoeddiad personol yn rhwym o liwio'u gwaith. Ond i nofelydd, mae ganddo gwestiynau ymarferol a moesol i'w hateb wrth feiddio gosod geiriau yng ngenau pobl y gorffennol.

1. Cyhoeddwyd gyntaf yn Eirwyn George a W. Rhys Nicholas (gol.), *Y Corn Gwlad*, 1 (Gorffennaf 1989).

Cwestiynau cyfarwydd iawn iddo yw 'Pam *hanesyddol*? Pam
na allwch chi adael hanes i'r haneswyr ffeithiol a chanolbwyntio
ar ddehongli a chyfleu'r byd fel y mae heddiw? Onid yw nifer
fawr ohonoch yn ddiofal am fanylion, weithiau'n anachron-
istaidd, yn bodloni ar wisgo cymeriadau mewn gwisg ffansi ac
yn dibrisio gwerth hanes?' Mewn gair, yr hyn y maen nhw'n ei
ofyn yw: beth all y nofelydd hanesyddol ei wneud na all yr
hanesydd mo'i wneud yn well?

Gadewch i ni weld yn gyntaf beth *nad* yw nofelydd yn ceisio'i
wneud. Nid yw'n ceisio dysgu hanes mewn ffordd hawdd.
Swydd yr athro, nid y nofelydd, yw honno. Nid yw'n ceisio
cynnwys popeth sy'n wybyddus am y cyfnod y mae'n sgrifennu
amdano. Nofel am bobl yn byw yn ystod Rhyfeloedd Napoleon
yw *Rhyfel a Heddwch* Tolstoi, ond, wrth ei sgrifennu, nid aeth ati i
gynnwys popeth a wyddai am y rhyfeloedd hynny. Yr hyn a
wnaeth oedd dethol episodau o'r rhyfeloedd a oedd yn digwydd
bod o arwyddocâd arbennig i ryw gymeriad neilltuol yn y nofel.

Nid prif amcan y nofelydd yw cyfleu rhyw foeswers o'r
gorffennol ar ein cyfer ni heddiw. Fe all hynny ddigwydd, ond
darlunio pobl, nid pregethu, yw swydd y nofelydd. Ar yr un
pryd, mae'n wir i Saunders Lewis ddweud un tro nad oedd
llawer o ddiben sgrifennu nofel neu ddrama hanesyddol os nad
oedd ganddi rywbeth i'w ddweud wrthym ni heddiw. Ond ni
ddylid gwneud hynny'n fwriadus. Bonws cyffrous i awdur yw
darganfod ar ôl sgrifennu fod yna bethau yn ei waith sy'n
berthnasol i heddiw.

Beth y mae'r nofelydd yn ei wneud felly? Mae o'n creu byd
iddo'i hun allan o'r gorffennol, byd y mae ef ei hun yn byw
ynddo. Mae o'n peintio darlun. Yn ei ddychymyg mae o'n gweld
ei bobl ac yn eu clywed nhw'n siarad. Fe wŷr am bob ystum
personol o'u heiddo ac am yr hyn sydd wedi digwydd iddynt
cyn agoriad y nofel. Mae o'n gweld hen furddun ar lethrau'r
mynydd neu olion plasty gwag ac yn meddwl: Pwy oedd yn byw
yno? I ble'r aethon nhw? A gafodd y tyddynwyr eu troi allan gan
breswylwyr y plasty pan ddaeth y Deddfau Cau Tir Comin i
rym? Pa effaith a gafodd hyn i gyd arnyn nhw fel unigolion?

Bydd yr awdur yn cnoi cil ar broblemau hanes i geisio deall
cymhellion a seicoleg oes a fu. Ac yn wir, ar unwaith, dyma fo'n
sangu ar dir peryglus iawn. A oes perygl iddo drosglwyddo ei
syniadau modern Freudaidd ef ei hun i oes a oedd yn gwbl

wahanol? Onid haerllugrwydd ar ei ran yw ceisio deall, dyweder, teithi meddwl a chymhellion rhyw Llywelyn ap Gruffudd neu Owain Glyndŵr? Roedd eu byd nhw bron y tu hwnt i'n dirnadaeth. Sut mae gwneud tegwch â nhw? Sut gall awdur o'r ugeinfed ganrif dreiddio i'r adnabyddiaeth o arwyr mawr ein cenedl?

Yn wir, mae gan y nofelydd hanesyddol dasg arswydus. Nid yn unig mae'n rhaid i ffeithiau hanes a gyflwynir ganddo fod yn unol â'r hyn y mae ymchwilwyr wedi ei ddarganfod, ond mae'n rhaid iddo hefyd gyfleu hinsawdd feddyliol ac emosiynol cymdeithas ddieithr iddo, synhwyro beth yn union oedd yn creu tyndra a dadlau ymhlith trigolion oes arall. Yr hyn sy'n bwysig i nofelydd yw, nid ailadrodd digwyddiadau hanes, ond dangos sut y mae unigolion, pobl o gig a gwaed, yn ymateb i'r digwyddiadau hyn. Rhaid iddo eu dangos nhw'n ymddeffro i'r hyn sy'n digwydd o'u cwmpas.

Y mae, wrth gwrs, nifer o broblemau ymarferol. Beth am y cwestiwn o iaith a thafodiaith oes a fu? Y demtasiwn yw i chi fynd i gribo drwy *Geiriadur Prifysgol Cymru* a chwilio am hen gyfarchion, hen eiriau coll, hen lwon, hen ebychiadau, yn y gred y bydd i chi ychwanegu at yr awyrgylch.

Ffolineb yw hyn, yn ôl y llenor o Hwngari, Georg Lukacs, yn ei lyfr sylweddol ar y nofel hanesyddol. Gwir, medd ef, mai gweithredoedd, syniadau, emosiynau a meddyliau bodau dynol oes bell oddi wrthym yw craidd y nofel, ond *iaith* y nofelydd ei hun yw'r cyfrwng i ddweud y stori. Mae defnyddio arddull hynafol yn pellhau'r darllenydd, ac yn ei wneud yn llai parod i gredu yn y cymeriadau.

Pa mor bwysig iddo yw cywirdeb manwl hanesyddol? Maen nhw'n dweud fod Syr Walter Scott wedi bod yn gyfrifol am gamgymeriadau di-ri yn ei nofelau hanesyddol, camgymeriadau a oedd yn siŵr yn ddigon i godi gwallt pen yr hanesydd pur (os oes y fath anifail). Ond trwy ei ddychymyg a greddf ei gelfyddyd fe synhwyrodd ryw wirionedd mawr y tu ôl i ffeithiau moel hanes, rhywbeth a fyddai hwyrach y tu hwnt i ddirnadaeth hanesydd.

Pan fydd plentyn yn dechrau darllen neu'n clywed stori o'r gorffennol, nid yw cywirdeb hanes yn bwysig iawn iddo. Y *stori* yw'r peth mawr. Ydi hi'n gafael ynddo? Ydi hi'n gwneud iddo ofyn yn eiddgar: 'Ie, ie, be nesa?' Pan fydd yn clywed stori Pwyll a Rhiannon, neu hanes Twm Siôn Cati, nid ei gwestiwn cyntaf yw 'Oedden nhw'n bod mewn gwirionedd?' Yn y ffordd yma mae hanes yn y nofel hanesyddol yn mynd yn rhan o chwedloniaeth neu fyth. Nawr mae pawb sydd wedi darllen Jung yn gwybod fod myth yn bwysig i ddatblygiad ysbrydol dyn. Nid yw o bwys nad yw'r myth yn llythrennol gywir. Ond y *mae'n* bwysig fod yna wirionedd sylfaenol ymhlyg yn y stori, rhyw wirionedd sy'n llefaru ar draws y canrifoedd. Nid oes rhaid mynd ymhellach na damhegion Crist i brofi gwirionedd hyn. Wrth drafod y damhegion dywedodd y diwinydd enwog, Hans Küng: 'Gall hanes am rywbeth a ddigwyddodd yn ffeithiol ein gadael ni yn hollol ddideimlad. Pe baem yn darllen mewn papur fod rhywun wedi ymosod ar deithiwr ar ei ffordd i Jericho, fe ddywedem: "O, ie?" yn gwbl ddidaro, er ein bod ni'n gwybod fod y stori'n wir. Ond mae stori ffug am Samariad trugarog yn dod i ymgeleddu'r gŵr yn ein cyffwrdd ni ar unwaith.' Pam? Am fod y stori'n cael ei chyflwyno fel gwirionedd sy'n berthnasol i ni fel unigolion ym mhob oes.

Ond rhaid i'r nofelydd hanesyddol beidio â chymryd hyn i gyd yn esgus dros beidio â gwneud ei waith ymchwil mor drylwyr ag y gall. Rhaid bod yn gyson â ffeithiau hanes. Stori arall yw hi os nad oes ffeithiau ar gael. Mae hawl ganddo wedyn i adael i'w ddychymyg lenwi'r bylchau, ond iddo gadw o fewn y gwirionedd sylfaenol. Wedi iddo fodloni ei gydwybod yn hyn o beth, mae o'n ceisio trosglwyddo'r hyn y mae ei ddychymyg yn ei weld o'r gorffennol i ddiddori darllenydd heddiw.

Ar unwaith mae problem sylfaenol arall yn codi. Ydi o'n mynd i wau ei stori o gwmpas cymeriad go iawn mewn hanes? Neu a fydd hi'n nofel am gymeriadau dychmygol yn ymateb i wir ddigwyddiadau hanes? Yr oedd hyn yn broblem astrus i mi wrth sgrifennu Y *Gaeaf Sydd Unig*, y nofel am gyfnod Llywelyn ein Llyw Olaf. Ai gwneud Llywelyn yn brif gymeriad y nofel? Dyna oedd fy mhroblem. Os nad oes llawer o wybodaeth ar gael am gymeriad arbennig 'go iawn' i ba raddau y gall awdur ddefnyddio ei ddychymyg, yn enwedig o gofio mai ffaeleddau a methiannau dynion yw'r stwff y bydd nofelydd yn ymborthi arnynt? I ba raddau mae'n iawn i briodoli camweddau i'r meirw, boed hanner can mlynedd oddi ar eu marw neu saith can mlynedd?

Yn achos Llywelyn, mi allech chi lenwi dyddiadur bron am yr hyn a *ddigwyddodd* iddo, diolch i Frut y Tywysogion a'r llythyrau

Lladin sydd ar gael ganddo ef a chan ei wraig, Elinor de Montfort at Henri III ac Edward I ymhlith eraill. Y mae llawer mwy ar gael amdano ef nag sydd, dyweder, am Rowland Ellis, y Crynwr o'r ail ganrif ar bymtheg a phrif gymeriad Y Stafell Ddirgel (1969). Ond i nofelydd mae'r pam yn bwysicach na'r pryd, a dyna'r gwahaniaeth mawr rhwng y ddwy nofel. Mae yna gynifer o gwestiynau heb eu hateb ynghylch pam y gwnaeth neu na wnaeth Llywelyn y peth a'r peth. Er enghraifft, yr oedd Llywelyn wedi ymladd yn ddiysgog i fod yn Dywysog ar Gymru oll, gan garcharu ei frodyr er mwyn cyrraedd ei nod, ac roedd hynny ynddo'i hun yn anodd i'w gyfiawnhau yn ôl meddylfryd yr ugeinfed ganrif. Byddai'r olyniaeth felly yn bwysig iddo. Pam felly na fu iddo ymrwymo i briodi nes iddo fod tua'r hanner cant? Fe allasai fod wedi cael ei ladd heb etifedd ymhell cyn Cilmeri.

Tasg anodd ydi dychmygu bywyd mewnol pobl o gyfnod gwahanol. Menter go fawr yw ceisio sgrifennu am feddyliau a phrofiadau mwyaf cyfrin a mewnol dynion a merched mwya'r byd. Dywedodd Carlyle mai'r mawr yn unig a all adnabod y mawr. Os felly, dyn a helpo'r nofelydd druan, a hwnnw efallai'n cael trafferth i ddeall aelodau ei deulu ei hun.

Wedi hir ymgynghori â haneswyr amyneddgar penderfynais mai'r ateb oedd peidio â gwneud Llywelyn yn brif gymeriad y nofel. Roedd ei fawredd a'i ddirgelwch wedi fy nhrechu. Mae'r stori felly yn cael ei dweud o safbwynt dau gymeriad dychmygol, dau sydd â'u bywydau wedi'u cyflyru gan fywyd a hanes Llywelyn. Ac roedd hyn yn rhoi lle i mi anadlu, fel petai.

Rhaid gwneud cyfaddefiad yn awr. Ar hyd y blynyddoedd y bûm i'n sgrifennu nofelau hanesyddol – y rhan fwyaf ohonynt yn rhoi lle blaenllaw i gymeriadau go iawn mewn hanes – bu'r teimlad annifyr yn cynyddu mai haerllugrwydd ydi ceisio rhoi geiriau yng ngenau'r bobl hyn a dyfeisio pethau'n digwydd iddynt heb unrhyw sail ond rhyw fath o gysondeb a oedd yn perthyn i'r hyn yr oeddwn i'n digwydd bod yn ei wybod amdanynt o lyfrau. Rhyw deimlad personol yw hyn, wrth gwrs, a gwn fod cynseiliau gwych i nofel hanesyddol am gewri hanes.

Felly, nid dweud rydw i fy mod i wedi dod i'r casgliad nad yw'n iawn i sgrifennu nofelau hanesyddol. Ond yn fy mhrofiad i, mae sgrifennu am gymeriadau dychmygol, yn hytrach nag am

rai a fu'n byw mewn gwirionedd, yn rhyddhau'r awdur. Mae
cael eich clymu gan berson hanesyddol yn 'nychu anian', chwedl
Eben Fardd. Ond os dewisir canolbwyntio ar gymeriadau ffug,
nid yw'r awdur wedyn byth a beunydd yn edrych dros ei
ysgwydd, fel petai, ac yn gofyn: 'Ydw i'n deg â hwn a hwn neu
hon a hon?' Fi, a dim ond myfi, biau'r cymeriadau ffug. Rhaid
cyfeirio at y mawrion, dangos eu pwysigrwydd mewn hanes a'u
heffaith ar fywydau mwy di-nod, ond, wrth i mi fynd yn hŷn,
rwy'n llawer mwy petrusgar wrth geisio eu dinoethi nhw ar
flaen y llwyfan.
    Y mae un cwestiwn arall ar ôl. Wrth i awdur geisio deall
meddylfryd pobl yn y gorffennol pell, faint ohono ef ei hun sy'n
rhwym o fynd i'w ddehongliad? Llawer iawn, ddywedwn i. I
ddeall rhyw ganrif bell mae'n rhaid iddo drosglwyddo rhywbeth
ohono'i hun i'r ganrif honno. Mae'n amhosibl, gredaf i, iddo
bortreadu'r gorffennol heb fradychu ei ffordd ei hun o edrych ar
bethau.
    Hwyrach mai dyna'r ateb i'r cwestiwn 'Pam nofel hanes-
yddol?' Rhyw giledrych ar ddynion y gorffennol y mae llyfrau
hanes. Mae'r nofelydd yn ceisio agor byd newydd rhyfeddol lle
mae ei brofiadau ef ei hun wedi'u gwau, o reidrwydd, i mewn
i'w gymeriadau.


BRANWEN JARVIS, adolygiad ar *Y Gaeaf Sydd Unig*[2]

Ar gaead hen arch garreg a ddarganfuwyd yn Eglwys Plwyf
Abaty Cwm Hir, cerfiwyd brawddeg yn dechrau â'r geiriau 'Hic
Jacet Mabli . . .' Y Fabli hon a gladdwyd yma yw'r cymeriad
pwysicaf yn nofel ddiweddaraf Marion Eames. Ni wyddom fwy
amdani na'i henw, ond cydiodd Marion Eames yn yr enw
hwnnw a chreu o'i gwmpas gymeriad cofiadwy a byw. Un
gymhleth, stormus, ddioddefus yw Mabli'r nofel. Er bod Tegerin,
un o gynghorwyr y Tywysog Llywelyn, yn dymuno ei phriodi,
Llywelyn ei hun biau ei chariad a'i theyrngarwch oll. Daw cyfle
iddi wasanaethu ei thywysog yn ei waeledd, ond dyma ben
draw y berthynas rhyngddynt. Yn ei siom a'i hunigrwydd try

───────────────────────────

2. Cyhoeddwyd gyntaf yn *Llais Llyfrau* (Gaeaf 1982).

Mabli i fyd y dychymyg am gysur a chynhaliaeth, nes iddi ddod o'r diwedd i ffin gorffwylledd, a cholli cysylltiad â'r byd.

Y mae'r Fabli orffwyll hon yn greadigaeth rymus, a'r portread ohoni'n cyrraedd ei benllanw yn hanes y wledd a baratoes ei thad, Castellydd y Bere, i anrhydeddu Llywelyn ac Eleanor de Montfort. Ond wedi i Lywelyn fod yn dyst i ymddygiad aethus Mabli yn y wledd hon, a fuasai byth wedi rhoi ei wraig feichiog yn ei gofal wedyn, na'i ferch fach amddifad, Gwenllian? Nid yw'r hyn sy'n digwydd yn ail hanner y nofel yn argyhoeddi'n llwyr.

Er mai Mabli a'i helynt yw canolbwynt y nofel, cydredeg y mae ei hanes hi â hanes Llywelyn ei hun, a'r cynghorwr Tegerin yn ddolen gyswllt gelfydd rhwng y ddwy ffrwd. Lluniwyd y nofel hon ar gynfas eang iawn. Mae hi'n cwmpasu chwarter canrif, ac yn mynd â ni heibio i gwymp Llywelyn at gwymp Dafydd ei frawd. Un o ragoriaethau Marion Eames fel nofelydd yw ei gallu i adrodd stori. Mae hi'n storïwr digon medrus i wybod na ellir adrodd hanes cyfnod mor faith yn effeithiol ond trwy ddewis a dethol yn ofalus. Ei dull o wneud hynny yn y nofel hon yw canolbwyntio ar flynyddoedd cynnar Llywelyn, ac yna ar y blynyddoedd olaf. Ac er i'r darllenwr fod yn ddigon cyfarwydd â sgerbwd yr hanes, eto llwyddir i greu tyndra wrth ei adrodd – prawf arall o ddawn storïol y nofelydd.

Wrth ymdrin â Llywelyn, ceidw'r awdures yn glòs at y ffeithiau a'r digwyddiadau hanesyddol, ac eithrio, wrth gwrs, hanes ei ymwneud â Mabli. Mae'n amlwg iddi ymdrwytho yn hanes y cyfnod, ac nid yw'n ceisio ymgadw rhag sôn am y cymhlethdodau gwleidyddol a chymdeithasol. Cyfraith Hywel yn erbyn Cyfraith Loegr; nodweddion y gwahanol urddau mynachaidd; traddodiadau'r hen Eglwys Geltaidd yn brigo i'r wyneb; cenedlaetholdeb Llywelyn, a'r gwrocáu i goron Lloegr; y cynghreirio cyfnewidiol rhwng tywysogion a thaleithiau; y priodasau a drefnwyd er hwylustod gwleidyddol; y mae'r elfennau hyn oll, a mwy, yn cael eu lle dyledus yn yr hanes, ac yn cyfrannu at ddilysrwydd y darlun. Rhaid edmygu trylwyredd Marion Eames yn hyn o beth. Nofel hanesyddol, ie, yn codi o ddychymyg awdur. Ond y mae tipyn o'r hanesydd yn dod i'r amlwg yn ogystal. Hanesydd ymrwymedig, hefyd. Nid oes amau ei hedmygedd o'r Llyw Olaf, na'i chydymdeimlad â'i ddyheadau.

Yn awr ac yn y man, cawn fod y sgrifennu 'cefndirol' hwn yn
ymwthgar braidd. Dyma Mabli, er enghraifft, yn myfyrio ar y
briodas arfaethedig rhyngddi ac Ynyr ap Iorwerth: 'Gwyddai
Mabli mai priodas oedd priodas ac nid oedd disgwyl i ferch
deimlo serch rhamantus tuag at yr un a ddyweddïwyd iddi'n
blentyn. Rhywbeth i sicrhau llinach ac eiddo oedd priodas ac fe
wyddai hithau ei dyletswydd.' Prin fod angen disgrifio un o
arferion cymdeithasol y cyfnod yn ffeithiol foel fel yna. Cyfleir yr
un peth, mewn dull cyfoethocach a chynilach o lawer, yn
anuniongyrchol wrth inni ddarllen hanes priodasau nifer o'r
cymeriadau.

Eithriad, serch hynny, yw gweld y darlunio gofalus ar gyfnod
mewn hanes yn troi'n llafarus. Y mae darnau 'hanesyddol' y
nofel, at ei gilydd, mor naturiol ac esmwyth eu rhediad â'r
darnau naratif dychmygus. Nofel yw hon y caiff llawer bleser o'i
darllen. Gwelwn ynddi broffesiynoldeb dirodres Marion Eames –
mae lle i ddwsin o nofelwyr tebyg iddi yng Nghymru!

# 12

## *Y Pla*

### WILIAM OWEN ROBERTS

Cyhoeddwyd gyntaf gan wasg Annwn, Caernarfon, yn 1987; ail arg., 1992.

Ceir adolygiad a chyfeiriadau at y nofel gan John Rowlands (*Y Faner*, 20 Tachwedd 1987; 'Nofelau Deng Mlynedd: 1979–1988', *Ysgrifau ar y Nofel*, Caerdydd, 1992). Yr awdur ei hun sy wedi sôn helaethaf am ei nofel ei hun a'i hathroniaeth: gweler y ddadl rhyngddo a Marion Eames ynglŷn â'r nofel hanes Gymraeg (*Golwg*, 28 Medi 1989) a'i ysgrif, 'Nes Na'r Hanesydd neu Y Nofel Hanes' (*Sglefrio ar Eiriau*, gol. John Rowlands, Llandysul, 1992). Dadlennol hefyd yw ei sylwadau ar ddrama Howard Brenton, *The Romans in Britain* (1978): daw'n amlwg fod ei dylanwad yn gryf ar dechneg *Y Pla*, ei golygfa glo yn enwedig ('Sensoriaeth yn y Theatr', *Taliesin*, Chwefror/Mawrth 1994, 42–3). Ceir cofnod unigol am y nofel yn yr argraffiad newydd o *Cydymaith i Lenyddiaeth Cymru* (Caerdydd, 1997). Gweler hefyd erthygl Simon Brooks ('Ple'r Pla a Throednodiadau Eraill', *Taliesin*, Gwanwyn 1994), Dafydd Johnston ('Making History in Two Languages: Wiliam Owen Robert's *Y Pla* and Christopher Meredith's *Griffri*', *Welsh Writing in English*, 1997), a hefyd gyfeiriadau Tony Bianchi at y nofel yn ei bennod 'Aztecs in Troedrhiwgwair: Recent Fictions in Wales', yn Ian Bell (gol.), *Peripheral Visions: Images of Nationhood in Contemporary British Fiction* (Caerdydd, 1995). Trafodir y nofel hanes yn nhraethawd ymchwil anghyhoeddedig Enid Jones, 'Y Ddelwedd o Gymru yn y Nofel Gymraeg o Ddechrau'r Chwedegau hyd at 1990' (Ph.D., Prifysgol Cymru, Aberystwyth, 1997), a cheir ganddi ddadansoddiad o *Y Pla*. Mae Gwenllïan Dafydd hithau'n trafod y nofel yn bur helaeth yn 'Ffuglen Gymraeg Ôl-fodern' (Ph.D., Prifysgol Cymru, Aberystwyth, 1999).

Am sylwadau ar y cyfieithiad o'r nofel i Saesneg, *Pestilence* (1991 a 1997), gweler Wil Roberts (*Golwg*, 27 Ebrill 1989) yn ogystal â'r adolygiadau gan Greg Hill (*Books from Wales*, Hydref 1991), John Rowlands

*(Planet,* Rhagfyr 1991/Ionawr 1992), M. Wynn Thomas *(New Welsh Review,* Haf 1991), ac Ioan Williams *(Golwg,* 2 Mai 1991). Fe'i cyfieithwyd hefyd i'r Almaeneg gan Klaus Berr: *Der Schwarze Tod* (1993 a 1995), ac yn ôl nodyn yn *Golwg* (28 Ebrill 1994), gwerthwyd dros 5,000 o gopïau ohoni yn yr iaith honno, 700 yn Saesneg, a thros fil yn Gymraeg.

## M. WYNN THOMAS, adolygiad ar *Y Pla*[1]

Ar ôl darllen tudalen neu ddau ohoni, meddyliwn yn ddigalon na fyddai *Y Pla* yn ddim amgen nag un arall o'r nofelau antur hanesyddol, darluniadol yr oeddwn yn hen gyfarwydd â hwy. Dyma'r ffordd y mae'r bennod gyntaf yn cychwyn: 'Ym mis Medi, 1347, roedd Dirprwy Siryf, ysgrifennydd o'r enw Dafydd Offeiriad, gosgordd fechan o filwyr, minstrel lliwgar a thaeog ar eu ffordd i gwmwd Eifionydd.' Dyna'r awdur, felly, yn mabwysiadu confensiwn hen-ffasiwn yn syth, gan ymrwymo (neu dyna y mae'r arddull yn ei awgrymu) i arlwyo 'gwledd' o ddigwyddiadau a chymeriadau 'lliwgar' bondigrybwyll ar ein cyfer.

Ond y mae'n dda calon gennyf ddweud i mi gael fy synnu – yn wir, fe'm syfrdanwyd. Oherwydd, er bod yr awdur gystal â'i 'air', y mae hefyd yn ein gwneud ni, y darllenwyr, yn ymwybodol, ar hyd yr amser, mai arfer hen ddoniau a thriciau y 'cyfarwydd' y mae, a'u harfer i bwrpas arbennig. Sylweddolais yn raddol mai natur a swyddogaeth stori yw gwir destun y nofel ddifyr, anarferol, soffistigedig, a hynod werthfawr hon drwyddi. Ond peidied neb â meddwl bod hynny'n gyfystyr â dweud mai gêm lenyddol, hunangyfeiriol ydyw. Un o'r syniadau pwysicaf sy'n ymhlyg yn y nofel yw mai storïau crefyddol sydd ar hyd y canrifoedd wedi bod yn brif feithrinfa ideoleg. Hynny yw, yr oedd ymwybyddiaeth gyfeiliornus am drefn pethau, syniadaeth a oedd yn cyfreithloni'r patrwm cymdeithasol anghyfiawn a oedd yn bod, yn cael ei hybu gan batrwm a chynnwys chwedlau a chwedloniaeth o bob math. Meddylier, er enghraifft, am y darlun traddodiadol o gymdeithas a gyflwynir yn y storïau hynafol aneirif hynny am deyrnas sy'n mynd â'i phen iddi am fod y brenin yn nychu, neu am ei fod wedi mynd oddi cartref am gyfnod maith. Unwaith y mae ef yn gwella, neu'n dychwelyd,

---

1. Cyhoeddwyd gyntaf yn *Llais Llyfrau* (Gaeaf 1987).

y mae'r wlad gyfan hithau yn cael ei hadfer i'w gogoniant cynhenid.

Dyma un o'r lliaws o batrymau neu 'gonfensiynau' llenyddol ac iddynt oblygiadau cymdeithasol pellgyrhaeddgar y mae *Y Pla* yn eu harchwilio ac yn eu defnyddio at ddibenion pur chwyldroadol. Yn eu plith y mae ffars amrwd; anturiaethau picarésg; stori y tu mewn i stori; cymeriadau'n smalio bod yr hyn nad ydynt; storïau am wyrthiau ac am ddigwyddiadau goruwchnaturiol; a'r ddyfais o ddanfon diniweityn ar daith drwy wlad estron. Gan mai nofel am yr Oesau Canol yw hon, ar un lefel o'i bod beth bynnag, y mae'r awdur wedi dewis dynwared y defnydd a wnaed o rai o'r confensiynau hyn gan nifer o storïwyr amlycaf y cyfnod hwnnw, gan gynnwys Chaucer, Dafydd ap Gwilym a Boccaccio. Cyfarfyddwn â Boccaccio ei hun yn y stori, a chlywn ei farn ef am lenydda: 'Dwi innau chwaith ddim yn gweld diben sgwennu dim byd ymhonnus nad ydi neb yn 'i ddallt. Straeon syml, doniol am fywyd pob dydd bia hi bob tro. Adloniant.'

Ai dyna athroniaeth Wiliam Owen Roberts hefyd, felly? Wel, nage, debygwn i. Fe faentumiwn i ei fod yn ein hatgoffa am y *Decameron* er mwyn lledawgrymu nad cadwyn o straeon i ddifyrru'r amser tra mae'r 'pla' (cyfalafol?) yn difrodi'r byd cyfoes o'n cwmpas yw ei nofel ef. Ond er ei fod yn amlwg yn credu y gall llenyddiaeth fod 'yn rym er newid y byd', fe ŵyr hefyd mai drwy gyfrwng stori y gellir gwneud hynny orau o hyd. Y paradocs yw fod angen stori newydd 'wir' i ddinoethi ac i ddisodli'r hen storïau 'gau' a fu'n hudo'r meddwl dynol cyhyd, ac yn tawel bennu patrwm bywyd cymdeithas.

Yn ein cyfnod ni, byd y ffilmiau sydd wedi cynhyrchu nifer o'r storïau mwyaf dylanwadol, ac os yw *Y Pla* yn cychwyn gyda chyfeiriad at Boccaccio, y mae'n gorffen â chyfeiriad at y sinema. Erbyn hyn y mae pawb yn hen gyfarwydd â'r arferiad sinematig o orffen *Western* gydag ymddangosiad rhagluniaethol y Cafalri. Wel, ar ddiwedd y nofel hon y mae'r confensiwn hwnnw'n cael ei ystumio yn fwriadol. Nid fersiwn ffyddiog John Wayne o America a geir yn *Y Pla*, eithr awgrym o'r weledigaeth hunllefus a fynegwyd yn ffilm enwog Francis Ford Coppola, *Apocalypse Now*. Yno y mae'r hofrenyddion bygythiol a'r awyrennau difaol sy'n cynnal grym ymerodraeth gyfalafol fyd-eang wedi cymryd lle'r hen achubwyr arwrol ar gefn eu ceffylau.

Gan fod ystyr ac arwyddocâd y nofel ardderchog hon yn ymhlyg yn natblygiadau annisgwyl y stori, ni fyddai'n deg i mi ddatgelu cyfrinachau'r plot carlamus, dyfeisgar. Felly, ni wnaf ddim ond crybwyll fod yma ddwy stori sy'n plethu'n un yn y pen draw. Yn y naill ceir hanes y rhai sy'n byw o dan y drefn ffiwdal mewn cwmwd yn Eifionydd, ac yn ufuddhau i awdurdod y llys, y gyfraith, a'r eglwys. Yn y llall fe ddilynwn hynt a helynt Mwslim o'r Aifft sy'n teithio ar draws Ewrop. Eisoes ar gychwyn y nofel y mae bygythiad y pla yn cyniwair ym meddyliau pawb, ac yn cythruddo'u dychymyg nes peri iddynt gredu fod Diwedd y Byd yn agos. Erbyn diwedd y nofel y mae'r pla wedi ymweld â phob cwr o Brydain a'r Cyfandir, gan ddatod cwlwm cymdeithas a chan ddryllio'r hen gyfundrefn bwdr yn deilchion. Beth wedyn a gymer ei lle? Wel, cyfundrefn fasnachol farus, bid siŵr; rhagflaenydd system gyfalafol y byd modern.

Afraid dweud fod yr awdur wedi defnyddio'i wybodaeth fanwl, gywir am goel ac arferion yr Oesau Canol i lunio darlun sydd yn cynnig golwg ar hytraws i ni ar gyflwr ein cymdeithas gyfoes. Ac y mae'n ein hysbysu o'r cychwyn mai dyna'i fwriad. Enghraifft yw hynny o'r beiddgarwch blaengar sy'n nodweddu ei ddull ef o sgrifennu. Enghraifft bellach o'i barodrwydd i fentro ac i arloesi yw'r ymdeimlad o ffyrnigrwydd cignoeth a geir yn ei ddisgrifiadau o ddigwyddiadau treisgar. Yn wir, y mae'r nofel aflonydd, gyffrous hon drwyddi yn brawf hynod galonogol fod modd atgyfnerthu'r iaith Gymraeg fel ag i roi min arni o'r newydd, a'i defnyddio fel arf deallusol i ddisgrifio ac i ddadansoddi'r agweddau mwyaf gerwin a mwyaf gwrthun ar gydberthynas pobl â'i gilydd yn y gymdeithas sydd ohoni.

## GERWYN WILIAMS yn holi Wiliam Owen Roberts[2]

*GW:* Nid nofel hanes yn nhraddodiad nofelau hanes Rhiannon Davies Jones neu Marion Eames mo'r *Pla* ac nid myneich defosiynol T. Gwynn Jones na phendefigaeth wâr Saunders Lewis sy'n crwydro ar hyd ei thudalennau chwaith. Dilynaist lwybr go 'wahanol' i'r cyfryw ynddi.

---

2. Cyhoeddwyd y sgwrs yn llawn yn *Barn*, 305 (Mehefin 1988).

WOR: Man cychwyn *Y Pla* yn bendant – waeth imi gyfaddef hynny ddim – oedd fel gwrthbwynt uniongyrchol i'r math o nofelau hanes oedd yn cael eu sgwennu yn y Gymraeg. Gwrthbwynt penodol mewn gwirionedd i *Y Gaeaf Sydd Unig*, Marion Eames, a *Betws Hirfaen*, John Griffith Williams, achos mae'r nofel wedi'i lleoli hanner ffordd union rhwng cyfnod y ddwy nofel yna. Mae'r naill am ddiwedd teyrnasiad Llywelyn a'r llall am wrthryfel Glyndŵr. Mi rydw i yn y canol rhyngddynt a chrybwyllir mo Llywelyn na Glyndŵr yn y nofel unwaith. Ac ymgais gwbl ymwybodol ydi'r *Pla* i drio unioni'r cam mawr sy wedi cael ei wneud â hanes Cymru ac i drio cynnig *critique* Marcsaidd o ffiwdaliaeth. Trio gwneud job go-iawn o ffiwdaliaeth a thrio deall sut oedd deinamig y gymdeithas ffiwdal yn gweithio a beth oedd yn ei chadw hi ynghyd. Ymgais, felly, i sgwennu nofel Farcsaidd Gymraeg am ffiwdaliaeth. Dydw i ddim yn gweld unrhyw rinwedd mewn moli a chanmol yr Oesoedd Canol: dydw i erioed wedi'i gweld hi fel oes aur. I mi roedd o'n gyfnod ffiaidd iawn iawn iawn a'r unig beth oedd yn cadw'r gymdeithas yna ynghyd oedd trais. Fel America heddiw sy'n *military industrial complex*: math o gymdeithas wedi'i sylfaenu ar yr eglwys, ar filitariaeth, ac ar economi a oedd yn golygu cadw rhai pobl ar y tir i gynhyrchu bwyd i gadw'r eglwys a'r milwyr i fynd. Dyna pam fod cymaint o drais yn y nofel am ei bod yn trio adlewyrchu'r trais a oedd ymhlyg mewn ffiwdaliaeth.

GW: Rwyt ti'n dod â'r cyswllt hwnnw efo America y cyfeiriaist ato rŵan i mewn reit ar ddiwedd y nofel gyda dyfodiad yr hofrenyddion, y lorïau a'r tanciau milwrol.

WOR: Mae lot o bobl wedi fy holi am y diwedd. Be sy 'na yn y pen draw ydi dangos sut y mae cymdeithas wedi datblygu o fod yn gymdeithas ffiwdal i fod yn gymdeithas gyfalafol gryf a chymdeithas imperialaidd gryf. Fel y mae America heddiw – sef y bygythiad mwyaf i heddwch y byd – yn gormesu pobl mewn gwledydd llai datblygedig na hi ei hun. Felly y gwnaeth hi yn Vietnam a dyna mae'n ei wneud rŵan yn Nicaragua a Honduras ac yng ngwledydd y Trydydd Byd. A be rown i'n trio'i wneud oedd cyplysu'r holl bethau hynny a'i wneud o'n real.

GW: Go brin fod *Y Pla* yn nofel 'ddyrchafol': bron nad ydi'r holl

sylw i'r arisel sydd ynddi – Ibn yn syrthio i ganol y geudy neu'n
ysbeilio corpws yr archesgob – yn chwalu pob iot o gysur a
gynigir yn aml mewn nifer o nofelau hanes. Y cyhuddiad olaf yn
ei herbyn fyddai'r un o ddianc i orffennol euraid ar garped hud
geirfa gwrtais, aruchel!

*WOR*: Yr unig beth a alla'i i ddweud am hynny ydi fy mod i,
trwy wneud ati'n ymwybodol fwriadol i sgwennu mewn dull
Marcsaidd gan drio arddangos sut y mae system yn cadw pobl i
lawr, wedi trio bod yn wrtharwrol. Gwrtharwr ydi Ibn, ar waetha
pob dim. Yn y cyd-destun Cymraeg, rydw i wedi trio pellhau
oddi wrth arwriaeth ac archwilio cwmwd a bywydau lot o bobl.
Mae bywydau lot fawr o bobl yn bwysig – sy'n mynd yn groes i'r
nofel hanesyddol ramantaidd lle rwyt ti'n dilyn bywyd dy
Lywelyn neu dy Lyndŵr, dy ddynion *macho*. Mynd yn gwbl
groes i hynna a chymryd cymaint o bobl ag y gelli di ar y
panorama. Ibn, mewn gwirionedd, ydi'r unig arwr, ond
roeddwn i'n trio'i wneud o'n wrtharwr. O ran arddull, dewisais
beidio â sgwennu mewn iaith ramantaidd ond yn hytrach cael
cymaint o arddulliau ag sy'n bosibl – arddull Ellis Wynneaidd,
mewn ffordd – ond dy fod ti'n sgwennu rhai darnau mewn
arddull Gymraeg glasurol, Cymraeg cain iawn, ac ar ddiwedd
hynny'n taflu *grenade* i mewn a'i chwalu a mynd yn syth at
faswedd. Parodïo hefyd 'run fath â'r *Decameron*, parodïo
arddulliau arbennig a thrio torri'r peth i fyny, trio'i chwalu.

*GW*: Dull Brechtaidd, felly, sy'n dieithrio'r darllenydd ac yn ei
rwystro rhag uniaethu â chymeriadau?

*WOR*: Ia, peidio â suo neb i mewn i'r llyfr efo'r arddull; chwalu
hynna er mwyn tynnu sylw'r darllenydd at yr hyn yr ydw i'n
trio'i ddweud . . . A bod yn berffaith onest, wn i ddim yn iawn be
rown i'n trio'i wneud yn *Bingo!*. Nofel arbrofol oedd hi i mi am
nad oeddwn i erioed wedi gwneud unrhyw beth felly o'r blaen;
roedd hi'n gyfle i chwarae o gwmpas efo'r ffurf. Mi fydda i'n dal
i chwarae o gwmpas efo'r ffurf: yn ail ran *Y Pla*, er enghraifft,
dwi'n gollwng stori Ibn ar ddiwedd y rhan gyntaf, dechrau stori
hollol newydd yn Genoa, ac yna'n dod ag Ibn i mewn ar
ddiwedd y stori honno. Roeddwn i'n trio symud y persbectif.
Mae'r un peth yn wir am *Bingo!*: yr un peth roeddwn i'n trio'i

wneud yn fanno ond nad oeddwn i mor ymwybodol ohono fo ag yn *Y Pla*. Mi fûm i'n darllen nofel ddiweddar Peter Ackroyd, *Chatterton*, ac mae o'n cydblethu naratif ar dair lefel ac erbyn y diwedd dwyt ti ddim yn siŵr be 'di be. Mae'n cymryd lot fawr o brofiad ac o ddisgyblaeth cyn bod rhywun yn gallu gwneud hynny'n hollol foddhaol ac yn *Bingo!* yn sicr dydi-o ddim yn hollol iawn – nac yn *Y Pla* chwaith. Ond efallai efo'r nofel nesa neu'r un wedyn y bydda i wedi'i gael o'n well.

SIMON BROOKS yn holi Wiliam Owen Roberts[3]

WOR: Ond o symud ymlaen at *Y Pla*, mae'n rhaid cofio imi ei sgwennu hi rhwng 1984 a 1986, ac mi gafodd ei chyhoeddi ym mis Gorffennaf 1987. Nofel yn perthyn i'w chyfnod ydi hi oherwydd cyn hynny roedd 'na nifer o nofelau hanes wedi ymddangos sef *Y Gaeaf Sydd Unig* Marion Eames a rhai Rhiannon Davies Jones a Nansi Selwood. A chyn hynny roedd 'na stoc o nofelau hanesyddol rhamantaidd, a rhai naturiolaidd eu harddull a gweddol gonfensiynol eu technegau. Er enghraifft, dwi'n cofio astudio *Y Stafell Ddirgel* yn yr ysgol. Felly roedd *Y Pla* yn ymdrech ymwybodol i chwalu'r math yna o greadigaethau gan ei gwneud hi'n bosibl dehongli neu ailddehongli hanes o'r newydd. O ran *critique* dwi'n dal i feddwl bod y dadansoddiad Marcsaidd yn dal dŵr. Ac fel dywedais i gynnau wrth sôn am fetaffuglen doedd dim ymgais i guddio technegau naratif y nofel. Un o'r dylanwadau mwyaf arna i ar y pryd oedd *Bywyd Galileo* Bertolt Brecht. Yr un frawddeg sy'n cloi *Y Pla* ag sy'n cloi drama Brecht sef araith Andrea, disgybl y mathemategydd wrth groesi ffin yr Eidal wrth smyglo copi o'r *Discorsi* allan o'r wlad i'w gyhoeddi yn Amsterdam. Mae Andrea'n gweld ofergoeliaeth ar waith ac yn ceryddu hogyn bach trwy ddweud:

> Dwi heb ateb dy gwestiwn di, Guiseppe. Na, elli di ddim hedfan trwy'r awyr ar ffon. Fydda'n rhaid iti gael peiriant arni. Ond does mo'r fath beiriant yn bod. Efallai na fydd byth, achos fod dyn yn rhy drwm. Ond does dim modd inni wybod hynny. Dydan ni ddim

3. Cyhoeddwyd y sgwrs yn llawn yn *Tu Chwith*, 2 (Haf 1994).

yn gwybod hanner digon, Guiseppe. Dydan ni ond wedi megis dechrau.

. . . daw hyn â fi yn ôl at Brecht. Mae o newydd fy nharo fi rŵan mai efallai oherwydd ei ddylanwad o y mae cymaint o ddarnau gosod theatrig yn y nofel: yn llys y Pab, yn theatr Brenin Ffrainc, darnau hollol annofelyddol felly. Gyda llaw, mae'r stori am yr ellyll mae Chwilen Bwm yn ei hadrodd wedi ei chodi o chwedloniaeth Siapaneaidd ac mae elfen o drawsrywiaethu a thrawswisgo yn y chwedl wreiddiol wrth i'r ellyll wisgo croen merch.

SB: Dyna enghraifft yn Y Pla sydd wedi'i chodi o destunau eraill, sef yr hyn y mae pobl sy'n darllen ar gam yn ei alw yn llên-ladrad ond sydd, mewn gwirionedd, yn enghraifft o ryngdestunoldeb.

WOR: Baswn i'n galw'r peth wrth enw arall, sef 'mewndestunoli'. Mae o'n awgrymu proses lawer iawn mwy digywilydd a defnyddio deunydd i bwrpas o'i aildrosi i ddibenion eraill. Mae Awstin Sant wedi ei chael hi. A Sant Jerôm a Thomas Acwin.

SB: Ar ran y Cymry mae Bobi Jones yn llefaru fel difyrrwr llys Pab Clement VI.

WOR: Ac mae Rhiannon Davies Jones yno hefyd. Mae'r olygfa hefo'r ddau fardd, Iasbis ap Dafydd a Chadwgan ap Ifor, yn clera yn Eifionydd yn barodi ar Eryr Pengwern.

SB: Dwi'n licio'r darn efo Bobi. Gwych iawn.

WOR: Roeddwn i'n gweld hynny'n ddigri iawn. Y jôc ddeallusol bod geiriau Calfinydd yn cael eu dodi yng ngenau difyrrwr awdurdod penna'r Eglwys Gatholig.

# 13

## *Si Hei Lwli*

### ANGHARAD TOMOS

Cyhoeddwyd gyntaf gan Y Lolfa, Talybont, yn 1991; 3ydd arg., 1992.

Enillodd Angharad Tomos y Fedal Ryddiaith yn 1991 gyda'r nofel hon: gweler sylwadau Prys Morgan, John Rowlands a Meg Elis (*Cyfansoddiadau a Beirniadaethau Eisteddfod Genedlaethol Frenhinol Cymru yr Wyddgrug 1991*). Fe'i hadolygwyd hi gan Ruth Williams (*Golwg*, 26 Medi 1991) ac Alun Jones (*Llais Llyfrau*, Gaeaf 1991). Ceir sgwrs rhwng yr awdures a Menna Baines yn *Barn* (Hydref 1991). Am arolwg beirniadol o waith yr awdures, gweler Katie Gramich yn *Golwg*, 10 (16, 18 Rhagfyr 1997). Gweler hefyd y cofnod am yr awdures yn yr argraffiad newydd o *Cydymaith i Lenyddiaeth Cymru* (Caerdydd, 1997).

Cyfieithwyd y nofel i'r Almaeneg gan Sabine Heinz dan y teitl *Eia Popeia* (1995).

## JOHN ROWLANDS, 'Hwiangerdd Diwedd Oes'[1]

'Y Daith' oedd y teitl a osodwyd ar gyfer cystadleuwyr y Fedal Ryddiaith yn Eisteddfod Bro Delyn 1991. Golyga taith symud o fewn gofod – mynd o un fan i'r llall, o le i le. Mae'n cyfleu rhyw anniddigrwydd, rhyw deimlad o fan gwyn fan draw, rhyw ysfa i archwilio pob posibilrwydd. Mae'n groes i ferddwr, i dawelwch, i aros yn yr unfan, i fod yn yr un rhigol byth a hefyd. Mae taith yn cynnig cyffro yn lle undonedd, adfywiad yn hytrach na chwsg, bywyd yn hytrach na marwolaeth. Y delweddau sy gennym o henaint yw rhywun wedi mynd i'r gongl, wedi'i gaethiwo yn y tŷ neu'i garcharu yn ei wely. Mewn cyferbyniad

---

1. Cyhoeddwyd gyntaf yn *Barn*, 353 (Mehefin 1992).

mae ieuenctid yn llawn o fynd – mae 'na awydd i weld y byd, i
ehangu gorwelion, i brofi pethau newydd. Felly mae defnyddio
taith fel delwedd am fywyd yn hollol addas. Ond lle mae taith yn
symudiad trwy ofod, mae bywyd yn symudiad trwy amser.
Trawiadol felly oedd cyfuno mwy nag un daith yn *Si Hei Lwli*
– taith ofodol mewn car, a hefyd daith amseryddol trwy fywyd.
Ac roedd gosod dwy ferch yn y car – un yn ifanc a'r llall yn hen
– yn fodd pellach o danlinellu'r ail daith. Oherwydd yr hyn sydd
gennym yn y bennod gyntaf yw bwrlwm ieuenctid. Mae'r
adroddreg yn berwi drosodd gan frwdfrydedd, wedi gwirioni ar
gyflymder y car:

> Rydw i'n credu fod dyn yn cael ei eni ddwywaith. Un waith pan ddaw
> allan o groth ei fam, a'r eilwaith pan mae o'n pasio ei brawf gyrru.

Mae'n gweld y ffordd yn 'ymagor o'm blaen', ac mae miwsig y
radio 'yn cyrraedd crescendo hyfryd' sy'n cyfleu'r awydd am
ryw ffrwydrad orgasmaidd o bleser. Defnyddir geiriau fel
'anghyfrifol' a 'gwallgo' i ddisgrifio'r profiad. Mae Bigw (er y
cawn ar ddeall ei bod yn hen, hen wraig cyn bo hir yn y nofel) yn
cael ei gweddnewid yma'n ferch ifanc gyda'i gwaed yn ferwedig:

> teimlaf wres corff Bigw, ei gwallt gwinau yn llifo'n donnau dros ei
> 'sgwyddau, ei chorff ifanc fel f'un innau yn eiddgar am gynnwrf,
> am syndod, am wefr yr annisgwyl.

Mae'r ddwy'n 'chwerthin yn ddrwg' ac yn 'mwynhau bod yn
ddrwg', gan awgrymu rywsut fod yna ryw awch mewn person i
dorri dros y tresi, i falurio cadwynau confensiwn, a bod byw
ynddo'i hun yn broses o yrru fel Jehu, neu fynd fel cath i
gythraul, heb falio am y rheolau.
Atalnodir y cyfan gan y tair brawddeg fer:

> Rhydd wyf . . .
> Ifanc wyf . . .
> Byw wyf . . .

Y paradocs, wrth gwrs, yw mai'r teithio yn hytrach na'r cyrraedd
sy'n rhoi pleser. Ac mae'r hen wraig, Bigw, ar fin 'cyrraedd' fel
petai: hynny yw mae hi ar drothwy marwolaeth. Ai dyna'r hyn

rydym i gyd yn ysu am roi'n troed ar y sbardun er mwyn ei gyrraedd? Mae marwolaeth yn hollol groes i daith, wrth gwrs: mae'n ddiddymdra, yn llonyddwch, yn fudandod – 'llithro i'r llonyddwch maith yn ôl', meddai Parry-Williams; 'mynd yn fud at y mud', meddai Saunders Lewis. Ac eto fedrwn ni ddim dianc. Gêm dwyllodrus yw'r cyfan, mewn ffordd. Fe blannwyd rhyw ysfa ynom, ac mae'n rhaid inni ddilyn yr ysfa honno, ac mae hi'n union fel ysfa am farwolaeth. Efallai i'r rhamantwyr gyfleu'r ddeuoliaeth yna'n effeithiol iawn wrth gyplysu serch a marwolaeth. Mae Trystan ac Esyllt yn marw ym mreichiau'i gilydd yn opera Wagner, ac Esyllt yn canu'r *Liebestod* enwog, sy'n gymysg o gyfaredd ecstatig serch ac o drasiedi marwolaeth.

Cyfleu'r elfen drasig mewn bywyd a wna Angharad Tomos hithau, trwy ddangos henaint yn ei holl hagrwch creulon, a'i gyfosod yn iasol o eironig ochr yn ochr â bwrlwm ieuenctid a momentwm y daith tuag ato. Fe ddaw eironi'r teitl yn amlwg wedyn. Hwiangerdd â'i hwyneb i waered yw'r nofel – hwiangerdd i hen wraig sydd yn ei hail blentyndod, ac yn cael ei suo i gysgu yn ei marwolaeth. Nid hwiangerdd swynol-felys y plentyndod cyntaf sydd yma, ond hwiangerdd chwerw dost yr ail blentyndod.

Un o'r pethau eithriadol ynglŷn â'r nofel hon yw'r realaeth gignoeth sy'n fodlon edrych ym myw llygad ffeithiau caled a chreulon. Bydd henaint yn aml iawn yn cael ei bortreadu gyda rhyw anwyldeb cynnes. Mae hen bobl yn ffwndro, ydyn, ond trwy'r cwbl maen nhw fel arfer yn gallu cyfathrebu'n dda â'r ail genhedlaeth. Byddem yn disgwyl i Eleni (adroddreg y nofel hon) allu tynnu 'mlaen yn dda efo'i hen fodryb Bigw, chwaer ei nain. Pump ar hugain yw Eleni (ac mae'i henw'n pwysleisio'i hieuenctid), ond mae Bigw yn 'naw-deg-rwbath', ac yn wir, cawn wybod yn nes ymlaen 'ei bod yn agosáu at gant'. Act o garedigrwydd ar ran Eleni yw mynd â hi allan o gartre'r henoed am dro yn y car i fynd i weld bedd ei chwaer Hanna (nain Eleni). Dydi hi ddim yn cyrraedd y fynwent tan bennod ola'r nofel, ond mae 'na nifer o fân bethau'n digwydd ar y ffordd – megis aros mewn caffi am baned o de, galw mewn garej a phrynu blodau i'w rhoi ar y bedd, a chael pynctiar ar y ffordd. Ond wrth gwrs digwyddiadau bach cyffredin yw'r rhain ac nid rhyw bethau daeargrynfaol eu harwyddocâd. Nid stori unionsyth yn symud yn llinellog o A i B sydd yma wedi'r cwbl, ond yn hytrach fosëig

neu frithwaith o argraffiadau yn y presennol wedi'u hasio ag
atgofion o bob math am y gorffennol. Bob yn dipyn mae 'na
ddarlun hynod grwn a chymhleth o Bigw'n ymffurfio.
Fe ddefnyddiwyd techneg eithaf diddorol er mwyn
dadlennu'r mosëig cymhleth hwn yn raddol. Ar yr wyneb, yr
hyn sydd gennym yw taith mewn car, ond hyd yn oed yn ystod
y daith honno, mae meddyliau'r cymeriadau'n crwydro, ac felly
fe gawn gip ar y gorffennol yn ogystal. Wrth fynd yn y car rydym
yn y presennol hedegog, ond yn llithro'n ôl wedyn trwy
feddyliau Eleni at bytiau o atgofion. Mae Eleni hefyd yn cofio
pethau a glywodd am Bigw, ac yn eu hail-greu fel petaen nhw'n
digwydd ar y pryd (e.e. Bigw'n darganfod ei mam yn farw yn y
llofft – nid Bigw'i hun sy'n adrodd hyn, ond Eleni, a dim ond
wedi clywed am y peth yn ail law y mae hi, felly mae'i
dychymyg ar waith i'w ail-greu fel petai'n brofiad byw). Fe
ddefnyddir y trydydd person hefyd, gan newid y persbectif yn
llwyr ambell waith, gan ein bod yn gallu gweld Eleni ei hun o'r
tu allan. Ond defnyddir y trydydd person hefyd i adrodd rhai o
brofiadau Bigw o safbwynt Bigw.

Felly mae'r persbectif yn newid trwy'r amser, fel nad portread
unffurf ac unochrog a gawn o gwbl. Ond i gyfoethogi pethau
ymhellach, mae amser yn newid hefyd. Er bod y daith yn y car
yn cael ei chyfleu fel petai yn digwydd yn y presennol, rhith yw
hynny, oherwydd mae Bigw wedi marw cyn dechrau'r nofel, fel
petai. Mae'n wir mai'n raddol y down i ddeall hynny. Ac eto,
mor gynnar â'r drydedd bennod cawn glywed: 'Fydd hi ddim
yma Dolig yma.' Yn nes ymlaen yn y nofel cawn glywed y neges
ffôn a gaiff Eleni i ddweud fod Bigw wedi marw, a chawn hanes
ei chynhebrwng. Ac eto mae'r nofel yn gorffen, fel y dechreuodd,
gyda'r daith yn y car. Mae'n rhaid, felly, mai cofio am y daith
honno ar ôl i Bigw farw y mae Eleni.

Mae'r holl newid lefelau yma yn gyfle gwych, wrth gwrs, i greu
eironi, ac i siocio'r darllenydd, a pheri iddo ymateb yn ddwysach
i baradocs y sefyllfa. Sylweddolir yn fuan iawn nad oes dim byd
yn union fel y mae'n ymddangos ar yr wyneb. Er bod Bigw'n
llongddrylliad o hen wraig, mae hithau'n cynnwys nifer o haenau
o brofiad nad oedd Eleni'n ymwybodol ohonynt. Turio dan yr
wyneb i ddatgelu'r amrywiol haenau hynny a wna'r nofel.

Roeddwn yn dweud bod y portread o Bigw yn greulon o
onest. Dyma rai dyfyniadau:

Hen g'nawes grintachlyd oedd hi . . .

Dydi ei meddwl hi yn ddim ond set radio o'i chymharu â'r teledu
lliw sy'n eiddo i mi.

Roedden ni'n hanner ofni, petasen ni yn ei symud o'i chadair, y
byddai hi yn dod yn rhydd oddi wrth ei gilydd i gyd.

Gwneir hwyl am ben ystumiau Bigw wrth i honno geisio bwyta
neu yfed. Er enghraifft:

> 'Dwy a dipyn bach' fydda hi'n licio yn ei the bob tro, a'r 'dipyn
> bach' yn unig fyddai'n canfod ei ffordd i'r gwpan.

A'r Nadolig cyntaf ar ôl iddi farw, dydi hi ddim yn cael dod i gael
cinio Dolig at Eleni:

> Cafodd ei hesgusodi rhag dod eleni, a dwi'n siŵr ei bod hi'n
> andros o falch am hynny . . . Beth fyddai'n digwydd eleni pe bawn
> i'n cychwyn ar fore Nadolig i'w nôl? I fyny Allt Penlan i'r fynwent,
> a'i chodi hi, asgwrn wrth asgwrn, o'r pridd? Ei lapio hi mewn siôl,
> a dod â hi adre? Fydda hi ddim cymaint â hynny'n oerach, a fasan
> ni'n dal i allu ei symud o gwmpas mewn cadair olwyn.

Mae'n swnio'n *macabre*, yn gwbl ansentimental, yn ymddangos-
iadol ddihiraeth, fel petai Eleni wedi'i meddiannu gan ryw
siniciaeth eithafol, ac yn mynnu llyncu'r wermod chwerw i'r
gwaelod heb unrhyw gysur i'w melysu. Dyma hi eto (wrth sôn
am sgerbwd Bigw):

> waeth i'w ffrâm fod wedi ei gladdu mewn pridd neu wedi ei daflu
> i waelod y môr na'i fod yn un man arall. Efo'i hesgyrn, mi allen ni
> fod wedi gwneud rhywbeth defnyddiol – megis hors ddillad i
> sychu dillad o flaen y tân.

Fe all y math yna o sgrifennu ymddangos yn ddidostur ac
annynol. Dydw i ddim yn meddwl ei fod felly. Yn hytrach, rhyw
sychder crin, diddagrau ydyw, crafu gwaelod tristwch, pan fo'r
tristwch hwnnw'n rhy ddwfn i ddagrau. Ceir y teimlad fod y
nofel yn cyffwrdd â'r cwestiynau sylfaenol am fywyd a

marwolaeth, yn holi a stilio heb ddod o hyd i atebion rhwydd o gwbl. Yr hyn sydd yma yn y pen draw yw gweledigaeth o wyrth drasig bywyd. Mae Eleni, er enghraifft, yn syllu (yn rhythu, a dweud y gwir) ar wyneb Bigw, ac yn methu amgyffred fod yr wyneb hwnnw wedi bod unwaith yn wyneb babi:

Does bosib fod y wyneb hwn unwaith wedi perthyn i ferch, i blentyn, i fabi!

Wrth weld weiren y peiriant clywed-yn-well yn dod o'i chlust, fe ddywed hyn:

mae'r weiren sy'n dod allan o'i chlust fel tasa weiars ei ymennydd eisoes wedi dod yn rhydd ac yn canfod eu ffordd arall.

Ond nid rhyw gomedi ddu sydd yma chwaith, ond ysfa ddilys i ddeall pethau, i gyfathrebu, i fynd heibio i'r olygfa sydd ar yr wyneb at yr arwyddocâd dwfn:

Yswn am gael cyffwrdd yn yr wyneb hwn, am gael mynd i mewn iddo a thynnu'r cynfasau llwch a orchuddiai bopeth.

Astudiaeth o amser yw'r nofel, mewn ffordd, astudiaeth o rym dinistriol amser. Nid yw Eleni'n dweud hynny mewn cynifer o eiriau, ond mae'r holl sefyllfa'n ensynio mai fel Bigw y bydd hithau rywbryd. Ar y dechrau, mae'n wir, digon di-hid yw Eleni, yn trin Bigw fel tipyn o niwsans, gan gymryd yn ganiataol am wn i mai rhyw greadures annioddefol fu hi erioed. Ond yn y pen draw, ei dangos yn deffro'n raddol a wna'r nofel, i sylweddoli nad un fel'na oedd Bigw bob amser, a bod i'w bywyd hithau haenau dirgel a difyr na wyddai hi affliw o ddim amdanynt o'r blaen. Felly, er gwaetha'r caledwch ymddangosiadol, er gwaethaf miniogrwydd cyllellog a chreulon y portread o Bigw ar y dechrau, yr hyn a welwn yn y nofel yw tosturi Eleni'n cael ei ddeffro, ei dealltwriaeth o Bigw'n dyfnhau, a'i chydymdeimlad at fywyd yn ymagor yn gyfoethog.

Fe ddigwydd hynny, wrth gwrs, pan ddadlennir gorffennol Bigw inni yn raddol. Enw anwes oedd Bigw (os anwes hefyd: roedd Eleni'n ei weld yn 'bigog'!). Anodd credu bellach mai Elisabeth oedd ei henw iawn, ac mai Lisi oedd hi i'w theulu a'i ffrindiau. Fe fu mewn ysgol breswyl i ferched yn Lloegr a chael ei chyfri'n rhywun o bwys fel merch y banc. Fe gafodd hithau ei siâr o helbulon a phrofedigaethau: colli'i mam yn drawmatig sydyn a dirybudd (ac fe gyfleir hunlle'r profiad hwnnw yn arbennig o wych ar dudalennau 28–30):

> Chysgodd Lisi ddim am flynyddoedd wedyn. Byddai'n cau ei llygaid bob nos ac yn eu hagor bob bore, ond phrofodd hi ddim y cwsg dwfn hwnnw sy'n rhoi gorffwys i'r enaid.

Ond (syndod y byd) roedd ieuenctid Lisi (Bigw) yn llifeiriant o hwyl hefyd. Mae'n cofio'r partïon gwyllt yn Isfryn, cofio gwrando'r phonograff. Sut y gellir coelio i'r hen wraig grimp yn y car fod unwaith yn wefr o'i chorun i'w sawdl? Bellach, fodd bynnag, mae teulu Isfryn wedi diflannu oddi ar wyneb y ddaear:

> 'Mi laddwyd Bertie yn y Rhyfel a lladd ei hun wnaeth Johnnie. Gollodd eu mam ei phwyll. Wn i ddim be ddigwyddodd i Harriet, mae'n rhaid ei bod wedi mynd i ffwrdd.'

Darn arall o brofiad Bigw sydd fel marworyn yn cochi'n eirias yn ei chof yw hanes ei brawd Harri. Cyfleir cynhesrwydd emosiynol eu perthynas, a'r drasiedi fawr o glywed am farwolaeth Harri yn y Rhyfel:

> Gadawodd i'r gofid gronni ynddi gan fynd yn drymach bob dydd.

Mae hanes perthynas drydanol Bigw â'i chariad Ellis yn wefreiddiol. Person yn byw bywyd i'r eithaf oedd Ellis, yn mynnu profi pob profiad ar ei anterth, ac yn anfodlon wynebu dadfeiliad a dirywiad canol oed a henaint:

> Phrofodd hi rioed neb arall a allai garu gyda'r fath angerdd, y fath frys, y fath nwyd gwallgo rhemp, oedd yn cywasgu oes gyfan i flynyddoedd prin ieuenctid. Am nad oedd ganddo yfory, dim cydwybod am heddiw, dim hiraeth am ddoe, dyna pam y'i carai.

Ond fe laddwyd Ellis yn chwech ar hugain oed ar gyflymder o naw deg milltir yr awr, a'r awgrym diamwys yw mai hunanladdiad oedd hynny.

Yr hyn sy'n rhyfeddol yw fod yr hen Bigw grebachlyd yn y
cartref henoed yn dal i ddychmygu bod ysbryd Ellis yn ymweld
â hi, ac yn codi a diosg ei choban a llusgo'i chorff musgrell at y
ffenest i olau'r lleuad:

Gwêl ei chorff truenus, y bronnau fel dwy leden lipa, ei chroen
tenau fel hances bapur, ac amlinell ei hesgyrn brau i'w gweld yn
eglur oddi tano. Mae'r blew oedd yn cuddio ei chywilydd wedi
hen fynd, a'i choesau fel priciau.

Fawr ryfedd ei bod yn dychryn ysbryd (dychmygol) Ellis i
ffwrdd, a'r nyrsys yn ei galw'n *naughty girl*. Ei theimladau hi ar
ôl yr olygfa yma yw:

Llosgwch fy nghorff ar farwor poeth a chwythwch y llwch i'r
pedwar gwynt.

Mae'r darlun o Bigw bellach wedi'i weddnewid. Ac fe'i gwedd-
newidir ymhellach wrth i Eleni fynd trwy'i phethau ar ôl iddi farw.
Mae honno'n darganfod, er enghraifft, nodyn oddi wrth rywun:

*To Lisi – don't get drunk on your twenty-first.*

Dyna pryd y daw'r sylweddoliad i Eleni ei bod wedi bod yn
ymwneud â Bigw am flynyddoedd heb ei nabod o gwbl.

Bigw! Hen hulpan ydw i. A ddaru mi feddwl erioed fy mod yn dy
'nabod?

Yr eironi yw mai mewn marwolaeth yn hytrach na bywyd y
mae'n dod i'w nabod.
    Yn syth ar ôl hyn'na rydym yn ôl yn y car, ac mae'r eironi'n
dwysáu am nad yw Eleni a Bigw yn amgyffred bydoedd ei
gilydd o gwbl. Awn i mewn i feddyliau ac atgofion Bigw y tro
hwn, a chael cip ar y cyfnod o hwyl anghyfrifol a dreuliodd yn
Llundain:

Olwyn ffair fawr oedd bywyd a'r un fentrai fwyaf oedd yn ennill.
Tra oedd bywyd yn braf, beth oedd o'i le ar ei fwynhau? Byddai
digon o ofid yn dod i'w canlyn wedyn. Na, doedd hi'n difaru dim.

Un peth sy'n rhyfedd ynglŷn â'r nofel hon yw nad oes fawr ddim sôn uniongyrchol am grefydd ynddi, er bod wrth gwrs gyfeiriadau at emynau ac at wasanaeth angladdol, ac mae 'na hefyd grybwyll 'y Drefn' a rhyw awgrym y gallai fod yna fyd arall – ond cwbl amhendant yw'r cyfan. Y byd hwn a'i baradocsau sy'n llenwi'r darlun – y llanast a wna amser ar fywyd, y diffyg cyfathrebu trasig rhwng pobl sydd yn ymddangosiadol agos. Mae yma ymwybyddiaeth o ryw ddir-gelwch sydd y tu hwnt i ddyn meidrol, o ryw wefr wallgof ar yn ail â chreulondeb profedigaethau. (Ceir elfen o'r un hurtrwydd abswrd yn *Yma o Hyd* gan yr un awdures – ac yn *Hen Fyd Hurt* o ran hynny.)

Ac eto gorffennir ar ryw nodyn o hyder tawel, a rhyw obaith y bydd Bigw'n cyrraedd pen y daith yn ddiogel. Yn y bennod olaf, ar ôl i Bigw ac Eleni fod yn gweld bedd Hanna, Bigw sy'n cael ei phortreadu fel yr un gryfaf, yr un sy wedi goroesi pob storm rywsut, ac Eleni ifanc sydd â'r cyfan o'i blaen:

> Mwya sydyn, dwi'n teimlo cadernid. Mor gryf yw hi! Mor ddewr! Mae ei chamau yn sicr ac yn benderfynol. Sylwaf mai Bigw sy'n fawr bellach a minnau'n ddim wrth ei hymyl. Bigw sy'n gryf ac yn eofn a minnau'n blentyn ofnus . . . Dilynaf hi rhwng y beddau fel cwch sigledig y tu ôl i long fawr. Fe welodd hon y cyfan, a chadwodd ei phen uwchlaw'r dyfroedd. O, am gael gwytnwch ei chymeriad, a'i hysbryd gwâr!

Edmygu stoiciaeth Bigw a wna Eleni yma, edmygu'i hewyllys i oroesi a'i phenderfyniad styfnig i redeg yr yrfa heb ildio. Caiff Eleni argyhoeddiad ar y diwedd y daw 'i ben y daith' – er na roddir ystyr benodol i hynny ganddi chwaith. Ai marw yw 'pen y daith'? Diddymdra'r pridd i'r pridd a dim arall? Dyna'n sicr awgrym tanorweddol y nofel drwyddi draw. Ac eto mae delwedd y llong ar y diwedd yn sydyn yn gweddnewid y cyfan. Yr ensyniad yw fod y llong yn mynd i gyrraedd glan. Mae'r dôn yn gadarn a sicr yn y llinellau olaf. Cafwyd awgrym o'r un math o deimlad pan glywodd Eleni am farw Bigw:

> mi gododd, ac mi aeth! Hi enillodd!! Mi ddaliodd y bws!!!!

Mae'r nofel felly'n cyflwyno marwolaeth fel math o

fuddugoliaeth – a hynny heb gyflwyno'r seiliau dros
ddehongliad felly. Ond efallai mai dyblyg yw'r agwedd at
farwolaeth yn y nofel, a bod y safbwynt negyddol yn cydbwyso'r
un cadarnhaol.

# 14

## Seren Wen ar Gefndir Gwyn

### ROBIN LLYWELYN

Cyhoeddwyd gyntaf gan Wasg Gomer, Llandysul, yn 1992; ail arg., 1993.

Canmolwyd y nofel i'r cymylau gan feirniaid y Fedal Ryddiaith yn 1992: gweler sylwadau Alun Jones, Robert Rhys a Dafydd Rowlands (*Cyfansoddiadau a Beirniadaethau Eisteddfod Genedlaethol Frenhinol Cymru Ceredigion: Aberystwyth 1992*). Fe'i hadolygwyd a'i thrafod yn hael ac yn ganmoliaethus: gweler Martin Davis (*Taliesin*, Ionawr/Chwefror 1993), M. Wynn Thomas (*Barn*, Medi 1992), Johan Schimanski (*Genre* a Chenedl', *Tu Chwith*, Ebrill/Mai 1993), a Bethan Mair Hughes ('Nid Gêm Nintendo yw Hyn, ond Bywyd!', *Tu Chwith*, Ebrill/Mai 1993). Mwy amodol oedd derbyniad Ioan Williams ohoni (*Golwg*, 24 Medi 1992) a bu hen drafod ar ei newydd-deb (*Golwg*, 20 Awst 1992 a 6 Mai 1993). Cyhoeddwyd dwy sgwrs gyda'r awdur yn *Taliesin* (Hydref 1994 a Haf 1997). Gweler hefyd sylwadau'r awdur ei hun ar ffantasi mewn llenyddiaeth (*Golwg*, 19 Hydref 1995) a'i ymgais i ddiffinio'r nofel (*Llais Llyfrau*, Gaeaf 1995), yn ogystal â sylwadau Menna Baines yn *Pum Awdur Cyfoes* (Caerdydd, 1997). Ceir cofnod am yr awdur yn yr argraffiad newydd o *Cydymaith i Lenyddiaeth Cymru* (Caerdydd, 1997). Gweler hefyd draethawd ymchwil Gwenllïan Dafydd, 'Ffuglen Gymraeg Ôl-fodern' (Ph.D., Prifysgol Cymru, Aberystwyth, 1999).

ROBERT RHYS, sylwadau ar *Seren Wen ar Gefndir Gwyn* yng nghystadleuaeth y Fedal Ryddiaith[1]

Synnwn i ddim pe bai'r gyfrol hon yn gwyrdroi holl ddisgwyliadau darllenwyr Cymraeg ac yn agor pennod newydd

---

1. Cyhoeddwyd gyntaf yn *Cyfansoddiadau a Beirniadaethau Eisteddfod Genedlaethol Frenhinol Cymru Ceredigion: Aberystwyth 1992*.

arwyddocaol yn hanes ein rhyddiaith ffuglennol. Yn gynharach eleni yr oedd un o'n beirniaid llenyddol yn gresynu am na roddir mwy o le i'r dychymyg yn ein llenyddiaeth. Roedd M. Wynn Thomas o'r farn bod y confensiwn realaidd bellach yn ystrydebol, ac mai da o beth fyddai i'n hawduron gofio taw yn Gymraeg y lluniwyd y Mabinogi. Yn wir mae eraill wedi mynegi dyhead cyffelyb am weld ymestyn ffiniau ein rhyddiaith. Cyflawnir y dyheadau hynny yn orfoleddus yn y nofel wych hon. Yr ydym ym mydoedd chwedlonol y Tir Bach a Llawr Gwlad a'r Wlad Alltud a'r Winllan Fawr a'r Hirynys lle y trig Gwern Esgus a Tincar Saffrwm a Siffrwd Helyg ac Anwes Bach y Galon a Goneiri'n Borlat a Tami Ngralat a Befehlnotstand a Fischermädchen a'u cyffelyb. Mae amryw o'r tirluniau yn gyfarwydd Gymreig, a'r awdur yn feistr ar gyfuno'r elfennau chwedlonol dieithr a manylion diriaethol synhwyrus, yn union fel y gwnaed yn yr hen chwedlau. Ond sut mae dechrau cyfleu ei chyfoeth? Mae yma elfennau stori antur, stori garu, awgrym o alegori wleidyddol (a doeth fyddai bodloni ar awgrym), môr o ffraethineb a lleng o gysgodion bygythiol, gwledd o Gymraeg, dychan ar gynheiliaid grym a fyddai'n taro deuddeg ym mhob oes a gwlad, ymddiddanion teilwng o ddramâu W. S. Jones a naratif barddonol gwefreiddiol sy'n gweld Wennol Helyg 'a'i thraed noeth hi'n clepio fel lledod ar y llechi llyfn' a'r 'afon yn gwisgo rhubanau gwynion am y cerrig' a thref yn y nos yn 'agor ar y gorwel fel cawod o sêr wedi cwympo i'r ddaear'. Fydd y modd y mae'r awdur yn ystumio neu'n anwybyddu confensiynau orgraff traddodiadol ddim yn plesio pawb, ond rhaid derbyn mai dyma un o'r llwybrau y bydd llenorion arloesol yn eu dewis er llunio eu priod-ddull eu hunain. Mwy dadleuol na ffurfiau llafaredig fel *cofn, dat, bedirots, nafddi* fydd y defnydd o *na* yn lle *mai* o flaen cymal enwol cadarnhaol, *yn* fel rhagenw, a phethau cyffelyb. Ond er ei fod yn ffarwelio weithiau â'r canllawiau orgraff a gramadeg cyfarwydd nid yw byth yn anghyson â theithi naturiol y Gymraeg – mae'r modd y mae'n atgynhyrchu'r rheiny (wrth lunio termau technegol ar gyfer ei fyd dychmygol, er enghraifft) yn wedd bwysig ar ei gamp. Yn anaml iawn y daw dyn ar draws y fath gyfuniad ysblennydd o adnoddau ieithyddol a deallusol.

Â gwaith mor hyfryd o ffres â hwn bydd rhaid i'r darllenydd o Gymro fod yn barod i addasu ei arferion a'i ddisgwyliadau darllen. Bydd stumogau a fagwyd ar naturiolaeth gynnil a realaeth gymdeithasol yn teimlo hwyrach fod gormod o bwdin yma. Yr hyn sydd yma yw testun llenyddol agored sy'n gwahodd y darllenydd anturus o bob oedran a chefndir, testun amlgywair, aml-haen sy'n tasgu gan ddisgleirdeb athrylith. Bydd dwli, dehongli a hen drafod arno.

## JOHN ROWLANDS, adolygiad ar *Seren Wen ar Gefndir Gwyn*[2]

Yn ôl confensiwn anysgrifenedig dydi adolygwyr ddim i fod i frathu'i gilydd. Ond wedyn pethau i'w torri yw confensiynau, ac mae'n rhaid i mi gael dweud 'mod i'n anghytuno'n llwyr â barn Ioan Williams am nofel Robin Llywelyn yn *Golwg* (24 Medi 1992). Awgryma ef mai nofel breifat yw hi, wedi'i sgwennu er boddhad yr awdur – ynghyd â rhyw ddyrnaid o feirniaid yn unig. Dywed mai person 'cyffredin' yw'r prif gymeriad, fod ei anturiaethau'n ddigyffro ac 'ystrydebol', fod y stori'n 'dywyll ar brydiau', ac na theimlai 'fod rheswm neilltuol dros drafferthu i orffen' y llyfr.

Nid awn mor bell â haeru bod arwyddocâd popeth yn y nofel mor olau â seren wen y teitl, ond yn sicr mae hon yn stori sy'n ysgubol o ddarllenadwy a chyffrous. Stori yw hi sy'n cael ei hadrodd ar sgrîn gyfrifiadurol mewn cyfres o un ar ddeg o dystiolaethau – naw ohonynt gan Gwern Esgus, y ddegfed gan Anwes, a'r olaf gan Tincar Saffrwm. Mae'r clerc Zählappell sy'n rhoi'r cardiau yn y peiriant yn hepian trwy'r cyfan, ac fe ellid dadlau nad yw ef yn angenrheidiol o gwbl ar gyfer y llyfr, ond rhaid cofio mai perthyn i'r dyfodol pell a wna, a bod y stori a adroddir ar y sgrîn yn henffasiwn iddo, er yn perthyn i'n dyfodol ni'r darllenwyr. Dyma ddyfais, felly, i greu dimensiwn amseryddol ychwanegol.

Ond os yw Zählappell yn pendwmpian o flaen y sgrîn, go brin y gallwn ni wneud hynny, oherwydd mae chwedl Gwern Esgus yn hynod afaelgar wrth iddo ddianc o grafangau *regime* dotalitaraidd Gwlad Alltud gyda'i chastell bygthiol yn Entwürdigung, a theithio drwy leoedd afreal megis Haf heb Haul, y Tiroedd Gwyllt a Gaea Mawr nes cyrraedd Tir Bach gyda'i Isfyd. Yno mae Triw fel Nos yn cynghori Ceidwad yr Atab

2. Cyhoeddwyd gyntaf yn *Llais Llyfrau* (Gaeaf 1992).

i ddefnyddio Gwern a'i gymdeithion, Pererin Byd a Tincar
Saffrwm, fel 'llateion rhyfal i gludo'r negas ymarfogi i diroedd
eraill y gynghrair!' Dyna sy'n digwydd, a chawn glywed am eu
hanturiaethau rhyfeddol yn y Winllan Bridd, y Winllan Fawr,
Hirynys a Baratîr. Wedi trefnu'r gynghrair, mae Gwern a
Phererin yn mynd i ryfel, caiff eu hawyren ei saethu, ond
llwydda Gwern i ddianc gyda'i barasiwt a glanio mewn cors.
Trwy ddirgel ffyrdd, mae'n mynd i gastell Entwürdigung lle
mae'i gariad Anwes a'i fab Calonnog yn garcharorion, ac mae'n
achub y mab. Yn nes ymlaen, fodd bynnag, caiff ei saethu yn ei
gefn nes bod ei waed yn cymysgu 'hefo cochni'r haul yn Afon
Häfling', ac mae'r gelyn yn torri'i ben a'i gludo ar bolyn i Gastell
Entwürdigung 'i'r brain ei gnoi o uwchben pyrth y castall'
(adlais o dynged Llywelyn Ein Llyw Olaf?). Dal yn garcharor y
mae Anwes, ond mae Calonnog bellach dan ofal cariadus Tincar
Saffrwm yn Tir Bach, ac mae Tincar yn addo gwneud ei orau i
gael Anwes yn rhydd o Wlad Alltud.

Byd rhithiol a chyfareddol a gonsurir yn y nofel hon, ond byd
bygythiol hefyd, ar ddibyn gwallgofrwydd un funud, yn
byrlymu gan hiwmor y funud nesaf, ac yn delynegol dyner dro
arall. Wrth gamu iddo rydym fel pe baem yn mynd i mewn i
chwedl. Nid William Jones neu Harri Vaughan sy'n byw yma,
ond Anwes Bach y Galon a Siffrwd Helyg, ac nid yn Llan-y-graig
neu Leifior yr ydym, ond yn Haf heb Haul a Gaea Mawr. Dydi
Tincar Saffrwm ddim yn bod fel chi a fi, achos 'dim ond yn y
chwedlau newydd mae hwnnw a tydio'm yn bod go iawn felly
bedwi haws'. Chwedl – yn fwy na lle ar fap – yw Haf heb Haul:
'Yn y chwedl yna mae'r Tincar Saffrwm' yn byw, meddai Gwern.
Ac nid troedio'r ddaear yr ydym wrth symud trwy'r chwedl, ond
ar risiau symudol amser. Fel y dywed Pererin Byd am Tir Bach:
'Mae o'n nes na ddoe ac yn bellach na fory.' Mae'r echel ofodol
wedi troi'n echel amseryddol, a ninnau'n mynd o Haf heb Haul i
Gaea Mawr.

Wrth gwrs, nid ffantasi lwyr sydd yma chwaith, efo popeth â'i
wyneb i waered. Mae'n hawdd gweld cyfatebiaethau rhwng y
byd diarth hwn a'n byd ni. Mae popeth ynglŷn â Gwlad Alltud
yn ffasgaidd ei naws, a'r enwau'n Almaenig. Ond fe allai sefyll
am unrhyw wlad sy'n gormesu cenedl fechan. Lle clywsom ni
bobl yn siarad fel hyn o'r blaen? – 'Ond fi'n siŵr mae ryfel yn
dŵad achos mae Gwlad Altyd yn blin ti'n cymryd ryddid hep

caniatâd. A tro hon mae ti'n cael dy goncro gan Gwlad Altyd am byth. *Zurüchshlagen!'* Ble ond Cymru yw Tir Bach? Neu unrhyw wlad sy'n cael ei sathru dan draed y bwli mawr. Mae gwledydd y gynghrair yn hawdd eu nabod: allai'r Winllan Fawr fod yn unman ond Ffrainc. Ac onid Llydaw yw'r Winllan Bridd (lle mae pobl yn siarad fel hyn: 'A bob o dorz ddeubwys iddynt a cig ac afalau daear hynny gymeran nhw.')? Iwerddon yw'r Hirynys, ac India yw Baratîr. Ac eto, braidd yn simplistig yw'r hafaliadau hyn. Mae holl diriogaethau'r nofel yn tywynnu'n ddychmygus yn eu nerth eu hunain heb angen goralegoreiddio.

Ond ai adrodd buddugoliaeth grymusterau'r gwyll a wneir yn y nofel hon? Pen ar bolyn, gwaed mewn afon: mae'r delweddau'n gyfarwydd. Felly hefyd ddelwedd y Mab Darogan (fel y sylwodd Ioan Williams). Ac ar ddiwedd y nofel mae'r Mab yma yn gryf ym mherson Calonnog. Mae Tincar Saffrwm yn benderfynol o'i feithrin yn etifedd teilwng o'i dad, ac mae'n dyfynnu cân Dafydd Iwan wrth fynnu 'mi ddaw dial am hyn o drais, o myn Duw mi a wn y daw'. (Cyfeirio at Owain a wnâi Dafydd Iwan yn y gân, gan fenthyca llinell o gywydd na wyddys pwy yw ei awdur.) Bellach mae'r Isfyd wedi'i foddi gan fôr goleuni (fel dau gae Waldo). Ond hogyn ydi Calonnog o hyd. Mae'r gobaith i gyd yn y dyfodol. Eto ar y tudalen olaf mae'r dyfodol pell hwnnw'n orffennol pell i Zählappell, ac erbyn hyn mae'r 'seren wen ar gefndir gwyn yn nofio'n ei hunfan ar ei pholyn ar ben y tŵr'. Symbol o ryw rym daionus di-ben-draw yw'r seren anweledig hon sy'n pelydru ar faner fuddugoliaethus Tir Bach. 'Daw dydd y bydd mawr y rhai bychain . . .'

Ond i mi nid llenor yr apocalyps yw Robin Llywelyn yn bennaf. Nid fel llyfr datguddiad cenedlaetholdeb Cymreig y mae'r nofel hon yn gweithio orau. Ei chryfder mawr yw gwead goludog ei harddull. Mae'r iaith fel petai'n syllu arni'i hun ynddi. Gallwn deimlo'r defnydd ar y croen. Mae enwau'r cymeriadau'n ddigon o ryfeddod ynddynt eu hunain: Asgwrn Ffriddoedd, Talcan Creigia, Llwch Dan Draed, Wennol Helyg, Edwina ar Gâl, heb sôn am Goneiri'n Borlat, Waroncet Cals, Jeneral Bol a'r lleill.

Nid gwirioni ar eiriau'n unig sydd yma chwaith. Mae geiriau yma i brocio'r dychymyg ac i yrru ias i lawr asgwrn y cefn. Maen nhw'n mynegi'r boen a'r pleser o fyw, y drysni di-ben-draw o ddiddorol a elwir bywyd. Ceir yma ddisgrifiadau meddwol o olygfeydd afreal. Fel hyn y gwelir Dinas Durlas yn y pellter: 'Sylwi ar y cymylau'n olau wnaethon ni i ddechra, ac wedyn gweld y lle'n agor ar y gorwal fel cawod o sêr wedi cwympo i'r ddaear.' A sut mae cyfleu tywyllwch sy'n dduach na dudew? – 'Fasa bol buwch yn ola chadal y twll yma.' Ond er na all Triw fel Nos weld affliw o ddim, mae'n gallu *clywed* calonnau pobl, sy'n well na gweld eu hwynebau. Dyma sut y gwêl Gwern gartref Anwes wedi'i ddistrywio yn y rhyfel: '. . . y llysnafedd du wedi chwydu o'r ffenestri a'r estyll to fel esgyrn cwch a'r drws ar un cetyn a'r parddu'n dal i fudlosgi'n ddrewllyd ac yn llifo'n ddistaw o'r tulathau a'i liw o wedi mynd ar sgerbydau'r dillad ar lein a'r rheini'n llac fel lladron yn crogi a finna'n gweiddi eto "Anwes" a neb ond y brain yn chwerthin atab.' Mae 'na wefr yn y gymysgedd o ffantasi ac ecstasi wrth ddisgrifio'r profiad rhywiol a gaiff Gwern gyda Wennol Helyg gan ddychmygu mai efo Anwes y mae'n cael cyfathrach. A phan yw Gwern yn 'estyn homar o ochor pen' i Tincar efo carreg, gall 'weld sêr bach yn chwyrlïo o gwmpas ei ben o a fynta'n gwllwng gafal ac yn chwalu i'r llawr fel castall tywod . . .' Dydi'r nofel ddim yn brin o hiwmor chwaith: 'O'r saith pechod marwol fe gyflawnais i wyth . . . Ac a finna'n meddwl fy mod i'n dŵad at Dduw, mi fydd Duw yn symud oddi wrtha' i fel petai ogla ar fy ngwynt i.' Neu: 'Be wn i am nabod. Ddim Waldo ydi'n enw i.'

Stori bicarésg wedi'i hadrodd yn dda sydd yma, gydag elfennau o ffantasi a hunllef yn gymysg â'r digrif a'r abswrd. Fel stori y dylid ei blasu yn gyntaf oll, gan fwynhau crensian ei geirfa a'i phriod-ddulliau rhwng y dannedd. Ffwlbri yw'r holl sôn am ddryswch y plot. Stori serch adwythig sydd yma yn y bôn, gyda Gwern yn adrodd yr hanes er budd Anwes Bach y Galon i ddial brad Siffrwd Helyg. Gellir darllen y nofel ar ras y tro cyntaf, ond fe dâl ei hailddarllen yn fwy hamddenol, oherwydd yn ddiddadl 'mae yma ryw ystyr hud'.

R. GERALLT JONES yn holi Robin Llywelyn[3]

*RGJ*: Mae ganddoch chi yn y fan hyn lyfr lloffion trwchus sy'n cynnwys y nodiadau wnaethoch chi wrth sgrifennu *Seren Wen ar*

3. Cyhoeddwyd y sgwrs yn llawn yn *Llais Llyfrau* (Hydref 1993).

*Gefndir Gwyn.* Mae'n amlwg nad oedd hon ddim yn nofel i'w sgrifennu ar frys. Beth oedd y broses?

*RLl*: Wel, dydi hi ddim, mae'n debyg, yn nofel oedd yn datblygu ar frys. Doedd y broses o gronni'r petha roeddwn i isio'u dweud ddim yn broses ymwybodol, ac mae'n debyg 'i fod o wedi bod yn broses hir. Ond mi ddaeth y cwbl allan ohono i fel huddug i botas rywsut unwaith yr oeddwn i wedi dechra ar y gwaith o'i sgrifennu hi. Yn y dechra, mi fyddwn i'n sgrifennu rhyw bytia bob hyn a hyn, paragraff yma a thraw, neu ryw bwt o gerdd. Wedyn un diwrnod mi ddechreues i sgrifennu ymlaen, rhyw bedair neu bum tudalen, y rhan fwya o'r bennod gynta, a theimlo hwyrach fod yna gnewyllyn stori y gellid ei datblygu. Ar yr un pryd, mi oeddwn i'n rhestru enwa, enwa ar leoedd ac enwa ar bobol. Yr enwa oedd yn dod gynta, wedyn y stori'n tyfu ohonyn nhw.

*RGJ*: Yr enwa yn hytrach na'r bobol eu hunain?

*RLl*: Wel, yr enwa oedd yn awgrymu sut fath o bobol oeddan nhw, ac enwa'r lleoedd sut fath o leoedd oeddan nhw – Lluwch Dan Draed, Dei Dwyn Wya, Tincar Saffrwm – cael yr enw ac wedyn meddwl sut fath o bobol neu greaduriaid fasa nhw – sut fath o beth fasa Llwdn Hynod ac ati ac ati.

*RGJ*: Roeddach chi'n sôn am y busnes o gronni'r elfenna yn yr isymwybod, sy'n hollbwysig yn y broses greadigol, wrth gwrs. Ond mae o'n broses rhannol ymwybodol hefyd yntydi? Rhyw fyd hanner a hanner felly, yn mynd yn ôl a blaen?

*RLl*: Ia'n hollol. Mi oedd y broses i mi'n debyg mewn ffordd i freuddwydio. Roedd yna brofiada roeddwn i'n gwybod yn union beth oedd eu harwyddocâd nhw ar y pryd – o ran emosiwn a theimlad ac yn y blaen. Ond pan ddeuwn i'n ôl i'w darllen nhw wedyn, roedd hynny wedyn wedi mynd dros gof. Doeddwn i ddim yn cofio'n union beth oedd gen i ar y pryd. Dyna pam rydw i'n credu'n gry, pan mae unrhyw un yn darllen darn o lenyddiaeth, fod beth bynnag y mae o'n deimlo yn y darn yr un mor ddilys â'r hyn oedd yr awdur yn ei deimlo wrth ei sgrifennu. Fedrwch chi ddim dweud: 'Na, dydach chi ddim yn iawn i feddwl y peth a'r peth am y darn yna.' Os ydi'r darllenydd yn gweld rhywbeth penodol mewn darn, yna mae hwnna'n real i'r darllenydd. Os oes unrhyw beth yn fy ngwaith i sy'n cydio fel'na yn unrhyw un arall, wel, gorau oll.

*RGJ*: Felly dydach chi ddim yn dilyn gwreiddiau'r nofel yma'n ôl i unrhyw ddigwyddiada pendant yn eich profiad personol chi?

*RLl*: Na. Wel, mae yna ddigwyddiada yma ac acw ac atgofion am bobol a phetha. Ond doeddwn i ddim isio sgrifennu stori hunangofiannol. Mae darn ohono i yn y cymeriad yma a darn yn y cymeriad acw, ond mi oeddwn i isio mynd oddi wrth betha oedd yn amlwg yn rhan o 'mywyd i. Mae'r bobol sy'n fy nabod i ora un yn medru darllen y nofel heb fedru dweud: 'Yma y digwyddodd hyn a hwnna ydi'r person acw.' Mae'r nofel yn fyd hollol ar wahân.

*RGJ*: Pam yr ymwrthod yma â phrofiad uniongyrchol bersonol?

*RLl*: Hwyrach nad oeddwn i ddim isio gosod fy mhetha i fy hun ormod ar glawr. Mi oedd y math o fyd roeddwn i'n ei greu yn gyfla i osod petha allan heb ddweud yn blaen beth oedd hyn a beth oedd y llall.

*RGJ*: Yn yr ystyr yna, y mae'r nofel yn ddameg?

*RLl*: Ydi.

*RGJ*: Mae byd y nofel yn fyd cyflawn iawn, a chyson ynddo'i hun. Tyfu wrth fynd ymlaen wnaeth y byd yma?

*RLl*: Ia. Wedi sgrifennu'r bennod gynta a'r ail, dyma fi'n dechra meddwl fod yn rhaid cael trefn, neu fe fyddai'r cyfan yn mynd yn un rhuban hir heb ddim diwedd iddi. Roedd angen gofyn beth oedd y berthynas rhwng y bobol yma a'i gilydd. Dyma geisio gosod strwythur felly ar y bobol a'r tirlun a'r stori rhag i'r cyfan redag fel chwyn gwyllt. Mi oedd raid gofyn beth oedd perthynas Gwern hefo Siffrwd Helyg ac Anwes Bach y Galon, er mwyn i mi gael llun o dwf y peth yn fy meddwl. Wedyn yr un peth hefo'r tirlun a'r gwledydd. Roeddwn i'n gweld Gwlad Alltud yn y fan hyn, Tir Bach yn y fan acw, Llawr Gwlad ac yn y

blaen. Ac mi oeddwn i'n gweld y broses o fynd trwy'r gwahanol
wledydd yma fel rhyw daith trwy wahanol brofiadau, cyfnodau,
rhyw fath o chwilio am y Greal Sanctaidd, rhyw fath o *Daith y
Pererin*, hwyrach rhyw ddihangfa oddi wrth Wlad Alltud. Ond
roedd rhaid i Gwern wedyn ddod yn ôl i'r union le yr oedd o'n
diengyd oddi wrtho fo, er mwyn achub ei gariad, ac roedd o hyd
yn oed yn methu â gwneud hynny yn y diwedd. Mi sefydlais i'r
gwledydd, wedyn sefydlu'r cymeriada oedd i fyw ynddyn nhw
ac wedyn gweu'r stori o gwmpas hynny.

*RGJ*: Cymharol ychydig o brif gymeriada sydd ganddoch chi – mae
modd nabod y rheiny i gyd. Ond mae'r nofel yn frith o gymeriada
llai. 'Byd llawn pobol' ydi o hwyrach – rhyw ddrych o'r byd real?

*RLl*: Ia, mewn ffordd.

*RGJ*: Oes yna unrhyw gydberthynas fwy pendant â'r byd real?

*RLl*: Oes. Mae'r tirlun yn real. Cefn gwlad Cymru ydi Llawr
Gwlad. Wel, ochra Llanfrothen oedd y tirlun wrth ymyl cartra
Anwes Bach y Galon. Fanno oeddwn i'n ei weld yn fy mhen pan
oeddwn i'n dychmygu'r peth adra ganol gaea. Am y gwledydd
eraill – Iwerddon ydi Hirynys, Ffrainc ydi'r Winllan Fawr, ond
dydi'r gwledydd yma ddim yn bwysig ynddyn nhw'u hunain,
dim ond er mwyn dangos fod y daith bell i wlad ddiarth yn
angenrheidiol.

*Fel yr aeth y sgwrs yn ei blaen i fanylu ar fyd eang a chymhleth y nofel,
ac fel y deuai'n fwyfwy amlwg pa mor fyw a chwbl real yr oedd ei
byd i'r awdur o hyd, soniwyd yn y man am y modd yr oedd cyfeiriadau
at y chwedlau Cymraeg, at hen hanes Cymru a hyd yn oed at y
Cyfreithiau'n brigo i'r wyneb o bryd i'w gilydd. Oedd hynny'n rhan o'r
strwythur bwriadol?*

*RLl*: Wel na, ddim yn hollol. Rhyw frigo i'r wyneb oeddan
nhwytha hefyd. Doedd yna ddim ymgais i gopïo nac i barodïo,
dim ond cymryd rhyw fath o enghraifft neu ddylanwad a'i
newid o'n llwyr wedyn at bwrpas y stori. Mi oeddan nhw'n dod
fel roedd 'u hangen nhw, ac weithiau ar ôl imi ddarllen rhyw hen
lawysgrif neu ddarn o'r Cyfreithia.

*RGJ*: Ydi hi'n orsyml i ofyn a oes yna neges, moeswers, ar ddiwedd y daith?

*RLl*: Ar y diwedd un mae'r Clerc yn edrych i fyny a gweld y seren wen ar gefndir gwyn ar dŵr y castell, a hynny'n awgrymu fod Gwlad Alltud wedi'i threchu gan bobol Tir Bach. Ond dydi'r drefn newydd ddim gwell, mewn ffordd, na'r hen drefn. Er mai pobol Tir Bach sy'n rheoli rŵan, dydyn nhw fawr gwell na'r gormeswyr. Mae'r drefn yr un fath ym mhob oes rywsut.

*RGJ*: Felly, os oes neges, y neges ydi 'Fel'na mae hi ac fel 'na y bydd hi?'

*RLl*: Wel ia, ond fod yna wahaniaeth wedi'r cyfan rhwng trefn pobol estron sy'n lladd iaith a diwylliant gwlad fach a threfn y wlad fach ei hun, fel Gwlad yr Iâ, dywedwch, neu Ddenmarc: mae hi man lleia'n ymdrechu i gadw ei hiaith a'i diwylliant. Dyna'r unig wahaniaeth hwyrach, yn y bôn.

# 15
## Dirgel Ddyn

### MIHANGEL MORGAN

Cyhoeddwyd gyntaf gan Wasg Gomer, Llandysul, yn 1993; ail arg., 1996.

Yn 1993, flwyddyn ar ôl *Seren Wen ar Gefndir Gwyn*, yr enillodd y nofel hon y Fedal Ryddiaith: gweler sylwadau John Rowlands, Jane Edwards a Meinir Pierce Jones (*Cyfansoddiadau a Beirniadaethau Eisteddfod Genedlaethol Frenhinol Cymru De Powys: Llanelwedd 1993*). Gweler adolygiadau Meg Elis (*Barn*, Medi 1993), Martin Davis (*Taliesin*, Gaeaf 1993), a Harri Pritchard Jones (*Llais Llyfrau*, Gaeaf 1993), yn ogystal â phennod John Rowlands ar waith yr awdur yn *Cwm Cynon* (gol. Hywel Teifi Edwards, Llandysul, 1997). Am gyfweliad gyda'r awdur, gweler *Golwg* (19 Awst 1993). Gweler hefyd Lowri Morgan, 'Pypedwr y Dirgel Ddyn', yn *Golwg*, 10 (18, 1 Ionawr 1998) a sylwadau Menna Baines yn *Pum Awdur Cyfoes* (Caerdydd, 1997). Ceir cofnod am yr awdur yn yr argraffiad newydd o *Cydymaith i Lenyddiaeth Cymru* (Caerdydd, 1997). Rhoddir cryn sylw i waith Mihangel Morgan yn nhraethawd ymchwil Gwenllïan Dafydd, 'Ffuglen Gymraeg Ôl-fodern' (Ph.D., Prifysgol Cymru, Aberystwyth, 1999).

### M. WYNN THOMAS, adolygiad ar *Dirgel Ddyn*[1]

Nid ar chwarae bach y mae sgrifennu nofel, medd rhai. Ond tybed? Fe fu llawer o ddadlau ymhlith gwyddonwyr ers degawdau, rhai'n mynnu mai anghenion byd a bywyd yw gwir awen y gwyddorau, a rhai eraill yn haeru mai ar faes chwarae ymddangosiadol ddibwrpas y dychymyg y bydd gwyddoniaeth yn llwyddo orau. Bellach, mae'n ymddangos mai'r ail farn sydd drecha.

---

1. Cyhoeddwyd gyntaf yn *Golwg*, 5 (50, 26 Awst 1993).

A sbri chwarae sydd hefyd yn galluogi doniau ifainc disglair i greu dadeni gwefreiddiol ym maes y nofel Gymraeg ar hyn o bryd. Efallai yn wir fod gwyddoniaeth gyfoes wedi dylanwadu'n anuniongyrchol ar y datblygiad hwn. Wedi'r cyfan, byd chwareus o afresymegol a hanfodol anwadal yw'r byd a agorir inni gan ffiseg *quantum* – byd lle nad oes gwahaniaeth clir rhwng gwrthrych a goddrych, rhwng realiti a rhith, byd sydd yn wir yn tanseilio'n cyfundrefn osod ddeuol ni o feddwl. Golwg amheugar debyg, ond ar y byd dynol, sydd yn *Seren Wen ar Gefndir Gwyn*, ac yng nghampwaith newydd Mihangel Morgan, *Dirgel Ddyn*. 'Wrth ymyrraeth â chwi oll ac un/ Mi gefais gip ar f'anian i fy hun'. Os Waldo a Kate oedd dau arwr pennaf awduron ymrwymedig y 1960au a'r 1970au, yna hwyrach mai T. H. Parry-Williams, Parry Bach – yr ysgrifwr cellweirus a hudwyd gan gampau gwamal gwyddoniaeth – yw awen gymwys un o nofelwyr newydd y 1990au, Mihangel Morgan.

Parry-Williams a Williams Parry: p'un yw p'un? Dyma'r math o ddryswch, neu 'flerwch' yng ngeiriau'r nofel, sy'n rhan annatod o'r bod dynol yn *Dirgel Ddyn*. Dyw'r prif gymeriad byth yn siŵr pwy wnaeth beth yn y ffilmiau mae e mor hoff o'u cofio a does gan y darllenydd ddim gobaith i ddidoli'r gwir oddi wrth y gau wrth wrando ar y cymeriadau yn y nofel yn prysur wrthddweud eu hunain.

Ar ben hynny, mae gwrthdaro cwbl fwriadol rhwng confensiynau anghymharus yn y stori. Os yw 'cyffes' Ann Griffiths yn perthyn o bell i Fethodistiaeth (neu hwyrach i'r cyffesion ffug a geir yng ngwaith Dostoiefsci), yna, ym mhen fawr o dro, mae ei hymddygiad yn debycach i ymddygiad un o ferched cartwnaidd J. P. Donleavy. Mae'r gwamalu cyffrous o ddyfeisgar sy'n nodweddu'r nofel hon ar ei hyd yn peri i ddyn fwynhau o'r newydd holl hwyl storigarwch Scheheresadaidd *Arabian Night*-aidd, y dull ôl-fodern o sgrifennu.

Fel y dangosodd Don DeLillo yn ei nofel wych *White Noise*, mae llawer o'r nofelwyr ôl-fodernaidd gorau yn petruso llawer ynghylch goblygiadau'r union ragdybiaethau heriol sy'n cael eu defnyddio ganddyn nhw. Er enghraifft, os gall y pwyslais ar berthynoledd – *relativity* – danseilio cyfundrefnau meddwl haearnaidd, yna fe allai hefyd, yn anfwriadol, balmantu'r ffordd at dotalitariaeth newydd. Os nad oes modd gwahaniaethu rhwng ffantasi a realiti, does dim modd dinoethi celwydd propaganda gwleidyddol.

Yr hyn sy'n dda yw fod Mihangel Morgan yntau yn mynd i'r afael â'r problemau hyn. Yn wir, byddai modd synied am *Dirgel Ddyn* fel nofel ac iddi gydwybod gymdeithasol dreiddgar. Mae'n ymwneud ag unigrwydd pobl sydd wedi eu dirymu gan y gymdeithas: mae'n trafod bywyd pobl 'od' yr ymylon; mae'n myfyrio uwchben y berthynas rhwng gwryw a benyw (hyd yn oed oddi fewn i'r un bersonoliaeth); mae'n trafod y gwahaniaeth rhwng y 1960au a'r 1990au – yn hyn o beth fe fyddai'n werth ei chymharu hi ag *Yma o Hyd* gan Angharad Tomos ac, yn fwy na dim efallai, mae'n nofel sydd wedi'i thrwytho ym mywyd y ddinas fodern. Yn wir, byw yn y ddinas yw testun y stori, ar un olwg, ac mae cysylltiad agos rhwng y testun hwn ac odrwydd, neu hynodrwydd, strwythur y nofel.

Fe gredaf i fod *Dirgel Ddyn* yn glasur bach cystal â *Seren Wen*, ac wrth longyfarch Mihangel Morgan alla i ddim ond ailadrodd yr hyn sy'n cael ei ddweud ar ddiwedd y stori fer a gyhoeddwyd ganddo'n ddiweddar yn y cylchgrawn *Tu Chwith*: 'Rwy'n edrych ymlaen at yr un nesaf, bellach, pan fydd storïau yn wahanol unwaith eto.'[2]


## JOHN ROWLANDS yn holi Mihangel Morgan[3]

*JR*: Cyn troi at graidd y sgwrs hon, sef eich gwaith fel llenor a beirniad, tybed a gaf ofyn cwestiwn sy'n sicr o fod wedi taro llawer o eisteddfodwyr, sef pam y troesoch glust fyddar i'r giwed o wŷr y cyfryngau sy fel arfer yn hela enillwyr y prif gystadlaethau? Ydych chi ddim yn meddwl fod yr holl gyhoeddusrwydd sy'n dod yn sgil ennill y Fedal – er mor arwynebol ydyw'n aml – yn poblogeiddio llenyddiaeth, ac felly'n creu ymwybyddiaeth o bwysigrwydd llenorion ymhlith cynulleidfa eang?

*MM*: Mae pobl y wasg a'r cyfryngau yn cymryd yn ganiataol fod pawb yn barod i blygu ac i ufuddhau iddyn nhw. Ac mae arna'i ofn fod llawer o bobl y dyddiau 'ma yn ystyried cael ymddangos

---

2. Brawddeg glo 'Te gyda'r Frenhines' a ailgyhoeddwyd yn y gyfrol o storïau byrion sy'n dwyn yr un teitl ac a gyhoeddwyd gan Wasg Gomer yn 1994.

3. Cyhoeddwyd y sgwrs yn llawn yn *Taliesin*, 83 (Gaeaf 1993).

ar y teledu – 'bod ar y teli'– yn rhyw fraint fawr. Er ei bod yn wir, efallai, fod y cyhoeddusrwydd yn gwerthu llyfrau dwi'n gweld gormod o lenorion ar y teledu yn rhy aml. Mae 'na berygl i lenor droi yn 'bersonoliaeth': yn wir mae hyn wedi digwydd i sawl llenor ac ysgolhaig. Wedyn mae pob ymddangosiad cyhoeddus yn troi yn berfformiad, a dyw'r hyn sy'n cael ei ddweud ddim yn cael ei glywed – mynd i weld y perfformiad y mae pobl. Ar wahân i hynny mae gan y llenor hawl i fod yn berson preifat, dwi'n credu, ac ro'n i'n gweld pobl y cyfryngau yn moyn treisio'r hawl honno. Ta beth, mae'r cyfweliadau yn arwynebol iawn a'r cwestiynau yn wirion – yn anochel 'faint o amser gymerodd y gwaith i'w sgrifennu?' – a phopeth yn rhy gyflym oherwydd maen nhw'n gorfod stwffio'r eitem i mewn rhwng canlyniadau'r cydadrodd a dawns y glocsen – y pethau gwirioneddol bwysig. Mae'r ffordd y mae rhaglenni'r Eisteddfod yn trin llenorion yn niweidiol iawn i lenyddiaeth yn y pen draw.

*JR:* Dywedwch rywbeth am eich crefft fel caligraffydd (er rwy'n tybio bod yn well gennych chi'r term 'ceinlinolydd'). Ymddengys i mi fod eich gwaith yn y maes yma'n glasurol (mewn ystyr lac), ac yn dadlennu'ch awydd am ffurf a threfn, sydd fe petai'n gwrth-ddweud brawddeg gyntaf *Dirgel Ddyn*: 'Rhinwedd y cyffredin yw taclusrwydd.' Ai creu trefn o anhrefn yw dyletswydd artist? Ai celfyddydau gweledol oedd eich cariad cyntaf? (Sylwaf fod gennych nifer o gerddi i arlunwyr.) Ac a oes perthynas o gwbl rhwng eich gwaith fel ceinlinolydd ac fel llenor?

*MM:* Dyw fy ngwaith fel ceinlinolydd ddim mor gaeth i glasuriaeth chwaith; dwi'n cael fy nghydnabod fel ceinlinolydd dyfeisgar ac anturus, gobeithio. Ond mae sail o ddisgyblaeth i'r rhyddid dwi wedi'i ennill o fewn y grefft – hynny yw, rhyw fath o ryddid trefnus, neu ryddid dan reolaeth. A dwi'n ceisio sgrifennu fel 'na hefyd. Dwi ddim yn edmygu celf aleatoraidd na llên aleatoraidd.

Mae'n wir mai'r celfyddydau gweledol oedd fy nghariad cyntaf oherwydd imi ddechrau darlunio pan o'n i'n blentyn, yn y capel yn lle gwrando ar y pregethwyr.

Mae fy ngwaith fel llenor ac fel ceinlinolydd yn tanlinellu fy hunan, yn herio fy ngwrthwynebwyr, fel petai. Mae'r ddau beth yn cadarnhau fy modolaeth, yn enwedig fy Nghymreictod, fy iaith, ein hiaith.

*JR*: Roedd yn syndod i mi'ch clywed yn adleisio Saunders Lewis unwaith ac yn dweud eich bod wedi penderfynu troi'n ôl at eich gwreiddiau er mwyn eich darganfod eich hun fel artist. Disgrifiwch y llwybr a'ch arweiniodd i ddilyn cwrs gradd yn y Gymraeg fel myfyriwr aeddfed yn Aberystwyth. Er gwaetha'r cydymffurfio Cymreig ymddangosiadol, onid oedd yna hefyd awydd cryf am dorri dros dresi'r traddodiad yr oeddych wyneb yn wyneb ag ef? Ac mewn un gerdd fe ddywedwch 'mae 'na anfanteision/Ynglŷn â gwreiddiau'.

*MM*: Nawr 'te, pan soniaf fi am wreiddiau dwi'n meddwl am wreiddiau celfyddydol, diwylliannol, nid am wreiddiau bro a theulu. Ni fu'n rhaid i mi chwilio am wreiddiau bro oherwydd mae'r rheina'n ddigon dwfn. Ond dyw cael eich geni mewn man arbennig, hyd yn oed fel aelod o sawl cenhedlaeth yn yr ardal honno, ddim yn golygu'ch bod yn cael eich cynysgaeddu yn awtomatig â diwylliant y fro honno. Ta beth, mae gwreiddiau fel 'na, fel y dwedais mewn un gerdd, yn gallu bod yn felltith. Ond mae artist – dwi'n dal i arddel termau fel artist, llenor, llên, celfyddyd er fy mod yn ymwybodol o'r peryglon – mae artist yn gorfod troi yn ôl at ei ragflaenwyr, fel arall mae 'na berygl iddo ymddangos yn naïf. Mae cael diwylliant yn waith caled, dyw e ddim mor hawdd i'w gael â chael eich gwlychu yn y glaw. Adnoddau artist a llenor, llenor yn arbennig, yw gwaith ei ragflaenwyr (gan gynnwys ei gyfoeswyr). Mae'n gorfod defnyddio'r rheina, bod yn ymwybodol ohonynt, elwa arnynt. Mae pob llenor yn dechrau fel darllenydd. Wrth ddarllen mae llenor yn magu cyhyrau llenyddol – dyna drosiad sydd yr un mor hyll ac amwys â 'gwreiddiau'. Ond dyna ddisgyblaeth y llenor, bod yn hyddysg yn llên ei iaith. Dyna pam y penderfynais yr awn ati i astudio'r Gymraeg a dilyn cwrs gradd yn y pwnc, er mwyn fy mharatoi fy hunan fel llenor. Do'n i byth yn gweld y peth fel awydd i gael cymhwyster, eithr fel rhan o'm hyfforddiant, rhan o'm prentisiaeth.

*JR*: Pryd y dechreusoch farddoni, a pham? Mae'ch dwy gyfrol *Diflaniad Fy Fi* (1988) a *Beth yw Rhif Ffôn Duw?* (1991)

yn ymddangos yn annodweddiadol iawn o gynnyrch Cyhoeddiadau Barddas. Fel y dywedai holwr *Y Cymro*, fedrwch chi gynganeddu, ac oes gennych chi linell o gynghanedd? Dywedwch beth oedd yr ysgogiad y tu ôl i'ch barddoniaeth. Rwy'n tybio 'mod i'n iawn wrth feddwl na fu'r ymateb i'ch cerddi nac oer na brwd. Ac eto maen nhw'n gerddi sy'n f'anesmwytho i, gan eu bod yn drwm gan eironi, yn llawn delweddau abswrd, ac yn fwy herfeiddiol wrthgrefyddol na dim a ddarllenais yn Gymraeg.

*MM*: Un ysgogiad y tu ôl i *Diflaniad Fy Fi* oedd i lunio ambell gerdd a fynegai safbwynt person hoyw, heb ymddiheuro, ac i ategu fy modolaeth, nid fy mhersonoliaeth – dyna arwyddocâd y teitl, dyw fy mhersonoliaeth ddim yn cael fawr o le yn y gyfrol – eithr fy hawl, ein hawl i fod. Hefyd ro'n i'n teimlo ar fy nghalon ei bod yn bryd i mi gyhoeddi rhywbeth. Mae'n ddigon hawdd cadw pethau dan y gwely a meddwl eu bod nhw'n wych a'ch bod chi'n well na phawb arall sy'n sgrifennu yn Gymraeg. Mae cyhoeddi yn newid popeth.

Roedd yr ymateb i *Diflaniad Fy Fi* at ei gilydd yn ddigon ffafriol a chalonogol ond prin iawn oedd y sylw a gafodd *Beth yw Rhif Ffôn Duw?* Cyhoeddais honno er mwyn mynegi fy nheimladau ynglŷn â gormes crefyddol.

Dwi wedi cyfansoddi englynion a dwi'n falch 'mod i'n gallu dweud hwnna. Mae gen i ddiddordeb yn y gynghanedd. Mae'n amhosibl anwybyddu'r gynghanedd yng Nghymru a wiw inni wneud hynny. Ond ddylen ni ddim addoli pob bardd cadeiriol chwaith. Dyw cerdd ddim yn dda am ei bod mewn cynghanedd gywir yn unig, dyw'r gynghanedd *per se* ddim yn cyflenwi cerdd â rhyw rinwedd. Ond liciwn i drafod y gynghanedd a'r Orsedd – y sefydliad mwyaf radical, gwreiddiol yng Nghymru – ac arwyddion eraill ein diwylliant o safbwynt semiotig.

*JR*: Allech chi ehangu ar eich safbwynt gwrthgrefyddol? Onid yw'n deimlad anghysurus i Gymro Cymraeg goleddu'r fath agwedd wrthnysig at yr hyn y byddai Bobi Jones ac eraill yn ei ystyried yn asgwrn cefn ein traddodiad llenyddol? Sut, er enghraifft, yr ydych yn ymateb i awduron fel Morgan Llwyd, Williams Pantycelyn a Gwenallt?

*MM*: Dwi'n teimlo'n anghysurus iawn 'mod i'n wrthgrefyddol

yng Nghymru oherwydd mi wn 'mod i'n brifo ac yn
tramgwyddo pobl ddiffuant iawn. Ond yn gyffredinol mae
crefydd yn cael digon o gefnogaeth ac mae 'na ddigon o bobl
rymus iawn i amddiffyn crefydd, ac mae'n cael digon o
bropaganda sy'n ei ffafrio. Wel pam ydw i yn erbyn hyn 'te?
Oherwydd hanes crefydd. Meddwl rydw i am greulondeb rhai
o'r Pabau ac mae gen i ryw obsesiwn ynglŷn â'r Chwilys, yna'r
brwydro ofnadwy rhwng Catholigion a Phrotestaniaid, a'r
creulondeb a'r poenydio a'r erledigaeth ar y ddwy ochr, a'r holl
wrachod a gafodd eu llosgi, a ffanatigiaeth Jonestown a
arweiniodd 900 o bobl i gyflawni hunanladdiad, heb sôn am y
seiliau crefyddol y tu ôl i'r *Holocaust* (hynny yw fod gwrth-
Iddewiaeth yn cael ei hategu gan y celwydd taw'r Iddewon
groeshoeliodd Grist, a'r defnydd o ddyfyniadau ysgrythurol i
gyfiawnhau dienyddio gwrywgydwyr). Mae hyn i gyd yn cael ei
anwybyddu gan grefyddwyr. Mae hanes crefydd yn waedlyd a
gwrthun. Fel y dywedodd yr Arglwydd Acton, i fod yn Gristion
rhaid ichi wneud cytundeb â llofruddion. Ac nid Cristnogaeth yn
unig – ond crefydd yn gyffredinol. Meddylier am yr holl dyndra
rhwng gwahanol grefyddau yn ystod Rhyfel y Gwlff, a chofier
am Thatcher yn mynd i'r eglwys i wasanaeth i ddiolch am y
fuddugoliaeth! Mae crefydd yn gormesu mewn dulliau eraill
drwy farnu a chollfarnu a rheoli bywydau pobl. Mi wn fod 'na
bobl grefyddol dda iawn; yr enghraifft y mae pawb yn ei rhoi
yw'r Fam Teresa – sy'n profi i mi mor eithriadol o brin ydyn nhw.
Ta beth, mae 'na bobl dda sydd ddim yn grefyddol o gwbl a
dwi'n edmygu'r rheina yn fwy achos dydyn nhw ddim yn
disgwyl rhyw wobr yn y nef. Beth sy'n fy nigio fi'n fwy na dim
yw'r holl sôn am gabledd – dyna Whitehouse yn dwyn achos o
gabledd yn erbyn *Gay News* a dyna'r ffatwa ar Salman Rushdie, a
sawl ffatwa sydd ar Naguib Mahfouz erbyn hyn?
　　Cyn belled ag y mae'n traddodiad – beth bynnag yw
traddodiad, neu beth bynnag a olygir wrth sôn am draddodiad –
cyn belled ag y mae'n traddodiad llenyddol yn y cwestiwn, hyd
at y ganrif ddiwethaf roedd traddodiad pob gwlad yn grefyddol,
mwy neu lai. Mae testunau gan anghredinwyr yn brin oherwydd
cawsant eu llosgi – y testunau a'r anghredinwyr – gan gref-
yddwyr. Dim ond ffasiwn egsentrig a diffyg addysg sydd wedi
cario'r peth ymlaen i'n dyddiau ni yng Nghymru. Gall seiliau
hen draddodiad fod yn gyntefig iawn, ac i'm tyb i, egwyddorion

cymdeithasau cyntefig sydd wrth wraidd pob crefydd. Brysiaf i
ddweud nad ydw i ddim am wahardd crefyddau. Mae rhyddid i
bobl addoli Elvis Presley os ydyn nhw'n moyn, neu ryddid
iddyn nhw addoli eliffantod pinc sy'n hedfan o gwmpas yr
Wyddfa os ydyn nhw'n moyn, dim ond iddyn nhw beidio â
gwthio'r peth arna'i, a pheidio â gweiddi 'cabledd' os bydda i'n
digwydd chwerthin am ben eu ffolineb.
    Dyw hyn ddim yn golygu nad ydw i ddim yn gallu ymateb yn
gadarnhaol i waith llenorion crefyddol.

*JR*: Gwell troi at eich rhyddiaith. A yw hwn yn gyfrwng mwy
cydnaws â'ch natur na barddoniaeth? Gwn mai'r stori fer oedd
eich cariad cyntaf. Beth yw apêl y ffurf? Ydych chi'n fwriadol
yn mynd ati i ddinistrio'r stori fer *à la* Kate Roberts? Yn fy marn
i fe ddylai pob beirniad eisteddfodol ddarllen eich stori
'Cyfansoddiadau a Beirniadaethau' a gyhoeddwyd yn *Taliesin*
(80, Ionawr/Chwefror 1993) gan mor ddeifiol ddychanol yw hi o
agweddau ffosileiddiedig y sefydliad llenyddol.

*MM*: Ar hyn o bryd mae'r naratif rhyddiaith yn fwy defnyddiol i
mi. Mae naratif yn caniatáu mwy o le i symud na cherdd – gan
anwybyddu cerddi naratif am y tro. Does dim llawer o
wahaniaeth rhwng nofel a stori fer – chwerthinllyd yw'r holl
ddiffiniadau eisteddfodol o'r gwahaniaeth a'r ffiniau tybiedig
rhyngddynt – mae'r naill yn naratif hir a'r llall yn naratif byr. Y
broblem yw penderfynu pryd y mae stori yn tyfu'n ddigon hir i
fod yn nofel – ond gwastraff amser yw poeni am bethau fel 'na.
Mae nofel yn brosiect naratif hir, tra mae stori yn brosiect naratif
byr, er mwyn pwysleisio'r hyn sy'n amlwg i bawb – ond beth
mae hyn yn ei olygu i rywun fel fi, sydd â meddwl gwibiog,
sioncyn-y-gwair, yn neidio o'r naill beth i'r llall o hyd, yw 'mod
i'n gallu symud o'r naill brosiect naratif i'r llall yn gyflymach
neu'n amlach wrth weithio ar storïau byrion gan ddechrau
prosiect hollol newydd bob tro. Mae nofel, prosiect naratif
estynedig, yn gofyn mwy o ymroddiad. Ond tuedda fy naratifau
hir – *Dirgel Ddyn* a *Hen Lwybr* – i fod yn storïau aml-lawr, yn wir
tuedda fy storïau i fod yn storïau aml-lawr, hynny yw fod sawl
haen storïol iddynt.

*JR*: Roedd eich cyfrol *Hen Lwybr a Storïau Eraill* ar restr fer Llyfr y

Flwyddyn Cyngor y Celfyddydau 1993, a daeth *Hen Lwybr* yn agos at gipio'r Fedal Ryddiaith yn yr Wyddgrug yn 1991. A oedd y llwyddiant sydyn hwn yn annisgwyl, ac a yw cyhoeddusrwydd o'r fath yn apelio atoch?

*MM*: Mae'r llwyddiant i gyd yn annisgwyl ac nid yw'r cyhoeddusrwydd personol yn apelio llawer, hynny yw y cyhoeddusrwydd dwi'n ei gael yn lle ac ar draul y testunau.

*JR*: Mae nofel y Fedal eleni, *Dirgel Ddyn*, eisoes wedi ennyn ymateb brwd. Fe'i galwyd yn 'gampwaith' ac yn 'glasur bach cystal â *Seren Wen*'. Hyd yn hyn nid enynnodd y fath begynu beirniadol ag a gafwyd gyda nofel Robin Llywelyn. Ac eto mae hi'n nofel sy'n torri allan o'r mowld realaidd. Ydych chi'n eich gweld eich hun fel llenor 'ôl-fodernaidd'?

*MM*: Rhaid i bobl eraill benderfynu i ba gategori mae fy ngwaith yn perthyn. Mae'n fy mhoeni braidd bod ôl-foderniaeth yn dechrau swnio yn fformiwlëig. Ond dwi'n falch bod pobl yn gweld bod *Dirgel Ddyn* yn torri'r mowld realaidd.

Ond wedi dweud hynny dydw i ddim yn gweld dim o'i le ar nofelau 'realaidd'. Basai'n beth trist, yn drychineb yn wir tasai sgrifennu yn y dull 'realaidd' o bryd i'w gilydd yn mynd yn *infra dig*. Beth bynnag, beth a olygir wrth 'realaidd'? Y gwir amdani yw nad oes dim un llyfr erioed wedi gallu adlewyrchu 'realiti' yn ei grynswth. Basai'n cymryd ugain tudalen i ddisgrifio'r weithred o agor drws, a hyd yn oed wedyn, nid y weithred o agor drws a geid eithr disgrifiad mewn geiriau o'r weithred, a fyddai hwnna ddim yn 'realiti'. Beth bynnag, beth yw 'realiti'? Mae'n fy nharo fi'n arwyddocaol nad oes gennym ni'n gair Cymraeg ein hunain am 'realiti', ac mae'n debyg taw bathiad eithaf diweddar, 1935, yw 'dirwedd'. Beth oedd yr hen Gymry yn ei wneud heb 'realiti'? Wel yn syml iawn doedd y cysyniad ddim yn bod, syniad estron yw e, a beth y mae absenoldeb y gair yn ein hiaith ni'n ei brofi yw fod modd byw heb y syniad. Mae'n syniad eithaf Torïaidd. Mae Tori da wastad yn dadlau: 'Yes, but in the real world . . .': iddo fe neu iddi hi dim ond un byd 'real' sydd yn bod. Os oes 'realiti' rhaid iddo fod yn lluosog iawn ac yn amrywiol. A rhaid inni fod yn barod i gynnwys amrywiaeth o fewn llenyddiaeth, ac amrywiaeth o fewn un llenor, hyd yn oed.

*JR*: Fe ddywedai rhai mai chwarae â chymeriadau a digwyddiadau yr ydych, ac nad oes i'r nofel 'galon' thematig. Pa arwyddocâd sydd yna i enwi'r 'd(d)irgel ddyn(es)' yn Ann Griffiths? Ai gêm yw'r cyfan, neu a oes yna 'allwedd' i ystyr y nofel?

*MM*: Wrth gwrs, chwarae gyda phosibiliadau'r naratif yr ydw i yn *Dirgel Ddyn*, a chwarae gyda'r darllenydd – y darllenydd llengar (a ffilmgar) yn bennaf. Mae Ann Griffiths yn llawn adleisiau i'r darllenydd o Gymro/Gymraes. Taswn i wedi galw'r 'ddirgel ddynes' yn Joanna Southcott dyweder, fe fyddai yna adleisiau ond nid cymaint i'r Cymry, hwyrach. Peth arall, roedd brawd Ann Griffiths yr emynyddes yn llofrudd, ac mae cyfeiriad at hynny yn y stori, sy'n dangos i mi mor agos y mae'r aruchel at yr arswydus, y gwâr at yr anwar. Ond faswn i ddim yn derbyn mai gêm yw'r cyfan, nid y cyfan. Mae mwy nag un thema i'r gwaith fel sydd i bob gwaith llenyddol, fel sydd i'r byd ac fel sydd i natur bywyd cyfoes. Mae'r naratif yn ceisio amgyffred ac amlennu'r teimlad gwasgaredig, drylliedig, amrywiol hwn sy'n perthyn i'n dyddiau ni (gorchwyl amhosibl, wrth gwrs). Hynny yw, baswn i'n gwadu bod 'na 'galon thematig' i'n cyfnod ni fel does dim 'calon thematig' i naratifau'n cyfnod. Ar y llaw arall gallwn ddadlau taw 'calon thematig' *Dirgel Ddyn* yw: nad oes 'na 'galon thematig'. Ond nid fy lle i yw dweud wrth ddarllenwyr beth yw'r allwedd neu'r allweddi i'r gwaith, neu fyddai 'na ddim pwynt llunio'r nofel. Ta beth, mae'r nofel yn gweithio ar lefel storïol amlwg a dyna beth sy'n apelio at y rhan fwyaf o'r darllenwyr, dwi'n credu, ac os nad ydyn nhw'n poeni am yr is-haenau na'r strwythur, wel dyna fe.

*JR*: Ydych chi'n ymwybodol eich bod yn torri tir newydd yn y Gymraeg? Mae rhyw naws Ewropeaidd, rywsut, i'ch gwaith, fel petaech wedi sugno maeth o Brâg neu Baris yn hytrach nag o Aberdâr. Ydych chi'n pori llawer mewn llenyddiaeth dramor, ac a yw'r llenyddiaeth honno'n gadael ei hôl arnoch?

*MM*: Nac ydw, dydw i ddim yn mynd o gwmpas yn meddwl 'Ew, dwi'n torri tir newydd yn y Gymraeg'. Amser a ddengys. Be dwi'n ei wneud yw gweithio ar fy syniadau, fy mhrosiectau, fy storïau fy hun, gan geisio dod o hyd i'm ffordd fy hun. Ac wrth gwrs rydyn ni'n byw ym Mhentre'r Byd nawr (gan addasu ymadrodd Marshall McLuhan) felly mae maeth yn dod o bob man, o bob cyfeiriad, oni bai'ch bod yn byw mewn gwâl (gan ddwyn un o ddelweddau Kafka).

# Mynegai i Deitlau